David Lamb · Afrika Afrika

David Lamb

Afrika Afrika

Aus dem Amerikanischen
von
Bennett Theimann

Kyrill & Method Verlag

CIP-Titelaufnahme der Deutschen Bibliothek

Lamb, David:
Afrika Afrika; Menschen, Stämme, Länder/ David Lamb. –
München: Kyrill und Method Verlag 1989
Einheitssachtitel: The Africans (dts.)
ISBN 3-927527-04-1

© für diese Ausgabe Kyrill & Method Verlag
8000 München 2, Amalienstr. 15
Satz, Druck und Bindung: Kösel, Kempten
Karten: Klartext Düsseldorf
Aktualisierung: C. Speich, B. Theimann, I. Trojanow

ISBN 3-927527-04-1

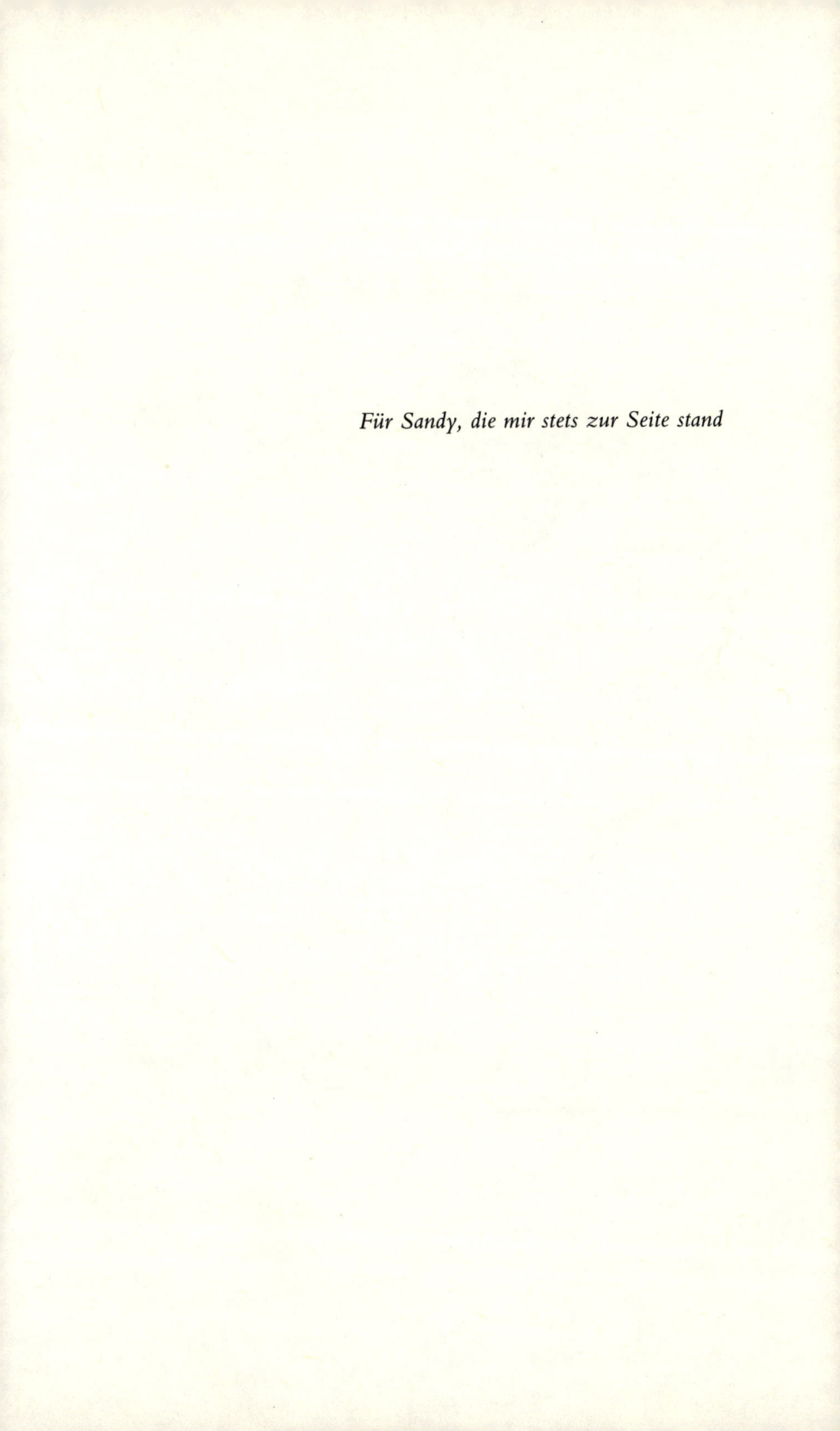

Für Sandy, die mir stets zur Seite stand

A F R I K A

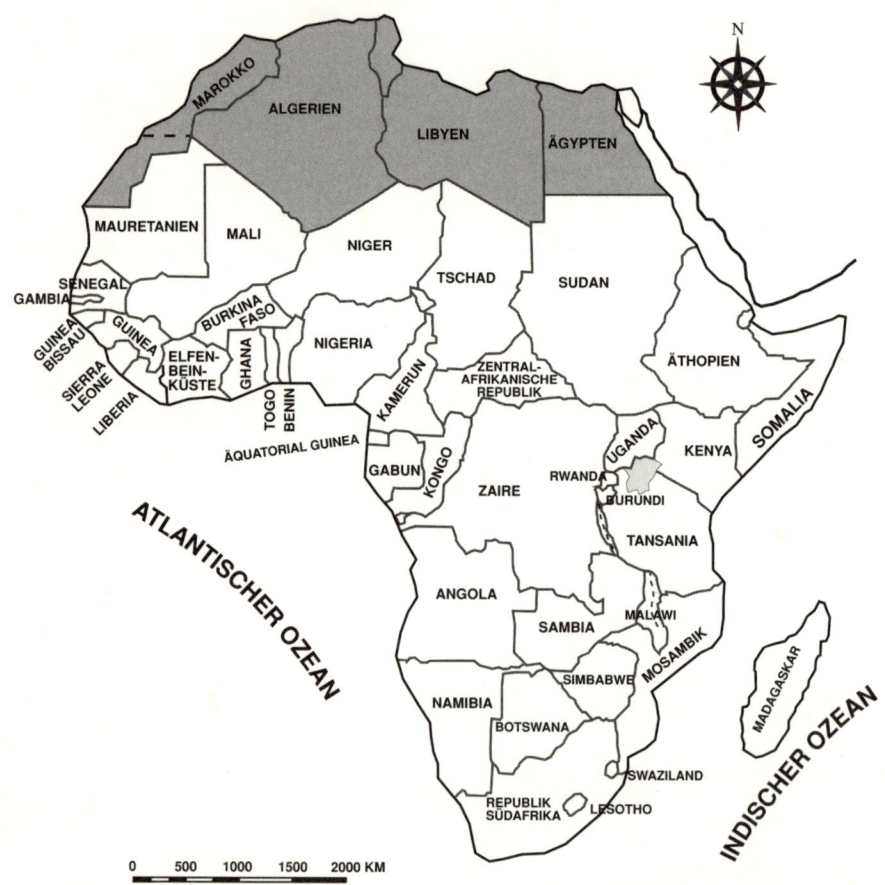

MAROKKO
ALGERIEN
LIBYEN
ÄGYPTEN

MAURETANIEN
MALI
NIGER
TSCHAD
SUDAN

SENEGAL
GAMBIA
GUINEA-BISSAU
GUINEA
SIERRA LEONE
LIBERIA
ELFEN-BEIN-KÜSTE
BURKINA FASO
GHANA
TOGO
BENIN
NIGERIA
ÄQUATORIAL GUINEA
KAMERUN
ZENTRAL-AFRIKANISCHE REPUBLIK
ÄTHOPIEN

GABUN
KONGO
ZAIRE
RWANDA
BURUNDI
UGANDA
KENYA
SOMALIA
TANSANIA

ANGOLA
SAMBIA
MALAWI
SIMBABWE
MOSAMBIK

NAMIBIA
BOTSWANA
SWAZILAND
REPUBLIK SÜDAFRIKA
LESOTHO

MADAGASKAR

ATLANTISCHER OZEAN

INDISCHER OZEAN

N

0   500   1000   1500   2000 KM

Was bedeutet ... Afrika?
– Henry David Thoreau, ca. 1850

Um eine Nation zu schmieden, eine neue Zivilisation zu errichten, die Anspruch auf ihr Dasein erhebt, weil sie menschlich ist, werden wir versuchen, nicht nur aufgeklärte Vernunft, sondern auch lebhafte Phantasie zu entfalten.
– Leopold Sédar Senghor, ehemaliger Präsident von Senegal, ca. 1960

Sind sie sich darüber im Klaren, welche Reichtümer Afrika besitzt? Die Menschen schneiden sich dafür die Kehlen durch und das ist nur die Spitze des Eisbergs. Was Afrikaner einander antun, ist unglaublich.
– Joe Kadhi, kenyanischer Journalist, 1976

Wir können nicht ewig die Kolonialisten für unsere Probleme verantwortlich machen. Sie haben zwar das System errichtet, wir aber sind nicht in der Lage, es zu ändern.
– Joseph Maitha, Wirtschaftsprofessor an der Universität Nairobi, 1979

Ich wage an die Zukunft meines Afrikas zu hoffen, obwohl es manchmal nicht leicht ist.
– Godfrey Amachree, nigerianischer Häuptling und millionenschwerer Geschäftsmann, 1980

9

Inhalt

Vorwort

Während meines Aufenthalts in Afrika reiste ich von meinem Standort Nairobi in Kenya durch 48 afrikanische Länder und legte mehr als 480 000 Kilometer im Flugzeug, auf der Straße und mit dem Zug zurück. Manchmal eilte ich monatelang von Kriegen zu Umstürzen, die tausende Kilometer voneinander entfernt stattfanden und erreichte per Nachtflug wenig bekannte Länder, in denen sehr nette Menschen sich gegenseitig Schreckliches antaten. Doch diese wilden Augenblicke ließen bei mir keine Begeisterung aufkommen. Sie setzte in den kurzen Atempausen ein, wenn Afrika friedlich war und ich Zeit hatte, die Städte und Dörfer auszukundschaften, mich zu unterhalten und Fragen zu stellen, um den Überschwang und die Verzweiflung der noch nicht lange unabhängigen Völker zu spüren, die zwischen Vergangenheit und Gegenwart gefangen sind.

Ich habe Präsidenten und Medizinmänner interviewt, mit Professoren und Guerillaführern, Händlern und Bauern gesprochen. Ich verbrachte einige fürchterliche Stunden in einem von Idi Amins Gefängnissen in Uganda – man bezichtigte mich, ein Söldner oder CIA-Agent zu sein – und viele wundervolle Tage in den vom klaren Sternenhimmel überdachten afrikanischen Ebenen, in denen die Einsamkeit und die Ruhe ewig erscheinen. Begleitet von einem Whisky oder einer Tasse Kaffee, habe ich in Villen oder Behausungen aus Dung und Lehm mit Hunderten von Afrikanern über ihre Länder, ihr Leben und ihre Träume geredet. Dieses Buch, einerseits ein politischer Reisebericht, andererseits Zeitgeschichte und doch völlig subjektiv, ist das Ergebnis dieser Reisen und versucht, zwei

Fragen zu beantworten, die selbst die Afrikaner verwirren: Was ist Afrika und wer sind die Afrikaner?

Ich habe dieses Buch auf das Gebiet beschränkt, das ich am besten kenne – auf das Afrika südlich der Sahara, das 46 Staaten umfaßt, die unterhalb einer von Marokko bis Ägypten gezogenen Linie liegen. Die fünf islamischen Länder nördlich davon haben sowohl wirtschaftlich wie politisch wenig mit dem Rest des heutigen Afrika gemeinsam. Das südlich der Sahara gelegene Afrika – oder Schwarzafrika, wie es allgemein genannt wird, weist dagegen Gemeinsamkeiten auf, die erlauben, es als eine Einheit aufzufassen. Selbst das von den Weißen beherrschte Südafrika, der absonderlichste Staat auf Erden, kann im Zusammenhang mit seinen feindlichen schwarzen Nachbarn erklärt werden.

Kein Erdteil ist mehr mißhandelt und mißverstanden, von keinem Kontinent ist in der Vergangenheit falscher berichtet worden. Doch das Afrika der neunziger Jahre kann nicht länger leichtfertig abgetan werden. Afrika beeinflußt heute Ereignisse und Entscheidungen in den Hauptstädten von Moskau bis Washington. Extreme Veränderungen treiben es einem Schicksal zu, das seine Präsidenten nicht verstehen oder kontrollieren können. Wenn Afrika seine natürlichen und menschlichen Ressourcen nutzbar machen kann, wird es den Gang der Welt im 21. Jahrhundert beeinflussen, vielleicht sogar bestimmen. Wenn es Erfolg hat, wird Afrika der Hauptgewinner der Dritten Welt sein.

Es ist kaum verwunderlich, daß der Kontinent heute zwar viel diskutiert, aber wenig verstanden wird, denn dieser Erdteil ist so verschiedenartig und komplex, wie er riesig ist. Afrika ist mehr als dreimal so groß wie Europa und hat etwa dieselbe Einwohnerzahl. Es erstreckt sich über sieben Zeitzonen und es dauert länger, von Nairobi im Osten nach Dakar im Westen zu fliegen als von London nach New York. Es wird von ungefähr 2000 Völkern oder Stämmen bewohnt, von denen die meisten eine eigene Sprache besitzen. In vielen Hauptstädten kann man mit einem in Oxford ausgebildeten Geschäftsmann, der einen Dreiteiler trägt und Interesse am Europapokalendspiel zeigt, zu Mittag speisen, danach einige Stunden mit dem Auto ins Land fahren, um am Abend mit analphabetischen Viehhirten, die mit Pfeil und Bogen jagen, vom Tauschhandel leben und glauben, daß alle weißen Männer Missionare oder Ärzte sind, eine frisch geschlachtete Ziege zu essen.

Für viele Menschen im Westen ergibt Afrika einfach keinen Sinn – vor allem deshalb, weil sie ihren westlichen Maßstab an einen Kontinent anlegen, der sich mit keinem anderen auf der Welt vergleichen läßt. So ist zum Beispiel Pünktlichkeit den Afrikanern fremd – die Mittagstunde kann irgendwo zwischen elf und 14 Uhr liegen – und obwohl die afrikanischen Fluglinien regelmäßig Flugpläne veröffentlichen, kümmert sich keiner darum, am wenigsten die Fluggesellschaften selbst. Die Afrikaner drücken sich auch selten präzise aus, denn sie werden meistens das antworten, was man ihrer Meinung nach hören will. Bittet man einen Ostafrikaner, das Unmögliche möglich zu machen – „ich hätte gerne, daß die Sonne morgen im Süden aufgeht", so wird er lächeln, nicken und „Hakuna matata" sagen, „kein Problem". Er weiß ganz genau, daß es ein Problem gibt, aber das ist eben seine Art, gefällig zu sein. Wie läßt sich ein Kontinent erklären, in dem Hunderttausende von Menschen getötet wurden, nur weil sie dem falschen Stamm angehörten? Wie läßt sich ein Kontinent erklären, dessen Staatschefs Idi Amin applaudierten, als dieser mit seinem Stetson und einem sechsschüssigen Revolver zu einem Gipfeltreffen erschien, nachdem er kurz zuvor das Niedermetzeln Tausender Ugander, darunter auch des anglikanischen Erzbischofs, überwacht hatte? Wie soll man über den ehemaligen Präsidenten Tansanias urteilen, der in seiner Freizeit Shakespeare ins Suaheli übertragen hat und der mehr politische Gegner inhaftiert hielt, als Südafrika? Oder über den winzigen Präsidenten Gabuns, der Schuhe mit hohen Absätzen trägt, das Wort „Pygmäe" aus dem Wortschatz seines Landes verbannt hat und während seine Landsleute notleiden, für die Villa seiner Tochter in Beverley Hills in Kalifornien zwei Millionen Dollar verpraßt und in Libreville in einem vergoldeten Cadillac umherschwirrt, gefolgt von einem versilberten Cadillac-Krankenwagen?

Doch es gibt für jeden Amin einen Léopold Sédar Senghor, ehemals senegalesischer Präsident; ein sehr belesener Mann, der 1962 einer der Hauptkonkurrenten um den Literaturnobelpreis war. Für jeden korrupten und abgebrühten afrikanischen Präsidenten, der Millionen von Dollar auf sein Schweizer Konto schafft, gibt es einen afrikanischen Lehrer mit 100 Mark Monatsgehalt, der stolz darauf ist, daß in seinen Schülern die Hoffnung für Afrikas Zukunft liegt. Und gibt es einen Grund, Schwarzafrika als ein

unbedeutendes Mitglied der internationalen Gemeinschaft zu ignorieren, so gibt es ein Dutzend anderer, es ernstzunehmen.

Dies ist ein Buch über Afrika heute: Die Geschichte von Menschen, die sich ihre Freiheit auf Schlachtfeldern und an Verhand-
lungstischen erkämpft haben, nur um festzustellen, daß ihre weißen
Kolonialherren durch schwarze, neokoloniale Führer ersetzt wurden, die sich mehr um persönliche Macht und Reichtum als um
nationale Einheit oder Entwicklung kümmern.

Viele Leser werden dieses Buch erschütternd finden, denn das
Afrika der achtziger Jahre ist weder ein glücklicher Ort, noch ein
Ort der Hoffnung. Die Kolonialisten entwarfen das Drehbuch für
eine Katastrophe und die Afrikaner scheinen ihr Bestes zu geben, es
zu Ende zu bringen. Überall auf dem Kontinent brechen die
Volkswirtschaften zusammen, verfallen die Städte, nimmt die
Nahrungsmittelproduktion ab, während gleichzeitig die Bevölkerung rasant zunimmt. Regierungen stürzen durch die Launen
analphabetischer Feldwebel und verärgerter Despoten. Während
die Gefängnisse überfüllt sind, fehlen auf dem Land die Arbeitskräfte. Nach neuesten Schätzungen hat die Zahl der Flüchtlinge die
unvorstellbare Zahl von fünf Millionen erreicht – Menschen, die
durch Kriege, Unterdrückung und Armut aus ihrer Heimat vertrieben wurden.

„Afrika stirbt", sagte Edem Kodjo, ein ehemaliger Generalsekretär der Organisation für afrikanische Einheit (OAU), vor einer
Gruppe afrikanischer Staatsmänner im Jahre 1978. „Wenn die
Dinge sich so weiterentwickeln wie bisher, werden in den kommenden Jahren nur acht oder neun afrikanische Staaten in ihrer
jetzigen Gestalt überleben. Bleibt die Lage unverändert, wird die
extreme Armut wahrscheinlich zunehmen statt abnehmen. Es steht
fest, daß die Wirtschaft auf unserem Kontinent in Trümmern
liegt."

Die Ereignisse werden zweifellos manche Passagen dieses Buches überholen. Präsidenten, die ich interviewt habe und über die
ich hier schreibe, werden umgebracht, eingesperrt oder ins Exil
getrieben werden und politische Loyalitäten ins Schwanken geraten. In Afrika bleibt nichts, was mit der Politik zu tun hat, lange
Zeit unverändert. Doch ich glaube, daß die Menschen und Ereignisse, die ich hier schildere, auch für das vierte Jahrzehnt afrikanischer Unabhängigkeit beispielhaft bleiben werden.

So qualvoll diese ersten Jahre der Staatenwerdung auch waren – Afrika braucht nicht ewig in diesem ungewissen Dämmerzustand zu verharren. Seine Träume sind nur verschüttet, aber nicht verlorengegangen. Es gibt Wege aus dem Sumpf. Afrika steckt voller Überraschungen: Nichts ist so, wie es scheint und nichts geschieht so, wie es sollte.

Porträt eines Kontinents

Wir sind beim Versuch, die sogenannte Kultiviertheit des Europäers auf unsere afrikanische Gesellschaft aufzupropfen, in eine kulturelle Zwickmühle geraten. Dabei sind wir bisher kläglich gescheitert. Wir sind weder das eine noch das andere.
– Generalleutnant Olusegun Obasanjo, ehem. Staatschef Nigerias

Carlos Miranda, ehemaliger Guerillakämpfer und Kriegsgefangener, saß mit seinen Freunden in dem kahlen kleinen Café, um den Samstagnachmittag totzuschlagen – über einer Flasche portugiesischen Weins und einigen Erinnerungen. Es gab sowieso nicht viel anderes zu tun. Cacheu in Guinea-Bissau ist eine kleine, ruhige Stadt und es war ein heißer Tag. So saßen die Männer an ihrem wackeligen Holztisch, unterhielten sich ruhig oder taten überhaupt nichts; und wenn sie nicht gerade die Fliegen wegwischten, verbrauchten sie wenig Energie. Die Wände der Bar waren kahl bis auf ein vergilbtes Photo des Präsidenten Luis de Almeida Cabral* und der Vorrat an Erfrischungen war auf einen staubbedeckten Krug voll Rum, einen Kasten Coca-Cola und eine merkwürdige Auswahl von Weißweinen zusammengeschrumpft, die lauwarm serviert wurden, weil der Kühlschrank, wie auch die Stromversor-

---

* Cabral wurde im November 1980 durch seinen Premierminister gestürzt und u. a. des Mordes und der Folter angeklagt. Später ließ man ihn auf die Kapverdischen Inseln ins Exil gehen.

gung in Cacheu, schon lange zusammengebrochen war. Der kurz-
sichtige Barkeeper lehnte wie ein Besen am Kühlschrank, schielte
und schwitzte und wenn eine Flasche aus seinen Händen glitt und
vor seinen Füßen zerschellte, kickte er die Scherben wortlos unter
den Tresen und wischte seine feuchten Hände an seinem T-Shirt ab.
Seine Familie – eine Frau mit sieben kleinen Kindern – lag in der
Nähe auf dem Betonboden ausgestreckt und schlief.

„Francisco hat noch eine Flasche zerbrochen", sagte Miranda,
„kein Wunder, daß es nichts mehr zu trinken gibt". Francisco hatte
in letzter Zeit wirklich zuviele der wertvollen Coca-Cola-Flaschen
zerbrochen und seine Achtlosigkeit war die Quelle großen Un-
muts.

Außerhalb der Bar, entlang der einzigen Sandstraße, die nach
Bissau führt, das einmal die Hauptstadt des portugiesischen Guineas war und seit 1974 Hauptstadt des unabhängigen westafrikanischen Staats Guinea-Bissau ist, war die Stadt ruhig. Hunde lagen
hechelnd im Schatten herabhängender Palmen, eine einzelne Frau
saß auf dem Marktplatz, vor ihr ein Dutzend Rüben im Dreck
ausgebreitet. Die alte, verrostete Kanone oben auf dem Fort am
Rande der Stadt war auf die Flußmündung des Cacheu gerichtet;
flußabwärts, rund 100 Meter vom Fort entfernt, schaukelten drei
verlassene Patrouillenboote in der trägen Strömung hin und her.
Zwischen dem Fort und den Booten klangen drei Jahrhunderte
Geschichte nach, eine Geschichte, die Entstehung und Untergang
des Portugiesischen Reichs in Afrika und den Anbruch Afrikas
eigener qualvoller Unabhängigkeit bezeugte.

Das steinerne Fort, im Jahre 1647 erbaut, war das Symbol
portugiesischer Macht gewesen, als sich dessen Kolonialherrschaft
von Afrika über Südamerika bis nach Asien erstreckte. Und die
Patrouillenboote sowjetischer Herkunft, den schlammigen Gewässern des Flusses zum Verrotten und Sinken überlassen, waren die
ausrangierten Werkzeuge eines der längsten und des militärisch
erfolgreichsten Befreiungskrieges, der jemals in Schwarzafrika gegen eine Kolonialmacht geführt wurde.

Carlos war in diesem Krieg, der von 1961 bis 1974 dauerte,
Soldat und später Gefangener der Portugiesen gewesen. Seine
Guerillabewegung hatte mit beträchtlicher Hilfe der Sowjetunion
und Kubas eine 10 000-Mann-Armee ins Feld geschickt und die
35 000 Mann starken portugiesischen und afrikanischen Regie-

rungstruppen schließlich gezwungen, die ländlichen Gebiete zu verlassen und sich in den befestigten Stadtregionen zu verschanzen. Ihr Sieg hatte unmittelbare Auswirkung auf den Staatsstreich, der am 25. April 1975 die Lissaboner Diktatur stürzte.

„Sie fragen, welcher Unterschied für mich zwischen Kolonialismus und Unabhängigkeit besteht", so der 36jährige Miranda, während er mein Glas mit Wein füllte. „Nun, ich werde es Ihnen sagen. Der Unterschied ist groß. Jetzt gehe ich abends ins Bett und schlafe ruhig. Ich sorge mich nicht um die Geheimpolizei. Und ich ziehe nicht meinen Hut vor den Tuga (Portugiesen). Jetzt spreche ich mit einem weißen Mann ohne Furcht. Früher sprachen Weiß und Schwarz nicht miteinander, aber jetzt, in diesem Moment, habe ich das Vergnügen, mit Ihnen, einem Weißen, zusammenzusitzen und ich spreche zu Ihnen wie ein Mann. Das ist alles, wofür wir gekämpft haben: das Recht auf Respekt. Wir haben nicht die Portugiesen gehaßt, sondern nur die portugiesische Regierung. Selbst wenn Sie Portugiese wären, wäre ich immer noch froh, mit Ihnen zusammenzusitzen, weil wir jetzt gleichwertig sind."

Das war, so dachte ich mir, eine überzeugende Antwort. Miranda – ein Zollbeamter mit neun Kindern und einem Monatsgehalt von 100 Mark – war kein Anführer im Befreiungskrieg, sondern nur einfacher Soldat gewesen. Doch für Menschen wie ihn wurde dieser Krieg geführt und die Unabhängigkeit hatte ihnen ein unbezahlbares Entgelt gegeben: Selbstachtung. Und dies, obwohl sich in Guinea-Bissau die Dinge seit dem erstmaligen Hissen der grüngelben Landesflagge mit schwarzem Stern auf rotem Untergrund insgesamt nicht gerade rosig entwickelt hatten. Nur einer von 20 konnte lesen, die Lebenserwartung bei der Geburt lag bei nur 38 Jahren und 45 Prozent der Kinder starben, ehe sie das Alter von fünf Jahren erreichten. Es mangelte an allem – vom Reis bis zur Seife – und als ein Händler in der Hauptstadt eines Tages während meines Aufenthalts 400 frischimportierte Paar Schuhe ausstellte, tauchte eine so große Menschenmenge auf, daß die Polizei geholt werden mußte, um die Ordnung wiederherzustellen. Das Land hatte eine kleine Erdnußernte und einige Tierfelle für den Export sowie Bauxitvorkommen, deren Ausbeutung lohnte, sonst jedoch wenig, mit dem man ein wirtschaftliches Fundament schaffen konnte. Im ganzen Guinea-Bissau (1 000 000 Einwohner) gab es nur 24 000 Arbeitsplätze, davon 82 Prozent im öffentlichen Sektor.

Im Gegensatz zu zwei anderen ehemaligen portugiesischen Kolonien, Mosambik und Angola, war Guinea-Bissau nie eine portugiesische Siedlerkolonie gewesen. Die Portugiesen kamen nur zum
Verwalten und zum Geldsparen und kehrten dann nach Hause in
den Ruhestand zurück. Innerhalb weniger Wochen nach der Unabhängigkeit waren bis auf 350 alle der 2500 Portugiesen in ihre
Heimat zurückgeeilt. Die meisten gingen, ohne es zu bedauern.
Was sie als Vermächtnis dreier Jahrhunderte Kolonialherrschaft
zurückließen, war erbärmlich wenig: 14 Studenten, eine Analphabetenquote von 97 Prozent und nur rund 400 Kilometer geteerter
Straßen, in einem Gebiet so groß wie Bayern. Es gab 1974 nur einen
modernen Betrieb in Guinea-Bissau – er braute Bier für die portugiesischen Truppen, und als Abschiedsgeschenk zerstörten die
Portugiesen vor ihrem Abzug die Nationalarchive.

In vielerlei Hinsicht ist Guinea-Bissau der Mikrokosmos eines
Kontinents, auf dem sich die Ereignisse gegen den Fortschritt
verschworen haben, wo die Zukunft eine Geisel der Vergangenheit
bleibt und die Opfer die Carlos Mirandas Afrikas sind. Als Rückschlag auf Rückschlag folgte und jeder bescheidene Schritt vorwärts nicht wirksamer als ein Auf-der-Stelle-Treten war, wurde
sich Schwarzafrika seiner Identität und seiner Rolle unsicher. Gespalten durch Ideologie und Eigennutz, verwirrt durch die Anforderungen der Nationalstaatlichkeit, bleibt es militärisch und ökonomisch genauso abhängig von ausländischen Mächten wie während der Kolonialzeit. Als krisengeschüttelter Kontinent irrte es
durch die achtziger Jahre, explosiv und verletzlich, ein Kontinent,
auf dem die revolutionäre Romantik die Ohnmacht und Verzweiflung nicht verdecken kann, die am Charakter der afrikanischen
Gesellschaft nagen.

Für viele Außenstehende erscheint Afrika als ein abschreckender
und verfluchter Ort. Aber man darf nicht vergessen, daß die
Veränderungen, die über Afrika im Laufe von weniger als einer
Generation hinweggefegt sind – zwischen 1956 und 1980 wurden
südlich der Sahara 43 neue Staaten gegründet – so traumatisch
waren, wie sie kein anderes Volk in Friedenszeiten irgendwo
erdulden mußte. Bevor wir fortfahren, diese Umwälzungen im
einzelnen zu untersuchen, wollen wir einige unklare Vorstellungen
ausräumen und den Kontinent in eine zeitgerechte Perspektive
rücken.

Afrika – der Name könnte vom lateinischen Wort aprica („sonnig") oder dem griechischen Wort aphrike („ohne Kälte") abstammen – war einstmals Bestandteil von Gondwanaland, dem hypothetischen Superkontinent, der auch Südamerika, Asien, Australien und die Antarktis umfaßte. Afrika bedeckt ein Fünftel der Erdoberfläche oder 30,3 Millionen Quadratkilometer – nur Asien ist größer. Afrika mißt 8000 Kilometer in der Länge, von den gottverlassenen Wüsten des Nordens bis zu den üppigen Weinanbaugebieten des Südens, und 7600 Kilometer in der Breite. Seine Küstenlinie ist 30 500 Kilometer lang – wegen fehlender Meeresarme und Buchten kürzer als die europäische – und der Äquator teilt Afrika ziemlich genau in der Mitte. Afrikas Klima ist sehr verschiedenartig – gemäßigt auf den Hochebenen, tropisch entlang der Küstengebiete und schier unerträglich in den glühend heißen Wüsten.

Der Küstenstreifen um Afrika herum ist schmal und die Hochebenen im Landesinneren sind von breiten Gürteln tropischen Regenwaldes, von baumbestandenen Savannen und Weideland durchzogen. Im hohen Norden befindet sich die Sahara, die größte Wüste der Welt. Sie bedeckt ein Viertel des Kontinents, ein Gebiet so groß wie das Festland der Vereinigten Staaten. Im tiefen Süden liegt die Kalahari-Wüste, die siebtgrößte Wüste der Welt. Der höchste Punkt Afrikas ist der Kilimandscharo in Tansania, 5895 Meter hoch und das ganze Jahr über schneebedeckt. Doch im Verhältnis zu seiner Größe ist Afrika mit Ausnahme der Antarktis der flachste Kontinent der Erde, mit den großen Ebenen Nordamerikas vergleichbar – nur fehlt das Getreide; eine endlose Fläche, die sich von Land zu Land, durch Städte und wieder in die staubigen, gleichaussehenden Dörfer zieht. Sie bringt gerade genug Erträge, um Millionen von Kleinbauern mit einer denkbar mageren Existenz zu versorgen. Wenn man durch diese leeren Weiten streift, wird einem bewußt, daß 10 000 amerikanische Bauern, auf afrikanischen Boden losgelassen, das Gesicht und die Zukunft dieses Kontinents so sicher verändern könnten, wie sie ihr eigenes Land verändert haben: Es erscheint so leicht ... Doch die Landwirtschaft ist in Schwarzafrika noch immer ein Hacke-und-Sichel-Unternehmen, primitiver als irgendwo sonst auf der Welt. So gibt es zum Beispiel nur sieben Traktoren auf 100 Quadratkilometer bestellten Bodens (verglichen mit 45 in Asien, 57 in Südamerika und 240 in den USA) und Afrika verwendet nur ein Pfund Dünger auf 1000

Quadratkilometer (Asien und Südamerika verwenden jeder ungefähr zehnmal mehr, die Vereinigten Staaten zwanzigmal mehr). Ebenso betrüblich ist, daß die Afrikaner jedes Jahr immer weniger Land bestellen, da die Wüste wie eine plündernde Armee vordringt, die mageren Hoffnungen hilfloser Menschen als Beute nimmt und ödes Brachland zurückläßt.

Die Sahara allein wächst mit einer Geschwindigkeit von 100000 Quadratkilometern jährlich und im nördlichen Afrika, das einst der grasbedeckte Brotkorb des Römischen Reiches war, ist dieser als Desertifikation bekannte Prozeß wirklich sichtbar. Noch vor einer Generation war die Hauptstadt Mauretaniens (Nouakchott, was „Ort der Winde" bedeutet) mehrere Tagesmärsche von der Sahara entfernt. Jetzt liegt sie in der Sahara. Riesige, tote Flächen dahinziehender Wanderdünen, soweit das Auge reicht und jenseits davon. Wie Schneewehen häuft sich der Sand an den Mauern und Zäunen und die Straßen der Stadt enden an der Schwelle zur wenige hundert Meter entfernten Wüste. Weil sie nicht mehr in der Lage sind, ihr Vieh zu ernähren, strömen Tausende von Berbern nach Nouakchott und kaufen dort Häuser, die sie als Lager verwenden, während sie selbst in Zelten im Hinterhof leben. Die Lebensweise und der Geist eines Volkes haben sich für immer verändert. Wissenschaftler weisen darauf hin, daß die Desertifikation sich nicht auf Afrika beschränkt, denn die Wüsten wachsen auf allen fünf Kontinenten. Manche machen die Natur für die klimatischen Veränderungen und die Dürre verantwortlich. Andere führen den Mißbrauch der Umwelt durch den Menschen an, vor allem die Überweidung und die Zerstörung der Wälder, die die Erosion der Ackerkrume beschleunigen. Wiederum andere glauben an ein Phänomen zyklischer Natur, weil jahrmillionenalte Wüsten durch die Kräfte der Natur schon immer gewachsen und geschrumpft seien oder sich verlagert haben. Was immer auch der Grund sein mag, die ökologische Metamorphose ist für Afrika beängstigend. Über dem Kontinent haben Wettersatelliten eine beständige Wolke feiner rötlicher Partikel ausgemacht, die in Richtung Indien geweht werden. Diese Partikel wurden als Ackerkrume identifiziert und es dauert an die tausend Jahre, bis sich eine Schicht Ackerkrume bildet.

Die Ironie des afrikanischen Unglücks ist, daß dort die Ursprünge der Menschheit liegen und daß es schon lange vor der

Ankunft der Europäer ein Zentrum der Kultur war. Fast drei Millionen Jahre alte Fossilien, die von den Anthropologen Mary Leakey und ihrem verstorbenen Ehemann Louis gefunden wurden, bezeugen, daß die Entwicklung des Menschen aus seinen affenähnlichen Vorfahren wahrscheinlich in Afrika begann. Und in Äthiopien forschende amerikanische und französische Wissenschaftler haben einfache Steinwerkzeuge entdeckt, die 2,5 Millionen Jahre alt sind. Die rasiermesserscharfen Schneidegeräte und die faustgroßen Hackmesser aus Fels sind die ältesten jemals gefundenen. Sie wurden nach Auffassung der Wissenschaftler dazu benutzt, die Haut von Tieren zu durchschneiden und Kadaver zu zerlegen.

Schon 500 Jahre vor Christi Geburt, als die Nok-Kultur in Nigeria blühte, wurden Öfen zum Schmelzen von Eisen verwendet. Im Jahre 1486 tauschte der nigerianische Staat Benin Botschafter mit Portugal aus. Zur selben Zeit war Timbuktu in Mali ein bedeutendes Handelszentrum und international berühmt. Die Pracht des Songhai-Reiches, das sich im 15. und 16. Jahrhundert von Mali bis Kanu in Nigeria erstreckte, wurde von den ersten europäischen Reisenden mit der des damaligen Europa verglichen. „Beim Betreten der Stadt erscheint diese sehr groß", schrieb ein holländischer Besucher um 1600 über Edo in Benin. „Man gelangt in eine große breite Straße, die ungepflastert ist und sieben oder achtmal breiter als die Warmoes-Straße in Amsterdam zu sein scheint... Die Häuser sind gleichmäßig angeordnet, stehen dicht und in gleicher Höhe wie in Holland nebeneinander." Schon lange bevor Kolumbus nach Amerika aufbrach, wurden im nigerianischen Staat Ife heutzutage unbezahlbare Bronzebüsten gegossen. Afrikaner auf dem Stande der Eisenkultur begannen im 11. Jahrhundert auf dem Gebiet des heutigen Simbabwe Steinbauten zu errichten und seefahrende Händler aus Portugal entdeckten im 16. Jahrhundert, daß manche westafrikanische Gewebe hochwertiger als die damaligen europäischen waren.

Weil die Geschichte des alten Afrika durch das gesprochene und nicht durch das geschriebene Wort von Generation zu Generation weitergegeben wurde, bleiben die Ursprünge und manchmal auch das Schicksal der alten Kulturen im Dunkeln (eine Ausnahme stellt Äthiopien dar, das eine Schriftsprache besaß). Es war aber der Krieg unter den Afrikanern und nicht die Ankunft der Europäer, der den Zerfall der frühen afrikanischen Zivilisationen bewirkte:

das Reich Ghana wurde im 13. Jahrhundert von almoravidischen Kriegern aus dem Senegal zerstört; das Mali-Reich begann im Jahre 1430 unter dem Druck der Tuareg-Nomaden zu zerbröckeln, während das Songhai-Reich im Jahre 1591 zerschlagen wurde, als sein Heer einfallenden marokkanischen Truppen unterlag. Ohne Schriftsprache und damit ohne die Möglichkeit, Informationen aufzubewahren und auszutauschen, hatte Afrika nicht das Fundament, dessen eine Kultur bedarf. Es konnte sich nicht wehren gegen einen neuen Feind aus dem Norden – den weißen Mann.

Die Portugiesen unternahmen im 15. Jahrhundert als erste Europäer systematisch Entdeckungsreisen entlang der afrikanischen Küste. So begannen sechs Jahrhunderte Kontakt zwischen Europäern und Afrikanern, in denen der Afrikaner immer nur zweiter Sieger blieb – bis in die jüngste Vergangenheit, als er lernte, die Schuldgefühle des weißen Mannes in eine Goldmine internationaler Hilfe umzumünzen. Die portugiesischen Entdecker öffneten das Tor für die Sklavenhändler, welche wiederum die Missionare auf den Plan riefen, die ihrerseits Agenten des Kolonialismus waren. Jeder Eindringling – egal ob Sklavenhändler, Missionar oder Kolonialist – trachtete nach Ausbeutung und Bekehrung. Sie alle kamen, um sich selbst oder ihrem Gott zu dienen, nicht aber dem Afrikaner. Die europäischen Mächte strebten während der industriellen Revolution im 19. Jahrhundert auf der Suche nach neuen Märkten und Rohstoffen nach der Vorherrschaft in Afrika. Dabei balkanisierten sie den Kontinent durch künstliche Grenzen, die keine Rücksicht auf die traditionelle ethnische Verteilung nahmen. Um 1920 herum befand sich mit Ausnahme Äthiopiens, Liberias und der Südafrikanischen Union jeder Quadratzentimeter afrikanischen Bodens unter europäischer Herrschaft oder Protektion oder wurde von einer europäischen Macht beansprucht.

Die Art und Weise, in der die Kolonialverwaltungen regierten, verurteilte Afrikas Übergang in die Unabhängigkeit von vornherein zum Scheitern. Das englische Verfahren des „Teile und Herrsche" („Divide and Rule") – die Bevorzugung mancher Stämme unter Ausschluß der anderen – diente dazu, die ethnische Entzweiung, die Afrika jahrhundertelang in verschiedene Richtungen zerrte, zu verstärken. Vor der Unabhängigkeit war der Kolonialist der gemeinsame Feind. Als er ging, mußten die größten Stämme jedes Landes im Kampf um die Führungsrolle aufeinanderprallen.

Auf einem Kontinent, wo die Loyalität gegenüber dem Stamm gewöhnlich jegliche Treue zur Nation übertrifft, wurde der Afrikaner zum neuen Feind des Afrikaners.

Der Tribalismus* (Stammesloyalität) ist einer der am schwersten nachvollziehbaren Vorstellungen Afrikas und zugleich einer der Schlüssel zu seinem Verständnis. Moderne afrikanische Politiker mißbilligen ihn öffentlich. Der kenianische Präsident Daniel arap Moi (arap bedeutet „der Sohn von") nennt ihn den „Krebs, der droht, das Gefüge selbst unserer Nation zu zerfressen". Dennoch praktiziert ihn jeder afrikanische Politiker – die meisten sind eher Stammes- als Staatsoberhäupter – und der Tribalismus bleibt die vielleicht stärkste Kraft im Alltagsleben Afrikas. Er löst Kriege und Machtkämpfe aus und entscheidet oft über Anstellung, Beförderung und Aufnahme an die Universität, denn der Tribalismus beinhaltet per Definition das Teilen zwischen den Mitgliedern der Großfamilie und stellt somit sicher, daß die eigenen Leute zuerst versorgt werden.

Einen Job an ein Stammesmitglied zu vergeben, ist nicht Vetternwirtschaft, sondern eine Verpflichtung. Für einen Politiker oder hohen Militär ist die Auswahl seiner engsten Berater und Leibwächter aus den Reihen seines Stammes nicht Ämterpatronage, sondern eine Angelegenheit gesunden Menschenverstands. Es verschafft Sicherheit, Beständigkeit und Autorität.

Der Stammbaum des ermordeten liberianischen Präsidenten William R. Tolberts Jr. stellt ein aufschlußreiches Beispiel dafür da, wie sich afrikanische Politiker um die Ihrigen kümmern. Tolberts Bruder Frank war Präsident pro tempere des Senats; sein Bruder Stephen war Finanzminister, seine Schwester Lucia Bürgermeisterin von Bental-Stadt, sein Sohn A.B. ein „freier Botschafter", seine Tochter Wilhelmina die Leibärztin des Präsidenten und seine Tochter Christina war stellvertretende Bildungsministerin. Seine Nichte Tula war die Diätspezialistin des Präsidenten, seine drei Neffen: stellvertretender Minister für Angelegenheiten des Präsidenten,

---

* Der Tribalismus (engl. „tribalism") stellt einen aus dem Englischen nicht eindeutig zu übersetzenden Begriff dar. Über die ihm am nächsten kommende deutsche Übersetzung der „Stammesergebenheit" hinaus beinhaltet er auch eine aktive Komponente. Mithin läßt sich Tribalismus parktizieren – wie, erfahren Sie auf den kommenden Seiten (Anm. d. Ü.).

Landwirtschaftsattaché in Rom und Vizegouverneur der National-
bank, seine vier Schwiegersöhne hielten Posten als Verteidigungsminister, stellvertretender Minister für öffentliche Bauten, Kommissar der Einwanderungsbehörde und Mitglied der Bordbesat-
zung von Air Liberia; ein Schwager war Botschafter in Guinea, ein
weiterer im liberianischen Senat und ein dritter Bürgermeister von
Monrovia.

In seiner einfachsten Form könnte man den Tribalismus mit der
Situation in einer Stadt wie Boston vergleichen, wo sich mit den
Schwarzen in Roxbury, den Italienern im Nordend, den Iren in
Südboston, den Juden in der Nachbarstadt Brookline und den
Weißen angelsächsischer Herkunft in den Vororten Wellesleys eine
Reihe ethnisch separater Wohngebiete befindet. Jede Gruppe
schützt ihr Gebiet, teilt die kulturelle Verwandschaft und fühlt sich
auf ihre eigene Art den anderen überlegen. Afrika besitzt 2000
solcher „Wohngebiete", von denen manche Tausende von Quadratkilometern umfassen und jeder dieser Stämme hat seine eigene
Sprache oder seinen eigenen Dialekt – gewöhnlich unverständlich
für den Stamm, der sich gerade hinter dem nächsten Hügel befindet
– sowie seine eigene Kultur, Tradition und in den meisten Fällen
körperliche Charakteristika, die seine Mitglieder sofort für andere
Stämme erkennbar machen.

In Lusaka in Sambia bewarb sich ein Bekannter von mir für eine
Stelle und sollte sich dem Personalchef vorstellen. Mein Freund
lehnte sich über den Empfangstisch und fragte „Von welchem
Stamm ist er?" Als er hörte, daß der Manager Mashona sei, meinte
mein Freund, der einer anderen ethnischen Gruppe angehörte, daß
er „diesen Job nie bekommen werde". Er bekam ihn nicht.

Ein Koch, der mit im Haus lebt, verdient in Afrika rund 100
Mark im Monat – ein Luxus, den sich die meisten Ausländer leicht
leisten können – und kurz nachdem ich in Nairobi angekommen
war, stellte ich einen Koch vom Stamm der Kikuyu sowie einen
Gärtner und einen Askari* (Nachtwächter) vom Stamm der Luo

---

* Askari heißt Wache oder Nachtwächter auf Suaheli. Mit Knüppeln, Steinen,
  Pfeifen und manchmal sogar mit Speeren bewaffnet, bewachen sie die Wohnan-
  lagen all derjenigen, die wohlhabend genug sind, etwa einen Fernseher zu
  besitzen, sowie Banken, Hotels und die meisten Firmen mit stehlenswertem
  Inventar. Die Mehrheit von ihnen wird von großen Sicherheitsfirmen in afrika-

ein. Im Laufe der folgenden drei Monate ging es in unserem Haus drunter und drüber, da sie sich bekämpften, beschimpften und stundenlang miteinander stritten. Wir feuerten den Nachtwächter, nachdem er uns angeklagt hatte, daß wir ihn zu vergiften versuchten – er behauptete, wir hätten Vorurteile gegenüber den Luo – und schickten Dishun, den Gärtner, auf unbestimmte Zeit in Krankenurlaub, nachdem er dem Koch vorgeworfen hatte, ihn mit bösen Geistern zu verhexen. Wir brachten ihn zu unserem britischen Arzt, aber die verschriebenen Pillen halfen nicht gegen seine Magenkrämpfe. Er kehrte in sein Dorf zurück, wo ihn der Medizinmann mit Kräutern und Gesängen schnell heilte. In der Zwischenzeit stellten wir einen Kikuyu-Gärtner und Askari ein. Sie schlossen sofort Freundschaft mit dem Kikuyu-Koch. In unser Haus kehrte wieder Frieden ein.

Eines Tages unterhielt ich mich in Uganda mit einem US-Diplomaten in der dortigen Botschaft. Seine Sekretärin betrat das Büro und teilte ihm mit, daß ihn ein Mann sprechen wolle. „Ist er Ugander", fragte der Diplomat. „Nein, er ist Acholi", antwortete sie. Ihre Andeutung war klar: In Uganda gibt es Acholi und andere Stammesangehörige, aber keine Ugander. Jemandes Identität war stammes, nicht nationalbezogen.

Nur drei Länder Schwarzafrikas – Somalia, Lesotho und Swasiland – sind mit ethnischer Einheit gesegnet. Deshalb besitzen sie als einzige ein Nationalgefühl. Doch in den meisten Ländern, wie zum Beispiel in Zaire, das 200 Stämme zählt, haben die Regierungen es nicht verstanden, eine Alternative zum Tribalismus zu schaffen, weil die Zentralgewalt schwach und oft unrechtmäßig ist und auf der Verteidigung, nicht auf dem Teilen ihrer Macht, gründet.

Die Bedeutung des Tribalismus hat mit dem Ende des Kolonialismus aus mehreren Gründen nicht abgenommen. Erstens gibt es wenig Heiraten zwischen den verschiedenen Stämmen. Zweitens gibt es in ländlichen Gebieten, in denen Transportmittel und Kommunikationswege nach wie vor primitiv sind, wenig Mobilität zwischen den seit Generationen bestehenden Stammesgebieten.

---

nischer Hand beschäftigt, die ihren Kunden 300 Mark monatlich für die Dienste eines Askaris in Rechnung stellen. Ein Askari leistet in der Regel Zwölf-Stunden-Schichten an sieben Tagen in der Woche und verdient rund 100 Mark im Monat.

Drittens sind Familie, Sippe und Stamm die Stützpfeiler der afrikanischen Gesellschaft, das Gegenstück zu Wohlfahrt, sozialer Sicherheit, Schutz durch die Polizei und Verein in Deutschland. Viertens dreht sich die Identität der Afrikaner um den Stamm. Wären sie dieser Identität beraubt, wäre das so, als ob man einen tiefgläubigen Katholiken exkommunizierte. Fünftens ist der Nationalismus eine neue Idee in Afrika, nicht viel älter als drei Jahrzehnte und seine Konsequenzen treffen in weiten Teilen der Bevölkerung auf Unverständnis. Sechstens haben die afrikanischen Führer wenig getan, ihre Völker davon zu überzeugen, daß die nationale Einheit gewinnbringender als die Stammesergebenheit ist.

Um die Folgen des Tribalismus in ihrer extremsten und häßlichsten Form zu erkennen, betrachte man Burundi, einen Binnenstaat ohne Bodenschätze. Burundi ist ein ostafrikanisches Land mit über fünf Millionen Einwohnern christlichen Glaubens, dessen grasbedeckte und bewaldete Ebenen an die Hänge felsiger, zermarterter Hügel stoßen. Trotz seiner hohen Bevölkerungsdichte – 185 Menschen pro Quadratkilometer oder doppelt soviel wie in Frankreich – besitzt Burundi kaum Dörfer oder Städte. Die Menschen leben stattdessen auf Familiengrundstücken, die „Rugos" genannt werden und die einzigen städtischen Konzentrationen befinden sich bei den früheren kolonialen Handelszentren wie etwa Bujumbura oder Gitega.

Es gibt drei ethnische Hauptgruppen: die Hutu, die Tutsi (Watussi) und die Twa. Die kleinen, stämmigen Hutu (85 Prozent der Bevölkerung) sind zumeist Bauern und von Bantu-Abstammung mit dunklen, negroiden Zügen. Die Watussi (14 Prozent), die im 16. und 17. Jahrhundert aus dem Norden, wahrscheinlich aus Äthiopien, einwanderten, sind Viehzüchter. Sie sind hochgewachsen – oft deutlich über 1,80 Meter groß – mit langgezogenen, schmalen Gesichtern und ihre Haut ist etwas heller als die der meisten Afrikaner. Die Twa (ein Prozent) sind Pygmäen, die schon vor Generationen von den Watussi in den Busch und später an die Ränder des Weidelands vertrieben wurden.

Im Laufe der Zeit unterwarf die kleine Gruppe der Watussi-Einwanderer die Ureinwohner – die Hutu – einem feudalen System. Dem mittelalterlichen Europa sehr ähnlich, entwickelte sich eine Gesellschaftspyramide mit Watussi-Lehnsherren, die ihrerseits zu dem höhergestellten Watussi-Adel in einem Schutz-und-Trutz-

Verhältnis standen. Die Spitze jeder Pyramide bildete ein *Mwami* oder Watussi-König. Die große Mehrheit der Hutu verpfändete nach und nach ihre Dienste und trat ihr Land an den Adel ab, um dafür Rinder zu erhalten, das Wohlstands und Statussymbol in Burundi. Eine jahrhundertealte Tradition gab den Watussi das Gefühl eines privilegierten, überlegenen Volkes, während sie die Hutu als eine in Leibeigenschaft zu haltende, minderwertige Klasse ansahen. Die Watussi betrachteten sich als zur Führung befähigte Intelligenz und blickten auf die Hutu als hart arbeitende, dumme Bauern herab. Die Hutu wurden dazu dressiert, nicht zu widersprechen. Als Belgien im Jahre 1962 Burundi die Unabhängigkeit gewährte, wurde die Vorstellung von der angeborenen Überlegenheit der Watussi angegriffen und diese sorgten sich, daß ihre Macht an die Mehrheit übergehen könnte – so, wie es anderswo in Schwarzafrika geschehen war.

Die Watussi-Minderheitsregierung verfiel auf eine schlichte Lösung: Sie begann 1972 jeden Hutu mit Ausbildung, einem Posten in der Verwaltung oder Geld zu massakrieren. Innerhalb eines Zeitraums von drei Monaten wurden 200 000 Hutu abgeschlachtet, ihre Häuser und Schulen zerstört. Stan Meisler, damaliger Afrika-Korrespondent der „Los Angeles Times", reiste wenige Monate nach den Massakern nach Bujumbura, der Hauptstadt Burundis, und war darüber entsetzt, nur noch ein paar Handvoll Hutu zu sehen. „Es ist, als beträte man Warschau nach dem Zweiten Weltkrieg, um dort sehr wenige Juden vorzufinden", schrieb er.

Viele Hutu wurden nachts aus ihren Häusern geholt. Andere erhielten Vorladungen zur Polizei. Die Hutu waren im Laufe der Zeit gegenüber ihren Watussi-Herren so gehorsam und unterwürfig geworden, daß sie diesen Vorladungen nachkamen – von denen selbst die unwissendste Seele wußte, daß sie in Wirklichkeit die Hinrichtung bedeuteten. Manchmal, wenn man die tägliche Todesquote in den Gefängnissen und Polizeistationen erfüllt hatte, wurden die schlangestehenden Hutu aufgefordert, am darauffolgenden Tag zurückzukommen. Dieser Anordnung kamen sie pflichtgetreu nach. Die wenigen Hutu, die sich bemühten, ihren Henkern zu entkommen, unternahmen offensichtlich nur Scheinversuche. Es war ein trauriger Anblick. Sie gingen die Hauptstraße in Richtung Grenze entlang. Wenn ein Watussi-Polizist sie zur Umkehr auffordete, kehrten sie still und leise um.

Es gab viele gräßliche Geschichten über die Hinrichtungsmethoden, die alle schwierig zu überprüfen sind, doch westliche Diplomaten, die zur damaligen Zeit in Burundi Dienst taten, berichteten, daß eins klar gewesen sei: Die Watussi verwendeten nicht viele Kugeln. Die Leichen der Hutu wurden auf Militärlastwagen geworfen und ein Berg von Leichen und von ineinander verschränkten Gliedmaßen füllte die nicht verdeckten Ladeflächen der Fahrzeuge. Mehrere Tage lang polterten sie am hellichten Tag durch Bujumbura auf der Fahrt zu einem Feld in der Nähe des Flughafens. Dann entschloß sich die Regierung zu mehr Diskretion und verlegte die Todeskonvois in die Nacht. Bulldozer arbeiteten bei Scheinwerferlicht, um lange, enge Reihen von Gräbern auszuheben.

Im benachbarten Rwanda, früher Teil von Deutsch-Ostafrika und dann belgische Kolonie, das 1962 die Unabhängigkeit gewann, existierte ein ähnliches Ungleichgewicht zwischen den Stämmen. Dort stellten die Watussi zehn Prozent der Bevölkerung, die Hutu 89 Prozent. 1959 stürzten die Hutu ihre Watussi-Herren, brachten nach Schätzungen 100000 von ihnen um und gelangten als Bevölkerungsmehrheit an die Macht. Die Verfolgung der Watussi setzte sich bis 1964 fort, als der englische Philosoph Bertrand Russell diese Greueltaten „die schlimmsten und systematischsten Massaker von Menschenhand, die wir seit der Vernichtung der Juden durch die Nazis miterleben mußten", nannte.

Aber bis auf wenige Stimmen wie die von Russell reagierten Afrika und die Welt sonst mit Schweigen. Ein Repräsentant der Organisation für Afrikanische Einheit (OAU) flog auf dem Höhepunkt des Mordens nach Bujumbura und gratulierte dem Präsidenten Michel Micombero, einem 32jährigen Alkoholiker, der später gestürzt wurde, zu der ordentlichen Art und Weise, mit der dieser seine Staatsgeschäfte erledige. Die westlichen Missionare in Burundi und die christlichen Kirchen setzten ihre Arbeit im Auftrag Gottes ohne ein Wort des Protestes fort. Soweit ich weiß, brach kein einziges Land seine diplomatischen Beziehungen zu der Micombero-Regierung ab. Und während ein Prüfer der internationalen Juristenkommission offiziell empfangen wurde, prügelte die Polizei wenige Häuserblöcke entfernt 22 Hutu zu Tode.

Hätte die weiße Regierung Südafrikas ähnliche Greueltaten gegenüber Schwarzafrikanern verübt – eine Raserei gleich der Explosion eines Vulkans hätte den Kontinent erschüttert. Aber das wäre auch etwas anderes gewesen: Die Ungerechtigkeit der Weißen gegenüber den Schwarzen gilt als rassistisch; die Mißhandlung Schwarzer durch Schwarze ist dagegen nur Bestandteil wachsender nationaler Probleme und irgendwie sowohl für Afrika als auch für die Welt akzeptabel.

Traurigerweise hat sich seit dem Alptraum der siebziger Jahre nicht viel in Burundi geändert. Im Gegenteil: Im Sommer 1988 fing das Blutvergießen wieder an. Nachdem eine Gruppe Hutu die Bewohner eines Tutsi-Dorfes massakriert hatte, ging die schwerbewaffnete Armee willkürlich gegen die Hutu vor. Flüchtlinge berichteten, daß die Soldaten aus Hubschraubern mit Maschinengewehren fliehende Menschen niedergemetzelt hätten. Nach wie vor regiert die Furcht das Land und bis auf ihre zahlenmäßige Stärke sind die Hutu ein zerstörtes, machtloses Volk geblieben. Mehr als 200000 sind nach Zaire, Tansania und Rwanda geflohen und die Zurückgebliebenen bearbeiten noch immer die Felder ihrer Watussi-Herren, verrichten niedere Arbeiten und tragen Ausweise, die ihre Stammesherkunft bezeugen. Bei meinem letzten Besuch in Burundi gab es nicht einen einzigen gemeinen Hutu-Soldaten im 7000 Mann starken Heer des Landes und die Militärregierung mißtraut weiterhin – und wehrt sich manchmal gegen – jeglicher internationaler Hilfe, die durch die Ausbildung oder Bereicherung der Hutu schließlich in deren Widerstand einmünden könnte. Alle Macht bleibt in den Händen der Watussi. Und das ist in einem Wort alles, worum es beim Tribalismus geht: Macht.

Die ethnische Vielfalt Afrikas schafft darüber hinaus ein immenses Sprachproblem und macht Afrika zum linguistisch komplexesten Kontinent der Welt. Kanadas nationale Einheit zerbricht an dem Nebeneinander zweier Sprachen. Belgien wird durch Französisch und Flämisch gespalten. Doch in Afrika spricht man zusätzlich zu einem halben Dutzend eingeführter europäischer außerdem 1000 Stammessprachen, von denen 50 von mindestens einer Million Menschen verstanden werden. Suaheli in Ostafrika als auch Haussa in Nigeria sprechen mehr als 25 Millionen Menschen. Allein im Zaire gibt es 75 verschiedene Sprachen. In Südafrika sprechen die Buren Afrikaans, eine Abart des Holländischen aus dem 17. Jahrhundert, das nirgendwo sonst auf der Welt benutzt wird. Das Sprachengewirr lähmt ganze Länder intellektuell. Afrika ist in der nicht beneidenswerten Lage, sich nicht verständigen zu können.

Die Menschen von Djibouti, einem winzigen Land in Ostafrika, reden Französisch – die nächstliegenden frankophonen Afrikaner sind fast 1100 Kilometer weit entfernt. Die Massai-Nomaden Kenias und Tansanias sprechen Massai, das wenig Ähnlichkeit mit irgendeiner der anderen Sprachen dieser Länder aufweist. Die Äquatorialguineer verständigen sich als einzige Schwarzafrikaner auf Spanisch. Die Sprachbarriere macht es den Bewohnern benachbarter Dörfer auf dem Land in vielen Ländern unmöglich, miteinander zu kommunizieren. Wenn Präsident Daniel arap Moi eine seiner seltenen Reisen ins nördliche Kenia unternimmt, spricht er Suaheli, eine Sprache, die sich aus Bantu und arabischen Sprachelementen zusammensetzt und durch arabische Sklavenhändler verbreitet wurde. Doch verstehen die Menschen dort nur wenig Suaheli und Moi versteht ihre Stammessprachen nicht. Trotzdem versammeln sie sich gehorsam, um sich seine Reden anzuhören und in stillem Einverständnis mit dem Kopf zu nicken.

Stellen sie sich vor, was passieren würde, wenn es in Deutschland ein vergleichbares Problem gäbe. Wären sie Fabrikant aus Flensburg und sprächen nur Deutsch, könnten sie sich nicht mit ihrem Lieferanten aus Frankfurt verständigen. Als Abgeordneter aus Nürnberg könnten sie nicht einer Landtagsdebatte in München folgen. Wären sie Fernfahrer und durchquerten Baden-Württemberg, hätten sie Schwierigkeiten in Mannheim, Stuttgart und Konstanz eine Mahlzeit zu bestellen. Was würde geschehen? Sie würden sich genauso wie die Afrikaner auf dem Land verhalten: Sie würden in der Sicherheit ihrer sprachlichen Grenzen bleiben.

Nur Kamerun hat zwei europäische Amtssprachen – Französisch und Englisch. Doch die Menschen aus dem ehemals britischen Teil des Kamerun sprechen wenig oder gar kein Französisch, während die Menschen des ehemals französischen Gebiets wenig oder gar kein Englisch sprechen. So stocken Unterredungen zwischen kamerunischen Funktionären oft wegen des Sprachproblems. Dennoch stellt die Regierung nur selten Dolmetscher für derartige Treffen bereit, denn das Land gilt ja als zweisprachig. Folglich verstehen sich viele Menschen erst dann, wenn sie miteinander

Pidginenglisch reden, eine Sprache, die sich in den Sklavenlagern Westafrikas aus demselben Grund wie Suaheli in Ostafrika entwickelte: Die Sklavenhändler benötigten eine Sprache, in der sie ihren Sklaven Befehle erteilen konnten, und die Sklaven aus vielerlei Stämmen brauchten eine Sprache, um sich untereinander zu verständigen. Heutzutage ist Pidgin eine Schriftsprache, die viele englische Wörter mit afrikanischer Grammatik und afrikanischem Satzbau verbindet.

Der Reverend M. G. M. Cole, ein Afrikaner, der mehrere Jahre in Großbritannien verbrachte, lieferte einmal eine beredte Sonntagspredigt, die sich gegen die Einführung eines Einparteiensystems in Sierra Leone richtete: „Teday the country happ. Make dis thing go as ee de go, en den de go. Nor cause any trouble. Nor gee the president headache ... Oona nor amborgin am ... nor forget two party. We nor want one party." Cole sprach das Englisch der Königin einwandfrei, doch in diesem Fall tat er, was er tun mußte, um sich mitzuteilen – er sprach Krio, eine Sprache, die sich aus dem Pidginenglisch entwickelt hat und von 80 Prozent der Sierra Leoner verstanden wird. Was er sagte, läßt sich wie folgt übersetzen: „Today the country is happy. Let's continue things as it is, as they are. Don't cause any trouble. Don't give the president a headache ... Don't you humbug him ... Don't forget the two-party system. We don't want a one-party state. („Heute ist das Land glücklich. Laßt uns die Dinge so fortsetzen wie bisher, wie sie sind. Macht keinen Ärger. Bereitet dem Präsidenten keine Kopfschmerzen ... Beschwindelt ihn nicht ... Vergeßt nicht das Zweiparteiensystem. Wir wollen keinen Einparteienstaat.")

Die Kolonialisierung Afrikas führte Sprachen ein (Englisch, Französisch, Deutsch, Portugiesisch, Spanisch, Italienisch), die es den Afrikanern ermöglichten, sich mit der Außenwelt und untereinander zu verständigen. Doch das willkürliche Muster, nach dem die europäischen Mächte Afrika aufteilten, trug nur wenig zu seiner sprachlichen Vereinheitlichung bei. Kenya, wo rund vier Dutzend Sprachen gesprochen werden, ist ein ziemlich typisches Beispiel für den Umgang eines Landes mit seinem Sprachproblem.

Suaheli (korrekt: Kisuaheli) ist die am weitesten verbreitete Sprache Kenyas und neben Englisch Amtssprache. 1975 ordnete der Präsident Jomo Kenyatta unerwartet an, daß fortan Suaheli als einzige Sprache im Parlament verwendet werde, so, wie es die

Verfassung fordere. Daraufhin brach eine kleine Panik aus und die Abgeordneten eilten nach draußen, um sich Suaheli-Wörterbücher zu kaufen. Manche von ihnen machten überhaupt keine Fortschritte und äußerten deshalb monatelang kein Wort in der parlamentarischen Debatte. So dauerte es nicht lange, bis die Verfassung geändert wurde und Englisch als Hauptsprache ins Parlament zürückkehrte.

Die meisten Stadtbewohner in Kenya können drei Sprachen – Englisch und Suaheli, die sie beide nicht immer vollständig beherrschen, und eine Stammessprache. Geschäfts- und Staatsangelegenheiten werden in Englisch ausgeführt. Die Kinder lernen in der Schule Suaheli. Dort wird Englisch als zweite Sprache gelehrt, die Unterrichtssprache an der Universität Nairobi ist allerdings Englisch. Der Staat betreibt zwei Radiosender, den einen in Englisch, den anderen in Suaheli, und die beiden Sprachen verteilen sich ungefähr gleichmäßig auf die acht Stunden täglicher Fernsehausstrahlung. Auf dem Land sprechen die Bauern und Viehhalter im allgemeinen nur ihre Stammessprache. Die Sprachbarriere stellt eines der größten Hindernisse dar, die Kenya und andere Länder davon abhalten, ein echtes Nationalgefühl zu entwickeln. Wie sollen die Kenyaner sich selbst als Nation betrachten, wenn sie nicht einmal eine gemeinsame Sprache haben? Die Sprache ist eines der wichtigsten Werkzeuge beim Errichten eines Nationalstaats, denn in ihr liegt eine einigende Kraft.

Afrika ist ein junger Kontinent: Die Hälfte der Bevölkerung ist nicht älter als fünfzehn Jahre alt und die Zahl der Kinder wächst – allein im städtischen Krankenhaus Mama Yemo in Kinshasa, Zaire, kommen jährlich mehr als 50000 Babies zur Welt. Kenya verzeichnet den höchsten Bevölkerungszuwachs auf der Erde (vier Prozent) und Rwanda zählt zu den dichtbesiedelsten Ländern der Erde (257 Menschen pro Quadratkilometer). Die zerklüfteten, wunderschönen Hügel und Berge Rwandas sind gestuft wie riesige Treppenhäuser. Auf jeder Ebene, Hunderte von Metern über den Talgründen gelegen, lebt eine Großfamilie und betreibt Ackerbau. Die lehmigen Straßen, die sich durch die Täler und entlang der Hänge winden, sind so bevölkert wie die Bürgersteige der Fifth Avenue in New York während der Mittagszeit; eine Schulter-an-Schulter-Prozession von Fußgängern in ständiger, scheinbar zielloser Bewe-

gung – die meisten von ihnen barfuß und von dem selbstgebrauten
Bananenbier beschwipst...

Doch Afrikas Problem ist nicht die zu dichte, sondern die zu
ungleichmäßige Besiedlung. Sambia, das dreimal so groß wie die
Bundesrepublik ist, hat nur 7,3 Millionen Einwohner; Rwanda in
der Größe von Belgien hat 6,7 Millionen. In Afrika zählt man 20
Einwohner pro Quadratkilometer (ohne die Sahara sind es 29), etwa
soviel wie in den USA, und weitaus weniger, als die 66 pro
Quadratkilometer, die in Europa und Asien hineingezwängt sind
(Bundesrepublik: 240 Einwohner pro Quadratkilometer). Der Vergleich ist aber trügerisch. Rund ein Drittel Afrikas – ein Gebiet
zweimal so groß wie Indien – ist praktisch unbewohnbar und
manche Länder (wie Kenya) benützen bereits jeden Zentimeter
fruchtbaren Bodens. Keine Regierung, außer der südafrikanischen,
verfügt über genügend Ressourcen, um ihre Bevölkerung zu ernähren und eine angemessene Versorgung zu gewährleisten.

Die Kontrolle des Bevölkerungswachstums bleibt ein heikles
Thema in Afrika und nur wenige vernünftige Politiker wagen es,
sich deutlich dafür auszusprechen. Dies zu tun, käme einer Kampf-
ansage an das Wachstum des Stammes jedes einzelnen gleich; es
würde Eltern der Hände berauben, die nötig sind, um heute die
Felder zu bestellen und morgen für die Alten zu sorgen; es hieße,
religiöse und traditionelle Überzeugungen zu widerrufen, die seit
Generationen zu Afrika gehören. Manche Staaten betrachten Ge-
burtenregelung als moralisch verwerflich. Andere sehen in ihr einen
imperialistischen Komplott, der darauf abzielt, die Dritte Welt zu
entvölkern. Doch diese Argumente ignorieren die beunruhigende
Tatsache, daß Afrikas Geburtenrate höher als die irgend eines
anderen Kontinents ist und die schlimmste Bedrohung darstellt, der
es sich heute gegenübersieht.

Blickt man nach vorn und bedenkt, daß sich Afrikas Bevölkerung
augenblicklich alle 22 Jahre verdoppelt, während man gleichzeitig
die Versorgungsleistungen halbiert, so ergibt sich ein beängstigen-
des Bild: Regierungen werden schwächer und zerfallen unter Wellen
von Unruhen; Menschenmassen überschwemmen die Grenzen auf
der Suche nach Nahrung, Land, Gütern und Arbeit; Streit und Chaos
brechen aus, weil zuviele Menschen um zuwenig Waren konkurrieren; ausländische Mächte füllen das Vakuum und schaffen eine
Konstellation, die den Kontinent gegen sich selbst ausspielt.

Viele Bevölkerungswissenschaftler behaupten, daß die Afrikaner solange nicht weniger Kinder haben werden, solange sie nicht erkennen, daß dies in ihrem Interesse liegt und sie sich sicher sind, daß ihre Kinder das Erwachsenenalter erreichen werden. Das aber werde erst eintreten, wenn sich der Lebensstandard der Familie zusammen mit ihrer Sicherheit und Gesundheit hebt. In den „entwickelten" Ländern ist klar nachgewiesen worden, daß Geburtenkontrolle auf verbesserte wirtschaftliche Bedingungen folgt und nicht umgekehrt.

Afrika zeigt bisher keine Anzeichen, diesem Trend zu folgen. Kenya zum Beispiel hat seit der Unabhängigkeit mehr ökonomische Fortschritte als jeder andere nichterdölproduzierende schwarzafrikanische Staat gemacht. Doch sein Bevölkerungswachstum ist viermal so hoch wie das der USA – und steigt weiterhin an. 1960, kurz vor der Unabhängigkeit, hatte eine durchschnittliche kenyanische Frau 6,2 Kinder. 1970 waren es 7,2 und um 1980 herum waren es 8,3. Es gibt zwei mögliche Schlußfolgerungen: zum einen, daß Afrika nicht in das aufgezeigte Muster paßt; zum anderen – und das ist wahrscheinlicher, daß sich der Lebensstandard nicht ausreichend verbessert hat. Die Afrikaner fühlen sich heute wahrscheinlich wirtschaftlich noch bedrohter als während der Kolonialzeit. 20 afrikanische Staaten verzeichnen Wachstumsraten von über zwei Prozent im Jahr, 21 andere sogar über drei Prozent. Einzig und allein Gabun in Westafrika hat es geschafft, seine Bevölkerungzahlen zu stabilisieren – vor allem deshalb, weil 30 Prozent der Frauen Geschlechtskrankheiten haben. Die Regierung reagierte mit der Errichtung eines Zehn-Millionen-Dollar-Fruchtbarkeitszentrums, um herauszufinden, wie ihr Volk mehr Kinder hervorbringen und so mit dem restlichen Afrika Schritt halten könnte.

Tatsächlich sind wenige Vorstellungen so tief in der afrikanischen Seele verwurzelt wie der Wunsch und das Bedürfnis zu gebären. In vielen Kulturen ist ein nicht zeugungsfähiger Mann ein Ausgestoßener, eine unfruchtbare Frau wird gemieden und verachtet. „Wenn ich meiner Frau keine Kinder schenken kann, kann ich genauso gut tot sein", sagte mir ein Massai-Viehhirte. Der verstorbene König Swazilands, Sobhusa der Zweite, Herr der Speere (1899 bis 1982), zeugte mehr als 500 Kinder mit seinen rund 100 Frauen. In islamischen Ländern wie Niger oder Burkina Faso ist es üblich, daß die Männer vier Frauen und 20 bis 25 Kinder haben. Selbst in überwiegend christlichen Staaten haben die Männer oft eine Stadtfrau und eine Frau auf dem Land. Die Landfrau eines kenyanischen Ministers ist wahrscheinlich Analphabetin und plump. Sie bleibt auf der Shamba (Farm oder Garten), um sich um die Felder zu kümmern und er besucht sie vielleicht einmal die Woche. Die Stadtfrau, elegant und eloquent, begleitet ihren Ehemann zu den verschiedenen gesellschaftlichen Anlässen, bei denen er anwesend sein muß.

Im März 1977 verkündete Jean-Bédel Bokassa, Führer des damaligen Zentralafrikanischen Reiches (heute Zentralafrikanische Republik), anläßlich der Geburt seines dreizehnten Kindes und Thronerbens Saint Jean de Bokassa de Berengo de Bouyangui de Centrafrique einen Nationalfeiertag. Das erste Glückwunschtelegramm kam von Idi Amin, der besonders erwähnte, daß er selbst 32 Kinder habe. „Möge Gott Sie segnen und Ihnen noch mehr Kinder schenken", so Amin.

Die sozialen und wirtschaftlichen Folgen von Afrikas Virilität wirken zusammen mit der zügellosen Verstädterung zersetzend und verhängnisvoll. Außerstande, seine große Familie zu ernähren, verläßt der körperlich intakte Mann seine Farm, um eine bezahlte Arbeit zu finden. Seine Frau bleibt zurück, um die Felder zu unterhalten und die Kinder großzuziehen. So wird die Großfamilie vielleicht nachhaltig geschwächt. Sie ist in Afrika gewöhnlich eine Quelle großer Stärke.* In der Stadt erfährt der Neuankömmling bald, daß er über keinerlei verwendbare Fähigkeiten verfügt. Er tritt den Legionen verstädterter Afrikaner bei, deren zielloses Dasein sich an Straßenecken und in Kaffeehäusern abspielt. Aufgrund der erhöhten Anforderungen an die städtischen Dienstleistungen zeigen diese Auflösungserscheinungen, die öffentlichen Verkehrsmittel brechen zusammen, Krankenhausbetten werden von zwei oder drei Patienten geteilt, Stromausfälle sind häufig und die

---

* Große Unternehmen und Behörden müssen in vielen afrikanischen Ländern Wohnraum für ihre städtischen Angestellten bereitstellen. Die Unterkunft besteht in der Regel nur aus Junggesellenquartieren, weil es zu teuer wäre, Wohnmöglichkeiten für Familien mit 15 oder 16 Angehörigen zu bauen. Dieses Vorgehen unterstützt die Trennung von Haushalten und erklärt, warum 60 Prozent von Nairobis Bevölkerung männlich ist.

Kriminalität wird zu einem sozialen Hauptproblem.* In keinem
christlichen Land sind heute die Straßen nach Einbruch der Dunkelheit sicher – weder für Europäer noch für Afrikaner. Interessanterweise gilt das nicht für die islamischen Länder, in denen die
Menschen ihre religiösen Lehren gläubiger befolgen. Man kann in
den Straßen Sansibars oder Mogadischus in Somalia oder eines
Dutzends anderer islamischer Städte zu jeder Stunde ohne die
geringste Furcht vor Überfällen umherwandeln.

Weil sich die Städte bevölkern, sind die afrikanischen Staaten
gezwungen, einen immer größeren Teil ihres Haushalts für städtische Dienstleistungen und Entwicklung zu opfern – zum Nachteil
der ländlichen Gebiete, in denen noch immer rund 80 Prozent der
afrikanischen Bevölkerung lebt. Auch das gibt der Verstädterung
Auftrieb. In Nairobi zum Beispiel arbeiten 452 Ärzte im Kenyatta
Hospital, dem größten Krankenhaus der Stadt, aber es gibt nur
einen Arzt in Kenyas nördlicher Wüstengegend, einer Region etwa
doppelt so groß wie die grüne Insel Irland. In der Zentralafrikanischen Republik befinden sich die einzigen Banken des Landes in der
Hauptstadt Bangui. Im Tschad, einem Land, das so groß ist wie
Frankreich, Spanien und die Bundesrepublik zusammen, gibt es
240 Kilometer außerhalb der Hauptstadt N'Djamena keine asphal-
tierten Straßen mehr.

Angesichts des Zerfalls der Städte sind viele westliche Besucher
überrascht, wenn sie erfahren, wie reich Afrika eigentlich ist. Es
hütet die Schätze, die künftige Generationen aus fernen Kontinenten benötigen werden, um zu gedeihen, zu produzieren, ja um zu
überleben, wie ein heimlicher Millionär. Es verfügt über 40 Prozent
des irdischen Wasserkraftpotentials, besitzt den Großteil der Diamanten und des Chroms der Erde, 30 Prozent des Urans in der
nichtkommunistischen Welt und 50 Prozent der Phosphat-, 40
Prozent der Platin-, 7,5 Prozent der Kohle- und 13 Prozent der
bekannten Erdölvorkommen, zwölf Prozent des Erdgases, zehn
Prozent der Eisenerze und Millionen von Hektar unbestellten

---

* Die Kolonialisten hatten kein Problem mit der afrikanischen Verstädterung, weil
„Eingeborene" besondere Pässe benötigten, um die weißen Gebiete der meisten
Hauptstädte zu betreten. Bis 1986 existierten die berüchtigten Paßgesetze in
Südafrika und mehr als 300000 Schwarze wurden jährlich verhaftet, weil sie
gegen diese verstoßen hatten.

Ackerbodens. Es gibt keinen anderen Kontinent, der mit solchem
Reichtum und solcher Mannigfaltigkeit gesegnet wäre.
Doch Jugend und Wohlstand haben Fortschritt und Entwicklung nicht vorangetrieben. Es würde mir schwerfallen, mehr als
vier nicht-erdölexportierende Länder zu nennen – Kenya, Kamerun, die Elfenbeinküste und Malawi – in denen es eine bedeutende
Wirtschaftsentwicklung, politische Stabilität und eine sich bildende
Mittelklasse gibt. Anderswo ist das Bild Afrikas trübe, mit nieder-
schlagenden Konsequenzen, denn der Kontinent holt den Rest der
Welt nicht ein, sondern fällt immer weiter zurück. Afrika ist nicht
länger Bestandteil der Dritten Welt, es ist die Vierte Welt.

– Dem Rat der Vereinten Nationen für Afrika zufolge haben sich
  die Volkswirtschaften von 30 der 46 Staaten Afrikas südlich der
  Sahara seit der Unabhängigkeit zurückentwickelt. Das reale Pro-
  Kopf-Einkommen der Nichterdölproduzenten hat sich in den
  siebziger Jahren um weniger als ein Prozent erhöht und 60
  Prozent der 500 Millionen Menschen südlich der Sahara sind
  unterernährt. 17 schwarzafrikanische Staaten und 150 Millionen
  Menschen begannen dieses Jahrzehnt laut der Welternährungs-
  organisation (FAO) mit der Aussicht auf „katastrophale" Nahrungsmittelknappheit.

– Das Pro-Kopf-Einkommen in Schwarzafrika beträgt 400 Dollar
  im Jahr, damit das niedrigste der Welt. In realen Preisen sinken
  dieses Einkommen und der Lebensstandard in Afrika, denn die
  Bauern sind von den Preisschwankungen ihrer Produkte auf den
  Weltmärkten abhängig.

– Die Säuglingssterblichkeit in Schwarzafrika beträgt 115 auf 1000
  Geburten, damit die höchste der Welt. In Burkina Faso, wo die
  Lebenserwartung 44 Jahre beträgt, liegt sie bei 189. Die Bundes-
  republik hat einen Arzt auf 420 Einwohner. Kenya, eines der am
  weitesten entwickelten Länder Afrikas, hat einen Arzt auf 7890
  Einwohner.

– Nur elf Prozent der schulreifen Kinder Afrikas gehen in die
  Schule, verglichen mit 35 Prozent in Asien und 45 Prozent in
  Südamerika. In der Altersgruppe zwischen 20 und 24 Jahren
  studieren 1,7 Prozent der Afrikaner an einer Universität. In Asien
  sind es 5,7 Prozent, in Lateinamerika 6,7 Prozent und in den USA
  48 Prozent.

– Der Anteil der Analphabeten in Afrika beträgt ungefähr 63

Prozent. Diese Quote dürfte weiterhin sinken, weil mehr Kinder
in die Schule gehen. Es wird aber weiterhin die höchste Ansammlung von Analphabeten auf der Erde sein.
– Bei Anbruch des Zeitalters der Unabhängigkeit produzierte
Afrika 95 Prozent der benötigten Nahrungsmittel. Heute ist mit
Ausnahme Südafrikas jedes Land Importeur und um das Jahr
2000 herum wird jeder zweite Afrikaner Nahrungsmittel essen,
die aus anderen Kontinenten eingeführt wurden.

Trotz der furchterregenden Probleme, denen sich der Kontinent
gegenübersieht, verbringen die afrikanischen Führer wenig Zeit
damit, ihr eigenes Verhalten und ihre Fehler zu überprüfen, sondern halten vor allem nach einem Sündenbock Ausschau. Gewöhnlich wird jedes Problem dem Kolonialismus zur Last gelegt, denn
Afrika als Afrikaner zu kritisieren, gilt als Verrat. Vielleicht ist der
afrikanische Widerwillen, Selbstkritik zu üben, bloß ein Verteidi-
gungsmechanismus gegen die Erniedrigung, die dem Kontinent so
oft widerfährt, wenn es daran erinnert wird, daß seine Armeen
nicht sehr zäh sind und es um seine Fähigkeit, auf Worte Taten
folgen zu lassen, nicht sehr gut bestellt ist.
   In Somalia hat ein normales Ministerium 800 Beamte. Doch an
keinem einzigen Tag erscheinen mehr als 60 von ihnen gleichzeitig
zur Arbeit, wie mir ein hochrangiger Funktionär versicherte. Im
Zaire schrumpfte ein international gewährter Zuschuß in Höhe
von 1,8 Millionen Dollar für die Reparatur von Kinshasas zusam-
mengebrochenen Stadtbussen auf 200 000 Dollar zusammen, bis er
das Transportministerium erreichte und bewirkte schließlich gar
nichts. Wenn man in Nairobi die Polizei anruft, um zu melden, daß
das Haus gerade von einem Haufen machetenbewaffneter Banditen
überfallen wird, wird einem mitgeteilt, daß man zur Polizeistation
kommen müsse, um die Polizisten abzuholen. In dieser Nacht seien
keine Fahrzeuge in Bereitschaft. In Sambia rosten Hunderte von
Regierungsautos auf einem riesigen Parkplatz außerhalb von Lusaka. Viele brauchen nicht mehr als einen neuen Vergaser oder eine
neue Benzinpumpe. Aber es gibt keine Mechaniker und selbst
wenn – es bestünde wenig Anreiz zu sparen, denn es wäre immer
noch leichter, die Autos zum alten Eisen zu werfen und mit
internationaler Hilfe neue zu kaufen.
   In einem Augenblick besonderer Frustration zürnte Sambias

Präsident Kenneth Kaunda: „Wenn es im nächsten Jahr alle fünf
Millionen Sambier weiterhin vorziehen, so faul wie jetzt zu sein,
werde ich bereitwillig als Präsident zurücktreten, weil ich nicht der
Führer von Faulpelzen sein möchte." Kaundas Kommentar unterstreicht den feinen Unterschied zwischen Rassismus und Kritik,
mit dem es westliche Journalisten in Afrika zu tun haben. Hätte ein
Weißer solch eine Bemerkung gemacht, dann hätte sie als rassistisch gegolten. Ein Schwarzer dagegen kann es aussprechen und
ihm wird nicht mehr als die Äußerung ehrlicher Kritik vorgehal-
ten. Diese Dualität funktioniert auf allen offiziellen Ebenen eines
afrikanischen Staats und bewirkt, daß der Kontinent von Kritik
verschont bleibt. Eine Regierung kann zum Beispiel ein Dutzend
Dissidenten hinrichten oder einen ganzen Stamm verfolgen und
ihre Taten als „soziale Rekonstruktion" bezeichnen. Wenn es ein
westlicher Journalist Barbarei nennt, fertigt ihn der Afrikaner als
Rassist ab. Die Folge ist, daß die Menschen im Westen und besonders die Gelehrten verschüchtert und sogar romantisch über Afrika
schreiben und die afrikanischen Staaten ihre Völker weiterhin
ziemlich so behandeln, wie es ihnen paßt.

Die Sambier übrigens wurden nicht plötzlich quicklebendig und
Kaunda, der seit 1964 Präsident ist, trat nicht zurück.

Als wirtschaftlich taumelnder und politisch schlingernder Kontinent bleibt Afrika heute genauso für Ausbeutung anfällig wie vor
100 Jahren. Sowohl der Osten als auch der Westen nutzen das aus
und überschütten ein Land nach dem anderen mit Militär- und
Entwicklungshilfe, in der Hoffnung, neue Satelliten zu gewinnen.
Folglich hat sich der Einfluß von außen vergrößert und Afrika die
Kontrolle über die eigenen Angelegenheiten sowohl militärisch als
auch ökonomisch entzogen.

„Ich denke, die Zeit ist gekommen, Afrika den Afrikanern zu
überlassen", so Togos Präsident Etienne Eyadema. „Wir können
Lösungen für Afrikas Probleme finden. Der Osten und der Westen
müssen aufhören, sich in unsere inneren Angelegenheiten einzumischen."

Diese Forderung wird in Afrika häufig ausgesprochen – doch sie
ist hohl. Würden Osten und Westen den Strom von Gewehren,
Geld und Technologie einstellen, bräche fast jede Regierung innerhalb weniger Monate zusammen. Noch nie zuvor war Afrika so
von ausländischen Mächten abhängig wie heute. Mit Ausnahme

Nigerias, dessen Öleinnahmen 1980 60 Millionen Dollar täglich erreichten, inzwischen allerdings auf 17 Millionen Dollar (1988) zusammengeschrumpft sind, lebt Afrika von internationalen Almosen. Wenn die nationale Sicherheit bedroht ist, ruft Afrika zuallererst nach der Hilfe nichtafrikanischer Länder, weil nur wenige Staaten in der Lage sind, sich selbst zu verteidigen. Nur Angola und Äthiopien – zwei Länder, die von der Sowjetunion aufgerüstet wurden – können über 500 Einheiten an schwerer Artillerie, Panzern und Raketenwerfern aufbieten.

Obwohl Schwarzafrika 800000 Mann unter Waffen hat, sind die meisten Armeen schlecht ausgebildet und wenig diszipliniert. Sie dienen eigentlich nur der inneren Sicherheit. Als Guerillakämpfer sind die Afrikaner wirkungsvoll, weil ihre Einheiten klein und locker strukturiert sind und sie ihre Sache verstehen können – die Befreiung. Doch als Mitglied eines großen, organisierten Heeres werden ihre militärischen Fähigkeiten stark reduziert: Nun kämpfen sie für eine Nation, der sie sich nicht richtig zugehörig fühlen, müssen vielleicht die Befehle eines Offiziers ausführen, der einem feindlichen Stamm angehört, und sollen komplizierte Waffen bedienen, obwohl sie vielleicht noch nie zuvor Auto gefahren sind oder einen Taschenrechner gesehen haben. Selbst wenn die Eliteeinheiten in die Schlacht gehen, endet es oft damit, daß sie ihre Waffen wegwerfen und fliehen. Das Heer ist häufiger das Hauptinstrument bei der Terrorisierung und Ausbeutung der Bevölkerung.

Das Ende des Kolonialismus hat Afrika keine wirkliche Freiheit gebracht. Mit über 130 Milliarden Dollar Auslandsschulden ist Afrika zu einem Haufen von Sozialhilfeempfängern geworden, die abhängig von der Laune ausländischer Geberländer und der Entwicklungshilfe-Organisationen überleben. Wie Kenyas Präsident Moi es auf einem Bittstellerbesuch in der Bundesrepublik ausdrückte, offensichtlich ohne sich über die Ironie seiner Worte im klaren zu sein: „Kein Land kann ohne Hilfe von außen wirtschaftlich unabhängig bleiben."

Einige der Probleme Afrikas – besonders diejenigen, die von Mächten jenseits des Menschen verursacht werden – sind so enorm und so dauerhaft, daß ihnen ein Volk mit geringerem Lebensgeist erlegen wäre. Die unentrinnbare Hitze betäubt den Verstand und raubt die Vitalität. Tsetsefliegen und eine Reihe anderer Insekten übertragen fürchterliche Krankheiten, die ganze Dörfer lahmlegen. Leichte Erkrankungen wie Durchfall töten jedes Jahr Zehntausende afrikanischer Kinder. Heuschreckenschwärme – 20 oder 30 Millionen dünner, glänzender Lebewesen, die rund 30 Gramm wiegen und täglich ihr eigenes Körpergewicht verschlingen – können sich innerhalb weniger Tage durch die Getreideernte eines ganzen Landes fressen, ohne ein lebendes Gewächs zurückzulassen. Die Dürreperioden halten zu lange an und die Regenfälle sind zu stark. Die Natur intrigiert wie der Mensch und entzieht einem Volk den eigenen Boden.

Möglicherweise kann Schwarzafrika in die neunziger Jahre straucheln und dabei weiterhin hoffen, träumen, reden, die Überlebensfragen ignorieren, die es angehen muß, und die Not und die Mißgeschicke als Werk von Mächten außerhalb seiner Kontrolle akzeptieren. Vielleicht aber wird es ein Erwachen geben; die Erkenntnis, daß mit Glück und vernünftiger Planung Afrika sein Schicksal selbst in die Hand nehmen – oder wenigstens sein Schiff durch einige der Stürme manövrieren kann.

Trotz allem, zwei Jahrzehnte afrikanischer Unabhängigkeit haben eine unschätzbare Lektion erteilt: Der Fortschritt ist nicht unvermeidbar.

Zusammenstoß von Vergangenheit und Gegenwart

Es gibt keinen Weg zurück. Die alten Leute in den Dörfern müssen einfach akzeptieren, daß die Dinge sich ändern und daß die Traditionen, mit denen sie aufgewachsen sind, aussterben.
– Oliver Litondo, ein kenyanischer Fernsehkommentator

Während der langen, kalten Regenzeit Kenyas, die von März bis Juni dauert, versinkt man im Mathare Valley bis zu den Knöcheln im Schlamm. Von weitem sieht das Gebiet wie ein riesiger Schrottplatz aus – seine Hänge und der Boden sind mit Holzstößen, Pappe und sonstigem Gerümpel übersät. Das Tal, das sich nördlich von Nairobi über mehr als eineinhalb Kilometer erstreckt, ist von einer seltsamen Stille durchzogen, die genauso wenig wie ein Schwarzweißphoto ein Gefühl von Bewegung oder Farbe vermittelt. Nachts könnte man direkt daran vorbeifahren, ohne dort irgendeine Menschenseele zu vermuten.

Dennoch ist dieses Tal die Heimat von mehr als 200000 Menschen, eine behelfsmäßige Stadt von der Größe Würzburgs. Wie soviele Afrikaner vor ihnen hatten seine Bewohner ihre Dörfer wegen der Verheißungen der Stadt verlassen, doch diese bot weder Arbeit noch Wohnraum. So zwängten sie sich in die Slums außerhalb Nairobis, in Orte wie das Mathare Valley – ohne fließendes Wasser oder elektrisches Licht, wo alle Hoffnungen für Afrikas wandernde Bevölkerung begraben werden.

Ich erinnere mich an einen Spaziergang durch das Tal, auf dem ich mir meinen Weg entlang der schlammigen Pfade suchte, die sich durch die Barracken schlängelten. Ich war überrascht, wie still

alles war. Es war wie in einem Stummfilm. Ich stoppte bei einem
Anbau, dessen Dach aus Papiertüten bestand. Ein Topf mit Maisbrei kochte davor und Mary Ngei beugte sich über die letzten
Holzkohlefunken, um das Essen ihrer Familie vor dem Nieselregen
zu schützen. Wäre sie bereit, sich etwas mit mir zu unterhalten? Ja,
antwortete sie. Wäre ich bereit, ihr einige Shillinge für ihre Zeit zu
geben? Sicher, sagte ich. Sie zog ein abgenutztes Blatt Papier aus
ihrer Tasche, das von Klebestreifen zusammengehalten wurde. Sie
entfaltete es vorsichtig, glättete dabei jedes Eselsohr und hielt es mir
zur Überprüfung hin.

„Da", sagte sie, „Sie sehen es. Alles Einser. Hannah hatte immer
überall Einser." Frau Ngei, 40 Jahre alt und Mutter von dreizehn
Kindern, faltete das Zeugnis ihrer Tochter zu einem winzig kleinen
Rechteck zusammen und steckte es unter ein loses Brett in ihrem
Holzbett, in dem sie noch ein paar andere Schätze hütete. Nein,
sagte sie, Hannah sei nicht mehr in der Schule. Tatsächlich war sie
sich nicht sicher, wo sich ihre fünfzehnjährige Tochter befand. Alle
ihre Kinder hatten die Schule verlassen, weil die Ngeis nicht in der
Lage waren, die jährliche Einschreibgebühr von 30 Shilling (drei
Mark) zu bezahlen. Die Jüngeren waren zu Gassenjungen geworden, die sich ihren Lebensunterhalt auf den Straßen Nairobis
erbettelten oder sonstwie zusammenkratzten. Die Älteren, so
fürchtete sie, waren zu Prostitution und Diebstahl übergegangen.
Ihr Mann ging fast jeden Morgen auf Arbeitsuche nach Nairobi,
aber er hatte in dem einen Jahr, seitdem sie in der Stadt waren, nicht
mehr als fünf oder sechs Tage Beschäftigung gefunden. Sie hegte
keine besonderen Hoffnungen, daß er an diesem Abend mit Geld
oder guten Nachrichten nach Hause kommen würde.

„Wirklich, ich weiß nicht, was wir machen werden. So kann
man nicht leben. Die Leute werden hier krank, sie sterben einfach.
Sie bekommen keinen Arzt zu sehen. Wir können zurück auf unsere
Shamba gehen, aber auch dort gibt es keinen Arzt. Und keine Jobs
und kein Geld. Wir müßten Hannah zurück in die Schule kriegen,
so daß sie gescheit wird, eine Arbeit findet und zu unserem
Unterhalt beitragen kann."

Die Stadtverwaltung von Nairobi betrachtete die Bewohner des
Tals als illegale Ansiedler und schickte regelmäßig Planierraupen,
um ihre Bruchbudenwelt dem Erdboden gleichzumachen. Da sie
wußten, daß sie oft kurzerhand fliehen müßten, zerlegten die Leute

ihre Behausungen jeden Morgen und stapelten die Pappe und die
Holzklötze ordentlich auf dem Boden. Jeden Abend bauten sie
diese wieder auf. Das Ganze dauerte nur wenige Minuten, aber es
ermöglichte den Bewohnern, einfach ihre Unterkünfte mitzuneh-
men und umzuziehen, wenn sie das Dröhnen der über dem Hügel
herannahenden Bulldozer hörten. Dieser trennt das Mathare Valley
von den alten Kolonialvillen, die heute von Botschaftern und
kenyanischen Millionären bewohnt werden. In den ersten zwei bis
drei Tagen nach der Invasion der Planierraupen bleibt das Tal noch
verlassen. Doch dann tauchen nachts seine Bewohner plötzlich
wieder auf. Gegen Morgengrauen ist das Tal von neuem ein wirres
Knäuel aus Hütten und Dreck; aus Menschen, die weiterhin die
trostlose Routine ihres Lebens erdulden, als sei absolut nichts
geschehen.

Ich schrieb einen Artikel für die Los Angeles Times über die
Ngeis und erhielt ein paar Wochen später den Brief einer kaliforni-
schen Leserin, die anbot, Hannahs Ausbildung, vielleicht sogar an
einer amerikanischen Hochschule, zu bezahlen. Ob ich mit den
Ngeis Kontakt aufnehmen könnte? Ich ging noch einmal ins Mathare Valley. Doch zwischenzeitlich waren die Bulldozer aufgetaucht und die Ngeis verschwunden. Jemand sagte mir, daß sie
noch immer im Tal seien und ihre Behausung anderswo aufge-
schlagen hätten. Die Suche nach Frau Ngei war so aussichtslos, als
hätte man versucht, jemanden in der Menschenmenge des ausver-
kauften Münchner Oympiastadions aufzuspüren. So kehrte ich
zwei Stunden später erfolglos in mein Büro zurück. Selbst diese
glückliche Fügung war letztendlich ein Hohn auf die Versprechungen der Stadt.

Millionen von Afrikanern, von Kenya bis zur Elfenbeinküste,
von Niger bis Botswana, treten heute in die Fußstapfen der Ngeis –
sie werden durch den Traum von einem besseren Leben von ihren
kleinen Bauernhöfen in die Stadt gelockt. Die Landflucht ist ein
Alptraum für die Städte: Elendsviertel, Verbrechen, seelische Zer-
rüttung und Volkswirtschaften, die einfach nicht schnell genug
wachsen, um Arbeitsplätze und Sozialleistungen für die weltweit
jüngste und am schnellsten wachsende Bevölkerung bereitzustellen. Hier einige Statistiken zu afrikanischen Hauptstädten: die
Einwohnerzahl von Lagos in Nigeria ist von 300 000 im Jahre 1970
auf heute über drei Millionen angewachsen. Nouakchott in Maure-

tanien hatte vor zwanzig Jahren 5 000 Einwohner – heute sind es 225 000. Nairobi, für 250 000 Menschen vorgesehen, wird im Jahre 2050 sieben Millionen Einwohner haben, wenn sich die jetzigen Wachstumsraten fortsetzen. 1960 gab es nur eine schwarzafrikanische Stadt, Kinshasa im Zaire, die mehr als eine halbe Million Einwohner hatte; heute sind es über 30.

In Kenya ist der gesetzliche Mindestlohn 60 Mark und die Arbeitslosigkeit erreicht 45 Prozent. Wie in den anderen afrikanischen Ländern gibt es dort keine Arbeitslosenversicherung. 13 Prozent der 1800 Absolventen der Universität Nairobi werden mindestens drei Jahre lang ohne Job sein. Der ILO (International Labour Organization) zufolge, können 60 Millionen Afrikaner – die Hälfte der erwachsenen Bevölkerung – keine Arbeit finden. Wenn Afrika das Ziel der ILO, Vollbeschäftigung im Jahre 2000, erreichen wollte, müßte es 150 Millionen Arbeitsplätze schaffen – eine unlösbare Aufgabe. Burkina Fasos Hauptexportartikel sind seine Menschen – 600 000 von ihnen arbeiten saisonal in benachbarten Ländern. Die Arbeitslosigkeit in Djibouti beträgt bis zu 85 Prozent und der nächstgelegene wirkliche Arbeitsmarkt liegt auf einem anderen Kontinent, in den Anrainerstaaten des Persischen Golfs.

Mehr als die Hälfte der Bevölkerung der Kapverden hat die Inselrepublik auf der Suche nach Arbeit verlassen. Heute leben mehr Angehörige dieses Fischervolkes in Massachusetts und Rhode Island als auf den Inseln selbst. In Äthiopien und Tansania sind die Arbeitsplätze in den Städten so knapp, daß die Regierung Menschen manchmal unter Androhung von Waffengewalt aufs Land zurückverfrachtet. Botswana, Malawi, Lesotho, Swaziland, Simbabwe und Mosambik schicken Zehntausende ihrer arbeitslosen jungen Männer in die südafrikanischen Minen.

Gerade zwei oder drei Kilometer vom Mathare Valley entfernt, im Herzen Nairobis, blickt Francis Thuo aus seinem Fenster im „International House" auf die unter ihm ausgebreitete Stadt. In der Ferne sieht man die afrikanische Steppe, wo Giraffen, Zebras und Antilopen noch immer in großer Zahl umherstreifen. Thuo, ein wohlhabender Geschäftsmann und Mitte vierzig, ist Vorsitzender der Börse Nairobis. Er trägt einen Dreiteiler mit einem Abzeichen des Lionsclubs im Revers. Seine fünf Kinder gehen auf Privatschulen und sein Büro ist geschmackvoll und teuer eingerichtet – mit Wandteppichen und Mahagoni-Möbeln.

Thuo erinnert sich daran, wie er kurz nach dem Verlassen der
Schule mit seinem Vater, einem Fleischer, der die Schulgebühren
für die Ausbildung seiner acht Kinder nicht aufbringen konnte,
über eine Brücke in Narobi ging. Sie hielten an, um ein Dutzend
Männer zu beobachten, die freien Oberkörpers und schwitzend mit
Hacke und Schaufel am Straßenrand ackerten.

„Schau sie Dir an", sagte sein Vater. „Wenn Du deine Ausbildung nicht ernst nimmst, wirst Du genauso wie sie enden. Es wird
in Deinem Leben nur Gräbenbuddeln geben."

Thuo vergaß diesen Ratschlag nie. Er fing bei einer Tankstelle an
und arbeitete später bei einer Buchführungsfirma. Gleichzeitig
brachte er sich Lesen und Schreiben bei. Er studierte Wirtschaft am
Abend und machte Fernkurse in Geschichte. 1964, ein Jahr nach der
Unabhängigkeit, gründete Thuo die erste schwarzafrikanische Ma-
klerfirma in Ostafrika. Er ist stolz darauf, daß er sein Schicksal
gemeistert und die Oberhand behalten hat. Das umsomehr bei dem
Gedanken, daß die Kolonialisten in seiner Jugend den Afrikanern
praktisch keine Möglichkeit gaben, zu beweisen, was in ihnen
steckt – außer als einfache Arbeiter.

„Was mich heutzutage besorgt macht, ist die Tatsache, daß
unsere Kinder es viel zu leicht haben", sinniert er. „Nur wenn wir
sie antreiben, leisten sie ihren Beitrag. Sie wollen, daß ihnen das
Leben auf einem Silberteller präsentiert wird."

Seine Befürchtungen unterscheiden sich kaum von denjenigen,
die man vielleicht auch in den USA oder Europa hören kann... Das
ist nicht überraschend, denn Afrikaner wie Thuo – Angehörige
einer neuen, aufstrebenden Mittelschicht – haben Träume, Ziele
und Werte mit deutlich westlichem Einschlag. Sie sind gebildet,
haben wirtschaftlichen Ehrgeiz und wollen ihren Kinder ein leich-
teres Leben ermöglichen. So opfern sie sich für ihren Nachwuchs
auf, beklagen die Inflation, kritisieren das unanständige Benehmen
der heutigen Jugend und sind sehr darauf bedacht, ihren Wohlstand
und ihre Sicherheit zu vergrößern.

Thuo entkam seiner Herkunft nur durch harte Arbeit und
Zähigkeit. Andere haben den Aufstieg mehr zufällig als beabsichtigt, eher als Nutznießer, denn als Schöpfer des von den Kolonialisten hinterlassenen Systems geschafft. Sie traten einfach in das
Vakuum, daß diese nach ihrem Abzug hinterließen. Sie bleiben sehr
oft eher wegen des Tribalismus als ihrer Fähigkeiten in Amt und

Würden. Doch Afrikas neue Mittel- und Oberschichten, so winzig sie auch sein mögen, sind ein ermutigendes Zeichen für die Zukunft. Wenn sie wachsen und zur Mehrheit werden, wie es in den USA und in Westeuropa geschehen ist, könnten sie das Fundament wirtschaftlicher und politischer Stabilität in Afrika bilden, weil dann mehr Leute Interesse an dem Wohlergehen ihres Landes hätten. Die Börse von Nairobi, der Thuo vorsteht, stellt einen beachtenswerten Schritt in diese Richtung dar.

Diese Börse ist sicherlich die kleinste und formloseste der Welt. Es gibt keinen Raum, in dem gehandelt würde, keinen festen Standort und keine festgelegten Börsensitze. Ihre fünf Mitglieder treffen sich jeden Morgen beim Kaffee, um über Kenyas Gesundheitszustand zu befinden. Etwa zwanzig Minuten lang machen sie sich Notizen, zanken sich und tauschen Aktien aus. Sie vollenden ihr Ritual mit den gutmütigen Neckereien alter Freunde. Internationale Ereignisse beeinflussen den Markt kaum – es kommt auf die heimischen Verhältnisse an.

Die Preise setzen die fünf Börsenmitglieder während des morgendlichen „Verlesens" fest, wenn sie sich jeweils im Büro eines anderen Kollegen treffen. Der eigentliche Handel wird telephonisch oder schriftlich über die fünf Maklerfirmen in Nairobi abgewickelt. Diese bieten ihren Kunden siebzig verschiedene Aktien im Wert von ein paar Pfennigen bis zu ein paar Mark pro Titel an.

Thuo schätzt als „Annahme eines ausgebildeten Medizinmanns", daß ungefähr 1,5 Prozent der rund 22 Millionen Kenyaner Aktien besitzen. Das ist viel, wenn man bedenkt, daß die Afrikaner während der Kolonialzeit praktisch kein Geld hatten und ihren Wohlstand gewöhnlich an der Größe ihrer Familie oder Herde maßen.

„Kapitalismus war schon immer Teil des afrikanischen Lebens", so Thuo. „Seinen Wohlstand in Rindern oder anhand der Größe seiner Familie zu messen, war eine Form des Kapitalismus. Wir leben jetzt in einer anderen Zeit und womit wir uns jetzt beschäftigen, ist nur eine Form des Kapitalismus – Geld statt Kühe."

Mit einem starken Fernglas könnte man aus Thuos Büro im 14. Stock das Dörfchen Meto – und ein anderes Gesicht Afrikas – hautnah erleben. In Meto, versteckt in der von Dornengestrüpp bewachsenen Steppe südlich von Nairobi, wohnen mehrere hundert Massai – hochgewachsenen Nomaden, die mit ihren Rindern auf der ewigen Suche nach Wasser und Weideland umherwandern. Oberflächlich betrachtet, scheint die Zeit dort stillzustehen. Die Menschen leben noch immer in verstreuten „Einzimmerhütten", die „Bomas" genannt und aus Erde, Ästen und Kuhdung gebaut werden. Die Frauen der Hausherren besitzen eine eigene, kleine und selbst in der Sommerhitze angenehm kühle Boma. Innen ist ein Teil für die Menschen, der andere für die Kälber und Ziegen reserviert.

Die Massai messen ihren Wohlstand in Rindern – so würde ein Mann mit vielleicht 100 Rindern als Millionär gelten – und jedes Tier hat eine fast mythische Bedeutung. Die Rinder werden selten geschlachtet oder verkauft. Sie werden bloß gesammelt, so wie die Menschen im Westen Geld auf einem Sparkonto häufen. Die Tiere decken alle Bedürfnisse der Massai: Milch und Blut zum Trinken, Fleisch zum Essen bei besonderen Anlässen, Knochen für Schmuck und Geschirr, Häute zum Schlafen, Dung zum Bau ihrer Hütten sowie Urin, aus dem sich Bier brauen läßt.

Die Beschneidungsriten dauern mehrere Tage lang und werden in Meto groß gefeiert. Die Mädchen aus dem Dorf werden mit Eintritt der Geschlechtsreife, die Jungen im Alter von 16 oder 17 beschnitten. Dann gelten sie als Erwachsene und dürfen das erste Mal mit einer Frau schlafen. So beginnt ihre siebenjährige Lehrzeit als *Morani*, Krieger, deren Aufgabe der Schutz von Meto und seiner Rinder ist. Sie tragen Speere und sind nur in rote Tücher gekleidet, die locker über die Schulter geworfen werden und bis auf die Knie herabfallen. Sie stolzieren wie Pfauen einher, protzen mit ihrem geflochtenen, schulterlangen Haar, beschmieren und schmücken sich mit Straußenfedern und roter Ockerfarbe. So herausgeputzt, rufen sie den jungen Frauen nach, die mit kahlrasierten Köpfen und klingenden Fußreifen entlangschreiten.

Das Problem ist, daß die Morani heute (außer sich herauszuputzen und fesch auszusehen) keine wirkliche Aufgabe mehr haben – Stammeskriege im traditionellen Sinn gibt es nicht mehr und die Regierung hat die Rinderraubzüge bei anderen Stämmen verboten. Selbst Löwen kommen in der Gegend von Meto kaum noch vor, so daß die Krieger sich nicht mehr an die wilden Tiere heranpirschen und eines von ihnen als Bestandteil ihrer Initiation zur Männlichkeit töten müssen, wie es noch vor wenigen Jahren üblich war.

Plötzlich wird das Verständnis für Mathematik wichtiger als der Umgang mit dem Speer.

„Ich ging in Nairobi zur Schule, aber mein Vater sagte mir, daß ich mit 17 nach Hause kommen solle, um wie meine Brüder ein Moran zu werden", erzählte mir Gideon Mardadi. Er kehrte zu seinem kleinen, staubigen Dorf zurück und wurde während eines dreitägigen Rituals beschnitten. Er tötete einen Löwen mit seinem Speer und hing dann drei Jahre lang herum. „Mir wurde bald klar, daß dies keine gute Arbeit war", so Mardadi, mittlerweile 27. „Es war langweilig. Ich verließ mein Dorf und ging zurück in die Schule. Ich möchte meinem Vater gegenüber nicht respektlos erscheinen, aber es gibt außer dem Rinderhüten noch andere wichtige Dinge."

Mardadi hat ein Farmgeschäft in Meto, ein nichtbeleuchteter Raum, in dem er Dünger, Samen und verschiedene Medikamente zur Behandlung von Rindern verkauft. All das ist ein weiteres Zeichen für das Vordringen des 20. Jahrhunderts im ländlichen Afrika. Er trägt Freizeithosen, einen roten Überzieher und einen gestutzen Oberlippenbart. Abgesehen von dem markstückgroßen Loch in seinem linken Ohrläppchen, von dem Perlen und Knochen herabhängen, sieht er genauso aus wie jemand, der sein ganzes Leben in Nairobi oder New York zugebracht hat.

Sein Geschäft ist Teil eines Projekts der kenyanischen Regierung, die nomadischen Massai seßhaft zu machen und ihnen moderne Methoden des Managements ihrer Rinder beizubringen. Das Programm, wenn erfolgreich, würde die Massai in die große Mehrheit der kenyanischen Gesellschaft führen. So sagt ein kenyanischer Abgeordneter: „Es wird Zeit, daß die Massai Hosen anziehen." In Meto hat die Regierung Landrechte vergeben, Wasserleitungen gelegt und eine Klinik sowie eine Schule gebaut. Aber die Massai werden nicht einfach in der Lage sein, Modernität und Tradition zu vereinbaren. Sie werden sich entscheiden müssen – wie es Mardadi schon getan hat.

Diese drei Gesichter Afrikas – Mary Ngei, gefangen im Slum; Francis Thuo, Self-made-Unternehmer; Gideon Mardadi, vom Krieger zum Ladeninhaber geläutert – spiegeln den Wandel eines Kontinents wider, auf dem sich das Leben und die Lebensweise jedes Einzelnen im Übergang befinden. Alle drei sind Kenyaner und leben im Umkreis von 100 Kilometern. Aber ihr Leben ist

nicht nur für Kenya typisch, denn in ganz Afrika verändern neue
Einflüsse alte Werte und Traditionen stehen neuen Herausforde-
rungen gegenüber. Die Identität des Afrikaners bleibt mit dem
Erbe des dörflichen Lebens verflochten, aber seine Blicke richten
sich auf die Stadt – denn nur in der Stadt kann er mit Glück, harter
Arbeit oder beiden zusammen dem Joch der Armut und Unwissenheit entkommen, die einen ganzen Kontinent unterworfen haben.
Jeder junge Afrikaner, der in die Stadt zieht, weiß genau, was er
will: einen Mercedes-Benz, das herausragende Wohlstands- und
Statussymbol in Afrika. Dieses Ziel ist so weitverbreitet, daß in
Ostafrika die wohlhabenden Angehörigen der neuen Oberschicht
als *Wabenzi* bezeichnet werden („wa" gibt die Pluralform in Suaheli
an).

Die Kolonialisten stempelten die Afrikaner zum Teil als dumm
und faul ab, weil sie nur langsam oder unwillig die westliche
Lebensweise übernahmen. Dieser unbarmherzige Mythos hat sich
viel zu lange gehalten, denn die Afrikaner sind keins von beiden.
Wenn sie eine Ausbildung und Kontakt zur Außenwelt erhalten,
können sie genauso eloquent und wachsam, genauso kultiviert und
intelligent wie Leute aus London oder Berlin sein. Bestehen wirtschaftliche Anreize und realistische Zielvorgaben, arbeiten sie unermüdlich und nehmen große Anstrengungen in Kauf. Doch die
große Mehrheit der Afrikaner hat weder Ausbildung noch Anreize.
Und diese Menschen sind oftmals diejenigen, die das Land und die
Armee kommandieren. Vor 30 Jahren gelang es nur der schwarzen
Elite, weniger als ein Prozent der Bevölkerung, hohe Posten im
Kolonialsystem zu erklimmen. Heute kann es jeder mit den richtigen Beziehungen schaffen. Deshalb funktioniert Afrika nicht sehr
reibungslos oder effizient.

Und was birgt die Zukunft in sich? Die Antwort darauf liegt bei
den afrikanischen Kinder, deren Tage trotz der erfahrenen Liebe
härter sind, als die irgendeines anderen Kindes auf Erden. Ihr Leben
ist von Schufterei, nicht von Spielsachen geprägt und es hält
Belastungen aus, die kein Kind im Norden kennt. Was bei uns als
gegeben hingenommen wird – Gesundheit, Ausbildung, ein ange-
messener Lebensstandard, das Überleben selbst – ist immer noch
eine Sehnsucht des unterentwickeltsten Kontinents der Erde...

- Den Vereinten Nationen zufolge sind 40 Prozent der afrikanischen Kinder unter fünf Jahren so schlimm unterernährt, daß dadurch geistige und physische Schäden, die das Wachstum stören, verursacht werden.
- Schätzungsweise 16 Millionen afrikanische Kinder leisten Kinderarbeit. Nach Angaben der Weltbank arbeiten 27 von 1000 afrikanischen Kindern, verglichen mit 14 in Asien, sechs in Südamerika und einem in Europa und den USA.
- Eines von acht Kindern stirbt, bevor es das Alter von zwei Jahren erreicht – gewöhnlich an vermeidbaren Krankheiten – und in 27 afrikanischen Ländern erlebt das Kind statistisch nicht das 50. Lebensjahr. Zwei Millionen afrikanische Kinder gelten laut Uno als Flüchtlinge.

Der Zusammenhalt der Familie ist nirgendwo auf der Welt so groß wie in Afrika. Die Jungen, die Alten und die Schwachen sind niemals ohne Pflege, Essen, Unterkunft oder Liebe, solange ein Verwandter existiert, der irgendetwas zu teilen hat. Einzelinteressen gelten im ländlichen Afrika nur wenig; was zählt, ist die Wohlfahrt der Gemeinschaft. Die Alten werden ehrerbietig behandelt und kein Kind würde es wagen, ihre Worte oder ihre Autorität in Frage zu stellen. Die Kinder machen, was von ihnen verlangt wird und vergessen dabei nie, daß es nichts Wichtigeres als die Familie gibt.

Von Geburt an wird das Kind mit Tüchern auf dem Rücken seiner Mutter festgebunden und begleitet diese bei der Feldarbeit, beim Sammeln von Feuerholz und beim Wasserholen. Es wird auf sein Bitten hin – wann immer es will – verhätschelt und gefüttert. So kommt es tatsächlich sehr selten vor, daß man ein afrikanisches Kind schreien hört.

Im Alter von vier oder fünf Jahren trägt es bereits die Verantwortung für die Herde oder paßt auf seine jüngeren Geschwister auf. Es ist selten verstockt und niemals respektlos gegenüber seinen Eltern. Die Kinder genießen große und weitgehend ungelenkte Freiheit. Sie schneiden die Spitze eines Bananenbaums ab, um sie wie einen Schwimmreifen im Fluß zu verwenden. Sie flechten Palmblätter zu einem Fußball zusammen oder bauen damit einen kleinen Wagen mit Holzrädern, dessen Achsen mit Kuhdung geschmiert werden. Doch mit fast hundertprozentiger Sicherheit haben sie nie ein gekauftes Spielzeug besessen. Auf dem Land haben die Kleinen vielleicht noch nie elektrisches Licht, ein Telephon, ein Wasserklosett oder ein Comic gesehen.

„Die Kinder im ländlichen Afrika entwickeln sich im ersten Lebensjahr körperlich schneller als die westliche Norm", stellt Nina Darnton fest, eine amerikanische Kinderpsychologin, die drei Jahre in Afrika arbeitete.

„In dieser Zeit gibt es enorme Anregungung und Liebe zwischen Mutter und Kind. Zum Beginn des zweiten Lebensjahres hat die Mutter im Regelfall noch ein Baby bekommen und das erstgeborene Kind wird von ihrem Rücken genommen und bleibt fortan ziemlich allein und ohne Anregung. Es ist, als ob es plötzlich in Ungnade gefallen sei.

„Die Entwicklung gleicht sich dann der westlichen Norm an. Um das dritte Lebensjahr herum hat der Reifevorsprung abgenommen. Dies ist der Zeitpunkt, wo bei uns die Mütter ihren Kindern Spielsachen geben und sich mit ihnen beschäftigen, um zu erklären, wie die Dinge funktionieren. Aber eine afrikanische Mutter hat für so etwas keine Zeit.

„Die Kinder bleiben sich selbst überlassen. Man hat das Gefühl, daß sie nach Anregung und Anleitung rufen. Sie haben diese wunderbare Energie, größtenteils kreativ, und wissen nicht, wohin damit."

Wenn afrikanische Eltern einen gemeinsamen Traum haben, so ist es die Ausbildung ihrer Kinder, die zu einer Stelle im Staatsdienst und der damit verbundenen Sicherheit führen soll. Das ist das afrikanische Gegenstück zur Sozialversicherung, weil Afrikas Kinder für ihre altgewordenen Eltern wie für ihren eigenen Nachwuchs sorgen. Ausbildung ist zweckgebunden; der Wissendurst spielt dabei eine entschieden zweitrangige Rolle.

Die Njumbi-Grundschule unweit der Stadt Karai in Kenya ist typisch für das, was das ländliche Afrika zu bieten hat. Man verläßt die asphaltierte Landstraße und ruckelt 15 bis 20 Minuten lang eine von Fahrspuren durchzogene, schlammige Straße entlang. Vorbei an ausgetrockneten Hügeln und strohbedeckten Lehmhütten, gelangt man schließlich zu einer Ansammlung niedriger, wettergegerbter Gebäude aus der Kolonialzeit. Der Rektor, Michael Mathini, ein energischer, liebenswürdiger Mann von 30 Jahren, begrüßte uns an der Tür. Er führte uns in sein Büro und deutete voller

Stolz auf eine Graphik an der Wand. Diese zeigte, daß seine Schützlinge in der jährlichen, staatlich abgehaltenen Prüfung über dem Landesdurchschnitt abgeschnitten hatten. Die Schule hatte 620 Schüler, vier Latrinen im Freien, ein Wörterbuch, mehrere zerbrochene Fensterscheiben (die Mathari zu reparieren hoffte, sobald er das nötige Geld haben würde) und 17 Lehrer, die zwischen 80 und 135 Dollar im Monat verdienten. Es gab keine Annehmlichkeiten wie etwa eine Bibliothek oder beheizte Klassenzimmer mit Stromanschluß. Die ausgefransten Bücher der Kinder waren in London gedruckt worden und enthielten Illustrationen von weißen Kindern und westlichen Märchen wie zum Beispiel "Schneewittchen und die sieben Zwerge". Kaum die Art von Übung, die die Identität eines schwarzen Kindes, das barfuß in die Schule kommt, stärken könnte.

Ich fragte den Rektor, welches die Helden seiner Kinder seien. „Helden?", wiederholte Mathini. „Das ist eine westliche Vorstellung. Wir haben keine Helden oder Idole in Afrika." Dann, als er von den ersten beiden Präsidenten Kenyas sprach, fügte er hinzu: „Aber wir erzählen unseren Kindern, daß wir wieder einen Kenyatta oder Moi haben wollen. Wir sagen ihnen: Diese Leute wurden arm und nackt wie ihr geboren, also könnt auch ihr aufsteigen, ohne von einer reichen Familie abzustammen."

Diese Aussage war aber nicht ganz wahr. Die Kinder wurden auf nicht vorhandene Jobs vorbereitet. Man brachte ihnen bei, Ackerland zu schätzen, das sie sich wahrscheinlich niemals würden leisten können. Ein stadtorientierter afrikanischer Jugendlicher, der einigermaßen Lesen und Schreiben gelernt hat, möchte nicht mit seinen Händen arbeiten; er möchte in einem Büro in weißem Hemd mit Krawatte hinter einem Schreibtisch sitzen. Das bedeutet Status.

Im Klassenraum der ersten Klasse, gegenüber von Mathinis Büro, lernten 30 bis 40 Jungen und Mädchen mit Hilfe kleiner Zweige Zählen. Jedesmal, wenn einer von ihnen dem Lehrer die richtige Antwort gab, applaudierten sie vergnügt. Der Lehrer sprach in Suaheli mit ihnen, einer Sprache, die sie nur unter Schwierigkeiten verstanden, denn ihre Muttersprache war Kikuyu. Im nahegelegenen Raum der zehnten Klasse stand ein altes Radio aus Holz auf dem Pult eines anderen Lehrers. Rund ein Dutzend Teenager bemühten sich angestrengt, der auf Englisch gesendeten „kreativen Schreibstunde" aus Nairobi durch das Rauschen hindurch zu folgen. Der Kindergarten, ein kahler Raum mit blauen Wänden und einem Estrich, befand sich am anderen Ende des Hofes und hatte nur eine Handvoll Kinder, aber 50 freie Plätze. Die Eltern der Abwesenden waren außerstande, die zwei Dollar Schulgebühr pro Halbjahr zu bezahlen, die im Monat zuvor fällig geworden war. Deshalb hatte sie der Rektor gezwungen, ihren Nachwuchs aus der Schule zu nehmen.

„Diese Kinder hier wissen, daß es ohne Ausbildung keine Arbeit geben kann", so der Lehrer der ersten Klasse, Francis Waruiru. „Sie wollen unbedingt lernen. Ihre Eltern üben diesbezüglich enormen Druck auf sie aus, damit daß sie nach Nairobi gehen und eine gutbezahlte Stelle finden können.

„Selbst William hier bemüht sich sehr, aber William ist ein komischer kleiner Junge. Er schreibt alles verkehrt herum. Sehen Sie" – und der Lehrer, der keine Sonderschulausbildung hatte, hielt uns Williams Blatt hin – „man kann nicht lesen, was er schreibt.

„Ich weiß nicht, warum er das tut. Ich setze mich mit ihm zusammen, zeige es ihm ganz langsam und dann schreibt er es richtig herum. Dann er geht er an seinen Tisch zurück und schreibt wieder verkehrt herum. Das Problem ist, daß William vergeßlich ist. Ich habe ihm gesagt, daß er einfach mehr üben muß. Er stellt wirklich ein ziemliches Rätsel dar."

Die Schule hatte keine Küche oder Geld, um Mittagessen anzubieten. So fuhren wir in der Mittagszeit zwei bis drei Kilometer mit dem Rektor über die Hügel zum „Happiness Café" in Karai. Unser Auto war das einzige weit und breit und zog die Blicke der Leute am Straßenrand auf sich, die wie alle afrikanischen Dorfbewohner eine wilde Kombination westlicher Kleidungsstücke trugen: Skimützen mit Troddeln, kaputte Strohhüte, zerlumpte Anzüge mit breitem Revers, Wintermäntel voller Löcher und Flicken – Kleidung, die einmal in den Schränken amerikanischer Familien gehangen hatte, von Wohlfahrtsorganisationen gesammelt, dann tonnenweise an Ramschhändler in New York verschachert und schließlich gewinnbringend zum Verkauf auf den Märkten von Tausenden von afrikanischen Dörfern verschifft worden war.

Einem Außenstehenden vermittelte Karai die Atmosphäre einer Grenzstadt in einer Hollywood-Kulisse. Ein Esel döste vor der „Ersten und letzten Sternenlichtbar". Der Supermarkt namens „Oliver Njorogos Volksladen" war leer. Der breite, staubige Weg, der durch die Stadt führte, blieb bis auf eine mit einem Haufen Kartoffeln bepackte Frau verlassen. Nur der Wind regte sich und hüllte alles in braunem Staub. In Karai schien die Zeit stillzustehen. Es strahlte weder Langeweile noch Energie aus. Es war einfach da. Acht Kleinbauern saßen auf den langen Bänken im „Happiness Café" und aßen das Tagesgericht, eine Schale Rindergulasch für 70 Pfennige. Ein Schild an der Wand warnte: „Kein Anschreiben von Sonntag bis Sonntag." Die Bauern aßen schweigsam vor sich hin und beachteten den Dorftrottel nicht, der sich in froschartigen Sprüngen von Tisch zu Tisch bewegte, dabei seine Hände ausstreckte und die Brotkrumen vom Boden aufgrapschte.

„Ich würde als Erster zugeben, daß wir hier keine besonders fortentwickelten Leute haben", so der stellvertretende Dorfvorsteher James Kamau, während wir unseren Gulasch aufaßen . . . „Aber das Problem ist, daß alle jungen Männer, jedermann mit Schulbildung, jetzt nach Nairobi geht, um Gelegenheitsarbeit zu finden, oder um Hausangestellter oder Askari zu werden.

„Schon bald werden wir Wasseranschlüsse in Karai bekommen. Die Leitung, die von der Regierung gebaut wird, hat schon die Hügel vor der Grundschule erreicht. Dann werden wir uns entwikkeln und die Leute kommen vielleicht aus der Stadt zurück. Aber wenn sie kommen, wie sollen wir sie unterhalten? Unser Ackerland ist nicht gut hier und alles Land ist schon in Besitz genommen. Hier ist der ärmste Teil vom Kikukyland.

„Was wir brauchen sind gebildetere Frauen, Leute, die Familienplanung begreifen und die die Notwendigkeit kleinerer Familien einsehen. Unsere Kinder sehen sich einem sehr harten Leben gegenüber und es wird sogar noch härter werden, wenn es keine Familienplanung gibt. Pillen werden zur Klinik geschickt, aber von niemandem verwendet."

So üblich große Familien sind, so sehr ist vorehelicher Sex ein Tabu im überwiegenden Teil des ländlichen Afrika und wird streng bestraft – in manchen Gegenden sogar mit dem Tod. Die Entfernung der Klitoris – ein kurzer, blutiger Eingriff, der ohne Betäubung vorgenommen wird – reduziert das weibliche Erregungspotential beim Geschlechtsverkehr und macht Sex zu einem Akt der Fortpflanzung, nicht des Vergnügens. Heiraten werden schon bald nach der Beschneidungszeremonie arrangiert, wenn die Jungen 17 und die Mädchen 15 sind. Der Zweck des Zusammengehens hat wenig mit Kameradschaft oder Teilen zu tun, wie wir es im Norden kennen. Sinn der Ehe ist eher ein reichlicher Nachwuchs, der in den Feldern helfen kann und schließlich für seine Eltern im Alter sorgt.

In den Städten ist die Sexualmoral sehr viel lockerer, aber Zuneigung zwischen Männern und Frauen wird nur selten zur Schau gestellt oder ausgedrückt. Man wird nie ein junges Paar in Ostafrika sehen, das in der Öffentlichkeit Zärtlichkeiten austauscht oder einfach ruhig in einem Restaurant sitzt und sich dabei anschaut. Afrikaner lassen das Vorspiel aus, das im Westen üblich ist; wo ein europäisches Pärchen noch flirtet, schlafen die afrikanischen Paare bereits miteinander.

Es ist für uns auch verwunderlich, daß Homosexualität in Afrika praktisch nicht vorkommt. Sicher findet man in den Städten oft Männer, die sich an den Händen halten, aber das ist ein Ausdruck von Freundschaft, nicht von Homosexualität. Afrikas Tradition ist streng heterosexuell. Die Rollen der Geschlechter sind wegen der Wichtigkeit großer Familien klar definiert und Eltern erlauben ihren Kindern niemals Spiele, die ihre sexuelle Identität verwirren könnten. Jeder Afrikaner, der eine homosexuelle Beziehung hat, wird schnell zum Ausgestoßenen. In Kenia etwa macht er sich eines Verbrechens schuldig, das mit fünf Jahren Gefängnis und bis zu 100 Peitschenhieben bestraft wird.

Wo der ausländische Einfluß stark ist, wie im touristenbevölkerten Mombasa an der kenyanischen Küste oder in Lagos, der ehemals boomenden Hauptstadt Nigerias, sind in den vergangenen Jahren auch männliche afrikanische Prostituierte aufgetaucht. Ich vermute, mehr aus wirtschaftlichen, denn sexuellen Gründen. 1978 wurde ein Schweizer Tourist in Mombasa einer Affäre mit einem Kenyaner überführt und zu neun Monaten Gefängnis verurteilt. Doch solche Vorfälle sind selten, denn Homosexualität ist eine Schande. Während Kenyas Mau-Mau-Aufstand in den fünfziger Jahren rekrutierten die Kikuyu-Guerillakämpfer neue Helfer, indem sie Jugendliche in die Gefängnisse schickten. Diese verleiteten die Insassen zum Analverkehr. Die Schande war so groß, daß die Häftlinge aus Furcht vor Enthüllung fortan in der Schuld der Guerillerakämpfer standen und wie befohlen Mitglieder der Mau-Mau-Bewegung wurden.

Die einzige Konstante inmitten der Umwälzungen in Afrika ist die Rolle der afrikanischen Frau, einer Persönlichkeit, deren körperliche und seelische Stärke außergewöhnlich bemerkenswert ist. Sie ist zumeist ungebildet, barfüßig, bullig und hat hängende Schultern. Sie erlebt nur wenig Erquickendes und trägt viele Lasten. Doch wenn Freiheit eher die Freiheit zu arbeiten, als nicht zu arbeiten, bedeutet, dann ist sie die freieste Frau der Welt.

Die afrikanischen Frauen produzierten laut Uno 70 Prozent der Nahrungsmittel auf dem Kontinent. Sie arbeiten länger und härter als ihre Männer und tragen mehr Verantwortung. Sie sind das wirtschaftliche Rückgrat der bäuerlichen Gesellschaft. Sie treffen die Entscheidungen über die Familienangelegeheiten, sind der Ausgangspunkt sozialen Wandels und bringen die Ernte ein. Die Frauen sind der Dreh- und Angelpunkt der afrikanischen Gesellschaft.

Fast auf jeder Landstraße ist eine Prozession dahintrottender Frauen zu sehen, deren Rücken sich unter der Last riesiger Haufen von Feuerholz und Wasserbehältern fast im 90-Grad-Winkel krümmt. Die Marktplätze – die wichtigste wirtschaftliche Aktivität im Dorf – sind ausschließlich in Frauenhand. In den Feldern sieht man nur „das schwache Geschlecht" mit Hacken und Sicheln arbeiten. Und die Männer? Die älteren sitzen im Schatten der Bäume, rauchen ihre Pfeifen, trinken selbstgebrautes Bier, sprechen über ihre Rinder oder sagen überhaupt nichts. Die jüngeren sind entweder in der Schule, in der Stadt oder beim örtlichen Bierausschank.

„Unsere Töchter sind uns mittlerweile wichtiger als die Söhne", erzähte mir eine Mutter von 13 Kindern in einer tansanischen Stadt. „Sie haben nicht vergessen, wie man arbeitet. Aber die Söhne taugen nichts. Sie gehen weg und betrinken sich und wenn du sie wiederfindest, hat man sie mit dem Messer erstochen."

Von dieser Übertreibung einmal abgesehen, spiegelt ihre Aussage die Frustration afrikanischer Frauen wieder, die wissen, daß sie trotz ihres Beitrags zur Familie und der Gemeinschaft Bürger zweiter Klasse bleiben. Das Afrika der ausgehenden achtziger Jahre ist noch immer eine Männergesellschaft, genauso chauvinistisch wie die Kneipen in Australien. Da muß es sich schon um eine außergewöhnliche Frau handeln, wenn sie es schafft, über ein Dasein als Sekretärin, Krankenschwester oder Lehrerin hinauszukommen.

In Kenya sind nur zehn Prozent der Studenten und 16 Prozent der

Beschäftigten Frauen. Von den Jobs, die mehr als 400 Dollar im Jahr einbringen, besetzen Frauen gerade sechs Prozent. 70 Prozent der Frauen können weder Lesen noch Schreiben – doppelt soviele wie bei den Männern.

Von wenigen Ausnahmen abgesehen, erben Frauen in Afrika nichts von ihren Vätern und ihre Männer können sich ohne Abfindung von ihnen trennen. Man erwartet ihrerseits eheliche Treue, während die Männer soviele Frauen und Freundinnen haben dürfen, wie sie unterhalten können. Jeder Pfennig, den die Frau verdient, gehört der Familie. Das Einkommen des Mannes dagegen gibt dieser nach Belieben aus, oft ganz für sich allein. Die Frauen gelten größtenteils nur als Gebärmaschinen, wobei die Abtreibung in Afrika nur aus medizinischen Gründen erlaubt ist und uneheliche Kinder keine Schande darstellen.

„Man sieht all diese Männer in der Stadt herumrennen, angeblich auf der Suche nach Arbeit", so Margaret Mugo, die einzige Frau in Nairobis 44 Sitze zählenden Stadtrat. „Was sie wirklich meinen ist, daß sie versuchen, etwas Geld aufzutreiben, um ihren eigenen Vergnügungen nachzugehen. Das verdiente Geld geht nicht an ihre Frauen und Kinder auf dem Land. Sie geben es für sich selbst aus."

1979 beriet das kenyanische Parlament (damals 168 Männer und vier Frauen) einen Gesetzentwurf zur Legalisierung der Polygamie und zur Kodifizierung der Heiratsregeln. Polygamie ist weitverbreitet und gilt bei vielen Afrikanern als Zeichen von Wohlstand und Prestige. Die Absicht, die dahinter stand, war durchaus vernünftig. Der Generalstaatsanwalt* wollte bloß die Interessen der Frauen und Kinder wahren, die beim Tode ihres Mannes oft ihr Erbe verloren, wenn dessen Besitz und Eigentum zwischen den anderen Ehefrauen aufgeteilt wurden.

Viele Abgeordnete sahen es nicht ganz so. Einer von ihnen, Kimunai Soi, argumentierte, daß der Paragraph zur körperlichen Züchtigung dem Mann sein althergebrachtes Recht, seine Frau zu schlagen, verwehre. „Es ist sehr afrikanisch, den Frauen durch

---

* Im kenyanischen Rechtssystem, das stark nach dem englischen ausgerichtet ist, besitzt der Generalstaatsanwalt (Attorney-General) außer den Vollmachten des obersten staatlichen Anklägers auch Befugnisse eines deutschen Innen- bzw. Justizministers, wie zum Beispiel das Ausarbeiten und Einbringen von Gesetzesvorlagen (Anm. d. Übers.).

Schläge Manieren beizubringen", sagte Soi vor dem Plenum. „Wenn dieses Gesetz angenommen wird, darf man seiner Frau nicht einmal mehr einen Klaps geben."

Ein anderer Abgeordneter, Oloo Aringo, focht eine Klausel an, die den Mann verpflichtete, vor der Heirat einer weiteren Ehefrau die Erlaubnis der ersten einzuholen. Dies bedeute, das Pferd beim Schwanz aufzuzäumen. Stattdessen müße man die Frauen über die Notwendigkeit der Polygamie aufklären. Die Mehrheit stimmte zu und das Gesetz wurde fallengelassen.

„Wir sitzen zwischen den Stühlen und wir Frauen leiden am meisten und wir leiden still", so Felicita Olchurie, eine Professorin, deren Vater für sie als Brautpreis drei Kühe erhalten hatte. „Wenn du heiratest", fuhr sie fort, „gehörst du deinem Mann. Einfach so. Er behandelt dich, wie er will, gewöhnlich ohne Achtung. Aber solange er dich nicht schlägt, bleibst du bei ihm. Unser Problem ist, daß wir noch nicht agressiv genug sind. Wir sind durch unsere Gesellschaft, durch unsere Familien zu gehemmt. Wir leiden eher still und leise vor uns hin.

„Ich glaube nicht, daß unsere Töchter das tolerieren werden. Ihre Rechte sind zwangsläufig größer als unsere und ihre Gesellschaft wird viel offener sein. Im Endeffekt aber bleibt der afrikanische Mann derselbe und es wird nach wie vor seine Hauptbeschäftigung sein, seine Potenz unter Beweis zu stellen."

Die traditionelle Rolle des Mannes in Afrika beinhaltete die Kriegsführung, die Jagd, die Landnahme und den Bau der Hütten. Die Frauen waren für Holzsammeln, Wasserholen, Kindererziehung und die Ernte zuständig. Gab es einen Ernteüberschuß, behielten die Frauen den Erlös aus dem Verkauf. Sie waren der Motor der ländlichen Entwicklung und spielten meistens eine eigenständige, selten unterwürfige Rolle...

In der Fur-Gesellschaft im westlichen Sudan arbeiteten Männer und Frauen getrennt voneinander – jede Gruppe bestellte ihre eigenen Felder. In manchen Teilen Ghanas war es die „Königinmutter", nicht der Häuptling des Dorfes, die die Erbfolge bestimmte. In der Elfenbeinküste sind es noch immer die Frauen, die die Märkte betreiben und in Kenya sind die erfolgreichsten Agrarkooperativen in Frauenhand. Doch durch Afrikas Streben nach Modernität haben komplexe gesellschaftliche Kräfte das traditionelle Verhältnis der Geschlechter gestört und den Männern den

Löwenanteil an der Bildung und den wirtschaftlichen Möglichkeiten verschafft.

Die Missionare störten als Erste dieses Gleichgewicht, als sie versuchten, die Afrikaner davon zu überzeugen, daß ihre sexuellen Sitten ungesund, unmoralisch und barbarisch seien. Dann kamen die Kolonialisten. Sie setzten voraus, daß afrikanische Frauen keine Schulbildung bräuchten und bauten deshalb erst nach dem Ende des Zweiten Weltkriegs Schulen für die Mädchen. Darüber hinaus führten sie von Männern kontrollierte und zum Verkauf bestimmte Früchte wie Kaffee und Kakao ein, die die wirtschaftliche Macht der Frauen untergruben, denn diese bauten traditionell Grundnahrungsmittel an. Die männliche Krieger- und Jägerrolle verschwand zusehends und die jungen Männer wanderten in die Städte ab. Diese wurden zum Brennpunkt des Aufbruchs der neugeschaffenen, unabhängigen Nationen ins 20. Jahrhundert.

Die Universitäten legten den Schwerpunkt auf Mathematik und Naturwissenschaften – Fächer, die traditionell männlich orientiert sind. Die Mädchen, die den Abschluß an einer weiterführenden Schule schafften – 65 Prozent der Schüler in Kenya und Ghana sind männlichen Geschlechts – fanden nur wenige Studienplätze an der Universität vor. Noch weniger gab es verantwortungsvolle Posten auf dem schon sehr engen Arbeitsmarkt.

„Ich sehe keinen zwangsläufigen Grund, warum gesellschaftlicher Wandel, Industrialisierung und Modernisierung die Stellung der Frau negativ beeinflussen müssen, aber wir erleben es in Afrika", so Audrey Smock, eine amerikanische Soziologin, die für die kenyanische Regierung arbeitet. „Die afrikanische Frau fällt immer weiter in eine Position zurück, die der Stellung der westlichen Frau zu Beginn der industriellen Revolution ähnelt."

Kenya hat auf dem Gebiet der Frauenrechte vorsichtig agiert. 1977 gab es berufstätigen Müttern Anspruch auf einen bezahlten, zweimonatigen Mutterschaftsurlaub und schaffte ein Gesetz ab, das es verbot, Frauen zwischen 18.30 und 6.30 zu beschäftigen. Das neue Gesetz stellte aber weiterhin Frauen und Minderjährige auf dieselbe Stufe, was andeutete, daß erstere noch immer keine verantwortungsbewußte Erwachsene seien.

In Somalia, einem islamischen Land, wird die Vagina mancher Mädchen zugenäht, um die Unberührtheit bis zur Heirat sicherzustellen. Es war bei seinem Versuch, das Los der Frau zu verbessern, weniger sensibel. Präsident Mohamed Siad Barré verkündete 1975, daß fortan Mann und Frau gleichgestellt seien. Viele islamische Gelehrte in Somalia protestierten: Sie behaupteten, daß sich die Frau dem Koran gemäß unterzuordnen habe. Barré beendete die Auseinandersetzung, indem er zehn Gelehrte hinrichten und 23 weitere zu bis zu 30 Jahren Gefängnis verurteilen ließ. Die Hinrichtungen verschafften den Frauen keine neuen Möglichkeiten, aber in Somalia bestreitet niemand mehr die Vorzüge der Gleichstellung von Mann und Frau.

Somalia liegt nur zwei Flugstunden vom grünen Weideland Kenyas entfernt und ist ein verfluchtes Wüstengebiet mit extremen klimatischen Verhältnissen. Seine Menschen sind hagere, zähe Nomaden. Während der *Tanganbili* (die heißen Monate zwischen den Regenzeiten) versinkt das ganze Land in einen Schlummer und nichts, aber auch gar nichts, erscheint auch nur im entferntesten dringlich.

Große Kamelherden trotten die sandigen, von der Sonne ausgebleichten Straßen der Hauptstadt Mogadischu zum Hafen entlang, von wo aus sie nach Saudi-Arabien exportiert werden. Die Esel schlendern durch die Gegend, ohne die Peitschen ihrer Herren zu beachten, und bewegen sich müde an den Moscheen und Stränden vorbei, wo alte Frauen schweißgebadet in schwarzen Schadors sitzen, die bis auf die Augen alles verhüllen. Die Lasttiere ziehen Karren, die mit Backsteinen, Zementblöcken und manchmal auch mit Getreide beladen sind. Am Hinterteil jedes Esels hängt ein Sack aus Segeltuch, der den Kot auffängt. In den knochentrockenen Feldern außerhalb Mogadischus arbeiten die Frauen in Acht-Stunden-Schichten als menschliche Vogelscheuchen. Sie hocken auf Felsbrocken, die über den Mais hinausragen. Um die Vögel zu vertreiben, schlagen sie mit ihren Armen, und verharren sonst regungslos.

Eines Tages begegnete ich in einem somalischen Dorf einem alten Mann namens Abdullah. Er hatte einen buschigen Bart und wässrige Augen und war, wie er sagte, sehr einsam. Zwei seiner drei Frauen waren gestorben und neun seiner elf Kinder in die Stadt gezogen. Alle seine Kamele waren bis auf drei der Dürre erlegen oder dem somalisch-äthiopischem Krieg zum Opfer gefallen, der seit tausend Jahren andauert. „Für mich bleibt nur noch das Warten auf den Tod."

Abdullah war seinen Kindern nicht in die Stadt gefolgt, denn in Afrika überleben in den Städten nur die Jungen und die Starken. Dort ist kein Platz für die Alten. Wenn man durch die Straßen einer afrikanischen Hauptstadt geht, sieht man kaum ältere Menschen. Alt und krank in einer afrikanischen Stadt zu sein, ist ein schreckliches Los. So bleiben die Alten in der ländlichen Gemeinschaft zurück, wo die Veränderungen weniger bedrohlich sind und die Großfamilie sicherstellt, daß in der Nähe jederzeit Hilfe vorhanden ist.

Jeden Sonntag fährt Abdullahs ältester Sohn Ahmed, ein Grundschullehrer, von Mogadischu aus zu seinem Vater. Ahmed bringt immer ein Paar Schillinge, Zigaretten und einen oder zwei Becher Mais mit. Abdullah freut sich über die Besucher, aber das Leben seines Sohns verwirrt ihn – der Renault, den er einem Kamel vorzieht, die Hosen und Hemden statt der wehenden Umhänge, das glattrasierte Gesicht. Und die beiden Söhne Ahmeds sind umgekehrt genauso erstaunt über die Bräuche ihres Großvaters. Nach ungefähr einer Stunde werden sie zappelig. „Wann gehen wir nach Hause?" fragen sie ihren Vater, ohne dabei unhöflich sein zu wollen.

An einem der Sonntage hatte Abdullahs Frau Kartoffeln zubereitet. Jeder saß auf dem Boden vor Abdullahs Hütte und aß seine Kartoffel mit den Händen aus dem Zinktopf. Mehrere Hühner und zwei Ziegen liefen zwischen ihnen umher. Abdullah schien keine Notiz von den Fliegen zu nehmen, aber die Kinder schlugen ständig nach ihnen.

„Großvater", fragte der Zehnjährige, „wie kannst Du nur so leben? Warum besorgst Du Dir nicht einen Tisch? Du hast nicht einmal die süßen Kartoffeln, die wir in der Stadt kriegen."

Der alte Mann schaute gekränkt auf, sagte aber nichts. Sofort ließ er seinen Blick wieder sinken und aß weiter.

Die Männer an der Spitze

Wir redeten und handelten so, als ob wir, gäbe man uns nur die Gelegenheit, uns selbst zu regieren, schnell den idealen Staat verwirklichen würden. Stattdessen grassiert Ungerechtigkeit, ja Tyrannei.
– Julius Nyerere, ehemaliger Präsident von Tansania

Die Mattscheibe ist von einem Bild himmlischer Wolken überzogen. Chorgesang schwillt im Hintergrund an. Die Musik wird lauter und während die Wolken auseinandertreiben, erscheint das Bild eines Mannes, dunkelhäutig und gutaussehend, dem eine Leopardenfellmütze fesch auf dem Kopf sitzt. Sein Blick ist fest und seine Lippen umspielt ein leichtes Lächeln. Die Kamera geht näher heran und verweilt lange auf diesem Gesicht. Aus ihm spricht Stärke, Erbarmen und Weisheit, obwohl keine Worte fallen. Der Zuschauer weiß sofort, daß dies kein Normalsterblicher ist. Nein, wirklich nicht. Das ist Mobutu Sese Seko, ein politischer Überlebenskünstler, dessen Name grob übersetzt „der allmächtige Krieger, der durch seine Ausdauer und seinen Siegeswillen eine Spur von Feuer zieht und von Kampf zu Kampf schreitet", bedeutet. Und so beginnen die 20-Uhr-Nachrichten in Kinshasa.

Mobutu wurde 1965 Präsident von Zaire. Obwohl er seitdem von einer Krise zur nächsten getaumelt ist, hat er es verstanden, das riesige Land mit seinen 200 Stämmen und seiner blutigen Geschichte zusammenzuhalten. Wie viele afrikanische Präsidenten regiert er halb als Gott und halb als Häuptling und verknüpft dabei die Kommunikationstechniken des 20. Jahrhunderts mit uraltem

Stammessymbolismus. Durch eigenes Dekret ist er zur Verkörperung einer schlichten Philosophie geworden und ist als nationales Symbol über jegliche Kritik erhaben. Er hat seinem Volk viel Leid zugefügt, doch auf sein Kommando erscheinen die Menschen zu Zehntausenden auf den Straßen, anläßlich von Paraden, füllen die Stadien und singen sein Lob. In einem Wort, Mobutu ist mehr als ein Präsident – er ist ein Kult.

Seine Lehren – Mobutismus genannt – sind auf seinen Befehl zur Staatsphilosophie erhoben worden. Nur sein Porträt darf in der Öffentlichkeit gezeigt werden – es hängt sogar in den Aufzügen der Hotels. Die Menschen tragen über ihrem Herzen befestigte Mobutu-Anstecker, T-Shirts mit seinem Abbild und Kleidung im Mao-Stil, die sich Mobutu-Hemd nennt. Sie singen seinen Namen in Schlagern und zitieren seine Sprüche („Es ist besser, zu verhungern, als reich und ein Sklave des Kolonialismus zu sein.") in Schulen und Fabriken. Doch all das bedeutet nicht, daß Mobutus 33 Millionen Untertanen ihn besonders mögen. Sie machen nur das, was ihnen befohlen wird und huldigen ihrem Häuptling, wie es erwartet wird. Eines Tages, sollte Mobutu stürzen, werden sie seine Standbilder zerstören, seine Portraits verbrennen, seinen Namen verfluchen und einem neuen Häuptling Gefolgschaft leisten.

Obwohl Mobutus Exzesse selbst für afrikanische Maßstäbe außergewöhnlich sind, ist der Mann keine Verirrung unter seinesgleichen. Er ist nur einer von vielen in einer Bruderschaft, deren Mitglieder sich durch Worte, aber nicht durch Taten Respekt verschaffen. Diese Männer stellen eine seltsame Mischung aus europäischem Einfluß und afrikanischen Traditionen dar und ihre Macht ist absolut. Ihre Bankkonten in Übersee sind vollgestopft mit gestohlenem Geld. Ihre Loyalität und Besorgnis gilt ausdrücklich nur sich selbst, was oft nur wenig mit dem Vorankommen ihrer Länder zu tun hat.

Mobutu ist eigentlich eher ein Produkt des westlichen Kapitalismus als afrikanischer Tradition. Wie die anderen afrikanischen Präsidenten der zweiten Generation verkörpert er die Krankheit seines Landes und ist nicht deren alleinige Ursache. Nach der Unabhängigkeit hörten die von den Europäern hinterlassenen Systeme bald zu funktionieren auf und die sie ersetzenden afrikanischen brachen zusammen. Männer wie Mobutu mußten experimentieren. So wurden sie zu neokolonialen Statthaltern, die in ihrem Handeln und Lebensstil den ehemaligen weißen Herren sehr ähneln. Das Wohlergehen der afrikanischen Bevölkerung bedeutet ihnen in der Regel nicht mehr als früher den Gouverneuren der Kolonialmächte.

Als Mobutu an die Macht kam, war Zaire (ehemals Belgisch-Kongo) ein Land im Aufbruch. Reiche Kupferminen warteten auf Erschließung und fruchtbarer Boden auf Nutzung. Zu Beginn der siebziger Jahre, als Kupfer auf den Weltmärkten Rekordpreise erzielte, sah sich Mobutu, ein ehemaliger Journalist und Unteroffizier des Heeres, an der Spitze eines noch nie dagewesenen Wirtschaftsbooms. Er reagierte mit einer Ausgabenorgie, bei der den Ökonomen schwindelig wurde. Doch es ging ihm dabei traurigerweise vorrangig um persönliches Prestige und nationale Größe, statt um die Entwicklung seines Landes.

Er baute Paläste, insgesamt elf, und verband manche von ihnen durch vierspurige Autobahnen mit der Hauptstadt. Er widmete sich selbst Monumente und errichtete Stadien, wo er zu seinem Volk sprechen wollte. Er besuchte New York, bewunderte das World Trade Center und ließ eine verkleinerte Version der beiden Türme in Kinshasa hochziehen. Er bestach seine Feinde und machte seine Freunde – die meisten von ihnen von seinem eigenen Stamm der Gbande – über Nacht zu Millionären. Er ließ Kinshasas Hauptstraße neu anlegen und die wunderbaren alten Bäume in der Mitte der Straße fällen, damit sie bei Paraden mehr Militärfahrzeuge aufnehmen konnte. Er gab 1974 als Sponsor des Boxweltmeisterschaftskampfes zwischen Muhammed Ali und George Foreman 15 Millionen Dollar aus. Ali kommentierte: „Zaire muß großartig sein. Ich habe noch nie zuvor so viele Mercedes' gesehen." Und was ihn selbst anbetrifft – nun, Mobutu war kaum der mittellose Feldwebel wie noch zehn Jahre zuvor. Er war inzwischen einer der reichsten Männer der Welt, dessen Vermögen sich nach vorsichtigen Schätzungen westlicher Geheimdienste auf über drei Milliarden Dollar belief. Mobutu hatte übrigens nicht genug Vertrauen, um selbst in die wirtschaftliche Zukunft seines Landes zu investieren. Sein Geld steckt wie das der anderen afrikanischen Präsidenten in europäischen Banken und Immobilien.

Von jedem Dollar, der durch Entwicklungshilfekredite oder Geschäftsbeziehungen ins Land floß, steckten sich zairische Funktionäre 20 Prozent in die Tasche. 1977 schätzte man den Wert der Kaffee-Ernte auf 400 Millionen Dollar. Durch Schmuggel und zu niedrige Inrechnungsstellung erreichten nur 120 Millionen Dollar die Staatskasse. Der Rest verschwand auf den ausländischen Bankkonten Mobutus und seiner Gbande-Kollegen. Jeder war korrupt und in Zaire brauchte man nur zwei Dinge zu wissen, um zu überleben und zu gedeihen: Wen treffe ich und wieviel wird es kosten?

Es ist nicht verwunderlich, daß Mobutu und seine Freunde von Anfang an die einzigen waren, die sich über die Entwicklung im Zaire freuten. So lancierte Mobutu ein „afrikanisches Authenzitätsprogramm", um etwas Nationalgefühl zu wecken. „Wir besinnen uns auf diese Authenzität, um unsere Seele wiederzuentdecken, die die Kolonialisierung beinahe aus unserer Erinnerung gestrichen hätte und die wir in der Tradition unserer Vorfahren suchen."

Er befahl allen Zairern, ihre christlichen Namen durch afrikanische zu ersetzen und ging dabei selbst mit gutem Beispiel voran: Er ersetzte seinen Vornamen (Joseph Desiré) durch Sese Seko und taufte Kongo in Zaire (was Fluß bedeutet) um. Er verbot das Tragen von westlicher Kleidung, schuf eine Nationaluniform, die wie ein Mao-Anzug aussieht, schaffte Weihnachten ab und ließ sein Porträt in den Kirchen aufhängen.

In seinem Eifer enteignete er ausländische Unternehmen im Wert von 500 Millionen Dollar und wies alle Händler asiatischer Herkunft aus, die die Wirtschaft in Gang gehalten hatten. Die meisten der belgischen Plantagenbesitzer, Techniker und Geschäftsleute wurden ebenfalls gezwungen, das Land zu verlassen. Die beschlagnahmten Unternehmen schenkte Mobutu seinen Freunden. In vielen Fällen verkauften die neuen Inhaber einfach die Ware aus dem Lager und machten dann den Laden dicht.

Die Menschen Zaires flüsterten heimlich über Mobutus Untaten, denn seine Geheimpolizei hatte inzwischen jede gesellschaftliche Schicht infiltriert. Im US-Kongreß gab es Debatten über Washingtons heimelige Allianz mit der Regierung in Kinshasa, aber die offizielle Linie lautete, daß Zaire wirtschaftlich und strategisch wichtig sei; daß es ein Gegengewicht zu wachsendem sowjetischen Einfluß in Zentralafrika darstelle; daß Mobutu, ein strammer Antikommunist, trotz seiner Fehler Unterstützung verdiene. Folglich erhielt Zaire Ende der siebziger Jahre fast die Hälfte der

Gelder, die die Carter-Regierung für Schwarzafrika bereitstellte. Doch Washington half nicht dem Aufbau des Landes, sondern es erkaufte sich (wie Europa während der Kolonialzeit) lediglich die Loyalität eines Häuptlings. Es unterstützte damit genau die Zustände, die zu einer Revolution und damit zu größerem sowjetischen Einfluß hätten führen können. Zaire zahlte einen hohen Preis für Mobutus Kurzsichtigkeit und Raffgier. Die Kupferpreise purzelten und der Boom der Siebziger wurde schnell zum Bankrott der Achtziger. Zaire wurde zum wirtschaftlichen Krüppel und Pariah. Gegen 1980 erlebte Mobutu die größte Erniedrigung für einen afrikanischen Führer – er übergab Ausländern die Führung seines Landes. Er lud die belgischen Geschäftsleute wieder ein, deren Firmen er in den siebziger Jahren enteignet hatte. Er holte sich marokkanische Leibwächter. Der Internationale Währungsfond leitete die Zentralbank und belgische Spezialisten übernahmen die Zollbehörde. Weitere Europäer übernahmen das Finanzministerium, die Steuerbehörde und das Transportwesen. Mobutu nannte dieses neue Experiment zur wirtschaftlichen Gesundung den Mobutu-Plan. Der Name war gut gewählt, denn es ging darum, Mobutu zu retten, nicht aber den Zaire.

Bei meinem letzten Besuch in diesem Land, das V.S. Naipaul in seinem Buch „An der Biegung des großen Flusses" so anschaulich beschreibt, schien es trotz des Mobutu-Plans auseinanderzufallen. Im Mama Yemo Hospital in Kinshasa (benannt nach Mobutus Mutter) starben die Patienten unbeaufsichtigt, weil es weder Verbandszeug, Sterilisationseinrichtungen noch Sauerstoff und Filme für die Röntgengeräte gab. Die Toten blieben vor ihrem Abtransport oft stundenlang in der Intensivstation liegen, weil im Leichenschauhaus kein Platz mehr vorhanden war. Die Universitätskliniken von Kinshasa und Lubumbashi waren geschlossen. Die Mensen blieben aus dem einfachen Grund geschlossen, daß es nichts mehr zu essen gab. Bei einer Inflationsrate von über 100 Prozent kostete ein Sack Maismehl, der eine sechsköpfige Familie einen Monat lang ernährte, 130 Dollar. Das war doppelt soviel wie das Monatseinkommen eines Arbeiters. Auf dem Land kehrten die Leute wieder zur Selbstversorgung zurück, weil die Transportwege zusammengebrochen waren und die Nahrungsmittel, die sie auf dem Markt verkaufen wollten, am Boden verrotteten (Zaire besaß bei der Unabhängigkeit 1960 ein Straßennetz von rund 50 000

Kilometern, 20 Jahre später blieben davon nur noch 6000 Kilometer befahrbarer Straßen übrig).

Zaires Verschuldung bei ausländischen Banken und Staaten schnellte auf vier Milliarden Dollar im Jahre 1980 hoch (Ende 1987 betrug die Auslandsverschuldung 6,9 Milliarden Dollar) und es kam zu kritischen Versorgungsengpässen bei Nahrungsmitteln und Ersatzteilen. Die staatliche Nachrichtenagentur schloß wegen Papiermangels, 360 verlassene Busse rosteten neben dem Flughafen und Air Zaire konnte sich nur Sprit für einen der vier vorgesehenen Inlandsflüge leisten. Die ganze Zeit beharrte Mobutu darauf, daß es Zaire und seinen Menschen gutgehe; die Probleme, über die die westlichen Journalisten schrieben, seien Hirngespinste, was die Vorurteile der Medien gegenüber den Afrikanern unterstreiche.

Der Präsidentenkult bleibt nicht auf Afrika beschränkt. In den Vereinigten Staaten wurde J. F. Kennedy zu einer Kultfigur, wenn auch eher nach seinem Tod. Aber die afrikanischen Führer haben es verstanden, diesen Kult zu einer feinen Kunst zu vervollkommnen. Sie haben sich selbst gottgleiche Eigenschaften und die uneingeschränkte Autorität des mächtigsten Häuptlings von allen gegeben. Viele sind aber keine Führer im eigentlichen Sinne; sie sind Götzenbilder, die Produkte einer Art von PR-Kampagne afrikanischen Zuschnitts. So eigentümlich dieses Phänomen uns erscheinen mag: In Afrika, wo die ungebildeten Massen auf starke Zentralgewalt ansprechen, ergibt es doch einen Sinn. Sie möchten sich durch ihre Regierungen nicht herumschubsen lassen, aber sie erwarten von ihrem Präsidenten dieselbe Art von autoritärer Kontrolle, wie sie ihre Stammeshäuptlinge und Kolonialgouverneure ausübten. Etwas anderes würde als Zeichen von Schwäche ausgelegt werden.

Mobutu mag den Kult um seine Person extrem weit getrieben haben, doch fast jeder afrikanische Präsident ist in verschieden starker Ausprägung eine Kultfigur, die einen Titel angenommen hat, um das gewünschte Image zu vermitteln. Mobutu und Togos Präsident Etienne Eyadéma sprechen von sich gerne als die „Wegweisenden". Jomo Kenyatta, der verstorbene kenyanische Präsident, war als Mzee bekannt, dem Suaheli-Wort für „weiser, alter Mann". Julius Nyerere von Tansania wird „der Lehrer" genannt, Hastings Banda von Malawi als der „Häuptling der Häuptlinge" bezeichnet. Félix Houphouët-Boigny von der Elfenbeinküste und der verstorbene Macias Nguema Biyogo aus Äquatorialguinea heißen „Bauer Nummer eins" und „Nationales Wunder". Ugandas ehemaliger Präsident Idi Amin nannte sich selbst nur halb im Scherz „Eroberer des britischen Imperiums".

Togos Eyadéma hat eine „Präsidentenbejubelungseinheit" mit 1000 Frauen und würde ohne diese niemals öffentlich auftreten. Die Hauptaufgabe der Frauen ist die Aufführung traditioneller Tänze und den Präsidenten mit Lobeshymnen zu überschütten – ein Ritual, von dem Eyadéma behauptet, daß es das Nationalgefühl und die Einheit fördere. Für 20 Dollar können die Togoer Armbanduhren mit einem Zifferblatt kaufen, das das Portrait Eyadémas im 15-Sekunden-Takt beleuchtet. Eyadéma hat eine große Bronzestatue von sich im Stadtzentrum von Lomé aufstellen lassen und ein Eyadéma-Comic in Auftrag gegeben, in dem er eine Art Supermann-Rolle spielt.

In Malawi ist von den Schlafsälen der Universität bis zu den Straßen alles nach Präsident Banda benannt und die Frauen tragen mit seinem Porträt verzierte Kleider. Die leiseste Kritik an Banda garantiert einen Aufenthalt im Gefängnis. „Sie sagen, daß mich mein Volk liebt", bemerkt der Präsident auf Lebenszeit, „und ich wäre naiv, das zu leugnen".

Das Hauptthema der meisten Radiosender Schwarzafrikas sind nur selten die wichtigsten Ereignisse des Tages. Stattdessen geht es darum, was der Präsident an diesem Tag gesagt oder gemacht hat – wie üblich oder selbstverständlich dies auch sein mag. „Präsident Daniel arap Moi sagte heute, daß Kenya ein Freund aller Völker der Welt sei", berichtet Voice Of Kenya („Die Stimme Kenias"). Oder: „Präsident Daniel arap Moi hat die Führer im Lande ermahnt, keine bösartigen Gerüchte mehr unter die Wananchi (die Massen) zu streuen." In den letzten Tagen Kenyattas, als dieser senile und weitgehend arbeitsunfähige 86jährige im Präsidentenpalast dahinschied, berichtete die Stimme Kenias täglich, daß er auf einem „geschäftigen Arbeitsbesuch in den Küstenprovinzen" sei. Die beiden Tageszeitungen mußten auf der ersten Seite das übliche Foto von Kenyatta bei der Erledigung der Staatsgeschäfte drucken – auch wenn sie dafür alte Aufnahmen aus ihren Archiven hervorkramen mußten. Man nahm an, daß die Leute den Unterschied nicht bemerken würden. Aber das taten sie natürlich trotzdem und so war niemand überrascht, als eines Tages im August 1978 die

Stimme Kenyas ohne Vorankündigung Trauermusik spielte. Kenyatta war zu seinem letzten „geschäftigen Arbeitsbesuch" aufgebrochen.

Sein Vize Moi ließ nur eine kurze Phase der Ehrerbietigkeit verstreichen, bevor er Kenyattas Bilder ab- und seine eigenen aufhängen ließ. Mois Worte beherrschten bald die Schlagzeilen jeder Nachrichtensendung und die Wananchi wurden wiederum bedrängt, jedesmal zum Jubeln zu erscheinen, wenn ihr Präsident den Palast verließ. Ein Kult – wenn auch ein berechtigter, berücksichtigt man Kenyattas großes Charisma und seinen frühen Einfluß in der Antikolonialismusbewegung – hatte sein Ende gefunden und ein neuer von fragwürdiger Authenzität begonnen (Kenyatta bleibt verdientermaßen eine legendäre Erscheinung in Afrika).

Mois Flitterwochen dauerten nicht lange. Schritt um Schritt machte er aus Kenya einen Einparteienstaat und begann, Dissidenten ins Gefängnis zu werfen. Während sich Kenyas wirtschaftliche Lage in der weltweiten Rezession verschlechterte, wurden Moi (ein ehemaliger Lehrer) und seine Gefolgschaft in der herrschenden Elite täglich reicher. Das Unvermeidliche geschah eines frühen Morgens im August 1982: Ein Haufen von Angehörigen der Luftwaffe stürmte den Radiosender und verkündete, daß die Regierung gestürzt sei. Bis präsidententreue Truppen den Aufstand unterdrücken konnten, waren 120 Menschen getötet worden. Die Soldaten hatten sich in Nairobi ausgetobt, geplündert, vergewaltigt und um sich geschossen. Der Umsturzversuch fiel mit der Verschärfung der sozialen Probleme in Kenya zusammen: weitverbreitete Korruption der Beamten, das Überhandnehmen der Stadtkriminalität, eine stagnierende Wirtschaft und eine Regierung, die keine Kritik duldete. Moi hatte in diesem Moment die seltene Gelegenheit, Führungsstärke zu zeigen und die Wurzeln der Unruhe selbst anzugehen. Stattdessen entschloß er sich zu einer Würgetaktik. Er schloß die Universität für neun Monate und löste die Luftwaffe auf. Er machte Kenya zu einem Einparteienstaat, kaufte eine unabhängige Tageszeitung und verwandelte sie zum Sprachrohr der Partei, befahl die Festnahme mehrerer führender Journalisten und Kritiker und veranstaltete eine Hexenjagd auf „Verräter" in seinem Kabinett. Sein für Afrika so typisches und betrübliches Verhalten würde nichts lösen. Der Krebs hatte sich auszubreiten begonnen und Moi, ein kleiner Mann im Schatten Kenyattas, spielte auf Zeit.

Genauso wie Moi würden nur wenige afrikanische Präsidenten daran denken, eine Reise zu unternehmen, ohne das gesamte diplomatische Korps zum Flughafen zu zitieren, oder die Massen an die Straße zwischen Präsidentenpalast und Abflughalle zu bestellen. Ich empfand es immer als einen traurigen Anblick, wenn Tausende von Afrikanern mit Spruchbändern, die sie nicht lesen konnten, einem Mann applaudierten, der von ihnen nicht gerade verdientermaßen Gefolgschaft, Respekt und Liebe verlangte. Zugegeben, sie haben sonst nicht viele Möglichkeiten, ihre Zugehörigkeit zur Nation zu zeigen, doch Hauptzweck der Übung war und ist es, das Ego unsicherer Männer zu hätscheln, die Anerkennung und Glaubwürdigkeit suchen.

Gehen wir zu den Ufern des Bangui-Flusses tief im Herzen Afrikas, um zu betrachten, wie dort ein Mann mit dieser Unsicherheit fertig wurde. Einem Außerstehenden mußte es so erscheinen, als habe Jean-Bédel Bokassa alles: ein Riesenvermögen und enorme Macht, so viele Ehrungen, daß er dafür ein extra angefertigtes Jackett benötigte, und eine prachtvolle Familie, die neun Frauen und 30 eheliche Kinder zählte.

Seit der Unabhängigkeit im Jahre 1960 hatte er sich selbst mit Monumenten, Palästen und zahllosen Titeln geehrt, darunter dem des Präsidenten auf Lebenszeit der Zentralafrikanischen Republik. Man empfing ihn im Ausland – auf seiner Reise nach Peking begleitete ihn seine rumänische Frau als First Lady – und selbst wenn man ihn als ein bißchen unkonventionell betrachtete, so hörten ihm doch die Botschafter zu, zitierten ihn die Journalisten und huldigten ihm seine Landsleute.

Aber was der ehemalige Feldwebel nicht besaß und was er sehnlichst begehrte, war Hochachtung, ein Gefühl der Legitimität. Außer der Furcht, die er verbreitete, nahmen ihn die Leute einfach nicht besonders ernst. Zwar erhielten seine gelegentlichen Grausamkeiten und seine Verschrobenheit sehr viel Aufmerksamkeit in der ausländischen Presse, aber langfristig betrachtet, gehörte er zu den am schnellsten der Vergessenheit anheimfallenden Präsidenten Afrikas. Er war eine tragikomische Erscheinung, die niemals mit den Problemen seines unglücklichen Landes zurechtkam. Er ärgerte sich sehr über seine Unzulänglichkeiten und verbrachte Stunden damit, über den einen Mann zu lesen, den er verehrte –

Napoleon Bonaparte. Dieser hatte sich in einem Anflug großer Selbstherrlichkeit die Krone aus den Händen des Papstes geschnappt und 1804 in der Kathedrale von Notre Dame in Paris selbst zum Kaiser gekrönt. Da dämmerte es Bokassa. Wenn Napoleon es gewagt hatte, warum nicht auch er? Sicherlich würde ihn als Kaiser niemand auf die leichte Schulter nehmen. Und zum Erstaunen aller, seiner zwei Millionen Untertanen eingeschlossen, erklärte Bokassa, daß seine Republik von nun an ein Reich und er nicht länger Präsident auf Lebenszeit sei, sondern Kaiser Bokassa I. Er lud den Papst (der hochachtungsvoll ablehnte) zur Krönung ein und vergab die TV-Übertragungsrechte an den Meistbietenden. Er erließ die Anweisung, daß die einreisenden ausländischen Journalisten einen Pfand von 400 Dollar am Flughafen hinterlegen müßten und beauftragte das französiche Unternehmen Guiselin, das Napoleons Uniformen verziert hatte, mit der Gestaltung eines Krönungsgewandes mit zwei Millionen Edelsteinen und kristallklaren Stickperlen zum Preis von 145000 Dollar. Er erstellte eine Liste von Herzögen und Grafen, importierte weiße Pferde aus Belgien, die seine Kutsche zur Kirche ziehen sollten, und gab zwei Millionen Dollar für eine mit einem 138-Karat-Diamanten besetzten Krone aus.

All das erschien etwas zu verschwenderisch für ein Land der Größe Frankreichs, in dem es nur 270 Kilometer geteerter Straßen gab und das über ein Pro-Kopf-Einkommen von 250 Dollar im Jahr verfügte. Die endgültige Rechnung sollte 20 Millionen Dollar betragen, aber Frankreichs Präsident Valéry Giscard D'Estaing, um die politische und wirtschaftliche Kontrolle in Frankreichs ehemaliger Kolonie besorgt, ließ heimlich verbreiten, daß Paris für alle unbezahlten Rechnungen aufkäme. Wie Bokassa es einmal so treffend formulierte: „Alles, was sie hier sehen, wird von der französischen Regierung bezahlt. Wir bitten die Franzosen um Geld, bekommen und verschwenden es."

Am 4. Dezember 1977 war Bangui, eine staubige, am Fluß gelegene Stadt mit einer Viertelmillion Einwohnern, gerammelt voll. Mehrere tausend Gäste waren gekommen – aber kein einziger Staatschef. Die Temperatur kletterte auf über 40 Grad und die Würdenträger saßen schwitzend in ihren Cuts und Pariser Roben und warteten darauf, daß Bokassa seine lebenslange Sehnsucht nach Napoleonischer Glorie erfülle. Schließlich ertönte eine

Stimme über den Lautsprecher, „Seine Kaiserliche Majestät, Kaiser Bokasa I.", und alle bemühten sich, aufmerksam dreinzublicken. Bokassa fuhr in das Bokassa-Sportstadion ein, das neben der Bokassa-Universität in der Bokassa Avenue lag, nur einen Steinwurf vom Bokassa-Standbild entfernt. Auf seinem kahl werdenden Kopf trug er einen Kranz. Er bestieg den adlerförmigen, goldenen Thron, setzte sich die Krone auf den Kopf – genauso wie Napoleon – und schwor einen Eid, die Verfassung zu verteidigen, die er ein Jahrzehnt zuvor außer Kraft gesetzt hatte. Sein zweijähriger Sohn Jean-Bédel Georges, in eine frische, weiße Uniform gesteckt, versank neben ihm im Schlaf. Es gab höflichen Applaus. Afrika hatte wieder einen Kaiser, nachdem Haile Selassie 1974 gestürzt, vermutlich umgebracht und in einem namenlosen Grab verscharrt worden war. Doch das war selbst für Afrika zuviel. So schrieb Senegals Wochenmagazin „Afrique Nouvelle" in einem Leitartikel: „Das Ereignis verdient genauere Betrachtung, weil es ... auf tragische Art und Weise das Bild eines Afrika verstärkt, daß immer noch auf der Suche nach sich selbst umherirrt."

Es unterstrich auch die Oberflächlichkeit, den Mangel an Führungskraft und den stillen Gehorsam, den soviele Afrikaner ihren Führern leisten, so despotisch oder traumtänzerisch deren Regierung auch sein mag. In der Öffentlichkeit spotteten afrikanische Staatschefs über Bokassas Behauptung, daß die Krönung ein Versuch zur Entwicklung afrikanischer Authenzität und Förderung des Nationalsstolzes sei. Privat aber mögen sie anders darüber gedacht haben, denn Bokassa hatte die Frechheit besessen, das zu tun, was eine Reihe afrikanischer Präsidenten nur zu gerne getan hätte, gäbe es da nicht die Reaktion der internationalen Öffentlichkeit. Die meisten von ihnen waren ja schon bis auf den Titel „Kaiserliche Präsidenten"; Bokassa hatte sich zu seiner Rolle nur offiziell bekannt. „Sie waren eifersüchtig auf mich, weil ich ein Reich hatte und sie hatten keines", erzählte er später einem Interviewer.

Jean-Bédel Bokassa wurde 1921 als eines von zwölf Kindern eines bekannten Mbaka-Häuptlings in der damaligen französischen Kolonie Ubangi-Shari-geboren. Sein Vater, Häuptling eines Dorfes, wurde 1927 bei einem Attentat ermordet. Kurz danach brachte sich seine trauernde Mutter in ihrer Verzweiflung um. Das war ein Trauma, von dem sich der junge Bokassa nie wieder erholen sollte.

Bokassa, ein kleiner, gepflegter Mann mit breitem Alfred.-E.-Neumann-Grinsen, wurde auf Missionsschulen erzogen, trat 1939 in die französische Armee ein und kämpfte tapfer im Zweiten Weltkrieg. Er überlebte die katastrophale Niederlage bei Dien Bien Phu und stieg zum Hauptmann auf – eine ungewöhnliche Ehre für einen Afrikaner in einer europäischen Armee. Bei der Unabhängigkeit 1960 wurde Bokassa Befehlshaber des Heeres der Zentralafrikanischen Republik und sein Onkel, Barthélémy Boganda, Präsident. Boganda starb fünf Jahre später bei einem Flugzeugabsturz – vermutlich Sabotage – und Bokassas Cousin David Dacko wurde Präsident. Bokassa stürzte seinen Cousin am Neujahrstag 1966. Nachdem er ihn im Gefängnis „resozialisiert" hatte, beförderte er Dacko zu seinem Berater.

Bokassas Politik läßt sich eigentlich nur als unberechenbar bezeichnen und während seiner Regierungszeit verfiel sein Land wirtschaftlich. Die Menschen wurden ärmer, die Infrastruktur und die Ordnung brachen nach und nach zusammen. Je schlimmer die Dinge wurden, desto bizarrer verhielt sich Bokassa.

Er feierte den Muttertag 1971 mit der Freilassung aller Frauen aus dem Gefängnis. Gleichzeitig befahl er, alle Häftlinge zu exekutieren, die des Muttermordes angeklagt waren. Zwei von ihnen wurden hingerichtet. Im darauffolgenden Jahr – bei einem Versuch, das Verbrechen in den Griff zu bekommen – verfügte er, daß Dieben für ihre ersten beiden Vergehen jeweils ein Ohr und für ihr drittes eine Hand abzuschneiden sei. Aber das führte nicht zu den gewünschten Resultaten, so daß Bokassa persönlich ein zehnminütiges Malträtieren von eingesperrten Dieben mit Knüppeln und Gewehrkolben beaufsichtigte. Drei starben und 43 weitere wurden verstümmelt. Die Überlebenden stellte er sechs Stunden lang der Öffentlichkeit in der brennenden Sonne zur Schau.

„Es ist hart", bemerkte er zu einem entsetzten Zuschauer, „aber das ist das Leben". Der Generalsekretär der Vereinten Nationen, Kurt Waldheim, legte Protest gegen dieses Schauspiel ein, zu dem Bokassa die Presse und andere ausgewählte Gäste geladen hatte. Bokassa antwortete, indem er Waldheim einen Zuhälter und Kolonialisten nannte.

Das wäre wohl der geeignete Zeitpunkt für irgendeine, wie auch immer geartete Reaktion seitens des Auslands gewesen. Aber sagte sich Afrika von Bokassa los? Beschnitten die westlichen Regierungen Bokassas Hilfsgelder oder brachen die diplomatischen Beziehungen ab? Protestierte die Kirche? Nichts von alledem. Niemand äußerte sich auch nur im Entferntesten in diese Richtung. Afrikanische Präsidenten sind ein geselliger Haufen, unter dem Selbstkritik nicht vorgesehen ist. Der Westen unterstützt im allgemeinen jeden Afrikaner, der Antikommunist ist und christliche Missionare erwarten ja ohnehin nichts anderes als unzivilisiertes Verhalten von Afrikanern. So machte Bokassa weiter.

„Es bringt mich wirklich auf die Palme, wenn die Leute schreiben, daß Bokassa der Idi Amin des französischsprachigen Afrika sei", sagte die Frau eines amerikanischen Missionars, der schon seit 23 Jahren im Lande war und der wie viele Missionare die Ansicht teilte, daß die Afrikaner immer noch Wilde seien. „Er ist kein schlechter Mensch. Dieser Ort ist wesentlich normaler und sicherer als manches andere afrikanische Land, wo diese Leute sich wie die Fliegen umbringen. Übrigens gibt es hier volle Religionsfreiheit. Was Bokassa angeht, lebt er noch immer mit diesem Vorfall, als er ein Paar Ohren abschnitt. Aber, wissen Sie, das haben sie im mittelalterlichen England auch getan."

Bokassas religiöse Toleranz war verständlich, denn er selbst war mindestens zweimal vom Christentum zum Islam und zurück konvertiert. Als 1976 Libyens starker Mann Oberst Muammar Ghaddafi Bangui besuchte, verkündete Bokassa, daß er den islamischen Glauben und den Namen Salah Eddine Ammed annehmen werde. Er steckte sich Ghaddafis Mitbringsel in Höhe von zwei Millionen Dollar in die Tasche und sobald dieser in sein Flugzeug zurück nach Tripolis gestiegen war, erklärte Ammed der Moslem, daß er wieder Bokassa der Christ geworden sei.

Zur Feier seines Geburtstages im Jahre 1973 eröffnete er den ersten Fernsehsender seines Landes (sein Bild flimmerte einen Großteil der Zeit über die Mattscheibe), obwohl es in der Republik nur 40 Fernsehgeräte gab. Zu seinem 55. Geburtstag befahl er jedem seiner Landsleute, ihm 500 der einheimischen Francs (rund fünf Mark) zu schenken. Als er seinem Volk erklärte, daß sie bei der Bezahlung seiner Krönung helfen müßten, hatte er dafür eine einfache Erklärung: „Man kann ohne Opfer keine große Geschichte machen und dieses Opfer wird von der Bevölkerung akzeptiert." Bokassa sollte aber dennoch lernen, daß sogar Kaiser irren können. 1979 verfügte er, daß die Schulkinder neue Uniformen mit seinem Porträt kaufen und tragen müßten. Er war nicht zufällig der Eigentümer der Fabrik, die diese herstellte und des Ladens, der sie verkaufte. Es erhob sich schwacher Protest. Daraufhin wurden die Schüler zusammengetrieben, wie Ölsardinen in die Gefängnisse gezwängt und von Bokassa und seinen Polizisten verprügelt. Dabei kamen über 80 von ihnen ums Leben. Amnesty International deckte das Massaker auf und Frankreich – das Bokassa bei Kasse gehalten hatte, indem es die Hälfte seines jährlichen Staatshaushalts von 76 Millionen Dollar finanzierte – entschied, daß das Maß voll sei. Bokassa stellte jetzt eine Last dar. Es fiel kaum ein Schuß, als Frankreich eines Nachts Fallschirmjäger nach Bangui flog, die Dacko wieder an die Regierung brachten. Die Uhr wurde um 13 Jahre zurückgestellt; die Zentralafrikanische Republik fing noch einmal völlig von vorne an. Dacko verweilte bei seinem zweiten Anlauf nur zwei Jahre im Amt. Er wurde in einem unblutigen Putsch im September 1981 von seinen eigenen Soldaten gestürzt, die sich darüber beklagten, daß Dacko unfähig sei, die Wirtschaft in den Griff zu kriegen. Er durfte im Land bleiben. Neuer Staatschef wurde General André Kolingba. Dieser bildete eine Militärregierung, der nach und nach auch Zivilisten beitraten. Die wirtschaftliche Lage des Landes hat sich kaum verbessert und die Zentralafrikanische Republik ist weiterhin von Frankreich und seiner Finanzhilfe abhängig.

Bokassa befand sich in der Nacht des Coups in Libyen, um noch mehr Geld aus Ghaddafi herauszuholen. Als er erfuhr, daß er gestürzt worden war, flog er mit 26 Begleitern direkt nach Frankreich, wo er großen Immobilienbesitz hatte. Doch die Franzosen ließen ihn nicht einmal von Bord gehen. 55 Stunden wartete Bokassa in seinem Flugzeug auf dem Luftwaffenstützpunkt in Evreau westlich von Paris, während Frankreich nach einem Land Ausschau hielt, das ihn aufnehmen würde. Die Elfenbeinküste, ebenfalls eine ehemalige französische Kolonie, stimmte schließlich unter der Bedingung zu, daß Bokassa keine Interviews, keine politischen Aktivitäten und keine öffentlichen Auftritte unternehmen dürfe. Von einem Gericht in Bangui in Abwesenheit zum Tode verurteilt, war der flüchtige Kaiser zu einem einsamen Menschen geworden. Im Dezember 1983 wies ihn die Elfenbeinküste aus, nachdem er versucht hatte, politische Unterstützung in seiner Heimat zu gewinnen. Er residierte dann in einem Schloß außerhalb von Paris, während die französische Regierung erfolglos nach einem afrikanischen Land suchte, das ihm Asyl gewähren würde. Im Oktober 1986 kehrte Bokassa plötzlich überraschend nach Bangui zurück. Er wurde prompt am Flughafen verhaftet. Die Regierung sträubte sich, das schon gefällte Todesurteil zu vollstrecken und setzte einen neuen Prozeß an. Bokassa bekannte sich in einigen Anklagepunkten schuldig und wurde erneut zum Tode verurteilt. Die Regierung milderte allerdings das Urteil. So verbüßt er momentan eine lebenslange Freiheitsstrafe. Die Gründe für seine Heimkehr bleiben unklar. Eines ist jedoch deutlich – Bokassa hatte erneut die politischen Machtverhältnisse und sein Ansehen im Land völlig falsch eingeschätzt.

Obwohl Bokassas Regime absurder als jedes andere in Afrika war, sollte es nicht isoliert betrachtet werden. Seine Absurdität war die Tragödie von ganz Afrika, eines Kontinents, der so sehr unter den Händen irregeleiteter Führung leidet. Noch nie waren Männer mit vernünftiger Stimme und klaren Vorstellungen für Afrika so nötig wie heute und noch nie zuvor war die Reihe der Führer so dürftig wie augenblicklich. Die alte Garde – die erste Generation von Präsidenten, die ihre Völker vom Kolonialismus in den eigenen Staat führten und durch die bloße Stärke ihrer Persönlichkeit regierten – ist größtenteils verschwunden, Opfer ihres Alters oder von Staatsstreichen. Die Macht ist auf eine neue Führungsschicht übergegangen, die jünger, weniger gebildet, weniger kultiviert und weniger nationalistisch ist als Jomo Kenyatta von Kenya oder Agostinho Neto von Angola. Die neuen Führer beherrschen außer der Machtpolitik wenig. Sie haben alle Stimmen, bis auf die ihrer Partei, zum Schweigen gebracht und es wie ihre Vorgänger versäumt, Nachfolger heranzuziehen, denn jeder Thronfolger stellt eine mögliche Bedrohung dar. Daraus resultiert ein Führungsvakuum, das unqualifizierte Männer mit einer Machtbasis, aber ohne Unterstützung der Bevölkerung, anzieht. Darin können diese nach Lust und Laune regieren.

Bei der Unabhängigkeit wurden die Präsidenten der alten Garde im allgemeinen durch Volksabstimmung gewählt. Zuvor waren sie von den Kolonialmächten als London oder Paris genehme Staatsmänner ausgesucht worden. Es handelte sich um Soldaten, Beamte oder die Anführer der Befreiungsbewegungen. Unter ihnen gab es echte Führer wie Ghanas Kwame Nkrumah, hervorra-

gende Staatsmänner wie Angolas Neto und anerkannte Intellektuelle wie Senegals Léopold Sédar Senghor. Die Präsidentschaft
verschaffte ihnen aber den ersten wirklichen Eindruck von Reichtum und Einfluß. Die Mehrparteiensysteme wurden eins nach dem
anderen demontiert, die Macht des Präsidenten gefestigt und die
Wurzeln des Personenkults eingepflanzt. Bald war es für die Afrikaner genauso schwierig, einen schwarzen Präsidenten loszuwerden, wie früher einen weißen Gouverneur.

Die Praxis des „one man, one vote" („ein Mann, eine Stimme")
wurde in der Realität zu „one man, one vote, one time". Die Präsidenten zum Zeitpunkt der Unabhängigkeit blieben bis zu ihrem Tod
oder Sturz ein und dieselben. Sie gehen nicht in den Ruhestand, um
dann als erfahrene und geachtete alte Staatsmänner eine Beraterfunktion auszuüben, denn ein ehemaliger Präsident gilt in Afrika
nichts. Je länger sie an der Macht sind, umso mehr verachten sie ihr
eigenes Volk und umso größer wird ihre Macht. Eines der Geheimnisse ihrer Langlebigkeit ist, soviel von den Pfründen zu verteilen,
daß dadurch eine Elite, eine bezahlte Klasse von Ergebenen, entsteht.

Während Amins Regierungszeit hob jeden Dienstag in Entebbe
eine von einer amerikanischen Besatzung bediente Boeing 707 zu
einem achtstündigen Flug nach Stansted in England ab. Dort
angekommen, nahm sie merkwürdige Fracht an Bord: Maßgeschneiderte Hemden, teuren Whisky, Zigaretten, Gourmet-Nahrungsmittel, edle Armbanduhren und modische Sonnenbrillen. Es
war eine seltsame Auswahl an Luxusartikeln, wenn man bedenkt,
daß sich Ugandas Wirtschaft damals im Todeskampf befand und in
Kampala lange Schlangen selbst nach Grundnahrungsmitteln wie
Milch und Zucker anstanden.

Doch das war die Belohnung für die Amin-Getreuen, die Offiziere seiner 21 000 Mann starken Armee. Während die Zivilbevölkerung in der Armut gefangen blieb, zogen die Offiziere in mietfreie, wohlausgestattete Häuser in Kampalas schmucken Vororten
auf den Hügeln von Lubiri und Kololo ein. Sie fuhren Peugeots und
Fiats, die sie Zivilisten oft mit vorgehaltener Waffe abgenommen
hatten und waren die neuen Eigentümer der unter Amin beschlagnahmten Geschäfte asiatischer Händler. Sie kontrollierten den einträglichen Kaffeeschmuggel und den Devisenschwarzmarkt. Es
war ein behaglicher Handel: Amin garantierte ihnen ein schönes
Leben, sie garantierten ihm sein politisches Überleben.

Andere Präsidenten mögen behutsamer vorgegangen sein, aber fast jeder hält sich eine ähnliche Eliteschicht, die normalerweise aus Mitgliedern der eigenen ethnischen Gruppe besteht (Interessanterweise gilt das nicht für diejenigen, die wirklich an den Sozialismus oder Marxismus glauben). Es ist eine Politik der Gönnerschaft, wie sie Bostons James Michael Curley oder Chikagos Richard Daley anerkannt hätten: Kümmere dich erst um die Deinen und die werden die anderen schon veranlassen, sich unterzuordnen.

Die Schaffung von Gesellschaften mit Eliten neokolonialen Zuschnitts in Afrika ist Gegenstand von Kontroversen und Kritik geworden und hat die Entwicklung der Staaten und Völker stark verzögert. Der frühere Vizekanzler der Universität Nairobi, J. N. Karanja, bemerkt: „Wenn Afrika sich entwickeln soll, muß die Elite ihr Gewissen überprüfen und die einzigartige Geschichte und Bedingungen der afrikanischen Völker verstehen und akzeptieren.

„Sie müssen aufrichtig sein und sollten sich darüber klarwerden, daß die Völker Afrikas nicht für die Unabhängigkeit gekämpft haben, um unfreier statt freier und ärmer statt reicher zu werden. Es wird Zeit, daß man den Afrikanern das Recht zu wählen gibt."

Wahlen aber gehören im größten Teil Afrikas ins Reich der Phantasie. Im Gabun feiert Präsident El Hadj Omar Bongo seine Geburtstage (sein Vorname lautete früher Albert-Bernard, bis er im Anschluß an eine Pilgerfahrt nach Mekka entschied, daß El Hadj Omar eine angemessene Vereinigung von Islam und Afrika darstelle), indem er Wahlen abhält, zu denen er ohne Gegner antritt. Seit 1967 erfolgte seine Wiederwahl alle sieben Jahre fast einstimmig. In Somalia wird dem Wahlvolk eine Einparteienliste mit 171 Kandidaten vorgelegt, das zwischen dem Ankreuzen zweier verschiedener Kästchen wählen kann: Ja oder Nein. In Burundi, dessen früherer Staatschef Oberst Jean-Baptiste Bagaza manchmal in einem gepanzertem Wagen und von einem bewaffneten Hubschrauber begleitet umherreiste, hieß die Partei seine Wiederwahl im Jahre 1979 mit 631 zu zwei Stimmen gut – er war der einzige Kandidat. In Sierra Leone gleichen Wahlen kleinen Bürgerkriegen, bei denen Kandidaten aufgelauert, entführt und so zur Aufgabe gezwungen werden. Die Zahl der Toten erreichte während Präsident Siaka P. Stevens Wiederwahlkampagne 1978 100. Jeder meinte, daß es eine ungewöhnlich ruhige Kampagne gewesen sei.

Als Milton Obote Uganda von 1962 bis 1971 regierte, schaffte er

das Parlament ab, verstaatlichte die Wirtschaft und änderte die
Verfassung, um sich de facto zum Präsidenten auf Lebenszeit zu
machen. Er warf Tausende seiner Gegner ins Gefängnis, zerstörte
das Buganda-Königtum, annullierte die Wahlen, führte das Einparteiensystem ein und bei der Durchsetzung all dessen stützte er sich
auf Idi Amin als seinen starken Mann. 1980 kehrte Obote aus dem
tansanischen Exil nach Uganda zurück, um sich für die Präsidentschaft mit den folgenden Worten zu bewerben: „Niemals wieder
werden wir einem Einzelnen erlauben, den Willen des Landes zu
unterdrücken und unsere demokratischen Institutionen zu zerstören." Obote wurde in gefälschten Wahlen wieder zum Präsidenten
erhoben und innerhalb weniger Monate war die Unterdrückung
der Bürgerrechte und die Verstümmelung der demokratischen
Institutionen wieder voll im Gang.

Wegen des weitverbreiteten Analphabetismus werden die Kandidaten auf den Wahlzetteln durch Symbole, nicht durch ihre
Namen dargestellt, und in manchen Dörfern auf dem Land, so in
Mosambik, vollzieht man die Wahl durch Handzeichen. In Sambias
Präsidentschaftswahl im Jahre 1979 wählte Dr. Kenneth Kaunda
für seine Regierungspartei das Symbol eines gewaltigen Adlers,
dessen Schwingen sich wie im Flug erhoben, und der stolz und
herausfordernd wirkte. Die Opposition bekam eine Schlange als
Symbol. Es erübrigt sich, zu bemerken, daß Kaunda die Wahlen
locker gewann – so wie er seit 1964 jede Wahl gewonnen hat – auch
wenn das wohl eher seinen Polizisten als dem Adler zuzuschreiben
war; diese hielten nämlich die führenden Kandidaten der Opposition bis nach der Wahl im Gefängnis fest.

Angesichts solcher Hindernisse haben die Afrikaner andere Mittel und Wege gefunden, um die abweichende Volksmeinung auszu-
drücken. 1977 zum Beispiel drohte ein friedlicher Aufstand der
Marktfrauen in Guinea die 22jährige Herrschaft von Präsident
Ahmed Sékou Touré zu beenden. Im darauffolgenden Jahr zwang
ein Streik von mittelständischen Berufstätigen in Ghana die Regierung, ihre Pläne zur Verlängerung der Militärherrschaft fallenzulassen. In Liberia veranlaßten Krawalle wegen der angekündigten
Erhöhung der Reispreise Präsident William Tolbert, von seinem
wirtschaftlichen Stabilisierungsprogramm abzurücken und führten ein Jahr später zu seinem Sturz.

Anfang der achtziger Jahre gab es noch andere Anzeichen dafür, daß sich die Demokratie in Afrika noch regte. Die Soldaten in Nigeria hatten die Macht an eine gewählte Zivilregierung abgetreten; das Land hielt 1979 und 1983 Wahlen ab. Kenya und Angola erlebten einen reibungslosen und verfassungsgemäßen Übergang der Führung nach dem Tod ihrer Gründerväter. Und in Tansania und Kenya hatte die Wählerschaft rund die Hälfte der Parlamentsabgeordneten abgewählt.

Doch am letzten Tag des Jahres 1983 übernahmen höhere Offiziere erneut die Macht in Nigeria und der kenyanische Präsident konzentrierte im Laufe der Jahre immer mehr Macht auf sich und seine Stammesclique. So blieb eine wichtige Frage im Raum stehen: Ist eine Demokratie westlichen Zuschnitts den Bedürfnissen Afrikas angemessen?

Ich denke nicht. Auf jeden Fall noch nicht. Das zersplitterte, mit sich ringende Afrika unserer Tage kann sich den Luxus mehrerer Parteien, einer unabhängigen Presse und aufrichtiger Debatten nicht leisten. In Ländern, in denen die staatlichen Ziele nicht klar vorgegeben sind, ermöglichen es solche Freiheiten den verschiedenen Fraktionen, für ihre Gruppeninteressen auf Kosten der Allgemeininteressen zu streiten. Die staatlichen Institutionen sind nicht stark genug, um solch einem Druck standzuhalten. Und die Regierungen haben nicht genug Zusammenhalt, um diesen Kräften zu widerstehen.

Im jetzigen Stadium ist den meisten afrikanischen Ländern am Besten mit einem „gutmütigen" Diktator gedient. Die Demokratie kann später kommen, wenn sie überhaupt kommen soll. Im Augenblick ist Demokratie genausowenig ein Allheilmittel für Afrikas Leiden wie der Kommunismus. Afrika muß ein afrikanisches Politsystem entwickeln, das weder aus dem Osten, noch aus dem Westen stammt und Elemente des Kapitalismus und des Sozialismus, die beide dem afrikanischen Charakter innewohnen, miteinander verknüpft. Es sollte Vorstellungen beinhalten, die Afrikaner heute mißverständlicherweise als unvereinbar betrachten – wirtschaftlichen Anreiz mit sozialer Gerechtigkeit.

Die Tragik des heutigen Afrika ist, daß nur wenige Präsidenten fest genug im Sattel sitzen, um eine Politik des Experimentierens mit Systemen zu verfolgen, die ihre Macht verringern könnte. Noch weniger haben Wohltätigkeit oder Weisheit bei der Führung der Staatsgeschäfte gezeigt. Das Ergebnis ist, daß viele Länder von

Männern gelenkt werden, die nicht mehr als bewaffnete Büroangestellte sind.

Es ist natürlich leicht, die Bokassas und Amins und die anderen Führer der zweiten Generation zu verspotten, deren Kompetenz nicht weiter reicht als das Blut, das sie vergießen. Ihre Untaten verdunkeln aber die Tatsache, daß Afrika einige bemerkenswerte Präsidenten hervorgebracht hat, die nicht nur den Gang ihres eigenen Kontinents, sondern auch den der Welt verändert haben. Von ihnen ist keiner so denkwürdig wie Jomo Kenyatta, dem ein britischer Gouverneur prophezeite, daß er sein Land in „Dunkelheit und Tod" führen werde.

Mit grauem Bart und trüben Augen stand Kenyatta vor der versammelten Menschenmenge in Nairobis Uhuru Park*, hielt in der rechten Hand einen Fliegenwedel aus Gnuhaar mit silbernem Griff und sein massiger Körper schwankte hin und her. Seine Stimme war kraftvoll und die Gewalt seiner Worte fast magisch. Schließlich hob er den Wedel über seinen Kopf und rief ein einziges Wort, *Harambee*. Dabei dehnte sich seine Stimme und vergrößerte jede Silbe, bis der Schlußlaut „bee" wie ein Donnerschlag hervorbrach. Die hingerissene Menge beugte sich nach vorne und erwiderte einstimmig: „*Harambee!*"

Dieses Suaheli-Wort bedeutet grob übersetzt „Laßt uns alle an einem Strang ziehen". Mehr als ein halbes Jahrhundert lang – bis zu seinem Tod im Jahre 1978 – war das sein Schlagwort. Wie kein anderer zeigte er der Welt, daß das Streben nach menschlicher Würde und Wohlstand, der Wunsch nach Einigkeit und Harmonie zwischen den Rassen, den Afrikanern kein fremder Gedanke war.

„Wir wollen die Europäer nicht aus diesem Land werfen", sagte er schon früh während des Kampfes um die Unabhängigkeit, „aber wir verlangen, so wie die Weißen behandelt zu werden. Wenn wir hier glücklich und in Frieden leben wollen, muß die Rassendiskriminierung abgeschafft werden."

Kenyatta sah nicht viele seiner Träume in Erfüllung gehen. Die Ostafrikanische Gemeinschaft, der Kenya, Tansania und Uganda angehörten und der er große Bedeutung beimaß, brach 1977 auseinander. Seine Vision von afrikanischer Einheit wurde von Dem-

---

* „Uhuru" bedeutet auf Suaheli Freiheit (Anm.d.Übers.)

agogen, ideologischen Differenzen und Kriegen gefährdet. Unwissenheit, Armut und Krankheit verhexten noch immer den Kontinent und sein eigenes Land war durch die Stammesfraktionen und das Auftauchen einer schwarzen Elite gespalten, deren Anhäufung von Reichtum und Macht deutliche Züge des Neokolonialismus trug. Seine eigene Familie und Vertraute wurden zu Dieben in weißer Weste, die von der Wilderei der Elefanten bis zum Kaffeeschmuggel alles kontrollierten. Doch Kenyatta hinterließ das Land in einem besseren Zustand, als er es vorgefunden hatte. In Kenya wuchs eine Generation auf, die an Stabilität, verhältnismäßig großen Wohlstand und gute Beziehungen zwischen den verschiedenen Rassen gewöhnt war.

Jomo Kenyatta, der von sich selbst einmal als „Wiedererbauer der zerstörten Heiligtümer" sprach, wurde um 1892 – er selbst wußte das genaue Datum nicht – im fruchtbaren Hochland nördlich von Nairobi geboren. Er hieß damals Kamau wa Ngengi und war Sohn eines Bauern. Sein Großvater war Zauberer. Als Hirtenjunge hütete das Kind die Schafe seines Vaters in der Nähe des heiligen *Mugumuwanjathi*-Baumes, an dem sich die Kikuyu-Stammesbrüder versammelten, um ihre Vertreibung durch die weißen Siedler aus dem Land zu beklagen, das sie jahrhundertelang besessen hatten. „Die Kikuyu sind nicht mehr das, was sie einmal waren", grämten sich die Leute in einem Lied.

Im Alter von zehn Jahren lief der junge Kamau davon, zu einer nahegelegenen schottischen Mission, wo ihm die Ärzte durch die Operation und Heilung einer Rückenmarkserkrankung das Leben retteten. Kamau lernte in der Mission Lesen und Schreiben und wurde dort auf einen neuen Namen getauft – Johnstone. Es gehörte zu seinen Pflichten, die Kirchenstühle mit frischen Tüchern zu bedecken, wenn die Afrikaner nach dem Gottesdienst die Kirche verließen und die Europäer zu ihrem erschienen. Es war wenig überraschend, daß Kenyatta später der Kirche vorwarf, den Kolonialismus zu untermauern, indem er einmal bemerkte: „Als die Missionare kamen, hatten die Afrikaner das Land und die Missionare die Bibel. Sie lehrten uns, mit geschlossenem Augen zu beten. Und als wir sie wieder öffneten, hatten sie das Land und wir die Bibel."

1921 trieb es den damals neunzehnjährigen Kenyatta nach Nairobi, wo er als Gerichtsdolmetscher und Wasserstandsableser arbeitete. Er tanzte gerne und bezauberte leicht die Frauen, indem er nach eigener Aussage einen Liebestrank verwendete, dessen Zubereitung ihm sein Großvater beigebracht hatte. In Nairobi nahm er den Namen Kenyatta an, ein Massai-Wort, das sich auf seinen perlenbesetzten Gürtel bezog. Später meinte er, daß sein christlicher Name nicht afrikanisch genug sei und nannte sich Jomo, was „Brennender Speer" bedeutet. Die Schaffung – und die Verbreitung – des Mythos vom Häuptling hatte begonnen.

Die Rassenschranken waren im Nairobi der zwanziger Jahre rigide. Jungen Männern wie Kenyatta war der Zugang zu Hotels, Restaurants und zu jeglicher Arbeit, mit Ausnahme niederer Dienste, verwehrt. Kenyatta aber, mit einer anziehenden Persönlichkeit, natürlicher Neugierde und Rednergabe gesegnet, lernte schnell, diese Hindernisse zu umschiffen und wuchs schon bald zu einer örtlichen politischen Kraft. Er wurde Propagandasekretär des Ostafrikanischen Verbandes, der mit verfassungsmäßigen Mitteln für eine Landreform, bessere Löhne, Ausbildung und medizinische Versorgung der Afrikaner eintrat. Der Verband zog gegen die Zwangsarbeit und die metallenen Ausweisplaketten zu Felde, die jeder Afrikaner tragen mußte. 1928 trat Kenyatta einer neuen und unverblümteren Gruppe als Generalsekretär bei, deren Hauptanliegen die Rückgabe des Hochlandes an die Kikuyu war, den größten und wirtschaftlich agressivsten der rund 40 Stämme Kenyas. Kenyatta gab seine staatliche Anstellung als Wasserstandsableser auf und begann den Kampf, der bis zum Erreichen der Unabhängigkeit (35 Jahre später) andauerte. Man sollte beachten, daß sich Kenyatta zu diesem Zeitpunkt um die Besserstellung seines Stammes sorgte und nicht um das umfassendere Thema der Bildung einer unabhängigen Nation.

Eine Gruppe von Indern mit kommunistischen Verbindungen stellte 1929 Geld und Rechtsbeistand zur Verfügung und Kenyatta ging nach London, um dem britischen Kolonialsekretär das Anliegen der Kikuyu vorzutragen. Er bekam diesen nie zu sehen. Stattdessen stieß er auf eine kommunistische Gruppierung, die sich „Liga gegen den Imperialismus" nannte. Er unternahm eine schnelle Reise nach Moskau, besuchte Berlin und spielte eine unbedeutende Rolle bei dem von den Kommunisten unterstützten „Internationalen Negerarbeiterkongreß" in Hamburg. Nach 18 Monaten verloren seine indischen Hintermänner die Lust daran, ihn zu unterstützen und er kehrte nach Hause zurück.

Sein Aufenthalt in Nairobi war kurz. Ein Jahr später, 1931, kehrte er nach London zurück und diesmal sollte er 15 Jahre von Zuhause wegbleiben. Er lebte von der Großzügigkeit seiner Freunde und bombardierte das Kolonialbüro mit Petitionen, deckte die Zeitungen mit Briefen ein und kleidete sich in afrikanischer Leopardenfelltracht, die er wegen ihrer Auffälligkeit trug. Er richtete seine Klagen an jeden, der ihm auf dem Trafalgar Square zuhören wollte. Er erlernte die Kunst der Öffentlichkeitsarbeit, was sich während seiner Karriere als sehr nützlich erweisen sollte, und suchte nach einem politischen System, das in Afrika anwendbar wäre.

1933 verbrachte er vier Monate in Moskau, um die Taktik der Revolution zu studieren. Später besuchte er Dänemark, Schweden und Norwegen, um etwas über das Genossenschaftswesen in der Landwirtschaft zu erfahren. (Sehr viel später, nach der Unabhängigkeit, verwarf er den Kommunismus und wurde einer von Afrikas strammsten prowestlichen Führern. „Laßt euch nicht dazu verleiten, beim Kommunismus nach Brot zu suchen", lautete seine Redensart.)

In der Zwischenzeit war das, was Kenyatta zunächst nach England geführt hatte – die Wiederherstellung der Kikuyurechte – zur Forderung nach Rechten für alle Afrikaner geworden. In London tat er sich mit zwei anderen afrikanischen Exilanten, Hastings Banda, dem künftigen Präsidenten Malawis, und Kwame Nkrumah, dem künftigen Präsidenten Ghanas, zusammen, um die Panafrikanische Organisation zu gründen, die Gleichberechtigung für alle Afrikaner forderte. Als Kenyatta 1946 nach Kenya mit einer englischen Frau und einem Sohn zurückkehrte, war er der anerkannte Führer der afrikanischen Befreiungsbewegung.

Doch Kenyatta fand Zuhause wenig Veränderungen vor. Die Kolonialregierung machte kaum Konzessionen. Während Kenyatta nach gesetzmäßigem Wandel strebte, leisteten viele seiner Kollegen im Untergrund fürchterliche Schwüre, den weißen Mann zu töten und aus Kenya zu vertreiben. Die Bewegung wurde unter dem Namen Mau-Mau bekannt (Herkunft und Bedeutung des Wortes bleiben geheim und unerklärbar). Bis sie von den Briten mithilfe von Truppen und Tieffliegern besiegt werden konnte, waren in den vier Jahren seit dem Ausbruch der Kämpfe rund 13 500 Afrikaner und 95 Europäer umgekommen.

Die meisten der getöteten Weißen waren Angehörige der Sicherheitskräfte, die restlichen 37 Siedler, deren furchtbare Verstümmelung weltweit die Nachrichten beherrschte, und dabei die Tatsache verdunkelte, daß die Afrikaner, wie immer, viel mehr als die Europäer litten. Aber den Europäern gehörten die Schlagzeilen. Tausende von Afrikanern wurden für ihre Weigerung, den Loyalitätsschwur zu leisten und sich gegen ihre weißen Herren aufzulehnen, von den Mau-Mau-Kämpfern umgebracht. Die Mau-Mau waren fast auschließlich Kikuyu und sie machten sich – zumindest anfangs – nur für ihren Stamm stark. Der Mau-Mau-Ausnahmezustand, wie ihn die Briten nannten, war der erste schwarzafrikanische Befreiungskrieg gegen die Kolonialmächte und der einzige, den die Europäer während der folgenden zwei Jahrzehnte gewinnen sollten. Doch obwohl die Afrikaner militärisch verloren, bedeutete der Krieg für sie dennoch einen wichtigen moralischen Sieg. Sie hatten dem weißen Mann Widerstand geleistet und über den ganzen Kontinent hinweg waren die ersten Regungen der Winde des Umbruchs zu spüren.

Kenyatta wurde zwangsläufig als Führer der Mau-Mau ausgemacht; eine Anklage, die er bestritt. So stürmten am 20. Oktober 1952 weiße und schwarze Sicherheitskräfte noch vor Morgengrauen sein Haus. Sie hofften, ihn im Schlaf zu überraschen. Stattdessen war Kenyatta vollständig angezogen und erwartete seine Festnahme. Sein Prozeß dauerte fünf Monate.

„Unsere Aktivitäten haben sich gegen die Ungerechtigtkeiten gerichtet, die von den afrikanischen Völkern erduldet werden", sagte er vor Gericht, „und wenn wir uns beim Versuch, den Rechten der afrikanischen Menschen Geltung zu verschaffen, als etwas entpuppt haben sollten, was Sie Mau-Mau nennen, bedauern wir sehr, daß Sie sich in diese Richtung haben verirren lassen.

„Was wir getan haben, und was wir weiter tun werden, ist, die Rechte der Afrikaner als Menschen einzufordern, so daß sie die Vorteile und Privilegien im selben Maße genießen können wie die anderen Völker."

Kenyatta wurde schuldig gesprochen und zu sieben Jahren harter Zwangsarbeit in einem Gefängnis in der Wüste in Nordkenya verurteilt. Sein Prozeß war eine Farce und die gegen ihn vorgebrachten Beweise höchst dürftig. Er war vielleicht der geistige Führer seines Volkes, aber niemals ein Guerillakämpfer, und es ist unwahrscheinlich, daß er jemals irgendeinen militärischen Einfluß in der Mau-Mau-Bewegung hatte. 1959 wurde Kenyatta aus dem Gefängnis entlassen, nur um in Lodwar, einem isolierten Außenposten, unter Hausarrest gestellt zu werden. Dort lebte er mit seiner dritten Frau.* Die Unabhängigkeitsbewegung gewann in der Zwischenzeit an Schwung – 17 afrikanische Staaten wurden alleine 1960 gegründet – und die Briten sahen sich wegen des Drucks der Kenyaner gezwungen, Kenyatta die Rückkehr in die Politik zu gewähren.

„Wo es Rassenhaß gibt, muß er aufhören", sagte Kenyatta. „Wo es Feindlichkeit zwischen den Stämmen gibt, wird sie beendet werden. Laßt uns nicht in der Bitterkeit der Vergangenheit verharren. Ich würde eher in die Zukunft blicken, zum guten, neuen Kenya, nicht zurück zu den alten, schlechten Tagen. Wenn wir dieses Gefühl von nationaler Blickrichtung und Identität erreichen können, sind wir bei der Lösung unserer wirtschaftlichen Probleme schon ein gutes Stück weiter gekommen."

Kenyatta wurde bei der Unabhängigkeit am 12. Dezember 1963 Premierminister und für die Vereidigungszeremonie gaben er und seine Helfer die einheimische Kleidung und die Roben aus Affenfell, die sie während der Kampagne getragen hatten, zugunsten westlicher Anzüge auf. Auf Kenyattas Kopf saß eine Mütze, die bei den Luo weitverbreitet war, dem zweitgrößten Stamm Kenyas. Das war eine bedeutende Demonstration nationaler Einheit. Ein Jahr später wurde Kenyatta zum Präsidenten ernannt und bei seinem Tod war er zum Präsidenten auf Lebenszeit geworden, einer Art von Heiligenfigur, deren Autorität unangefochten und deren Privatvermögen riesig war, deren Land die Würde der Schwarzen wirklich gehoben und gleichzeitig Platz für den weißen Mann gelassen hatte.

Kenyatta machte zwei Fehler: Er versäumte es, einen wirklichen nationalen Zusammenhalt zu schaffen, denn letztendlich kümmerte er sich mehr um seinen Clan und seinen Stamm als um seine

---

* Kenyattas englische Frau, Edna Grace Clarke, und sein Sohn blieben nicht lange in Kenya und kehrten nach England zurück. Er hatte auch drei afrikanische Frauen zu verschiedenen Zeitpunkten und brachte seine letzten Jahre mit einer schönen Frau namens Ngina zu. Von seinen früheren Frauen ließ er sich nie scheiden.

Nation, und er hörte nicht auf ehrlich gemeinte Ratschläge seiner Gegner. Schon bald nach seiner Amtseinführung hörte er auf, die Luomütze zu tragen, und Staat und Wirtschaft blieben fest in der Hand der Kikuyu – oft zum sozialen und finanziellen Nachteil anderer ethnischer Gruppen. Die Korruption nahm skandalöse Ausmaße an. Kenyatta übersah das alles absichtlich.

Das Bild Kenyattas wurde weiter getrübt, als er 1969 seinen Vizepräsidenten, den Luo Oginga Odinga, aufgrund nebulöser Anklagen einsperren ließ und in Nairobi ein populärer, junger Luo-Politiker, Tom Mboya, der sich nicht der Parteidisziplin beugte, von einem Kikuyu-Attentäter erschossen wurde. Mboya war ein verantwortungsbewußter und intelligenter Führer, der in der Politik und in Gewerkschaftsangelegenheiten Erfahrung besaß. Er war eigentlich genau derjenige Typ Mann, auf den viele Menschen – in Afrika wie im Westen – als Führer der zweiten Generation blickten. 1975 wurde J. M. Kariuki ermordet, ein enorm populärer Kikuyu-Abgeordneter, der gegen die neue „koloniale" schwarze Elite gezürnt hatte und als Mau-Mau-Kämpfer von den Briten für sieben Jahre eingesperrt worden war. Kurz vor seinem Tod wurde Kariuki in Begleitung eines hochrangigen Polizeioffiziers gesehen, der direkt dem Präsidenten unterstand. Zwischen 1975 und 1977 wurden fünf Abgeordnete, die zumindest leicht gegen manchen Aspekt von Kenyattas Herrschaft opponiert hatten, ohne Prozeß im Namen des Gesetzes zur öffentlichen Sicherheit inhaftiert.

Solche Exzesse waren aber nach afrikanischen Maßstäben geringfügig. Nachdem Kenyatta im Schlaf gestorben war, strömten Fürstlichkeiten, Präsidenten und Würdenträger aus mehr als 60 Ländern nach Nairobi zur Beerdigung des ehemaligen Hirtenjungen, der die Verkörperung der Träume eines unterdrückten Volkes war. Sein mit Seide ausgeschlagener Sarg wurde auf einer britischen Geschützlafette von 46 Soldaten durch die Straßen Nairobis gezogen. Hunderttausende von Kenyanern säumten die Strecke und hörten das Salut der 21 Artilleriegeschütze über dem Uhuru Park widerhallen. In ganz Afrika wurden die Flaggen auf Halbmast gesetzt. Und der Reverend Charles M. Karari warnte die Trauernden in seiner Predigt, daß Kenya alle Macht und Stammeskämpfe vermeiden müsse, die normalerweise auf den Tod eines afrikanischen Präsidenten folgten.

Daniel arap Moi, der Mann, der auf Kenyatta folgte, ist ein

Mitglied des kleinen Stammes der Tugen. Das Aufeinanderprallen der Stämme – ja der Bürgerkrieg, den viele nach Kenyattas Tod kommen sahen, wurde nie Wirklichkeit. Es gab genügend Kenyaner, die ein Interesse am weiteren Fortschritt ihres Landes hatten, um Gewalt und Instabilität als wenig reizvoll erscheinen zu lassen. Obwohl die eigentliche Macht in den Händen der Kikuyu verblieb – Moi wurde von den Kikuyu als landesweit akzeptabler Vordermann zur Wahrung ihrer Interessen ausgewählt – reichte der wirtschaftliche Kuchen des Landes für die Mehrheit aus. Der Lebensstandard des Durchschnittkenyaners hatte sich erhöht, die staatlichen Versorgungsleistungen waren über die Stadt hinaus ins Land vorgedrungen, und es hatte sich eine Mittelklasse gebildet, die den weniger Privilegierten zumindest ein sichtbares Ziel für sich selbst vorgab. Das war Kenyattas größtes Geschenk an Kenya. Unter ihm wuchs eine Generation heran, die an Frieden und wirtschaftlichen Fortschritt gewöhnt war. Ihre Angehörigen mußten nur über Kenyas Grenzen blicken, um die Alternativen zu erkennen. Äthiopien und Uganda waren durch blutiges Chaos zerstört, das sozialistische Tansania stagnierte, das marxistische Somalia schritt rückwärts. Nur Kenya war den Verheißungen der Unabhängigkeit nähergekommen.

Was hatte Kenyatta anders als seine Kollegen gemacht? Fast alles.

Während Zaires Mobutu die Weißen und die Inder davonjagte, ihre Plantagen und Geschäfte enteignete, ermunterte sie Kenyatta, im Land zu bleiben. Denn er wußte, daß sie über die technischen und geschäftlichen Fähigkeiten verfügten, die sich die Afrikaner noch nicht angeeignet hatten. So funktioniert Kenya viel effizienter als die meisten anderen afrikanischen Länder. Ausländische Investitionen und westliche Touristen haben große wirtschaftliche Impulse gegeben. Während Sambias Kaunda seinen Reichtum an Bodenschätzen (Kupfer) ausbeutete und andere Wirtschaftszweige vernachlässigte, wußte Kenyatta, daß Afrikas Zukunft in den Bauernhöfen lag und räumte der landwirtschaftlichen Entwicklung absoluten Vorrang ein. Während Ugandas Idi Amin die Hälfte seines Haushalts für das Militär ausgab – dort wurden während Amins achtjähriger Regierungszeit weder eine Schule, noch ein Krankenhaus gebaut – opferte Kenyatta weniger als sieben Prozent seiner finanziellen Mittel der Landesverteidigung. Deshalb blieb genug Geld für den Bau zahlreicher Schulen und Spitäler übrig.

Während Nyerere sozialistischen Idealvorstellungen nachhing, die Wirtschaft verstaatlichte und jegliche Privatinitiative abwürgte, verfolgte Kenyatta einen kapitalistischen Kurs – Initiative lohnte sich. Tansanias Produktion schrumpfte, Kenyas hingegen stieg. Interessanterweise ist Kenya kein reiches Land. Es hat keinerlei bedeutende Bodenschätze und weniger als ein Fünftel seiner Fläche sind landwirtschaftlich nutzbar. Aber Kenyatta bewertete Kenyas Aktivposten und arbeitete, um das Beste daraus zu machen. Fast jedem afrikanischen Land hätte es genauso gut ergehen können, wenn es einen Jomo Kenyatta gehabt hätte.

Vielleicht spiegeln nirgendwo sonst auf der Welt einzelne Länder den Charakter ihrer Präsidenten so sehr wider wie in Afrika. Was ein Land darstellt, hängt oft einzig und allein davon ab, welcher Präsident es regiert. Ein neuer Mann übernimmt die Macht und das Land bewegt sich plötzlich in eine andere Richtung. Obwohl die Staatschefs ihren Völkern noch immer ihre Weltanschauung auferlegen, sind die Ideologien eines Präsidenten heute weniger in Mode. Sie sind von Männern mit pragmatischeren Überzeugungen verdrängt worden. Die Theoretiker erwiesen sich als unfähig, die eigene Person und ihre Konzepte an die unerwarteten Sachzwänge anzupassen, als ihre Idealvorstellungen von Afrika von der Realität überholt wurden. Tansania, Kenyas südlicher Nachbar, ist dafür ein besonders deutliches Beispiel.

Tansania besteht aus dem Festland von Tanganjika und der Insel Sansibar. Tanganjika wurde 1891 Teil von Deutsch-Ostafrika. Nach dem Ersten Weltkrieg kam es auf Beschluß des Völkerbundes unter britische Herrschaft und erlangte 1961 die Unabhängigkeit. Drei Jahre später schloß sich das Land mit Sansibar zur Vereinigten Republik von Tansania zusammen.

In ausländischen Hauptstädten nannte man den ersten Präsidenten Nyerere „das Gewissen Schwarzafrikas". Zuhause in Dar-es-Salaam ist er einfach als *Mwalimu* bekannt, dem Suaheli-Wort für Lehrer. Gelehrte und Staatsmänner aus Ost und West suchten seinen Rat, sowohl Washington als auch Moskau legten jedes seiner Worte auf die Goldwaage. Seit mehr als zwanzig Jahren gebietet Nyerere eine Achtung, die für einen afrikanischen Staatsmann einmalig ist. Sein Entwurf des Sozialismus ist ein Schulbeispiel für die Entwicklung der Dritten Welt. Sein Präsidentengehalt betrug nur 6000 Dollar im Jahr und zu Staatsbesuchen flog er oft in der

Touristenklasse privater Fluggesellschaften. Er wurde an der Ma-
kerere-Universität in Uganda und an der Universität Edinburgh in
Schottland ausgebildet. Er hat *Julius Caesar* und den *Kaufmann von
Venedig* ins Suaheli übersetzt. Er gewährte den Angehörigen seines
Stammes, den Zanaki,* keine besonderen Vorzüge, und seine
sozialistischen Träume wurden durch die harte Realität gedämpft,
eines der zwölf ärmsten Länder der Erde zu führen.

„Laßt andere zum Mond fliegen", so Nyerere, „wir müssen
arbeiten, um uns zu ernähren".

Sicherlich hätte niemand etwas an der Gesellschaft auszusetzen,
die Nyerere schaffen wollte. Tansania, so sagte er, werde ein Land
ohne Armee sein. Die Außenpolitik werde auf Neutralität im
kalten Krieg und auf die Förderung der afrikanischen Einheit
zielen, vor allem unter seinen Nachbarn. Die Wirtschaft werde auf
der Landwirtschaft fußen und die Innenpolitik sich auf die „Bekämpfung der drei Feinde: Armut, Unwissenheit und Krankheit"
konzentrieren. Die Lücke zwischen Arm und Reich werde geschlossen. Um mit diesen Absichten ernstzumachen, strich er 1966
alle mittleren und hohen staatlichen Gehälter zusammen, sein
eigenes inbegriffen. Als ausländische Freunde holte er die Chinesen
ins Land und diese bauten ihm für 400 Millionen Dollar eine
schillernde Eisenbahnstrecke vom Hafen Dar-es-Salaams zu den
Kupferfeldern Sambias. Immer wieder predigte er seinen Leuten
Eigenverantwortung; Bittstellerreisen ins Ausland, so sagte er,
verringerten Tansanias Ansehen in der Welt. Tansania werde ein
Land, in dem jeder Mann aufrechtgehen und keiner sich über den
anderen erheben werde.

In seinem bescheidenen Haus am Strand, das mit Hilfe eines
Bankdarlehens erbaut worden war, empfing er Gäste auf der
Veranda ohne den leisesten Hauch von Pomp. Fliegen surrten
umher und Diener in abgewetzten Jacken servierten warme Orangenlimonade. Nyerere schlüpfte aus seinen Sandalen und begann
seinen Vortrag über Afrika. Sein Ton war neckisch und er unterbrach das Gespräch häufig mit Gekicher und Späßen. Er vertrat
seine Meinung ruhig, direkt und im tadellosen Englisch. Wenige
Besucher verließen ihn, ohne fasziniert zu sein.

---

* Zanaki läßt sich übersetzen mit „Die mit was kamen?"

„Die Art und Weise, mit der Präsident Nyerere die Angelegenheiten Afrikas durch die bloße Kraft seines Intellekts und Führungsstärke beherrschte, grenzt an Wunder", stellte der frühere Botschafter der USA bei den Vereinten Nationen, Andrew Young, einmal fest. „Seine Dominanz würde man vom Führer eines reichen Staates mit großer militärischer Stärke erwarten. Tansania ist keins von beiden."

Nyerere wurde 1920 als Sohn eines Zanaki-Häuptlings und dessen achtzehnter Frau Mugaya geboren. Er war ein neugieriger, aufgeweckter Junge und einer der wenigen, die in seinem Dorf Butiama in die Schule gingen. Er hatte gute Noten und wurde an der staatlichen Sekundarschule von Tabora zum Vertrauensschüler ernannt. Er fand bald heraus, daß zu den Privilegien eines Vertrauensschülers doppelte Essensrationen zählten. Er beschwerte sich über diese Ungleichheit und sie wurde abgeschafft.

Nachdem er in Erziehungswissenschaft an der Makarere Universität einen akademischen Grad erworben hatte, lehrte er in Tanganjika bis 1949 Geschichte und Biologie. Dann erhielt er mit Unterstützung katholischer Missionare ein Stipendium nach Edinburgh, wo er britische Geschichte, Englisch, Moralphilosophie, Volkswirtschaft, Sozialanthropologie, Verfassungsrecht und Wirtschaftsgeschichte studierte. Dort, so sagt er, hätten sich seine politischen Überzeugungen entwickelt.

Als er 1952 mit einem Magistergrad nach Tansania zurückkehrte, wurde er wieder Lehrer und in der Politik aktiv. Er verwandelte eine afrikanische Sozialorganisation in eine politische Vereinigung namens Tanganjika African National Union (TANU) und legte die Grundsteine für den friedlichen Übergang in die Unabhängigkeit am 9. Dezember 1961, als er der erste Premierminister seines Landes wurde. Einen Monat später verblüffte er alle, als er zurücktrat, um sich auf den Umbau der Tanu für den nachkolonialen Kampf zu konzentrieren. Er wollte sich auf die Wahlen im Jahr 1962 vorbereiten, die ihm 97 Prozent der Stimmen und die Präsidentschaft Tansanias einbringen sollten.

So edel seine Absichten auch waren, so sehr sein Charme, Intellekt und Humor ihn auszeichneten, hatte Nyerere doch eine gewaltige Schwäche: Er hielt sich selbst nicht immer an das, was den anderen predigte. Und was er tat, hat Tansania sichtlich wenig genützt. Sein inzwischen auf 24 Millionen Menschen angewachsenes Volk befolgte zwei Jahrzehnte lang seine sozialistische Doktrin und fand am Ende des Regenbogens nur eine leere Schüssel vor. Obwohl Nyereres Image bemerkenswert wenig angekratzt ist, gibt es heute ausreichenden Grund, die Weisheit seiner Motive infragezustellen. Man beachte:

– Kein anderer afrikanischer Präsident hat jemals die Regierung eines Nachbarlandes gestürzt, Nyerere aber gleich dreimal: 1975 auf den Komoren, 1977 auf den Seychellen und 1979 in Uganda. Er bot 60 000 Mann auf, um Afrika Idi Amins zu entledigen, aber seine Befreiungsarmee wurde schnell zu einem plündernden und mordenden Besatzungsheer. Nyerere wurde de facto zum Präsidenten Ugandas, als er sicherzustellen versuchte, daß die Marionettenregierung in Kampala einen sozialistischen Kurs einschlagen würde. Als die beiden Nachfolger Amins unabhängig zu handeln begannen, sorgte Nyerere für ihre Entfernung aus dem Amt und ließ sie einsperren.

– Obwohl Nyerere mit der Verdammung von schwarzer und weißer Tyrannei in Afrika schnell bei der Hand war – so weigerte er sich etwa, dem OAU-Gipfel 1975 in Uganda wegen Gastgeber Idi Amin beizuwohnen, hielt er bis 1979 mehr politische Gegner als Südafrika gefangen (Er gewährte im selben Jahr 6400 Gefangenen Straffreiheit und ließ 1980 weitere 4436 frei). Nyerere duldete keine abweichende Meinung, brachte schnell die Tageszeitungen unter staatliche Kontrolle und verschloß der Opposition und freier Meinungsäußerung alle Wege. Alle paar Jahre geriet seine eigene Wiederwahl zur Farce: Er gewann 1970 99 Prozent der „Ja"-Stimmen und 1975 und 1980 jeweils 93 Prozent. Die Wähler konnten nur für oder gegen Nyerere stimmen. Er war stets der einzige Präsidentschaftskandidat.

– Nyerere beklagte sich (richtigerweise) darüber, daß der Westen die Entwicklungshilfe als Hebel verwende, um sich Einfluß zu verschaffen. Dennoch akzeptierte er mehr Hilfe als jeder andere afrikanische Präsident. Weil Nyerere und Tansania so waren, wie es sich die Linksliberalen im Westen vorstellten – blockfrei, sozialistisch, arm und idealistisch, pilgerten die Geber von Australien über Genf bis Washington nach Dar-es-Salaam. In ihrem Reisegepäck steckte viel Geld.

– Trotz der Finanzspritzen haben nur wenige afrikanische Länder dermaßen bescheidene Fortschritte seit der Unabhängigkeit erzielt. Die landwirtschaftliche Produktion sinkt, die Industrie arbeitet mit nur rund einem Viertel ihrer Kapazität. Dar-es-Salaam zerfällt von Tag zu Tag mehr, das Land versinkt in Regungslosigkeit und seine Menschen sind vielleicht die deprimiertesten und demotiviertesten des gesamten Erdteils.

In den überfüllten staatlichen Büros raffen sich schläfrige Sekretärinnen gerade dazu auf, dem Besucher „ausgegangen" entgegenzumurmeln: Das soll heißen, daß der Chef hereingekommen und schon wieder für den Rest des Tages verschwunden ist, selbst wenn die Uhr erst 10.30 anzeigt. In dem von den Israelis erbauten Kilimandscharo Hotel klingelt das Telephon vielleicht zwanzig bis dreißigmal, ehe der Telefonist sich bequemt, den Hörer abzuheben. Als ich das letzte Mal ein Ticket am Flughafen von Dar-es-Salaam kaufte, bat mich der Angestellte, meinen Flugschein selbst auszufüllen. Er werde nach seiner Teepause zurückkehren, um mein Geld abzukassieren. Ein tansanischer Student erzählte mir von einer Feier für Afrikaner an einer amerikanischen Universität. Der Raum war voller lachender Studenten, die tanzten, Bier tranken und Geschichten aus der Heimat austauschten. Der Tansanier schaute sich kurz im Raum um und ging direkt auf zwei junge Männer zu, die trübselig und alleine in einer Ecke saßen. „Als ich ihre langen Gesichter sah, wußte ich sofort, daß sie Tansanier waren."

Sicherlich war das Land, das Nyerere 1961 übernahm, nicht sehr dynamisch. Tansania war im Gegensatz zum benachbarten Kenya keine britische „Vorzugskolonie" gewesen, so daß London seiner Entwicklung nur wenig Aufmerksamkeit schenkte. Es hatte keine bedeutenden Bodenschätze und nur ein wichtiges Exportprodukt – Sisal. Es gab 120 Universitätsabsolventen. Nyerere antwortete darauf 1967 mit der Arusha-Deklaration, einem sozialistischem Entwurf nach chinesischem Muster. Die gesamte Wirtschaft sowie jeglicher Immobilienbesitz, der mehr als 14000 Dollar wert war, wurden verstaatlicht. Die Steuern stiegen, um das Volkseinkommen umzuverteilen und man errichtete Hunderte von *Ujamaa*-Dörfern (Suaheli für „die Familie"). Diese wurden in vielen Fällen mit Städtern bevölkert, die Soldaten in Militärkonvois herankarrten. Und Nyerere begann, sein Evangelium zu verbreiten: Arbeitet hart, vergeßt persönliche Bereicherung, baut mehr an. Dann wird es ein Tansania für alle Tansanier geben.

Viele Kritiker behaupteten, daß Nyereres Problem sein Land und er ein redegewandter Erzieher (wenn auch kein tiefschürfender Denker) sei, der einfach ein besseres Land zum Experimentieren verdient hätte. Mittlerweile geben bis auf die unentwegten Romantiker alle zu, daß sein Experiment gescheitert ist und daß die chinesische Revolution nicht mehr Relevanz für Afrika hat als ein Glas Salzwasser für einen durstigen Menschen. Die Mobilisierung der Massen ist nur möglich bei einem homogenen Volk, das an ein gemeinsames Ziel glaubt. Nyereres Volk glaubt nicht mehr – sollte es jemals gläubig gewesen sein.

Nyereres Hauptverdienst war die Abschaffung jeglicher Anreize in Tansania (jeder, der mehr als 30000 Dollar im Jahr verdiente, zahlte 95 Prozent Steuern). Deshalb geschah überhaupt nichts. Die Bahnverbindung nach Sambia leidet an fehlender Wartung und Güterdiebstählen und die Chinesen wurden zurückgerufen, um die Eisenbahnlinie zu betreiben. So haben sie die Afrikaner auf fast jedem Posten ersetzt, vom Weichensteller bis zum Lokomotivführer. Das Land verarmt zusehends, wird immer lethargischer und überlebt dank internationalen Finanzspritzen; seine Menschen haben außer Nyereres Versprechungen wenig in der Hand. Auf der nahegelegenen Insel Sansibar, einmal der wohlhabendste Flecken Schwarzafrikas, gab es die meiste Zeit keinen Strom und die Regale der Läden waren praktisch leer. Sansibars Staatssäckel, das bis Ende der siebziger Jahre durch den Handel mit Gewürznelken wohlgefüllt war, ist durch die Unterstützung der Regierung auf dem Festland ausgezehrt worden.

Nichtsdestoweniger beharrte Nyerere darauf, daß sein Weg der einzig richtige für sein Volk sei. Zwar legte er im Oktober 1985, für einen afrikanischen Präsidenten höchst ungewöhnlich, freiwillig das Präsidentenamt nieder und übergab die Regierungsgeschäfte seinem Vizepräsidenten Mwinyi, einem Sansibarer. Doch als dieser mit einer eher marktwirtschaftlich orientierten Politik ernstmachte und sich bemühte, die Auflagen des Internationalen Währungsfonds zu erfüllen, ließ sich Nyerere entgegen seinen vorhergehenden Beteuerungen „auf Wunsch des Volkes" wieder zum Parteichef wählen.

Er hat sein Land 30 Jahre lang geführt und seine Doktrin blieb stets gleich. Das restliche Afrika hat sich während dieses Zeitraums gewandelt, neuen Zwängen nachgegeben, mit neuen Systemen gespielt und sich an veränderte Tatsachen angepaßt. Nyerere und Tansania aber unterscheiden sich heute nicht viel vom Tansania des Jahres 1961. Beide stellen einen Anachronismus dar. „Leute, die denken, daß Tansania seine liebgewonnene Politik des *Ujamaa* aufgeben wird, verschwenden ihre Zeit", erklärte Nyerere. „Wir werden uns niemals ändern." Und genau das ist Tansanias Problem.

„Revolution" ist ein populäres – und überstrapaziertes – Wort in Afrika. Fast jeder Präsident glaubte gerne, entweder Geschöpf oder Schöpfer einer Revolution zu sein. Selbst Idi Amin erklärte einmal, während er seine Landsleute abschlachtete: „Als Führer einer Revolution bin ich zu beschäftigt, um mir Ruhe zu gönnen." Aber das Tragen einer Waffe macht noch keinen Revolutionär. Genausowenig wie Phrasendrescherei oder der Sturz von Präsidenten. Ein echter Revolutionär braucht wenigstens eine Zukunftsvision und einen Plan, grundlegende Veränderungen herbeizuführen. Beides ist bei afrikanischen Präsidenten selten vorhanden.

Ein wirklicher Revolutionär verdient aber nähere Betrachtung: Mosambiks Präsident Samora Machel, der 1986 bei einem Flugzeugabsturz ums Leben kam. Er war mehr als jeder andere afrikanische Präsident Produkt des Kampfes gegen den Kolonialismus – ein Mann, den man leicht hassen oder lieben konnte –, der aber nicht zu ignorieren war. Für den Ostblock war er der Musterknabe Afrikas. Für den Westen war er ein harter und kompromißloser, marxistischer Ideologe. Für seinen Nachbarn Südafrika war er die Verkörperung radikalisierter Arroganz. Doch egal aus welcher Ecke man ihn betrachtet: Machels Verdienste sind unbestreitbar und dauerhaft. Seine Persönlichkeit formte sich während des zehnjährigen Befreiungskrieges gegen die Portugiesen (1964–1974) und ihm bedeutete die Fortsetzung der Revolution alles. Es galt, ihr alle Kräfte zu widmen.

Der Bauernsohn Machel, 1933 geboren, wurde in Algerien und Tansania auf den Krieg gegen Portugal vorbereitet. Er war unter den ersten 250 Kämpfern, die die Grenze zwischen Tansania und Mosambik überschritten, und am 25. September 1964 mit einer Attacke auf einen kolonialen Außenposten den Unabhängigkeitskrieg begannen. Schon bald wurde er Oberbefehlshaber der Guerillakämpfer und dann Präsident der Befreiungsbewegung. Sowohl

auf dem Schlachtfeld als auch im Büro des Präsidenten blieb er ein
strenger und disziplinierter Mann, der von sich selbst genausoviel
wie von den anderen verlangte.

Gleich nach dem Krieg, der mit einem Vertrag endete, der den
Sieg von Machels Partisanen besiegelte, entschied der junge Präsi-
dentschaftsanwärter, sich die erste Urlaubsreise seines Lebens zu
genehmigen. Er wählte Tansania aus, nicht gerade ein touristisches
Paradies. Seine Guerillabewegung namens Frelimo hatte dort ihr
Hauptquartier gehabt und noch immer versammelten sich zahlreiche Anführer anderer Befreiungsbewegungen in Mosambiks nörd-
lichem Nachbarland. Am ersten Morgen seines Urlaubs stand er
um 5.30 auf, marschierte wie ein General durch die Korridore des
schäbigen Hotels und pochte an die Türen seiner kleinen Entourage. Seine Begleiter wankten müde nach draußen und Machel
führte sie an den Strand zu einem 15-Kilometer-Lauf. Dann folgte
eine ausführliche Selbstkritiksitzung und jeden Abend kam es zu
Treffen mit Anführern verschiedener Befreiungsbewegungen, um
die Zukunft Rhodesiens (heute Simbabwe) und Südafrikas zu
besprechen. „Machel ließ nie locker", so einer seiner Begleiter, „wir
kehrten alle total erschöpft nach Mosambik zurück".

Im Unterschied zu den meisten afrikanischen Führern führte
Machel sein Zehn-Millionen-Volk mit Taten und nicht nur mit
Worten an. Er scheute auffälligen Lebenstil sowie Personenkult
und war absolut aufrichtig – in Mosambik gibt es praktisch keine
Korruption. Er reiste oft im Land herum, um Fabriken, Bauernhöfe, Krankenhäuser und Gefängnisse zu besuchen. Dabei notierte
er sich die Klagen der Menschen. „Es ist wichtig, die Innentempe-
ratur zu kennen", sagte er einmal, „und das Volk ist das Thermo-
meter".

Als feuriger, bärtiger Redner hielt Machel, der weder rauchte
noch trank, vier- bis fünfstündige Reden und runzelte die Stirn über
diejenigen seiner Landsleute, die sich in nutzlosen Aktivitäten wie
Tanzen oder Feiern ergingen. Er sagte von ihnen, daß sie Energie
vergeudeten, die der Revolution gewidmet sein sollte. In einer
erbosten Ansprache zum 1. Mai befahl er „Volkswächtergruppen"
die Köpfe langhaariger junger Männer kahlzuscheren, verbot den
Frauen das Tragen enger Jeans und Blusen („Sie führen nur in
Versuchung", so Machel) und griff die christliche Kirche als impe-
rialistische Institution an, die „die Menschen gegen uns rekrutiert

und dabei ihre Soutane als Tarnung benutzt". Eines Tages nahm
sein Vater, ein Baptistenprediger, an den Bemerkungen seines
Sohnes Anstoß. Machel stürmte aus dem Speisezimmer der Familie
und schlug die Türe hinter sich zu. Das war ein Ausdruck von
Respektlosigkeit gegenüber einem Älteren, der in afrikanischen
Familien so gut wie nie vorkommt.

Obwohl seine einseitige Hingabe, Afrikas ersten, wirklich marxistischen Staat zu schaffen, Machel oft kriegerisch und gefühllos
machte, war er eine beeindruckende Gestalt. Von seiner Rhetorik in
überfüllten Stadien einmal abgesehen, sprach er artikuliert und
gemessen und gebot so Aufmerksamkeit und Achtung.

Der mit Teppichboden ausgelegte Empfangsraum zu seinem
Büro war nur mit einem Sofa, einem leichten Stuhl und zwei
Wandfotografien eingerichtet. Die eine zeigte einen Jugendlichen
in der Uniform des Heeres und die andere ein kleines Kind,
vielleicht sechs Jahre alt, das einen Raketenwerfer hielt. Machel war
ein kleiner, fast zwergenhafter Mann, drahtig und muskulös. Er
betrat sein Büro mit Schwung, in glattgebügelten Dschungeldrill-
lich, einer Schirmmütze und teuren europäischen Kampfstiefeln
gekleidet.

Sofort redete er über die Revolution. Seine Augen waren wie in
Hypnose geschlossen und seine Stimme leierte, während er in
seinem Stuhl hin und herschaukelte. Wenn er an einen ihn besonders bewegenden Punkt anlangte, sprang er auf, stolzierte durch
den Raum und schlug auf das Knie seines Besuchers, um seinem
Argument Geltung zu verschaffen.

„Es gibt ein Lied, das wir hier im Genossenschaftsdorf singen",
erzählte er, „über ein Dorf, in dem der Hunger besiegt ist, es keinen
Streit und keine Verbrechen gibt, wo die Krankheit bekämpft und
bezwungen wird, wo das Leben kollektiv und produktiv ist, in dem
Schulen die Unwissenheit, den Aberglauben und den Analphabetismus beseitigen, wo der neue Mensch geboren wird, wo es
wirkliche Einheit unter den Menschen aller Rassen gibt…"

Machel war ein Träumer und sein Traum war groß: Er wollte
die Dritte Welt befreien und er unterstützte praktisch jede bekannte
Befreiungsbewegung. Egal, ob es sich um die Katanga-Rebellen in
Angola oder die Befürworter der Unabhängigkeit Puerto Ricos
handelte, Machel stand stets klar auf der Seite der Unterdrückten.
Sein Traum erhielt durch den Erfolg seines eigenen Befreiungs-

kampfes Auftrieb. Er gewann den Krieg und erbte ein wirtschaftlich verkrüppeltes Land, das zum Zeitpunkt der Unabhängigkeit
640 Millionen Dollar Schulden hatte. Er brach auf, den neuen
afrikanischen Menschen zu erschaffen und einem lange Zeit unterdrückten Volk Ausbildung, medizinische Versorgung und politisches Bewußtsein zu schenken. Dabei hatte er manchen Erfolg.
Aber auch Machel mußte erfahren, daß es wesentlich leichter war,
eine Guerillabewegung anzuführen, als eine Regierung zu leiten.
Meiner Meinung nach kann man vieles an Machels Stil bewun-
dern. Im Gegensatz zu Libyens Muammar Gaddhafi suchte er
nicht, die Revolution zu exportieren, sondern setzte sich zuhause
vernünftige Prioritäten. Die Schülerzahl hatte sich seit der Unabhängigkeit verdreifacht, die Hälfte der Bevölkerung war gegen
Cholera geimpft worden und in den Straßen Maputos waren weder
Bettler noch Prostituierte zu sehen. Machel trieb offen Handel mit
Südafrika und arbeitete eng mit Moskau zusammen. Obwohl er
vom Westen abgewiesen worden war, wurde er kein sowjetischer
Satellit. Er akzeptierte Hilfe von überall her.

Aber Machel beharrte darauf, daß sein Weg der einzig richtige
sei. „Wenn eine Klasse ihren Willen aufoktroyiert", so sagte er
einmal, „müssen diejenigen, die sich das zu akzeptieren weigern,
zur Konformität gezwungen werden. Diejenigen, die sich diesem
Willen entgegenstellen, werden unterdrückt".

Solche Worte ließen nicht viel Raum für Kompromisse und
genau aus diesem Grund war Machel wahrscheinlich wenig typisch
für die Präsidenten, die Afrika ins 21. Jahrhundert führen werden.
In den kommenden Jahren wird Afrika mehr Kompromißbereitschaft und Übereinkuft brauchen als bisher. Und es wird sehr viel
mehr Spielraum benötigen, als es Machels starres marxistisches
System erlaubt.

Trotz Machels Errungenschaften war Mosambik bei seinem
Tod im Jahre 1986 in furchtbarem Zustand – der Marxismus
hemmte die Entwicklung, statt sie zu fördern. Wie in Tansania gab
es keinerlei wirtschaftliche Anreize und die Menschen reagierten
mit Lethargie. Sie produzierten außer einer bescheidenen Kaschu-
nußernte nur wenig. In den 200 „Volksläden", die man auf dem
Land eingerichtet hatte, waren die Regale mitleidserregend leer,
obwohl sie die Preise und den Schwarzmarkt relativ wirksam im
Zaum hielten. In den Städten mußten die Frauen stundenlang nach

einem Liter Milch oder einem Laib Brot schlangestehen. Die landwirtschaftliche Produktion war seit der Unabhängigkeit um 70 Prozent gefallen und die Fabriken nur zu knapp einem Drittel ausgelastet. Der Tourismus, der früher Millionen von Dollar eingebracht hatte, war fast vollständig zum Erliegen gekommen. Zusätzlich machte ein Berg von Vorschriften und Verboten den Menschen in Mosambik das Leben schwer. Um den Wohnort zu wechseln, brauchte man ein Dutzend Genehmigungen. Um ein Inlandsflugticket zu kaufen, mußte man sich eine Ermächtigung vom Einwanderungsministerium holen und stundenlang bei der einzigen staatlichen Reiseagentur anstehen. Um einen Dreher einzustellen, mußte ein Arbeitgeber die Erlaubnis fünf verschiedener Ebenen von Arbeiterkomitees einholen. Während der Tage, an denen sie diskutierten, ob ausgerechnet das zur Debatte stehende Individuum die Stellung verdiene, stand die Drehbank still.

Ein weiterer destabilisierender Faktor ist das zerstörerische Treiben der Resistencia Nacional Moçambicana (Renamo), einer Widerstandsbewegung ohne politisches Programm, die der Volksmund *bandidos armados* nennt – bewaffnete Banditen. Sie wurde 1976 während des Bürgerkriegs in Rhodesien (dem heutigen Simbabwe) gegründet und diente ursprünglich dem rhodesischen Geheimdienst. Mit der Unabhängigkeit Simbabwes 1980 fand die Renamo in den Südafrikanern einen neuen Arbeitgeber. Mosambik sollte wirtschaftlich und militärisch destabilisiert werden. Den weißen Machthabern am Kap ging es darum, die marxistische Regierung zu stürzen, dem ANC (Afrikanischer Nationalkongreß) Ausgangsbasen für seinen Kampf gegen die Apartheid zu entziehen und zu verhindern, daß die benachbarten Binnenländer künftig ihren Handel über die beiden mosambikanischen Häfen abwickelten. Das hätte ihre Abhängigkeit von Südafrika verringert. Im Laufe der Jahre hat die Renamo nicht nur strategisch wichtige Ziele zerstört, sondern auch systematisch die eigene Bevölkerung ermordet. 325000 Kinder sind diesen Massakern zum Opfer gefallen, zwei Millionen Mosambikaner sind heimatlos und Hunderte von Schulen und Krankenhäuser sind nur noch Schutt und Asche. Obwohl Südafrika und Mosambik 1984 einen Vertrag schlossen, der die gegenseitige Einstellung der Unterstützung von ANC und Renamo vorsah, dauert der schmutzige Bürgerkrieg an. Während Mosambik sich an seinen Teil der Abmachung hielt, bewiesen 1985 bei einem erfolgreichen Schlag gegen ein Renamo-Lager erbeutete Dokumente, daß die südafrikanische Unterstützung für die Renamo unvermindert weiterging. So führt sie nach wie vor einen der brutalsten Kriege unserer Zeit und Südafrikas Strategie geht auf – Mosambik muß 40 Prozent seines Haushalts für die Verteidigung ausgeben und Simbabwe, das mit 12000 Soldaten die Beira-Eisenbahn schützt, kostet das täglich eine Million Mark. Solange der Krieg weitergeht, gibt es kaum Hoffnung für Mosambik.

Der Abend ist windstill und heiß. Geier kauern in den Mangobäumen. Von einer entfernten Moschee treibt der leiernde Ruf zum Gebet über den weißen Nil. Aber das Dutzend Weiße, das auf der Veranda von Jubas einzigem Hotel sitzt, achtet nicht darauf. Sie trinken Bier mit Eis, schlagen nach den Fliegen und fluchen über die schlechte Bedienung, während sie die Prozession der über zwei Meter großen Dinkas, die sich in der Nähe im Schatten vorbeibewegen, kaum eines Blickes würdigen. Die Dinkas haben die Hemden und Hosen abgelegt, die sie tagsüber während ihrer Arbeit tragen. Sie sind jetzt fast nackt und haben ihre Körper mit Kuhdung und Ockerfarbe eingeschmiert. Trommeln pochen in der Dunkelheit. Die Dinkas folgen ihrem Ruf, wie schon seit Jahrhunderten. Wenn sie das Feld, wo die Trommeln schlagen, erreicht haben, steigern sie sich in eine melodische Trance hinein und tanzen bis zum Morgengrauen. Glänzende Körper schimmern im Mondlicht und winden sich zum gutturalen Chor von tausenden Stimmen, die die Nacht erfüllen.

Das ist der Sudan, das größte Land Afrikas – ein Viertel der Fläche Europas. Hier war aber der „andere" Sudan, der Südsudan. Der arabische Norden ist wohlhabender und entwickelter. Der schwarzafrikanische Süden, bewohnt von Anhängern traditioneller Religionen und von Christen, ist zweimal so groß wie Spanien, hat nur 17 Kilometer Asphaltstraßen und die Verwaltungsbeamten verständigen sich durch Morsezeichen mit Khartoum, der 1600 Kilometer entfernten Hauptstadt im Norden. Die wirtschaftlichen und kulturellen Differenzen zwischen Nord und Süd führten in den vergangenen 150 Jahren stets zu Mißtrauen und Blutvergießen. 1955 eskalierten sie zu einem 17 Jahre langen Kampf des Südens für seine Autonomie. Der Konflikt, der von der Welt größtenteils ignoriert wurde und in der internationalen Presse kaum Beachtung

fand, kostete 400000 Sudanesen das Leben und schaffte Millionen
von Flüchtlingen.

Einer der herausragenden Guerillaführer während des Kriegs,
Mading Degarang, saß an jenem Abend mit uns auf der Terrasse
des Hotels. Er hörte die arabischen Gesänge und sah die afrikanischen Tänzer zu ihren Festgründen schlendern. Zwei unterschiedliche Welten, zwei verschiedene Kulturen, zwei andersartige Religionen – in einem Land zusammengeworfen. Aber, so sinnierte er,
der Frieden würde halten; ein zwar brüchiger Frieden, aber er
würde halten. Die Araber und die Afrikaner hatten einen Kompro-
miß gefunden. Die Wunden des zweitlängsten Bürgerkriegs auf
dem Kontinent (der Eritreakrieg in Äthiopien ist der längste)
verheilten langsam.

„Vor zehn, selbst vor fünf Jahren, dachte keiner, daß es so
gut klappen könnte", sagte Degarang. „Natürlich war eigentlich
nur ein Mann für die Beendigung des Krieges verantwortlich;
und ein Mann ist für die Aufrechterhaltung des Friedens verantwortlich. Wenn ihm etwas zustößt – nun, wir können nur hoffen."

Dieser Mann war Jaafar Numeiri, ein diktatorischer Präsident,
der Kompromisse und Versöhnung suchte, eine seltene Eigenschaft unter afrikanischen Führern. Numeiri, strenggläubiger Muslim und davon überzeugt, daß Allah ihn zur Führung der 24
Millionen Sudanesen auserwählt habe, betete fünfmal täglich und
hatte das gelegentliche Glas Whisky, das er sich früher gegönnt
hatte, ganz aufgegeben. Sein Vater war, bis die Kolonialzeit 1956 zu
Ende ging, Bote bei einer britischen Firma. Numeiri war schon
früh politisch aktiv und wurde 1957 wegen eines mißglückten
Putschversuchs aus der Armee entlassen. Er inszenierte 1969 einen
weiteren Umsturz – diesmal erfolgreich – und machte drei Jahre
später die Zugeständnisse, die vor ihm kein anderer sudanesischer
Führer gewagt hatte. So beendete er den Bürgerkrieg und tat den
ersten Schritt für die Einheit des arabischen Nordens und des
schwarzen Südens.

Statt auf einem totalen Sieg zu beharren, gewährte er dem Süden
in den meisten Angelegenheiten regionale Autonomie, Verteidigung und Außenpolitik ausgenommen. Die sich ehemals bekriegenden Heere verschmolzen zu einer Armee und die beiden so
unterschiedlichen Gebiete zu einem Staat, der durch die Führungs-

kraft eines einzigen Mannes zusammengehalten wurde. Später, im Jahre 1978, unternahm Numeiri einen weiteren unerwarteten Schritt in Richtung einer nationalen Versöhnung, indem er eine Generalamnestie für Dutzende für Sudanesen erließ, die in den Jahren nach dem Krieg zu seinen politischen Gegnern zählten. Das machte ihn zum Dompteur in der Manege.

Jeden Donnerstag spielte Numeiri mit einem ehemaligen Soldaten Polo, der einen Gutteil seiner Zeit einem Plan für die Ermordung Numeiris gewidmet hatte. „Sadiq, Du spielst glänzend", rief Numeiri, wenn seinem eleganten, ehemaligen Gegner ein gelungener Schlag geglückt war. Sadiq al Mahdi, früher Premierminister und Führer der fanatisch islamischen Ansar-Sekte, war wegen Konspiration zum Tode verurteilt worden. Aber Numeiri forderte ihn auf, sein Londoner Exil aufzugeben und zurückzukehren, um für einen vereinten Sudan zu arbeiten. Etwa zur selben Zeit ließ Numeiri alle 1200 politischen Gefangenen frei und erlaubte seinen früheren Feinden, für die Volksversammlung zu kandidieren. Mehrere von ihnen wurden gewählt.

Dennoch war Numeiri nicht von der sanften Sorte. Er behielt den Rang eines Generals und bediente sich jahrelang eines Netzes von Spionen und Informanten, um seinen Feinden auf der Spur zu bleiben. 1975 genehmigte er nach Prozeßende die Hinrichtung von 89 schwarzen Söldnern, die mit libyscher Unterstützung ihn zu stürzen versucht hatten. 1983, nachdem Regierungstruppen einen Aufstand in der Nähe von Juba niedergeschlagen hatten, ließ er die Rebellen in „Sechsergruppen" erschießen, wie sein Informationsministerium verlautbarte. Er behielt die strikte Aufsicht über die Presse seines Einparteienstaates und blieb allein für die täglichen Angelegenheiten seines Landes verantwortlich.

Seine Bereitschaft zum Experiment und seine Flexibilität unterschieden Numeiri von anderen afrikanischen Präsidenten. Während andere dazu neigten, den Kolonialismus für alle Probleme Afrikas verantwortlich zu machen, suchte Numeiri die Ursachen des Versagens eher zuhause. Numeiri flirtete bis 1971 mit dem Marxismus, als ein von den Sowjets angeregter Umsturzversuch fehlschlug. Daraufhin verließ er abrupt das Moskauer Lager. Er verstaatlichte die Wirtschaft und als er sah, daß dieser Schritt die Entwicklung abwürgte, ermunterte er von neuem die Privatwirtschaft, was erhebliche Investitionen aus dem arabischen Raum und dem Westen anzog. Trotzdem bewirkte Numeiri kein Wirtschaftswunder – die Landwirtschaft stagnierte, die Bürokratie blieb ineffizient.

Das Erste, was ein westlicher Journalist in Afrika lernt, ist, keine Voraussagen zu treffen. Sie sind gewöhnlich so zuverlässig wie die Wettervorhersagen in Mitteleuropa. Vielleicht lastete der Frieden im Sudan allzu sehr auf den Schultern eines einzigen Mannes und als dieser stolperte, fiel das ganze Land. Denn wie viele afrikanische Führer änderte Numeiri sein Verhalten. Er rückte 1983 in die Nähe der islamischen Fundamentalisten und ersetzte die bisherige Rechtsprechung durch eine eigene Version der Sharia.* Dadurch empörte er die Bevölkerung im Südsudan, deren Gebiet gleichzeitig in drei Provinzen aufgeteilt und deren autonome Regierung aufgelöst wurde. Die Zeit der Versöhnung war vorüber und der Bürgerkrieg brach wieder aus. Indem er die Brotpreise erhöhte und Subventionen strich, versuchte Numeiri Anfang 1985 den Staatsbankrott abzuwenden. Doch sein mittlerweile korruptes und repressives Regime war unpopulär geworden. Nach einer Streikwelle im April 1985 wurde er vom Militär gestürzt. Im folgenden Jahr gewann die Umma-Partei unter ihrem polospielenden Führer Sadiq al Mahdi die Wahlen. Dieser versprach, den Frieden im Land wiederherzustellen und die Sharia abzuschaffen. Doch die Gesetze blieben in Kraft und so sabotierte der Präsident selbst jede Chance auf Frieden. Gefangen zwischen seinen Verpflichtungen als islamischer Führer und Regierungschef, war Mahdi außerstande, konsequent zu handeln. Nachdem er dem Ultimatum der Armee, den Krieg zu beenden, nicht nachgekommen war, wurde Mahdi im Sommer 1989 in einem unblutigen Putsch vom Militär abgesetzt.

Die neuen Machthaber erben ein Land, das sich mit 15 Milliarden Dollar Auslandsschulden schon lange keinen Krieg oder Zinszahlungen mehr leisten kann. Die Militärhilfe aus den arabischen Nachbarländern ist versiegt und die Erdölreserven des Südens sind unzugänglich. Tausende von Flüchtlingen aus den

---

* Die Sharia sind die Gesetze des Korans, die zum Teil drakonische Strafen für Vergehen wie Diebstahl oder Ehebruch vorsehen.

Nordprovinzen von Äthiopien und dem Kriegsgebiet des Südsudans haben sich in Lagern entlang der äthiopischen Grenze und an größeren Ortschaften im Süden angesammelt. Weil die internationale Hilfe bisher blockiert war, starben allein 1988 an die 250000 Menschen an Hunger und den Folgen der blutigen Auseinandersetzungen.

Der Schatten Idi Amins

Hitler hatte mit den Juden recht, weil die Israelis nicht im Interesse der
Völker der Welt handeln, und deshalb haben sie die Israelis bei lebendigem
Leib mit Gas im Boden Deutschlands verbrannt.
– Idi Amin, ehemaliger Präsident von Uganda

Es war der 25. Januar 1971 und Zehntausende von Ugandern
strömten in die Straßen Kampalas, um den Sturz ihres Präsidenten
Milton Obote zu feiern. Er war ein tyrannischer Säufer, der sein
Land seit der Unabhängigkeit regiert hatte. Der Drahtzieher des
Staatsstreichs war, wie so oft in Afrika, ein ehemaliger Vertrauter
und Verbündeter des Präsidenten. Es handelte sich um einen
Militär, der sich nach oben gedient hatte, gut mit der Truppe
auskam und von Politik und Ideologie nichts wissen wollte. „Ich
bin kein Politiker, sondern Berufssoldat", sagte der General in
seiner Ansprache an die Nation. „Daher bin ich ein Mann weniger
Worte und ich habe mich während meiner beruflichen Karriere
immer kurz gefaßt." Er erklärte weiter, daß seine Regierung nur
geschäftsführend sei und die Macht einer Zivilregierung übergeben
werde, sobald man Wahlen organisieren könnte. Die Ugander
waren erleichtert, die benachbarten afrikanischen Länder beruhigt,
der Westen zufrieden. Eigentlich waren sich alle einig, daß dieser
neue Mann, Idi Amin, einen ausgeglichenen und anständigen Präsidenten abgeben würde.

Idi Amin war damals 46 Jahre alt, ein Hüne mit heiterem Wesen
und einem bodenständigen, kasernenhaften Sinn für Humor. Er

hatte eine höhere Schulbildung genossen und sprach fünf Sprachen – aber nur seine Stammessprache fließend. Sein früherer Befehlshaber in der britischen Armee, Hugh Rogers, erinnert sich an ihn als „hervorragenden und zuverlässigen Soldaten, und heiteren und energischen Mann". Andere beschrieben Amin als Mann ohne Ansprüche und Ehrgeiz. Aber keiner erwähnte, daß Amin alle Eigenschaften besaß, die einen gefährlichen Führer in Afrika ausmachen: Sein Denken war primitiv, seine Loyalität stammesbezogen und seine Einstellung soldatisch. Merkwürdige Dinge ereigneten sich ab dem ersten Tag seiner Machtübernahme. Zuerst „verschwand" der Brigadegeneral, Stabschef und möglicher Rivale Amins, Suleiman Hussein, auf Nimmerwiedersehen. Dann wurde Ugandas oberster Richter Benedicto Kiwanuka am hellichten Tag von Amins Soldaten aus seinen Räumen gezerrt und nie wieder lebend gesehen. Der Vizerektor der Makarere-Universität verschwand genauso und man fand die malträtierte Leiche von Amins Leibarzt im Straßengraben. Leichen trieben den Nil hinunter und tauchten zu Hunderten in den Wäldern von Mabira und Namanve auf. Die Gefängnisse füllten sich und die aufgereihten Gefangenen mußten sich mit fünf Kilo schweren Vorschlaghämmern gegenseitig totschlagen – der letzte Mann wurde dann erschossen. Ganze Lango- und Acholidörfer wurden ausradiert, denn diese Stämme hatten Obote unterstützt. Die Schreie, die jede Nacht aus dem Hauptquartier von Idi Amins Geheimpolizei drangen, wurden so häufig und klangen so entsetzlich, daß der französische Botschafter nebenan Beschwerde einreichte. Seine Frau, die nächtelang kein Auge zutat, kehrte nach Paris zurück. Kabinettsmitglieder, Professoren, Christen, Asiaten, Juden – fast alle bis auf Amins engen Kreis von Moslems und Kakwas – bekamen den Zorn eines Mannes zu spüren, der durch die Macht wahnsinnig geworden und davon besessen war, Uganda auf den kleinsten gemeinsamen Nenner zu reduzieren – seinen eigenen.

Die Ugander prägten ein Wort – Aminismus , um die furchtbaren Ereignisse in ihrem Land zu benennen und als der Aminismus 1979 zu Ende ging, waren schätzungsweise 300000 Ugander (oder jeder vierzigste) tot. Es war, als hätte Amin die Methoden von Haitis Papa Doc oder Kambodschas Pol Pot studiert. In dieser Zeit lernten die Menschen in Uganda das Überleben, aber sie verloren dabei ihre Gefühle. „Das Morden war so alltäglich", erzählte mir ein Gemüsehändler in Kampala. „Wenn man erfuhr, daß der eigene Bruder von der Polizei mitgenommen worden war, wußte man, daß das sein Ende war. Man sagte ‚zu dumm' und fühlte sich einige Tage lang schlecht. Aber dann ging man wieder zur Tagesordnung über und vergaß ihn." Eine menschliche Bestie, verspielt wie ein Kätzchen und tödlich wie ein Löwe, hatte es fast eigenhändig geschafft, ein Land von 13 Millionen Menschen zu zerstören.

Acht Jahre nach den Jubelfeiern, die Amins Machtantritt begleitet hatten, strömten die Ugander erneut ausgelassen auf die Straßen Kampalas. Alte Freunde umarmten sich und begrüßten sich sonderbar, überrascht den anderen am Leben zu finden: „Du bist ja noch da!" Ihr Alptraum war vorüber. Amin – der Nichtpolitiker, der Präsident auf Lebenszeit, der Berufssoldat, der zum gemeinen Mörder wurde – war nach Libyen geflohen, vertrieben durch eine Pöbelarmee und eine Handvoll ugandischer Rebellen. Es war eine afrikanische Version vom Tag des Sieges über Japan auf dem Times Square. Als ich dort unter den Tausenden von tanzenden und singenden Ugandern am Fuße des Parlamentsgebäudes stand, glaubte ich, die Wiedergeburt einer Nation zu erleben. Ich freute mich für Uganda und für Afrika. Wenn ein afrikanischer Staat jemals Chancen und Gründe hatte, persönliche Ambitionen und Mißtrauen zwischen den Stämmen abzulegen und sein Erbe wiederaufzubauen, dann Uganda.

Die Sonne war an diesem Nachmittag des 11. April 1979 gerade durch die Wolkenschicht über Kampala gebrochen, als aus dem Schatten des Parlaments ein älterer Herr nach vorne trat. Er setzte seine Brille ab, beugte sein Haupt und forderte seine Landsleute still zu beten auf, für „diejenigen, die unter der Hand Idi Amins gestorben sind". Die Menge verstummte in leisem Gebet.

Yusufu L. Lules Finger zitterten nervös an der Seite seines blauen Safarianzugs, als er sich darauf vorbereitete, den Amtseid als Übergangspräsident von Uganda zu schwören. Seine Augen schweiften über die Menge am Parlamentsplatz und er sprach leise, mit bebender Stimme. Der Schrecken sei vorbei. Mit Amins Sturz habe eine neue Ära der nationalen Versöhnung begonnen. Lule, ein vornehmer Akademiker, der aus seinem Londoner Exil nach Hause zurückgekehrt war, verschwand und die Menge wurde toll. Die Menschen umarmten und küßten sich, jubelten und hoben die tansanischen Soldaten auf ihre Schultern, hüpften im Rhythmus der Trommeln durch den Hof des Parlaments. Der Anführer der ugandischen Guerillakämpfer, David Oyite-Ojok – von dem Amin sagte, daß er der „einzige Mann außer Gott" sei, den er fürchte, schwang sein Gewehr über seinem Kopf, während er über die Schultern gereicht wurde und Tausende von Stimmen die neue Nationalhymne des Landes sangen: „Oh Uganda, Land der Freiheit, unsere Liebe und Arbeit wir dir geben..." In der Ferne läutete eine Glocke. Dann folgte eine weitere und noch eine, bis schließlich das Glockengeläut aller Kirchtürme Kampalas über der Stadt aufstieg.

„Wenn man doch nur Amin hierherbrächte", rief ein ehemaliger Stadtrat, „wir würden ihn auf der Stelle aufessen. Ja. Wir würden ihn rösten und seine Haut abziehen und sein Fleisch herumreichen. Er war ein Menschenfresser, deshalb würde er es verstehen."

Amins bescheidenes Haus mit vier Schlafzimmern lag nur zwei Kilometer vom Parlamentsplatz entfernt, in den Hügeln, die Kampala beherrschen. Am darauffolgenden Tag betrat ich es durch die offene Vordertür. Ich glaubte, einer Halluzination zu erliegen.

An den Wänden seines Schlafzimmer hingen mit Klebestreifen befestigte Fotos von Militärflugzeugen. Unter Amins Bett lagen Kartons mit Handgranaten, auf dem Schreibtisch flaschenweise Pillen zur Behandlung von Geschlechtskrankheiten. In einem Kleiderschrank stapelten sich Filmspulen von *Tom und Jerry* und ein Aktenschrank war voll mit Schwarzweißfotos von gefolterten Ugandern – mageren, verstümmelten Kreaturen, die kaum noch wie Menschen aussahen. Berichte über seinen Gesundheitszustand lagen verstreut auf dem Boden herum. Sie enthielten keinen Hinweis auf die degenerierende Syphilis, an der er laut einem israelischen Arzt gelitten haben soll, aber zeigten, daß er seit Jahren an Gicht und Fettleibigkeit litt. Überall verteilten sich haufenweise ungeöffnete Briefe von ausländischen Staaten und eigene Mitteilungen.

„Ich denke, es läßt sich mit Sicherheit sagen, daß Amin vom medizinischen Standpunkt aus verrückt war", erzählte mir Solomon Asea, ein Arzt, der Amins Botschafter in Washington war. „Er hatte eine gespaltene Persönlichkeit. Er konnte in der einen Minute jemanden umbringen und in der nächsten lachen und Gitarre spielen, ohne sich daran zu erinnern, was er zuvor getan

hatte. Medizinisch gesehen, war er für viele seiner Taten nicht verantwortlich. Er hätte Patient, nicht Präsident sein sollen."
Traurigerweise war die Euphorie, die Uganda in den ersten Tagen nach Amin erfaßte, nur von kurzer Dauer. Es wurde bald klar, daß es in Uganda keine Wiederaufbau und Versöhnungswunder geben würde. Ein Alptraum war vorüber, ein neuer sollte beginnen. Uganda war dabei, die Mission der Zerstörung zu vollenden, zu der Amin aufgebrochen war.

Die tansanische Armee, die zur Rettung Ugandas einmarschiert war, begann, es zu verwüsten. Die unbezahlten Soldaten holten sich mit vorgehaltener Waffe, was immer sie begehrten. Bald besaß jeder Soldat eine Seiko-Uhr und ein Radio. Die Wirtschaft brach zusammen, die Nahrungsmittelvorräte gingen zu Ende, die Leichenschauhäuser füllten sich und Todesgestank lag in der Luft. Ehrliche Männer wurden zu Dieben und ugandische Räuberbanden streiften mordend und plündernd durch die Städte. Westliche Diplomaten bewaffneten ihre Häuser mit Schrotflinten, deutschen Schäferhunden und Granaten; schlugen, wenn nötig, Angreifer von ihren Schlafzimmerfenstern aus zurück. Matts Lundgren, ein Repräsentant der Vereinten Nationen, postierte zwei Wachen mit Maschinengewehren im Garten seines Hauses und Joseph Bragotti, ein römisch-katholischer Pfarrer, trug stets eine 38er unter seiner Soutane. Ein Chaos war dem anderen gewichen.

An der Makarere-Universität erschienen die Professoren nicht mehr zu den Vorlesungen – sie verbrachten die Zeit damit, Nahrung zu schnorren. Den Krankenhäusern gingen die Medikamente aus und es wurde nicht mehr operiert, da es an Betäubungsmitteln mangelte. Nahrungsmittel und Medikamententransporte internationaler Hilfsorganisationen flossen lastwagenweise nach Uganda, nur um sofort hinter der Grenze entführt zu werden. Im Norden, wo Dürre und Hungersnot die Menschen geißelten, ging es den Rindern scheinbar besser als den Menschen. Die Karamajong-Viehhirten warfen jeden Abend routinemäßig die dahingerafften Körper der kleinen Jungen aus ihren Dörfern. Es waren soviele, daß die Hyänen fett und faul wurden, die Rudel nicht mehr um jedes Fressen kämpften und jaulten. Die Knaben starben, denn die Karamajong geben in Notzeiten die vorhandene Nahrung den Töchtern. Diese lassen sich nämlich gegen Rinder tauschen.
Aus dem Exil in Europa und den Vereinigten Staaten folgten

Tausende von jungen, ehrgeizigen und intelligenten Ugandern dem Ruf des Präsidenten Lule, nach Hause zurückzukehren, um beim Wiederaufbau zu helfen. Doch die Aufgabe war überwältigend und schließlich gaben sie sich geschlagen. Das Gesetz des Dschungels hatte sich wieder der ugandischen Seele bemächtigt. Es gab keine gesellschaftlichen Ziele mehr, nur noch persönliche, und innerhalb weniger Wochen nach ihrer Ernennung zu Ministern und Präsidentenberatern verlangten die ehemaligen Exilanten ihr Fünftel von den ausländischen Krediten und Verträgen. Wenn jemand von „seinen Leuten" sprach, meinte er nicht die Uganda im allgemeinen, sondern die Leute seines Stammes. Wenn er sagte, daß sich die Dinge verbessert hätten, so meinte er nicht die Wirtschaft des Landes, sondern sein eigenes Bankkonto in Übersee.

Lule war der einzige Mann, der die Chance hatte, Uganda zu retten. Er war ehrlich, intelligent und kümmerte sich mit seinen 67 Jahren wenig um Macht. Noch entscheidender war, daß er zum Stamm der Baganda zählte, Ugandas größtem und gebildetstem Stamm, und damit über die Anhängerschaft der Mehrheit gebot. Wäre er statt Humanist Diktator gewesen, hätte er vielleicht Erfolg gehabt. Doch Julius Nyerere, Tansanias Präsident, hatte Lule nur als Deckmantel für seinen Sozialismus eingesetzt. Als Lule Unabhängigkeit zeigte, ließ ihn Nyerere aus Uganda entfernen, sperrte ihn in ein Zimmer ohne Telefon ein und ließ verkünden, daß Uganda einen neuen Präsidenten erhalte.

Es handelte sich um Godfrey Binaisa, einen Rechtsanwalt, der in New York gelebt und schwere Zeiten hinter sich hatte. Er bekam praktisch nur Scheidungsfälle. Ich traf ihn in der Lobby von Kampalas „International Hotel", kurz nachdem er nach Uganda zurückgekehrt war. Er war früher ein hoher Offizier in der Regierung vor Amin und mittlerweile wohlbeleibt. Die Haare gingen ihm aus und er trug einen zerknitterten Anzug. Auf die Frage eines amerikanischen Journalisten, wie sein Name auszusprechen sei, antwortete er „Be nisa to me".* Er hing in der Lobby herum, schnorrte Zigaretten, plauderte mit westlichen Journalisten und meinte, daß nicht er wisse, was er jetzt, da er zurück sei, tun werde. Aber er hoffe, irgendeine Arbeit zu finden. Am nächsten Tag war er

---

* „Be nicer to me" – „Seid netter zu mir" (Anm. d. Übers.)

am meisten davon überrascht, daß sich ein Job für ihn gefunden hatte – als Präsident von Uganda, ernannt von einem örtlichen Komitee. Das hatte entschieden, daß er am harmlosesten und zuverlässigsten sei. Eine seiner ersten Amtshandlungen war, eine amerikanischen Public-Relations-Firma anzuheuern, die für 400 000 Dollar das international getrübte Bild Ugandas aufpolieren sollte. Ein leitender Angestellter flog aus Washington D. C. mit strotzender Zuversicht ein und verteilte Visitenkarten mit der Aufschrift „Wir lösen jedes Problem". Einige Tage später verließ er kopfschüttelnd das Land. Uganda brauchte einen Leichenbeschauer, keinen Werbefachmann.

Der Kreis schloß sich bald. Binaisa wurde von Nyerere aus seinem Amt entfernt und das Militär kehrte an die Macht zurück. Idi Amin mußte Libyen verlassen, nachdem seine Leibwächter sich eine Schießerei mit Ghaddafis Soldaten geleistet hatten. Er zog mit zwei Frauen und 23 Kindern nach Saudi Arabien und hielt sich bereit, „zum Wohle seines Volkes" nach Uganda zurückzukehren. Inzwischen war Obote wieder in Uganda. Nyerere hatte ihn sich genau für diese Situation aufgehoben. Er wurde zum Sieger einer gefälschten Wahl erklärt und erneut zum Präsidenten Ugandas ernannt. „Am heutigen Tag halten wir das Banner der Demokratie hoch und verkünden die Herrschaft des Volkes", sagte er bei seiner Vereidigung. „Die Vergangenheit ist vorbei. Wir beginnen eine neue Zukunft." Diesmal aber gab es keinen Jubel. Innerhalb weniger Wochen hatte Obote das „State Research Bureau" wiedereingerichtet, den Staatssicherheitsdienst, der für Amin wie der *Savak* für den Schah von Persien war. In den überfüllten Gefängnissen wurde täglich gefoltert und erneut verschwanden Menschen. Die unabhängige Presse wurde abgeschafft, abweichende Ansichten mundtot gemacht und das Internationale Rote Kreuz sowie ausländische Journalisten ausgewiesen. Uganda stand am Rande eines Bürgerkriegs, der Stamm gegen Stamm stellen sollte, und in den Randgebieten startete eine neue Guerillabewegung ihre ersten Attacken gegen staatliche Einrichtungen, um Obotes Regime zu stürzen.

Hatten sich die Psyche und die Mentalität des gesamten Landes während seines langen Alptraums verändert?

„Nein", antwortete mir der Vizekanzler der Makarere-Universität, Senteza Kajubi, nach reiflicher Überlegung, „ich würde nicht sagen, daß Uganda eine Generation moralischer Krüppel hervorgebracht hat. Aber andererseits ... " Er schwieg, suchte nach Worten. „Andererseits", wiederholte er schließlich, „hat uns die Erfahrung mit Amin offensichtlich stark mitgenommen. Wir sind so tief gesunken, daß ich mich frage, ob wir jemals wieder hochkommen."

Um zu verstehen, wie tief Uganda gesunken ist, lohnt es sich, einen kurzen Blick auf seine Geschichte zu werfen. Winston Churchhill nannte es die „Perle Ostafrikas" und Uganda, das keinen Zugang zum Meer hat, ist eines der schönsten Länder Afrikas. Es hat grüne, fruchtbare Hochebenen und erstreckt sich von den Ufern des Viktoriasees – der Quelle des weißen Nils – bis zu den trockenen Steppen des Nordens. Blaue Kraterseen liegen zwischen abgestuften Berghängen versteckt. Eine Tagesfahrt von Kampala entfernt, das wie Rom auf sieben Hügeln erbaut ist, streiften die prachtvollsten Herden wilder Tiere von ganz Afrika durch Nationalparks in der Größe des Saarlands.

„Uganda ist märchenhaft", schrieb Churchhill 1908 nach seiner Ankunft im Zug von der kenyanischen Küste. „Man steigt in eine Eisenbahn, statt einen Bohnenstengel hochzuklettern und oben findet man eine wunderbare neue Welt vor: Die Landschaft und vor allem die Menschen sind anders als irgendwo sonst in Afrika."

Die frühen ugandischen Völker waren Bauern und Krieger, die fünf zentralistische und wohlhabende Königtümer begründeten: Buganda, Bunyoro, Busoga, Toro und Ankole. Das bedeutenste dieser Königtümer war Buganda, das von einem despotischen *Kabaka* mit Residenz im heutigen Kampala regiert wurde. Von der Mitte des 19. Jahrhunderts an dominierten die Buganda ganz Uganda. Sie waren ein stolzes, elitäres Volk und fühlten sich sowohl den anderen Bantukönigtümern im Becken des Viktoriasees als auch den nilotischen Viehzüchtern im Norden, den Acholi und Lango, überlegen.

1894 wurde Uganda zum Britischen Protektorat und die Kolonialbeamten räumten den Baganda im Rahmen der Politik des „Teile und Herrsche" besondere Privilegien ein. Sie wurden zum Rückgrat der Verwaltung und trugen die Kolonialpolitik. Die anderen Stämme suchten ähnliche Privilegien – vergebens. Sie hatten keine Chance, verantwortungsvolle Positionen im Staatsdienst zu erreichen oder eine Bresche in den von den Baganda kontrollierten Handel zu schlagen. Die Außenseiter mußten sich deshalb eigene Wege im Strom der Zivilisation bahnen, um nicht weiter übergangen zu werden. So wandten sich zum Beispiel die Acholi und die Lango dem Militär zu und wurden zur stärksten ethnischen Gruppe in der Kolonialarmee.

Im Gegensatz zu den benachbarten Kenya oder Tansania bewegte sich Uganda ohne eine geeinte nationale Befreiungsfront auf die Unabhängigkeit zu. Die Baganda zogen sogar die Separation in Erwägung, um der Gefahr zu entgehen, ihre Dominanz in einem neuen Staat zu verlieren. Die fehlende Zentralgewalt sollte sich als eines der größten Hindernisse für die politische Stabilität erweisen. Milton Obote, ein Schullehrer vom Stamme der Lango, versprach den Baganda Autonomie und brachte eine lose Koalition zustande, die Uganda in die Unabhängigkeit führte. Er wurde Premierminister und der Kabaka Präsident.

Es stellte sich bald heraus, daß ein weiteres Erfolgsmerkmal von Kenya in Uganda fehlte, nämlich die europäische Besiedlung. Bei der Unabhängigkeit lebten 43000 Weiße in Kenya, 5000 davon als Farmer im Hochland nördlich von Nairobi. Kenya war ihre Heimat und sie hatten ein persönliches Interesse an dem Wohlergehen der neuen Republik. In Uganda waren die 8800 Weißen Verwaltungsangestellte, Fachkräfte und Techniker. Sie blieben drei oder vier Jahre lang und zogen nach Ablauf ihrer Verträge weiter. Die britische Regierung ließ Kenya aus zwei Gründen bewußt besiedeln: Kenya lag an der Küste und war einfacher zu erreichen als Uganda im Landesinneren. Das Ackerland, obwohl nicht so fruchtbar wie das in Uganda, war weniger dicht besiedelt und man mußte nur wenige Afrikaner verdrängen.

Bald wurde klar, daß Milton Obote keineswegs beabsichtigte, die Macht mit dem Kabaka Freddie Mutesa, einer schmächtigen und eleganten Erscheinung, zu teilen. Obote wollte absolute Kontrolle und seine Abmachung mit dem Buganda-Königtum geriet zur Konfrontation; der Separatismus lebte in Buganda wieder auf. 1966 befahl Obote dem Oberbefehlshaber seiner Armee, Idi Amin, die Rebellion mit möglichst wenig Gewalt niederzuschlagen. Stattdessen donnerte Amin mit Panzern durch den Palast des Kabaka und König Freddie, der letzte in einer langen Reihe von königlichen Herrschern, die seit dem 16. Jahrhundert regierten, entkam über eine Mauer. Er floh nach England, wo er fünf Jahre später als abgebrannter Alkoholiker starb. Die Monarchie wurde abgeschafft, Obote wurde Präsident und Amin war nun der Mann, mit dem zu rechnen war.

Trotz der Stammesrivalitäten, Obotes verfehlter Politik und dem Mangel an Bodenschätzen lief vieles im Sinne Ugandas in den ersten Tagen der Unabhängigkeit. Makarere war eine ausgezeichnete Hochschule, das „Harvard Afrikas". Die Wirtschaft, die sich auf die Landwirtschaft gründete und von 70000 Asiaten in Gang gehalten wurde, war gesund. Der Tourismus boomte. Die medizinische Versorgung war für ein Land der Dritten Welt einmalig: 48 Krankenhäuser; mehrere hundert Apotheken auf dem Land, von Hilfsmedizinern betrieben; eine erstaunlich moderne Einrichtung für psychiatrische Behandlung; ein tropenmedizinisches Institut von internationalem Rang und das beste Städtische Krankenhaus von Schwarzafrika, Mulago in Kampala. Es gab hervorragende Hotels in den Städten und Nationalparks, 1600 Kilometer asphaltierter Straßen und ein umfangreiches Eisenbahnnetz, das sich bis nach Mombasa an der kenyanischen Küste in 1000 Kilometern Entfernung erstreckte.

Der Mann, der für Ugandas Zerstörung verantwortlich ist, wurde 1925 als Sohn von Kleinbauern geboren, die ihren mageren Lebensunterhalt auf einem Hektar zusammenkratzten. Idi Amin war Moslem und Angehöriger der Kakwa, eines kleinen, ungebildeten Stammes mit militärischer Ader. Seine Eltern trennten sich kurz nach seiner Geburt und Amin wurde von seiner Mutter großgezogen. Sie wohnte manchmal in den Kasernen, wobei sich ihre Soldaten abwechselten.

1946 trat Amin dem britischen Regiment „4th King's African Rifles" als Küchenhilfe bei. Da er wußte, daß die Briten die Kakwa nicht gerade bevorzugten, gab er sich als Acholi aus. Amin kämpfte zwar nie in Indien und Burma, wie er später zur Rechtfertigung der Orden an seiner Uniform behauptete, aber war nach einhelliger Meinung ein harter, mutiger und bedingungsloser Soldat. Er schlug sich tapfer während des kenyanischen Mau-Mau-Aufstandes in den fünfziger Jahren und wurde später zum Leutnant befördert, eine ungewöhnliche Auszeichnung in der diskriminierenden Kolonialarmee. „Idi war ein feiner Kerl", erinnerte sich einer seiner britischen Offiziere, „obwohl er, was die grauen Zellen betrifft, etwas zu kurz gekommen war".

Schon 1962, im Jahr der Unabhängigkeit, ließ Amin zum ersten

Mal die Brutalität erkennen, die zu seinem Markenzeichen werden sollte. Als Führer einer Kompanieabteilung beauftragte man ihn, den Stammeskrieg zwischen den benachbarten Turkana in Kenya und den Karamajong in Uganda zu beenden. Er erledigte den Auftrag, doch einen Monat später wurden in dem Dorf, wo die Einheit Amins operiert hatte, mehrere Leichen ausgegraben, die man nur oberflächlich verscharrt hatte. Die Dorfbewohner waren gefoltert und zu Tode geprügelt, andere bei lebendigem Leib begraben worden.

„Es sind einige furchtbare Dinge in Turkana geschehen", erklärte Kenyas stellvertretender Gouverneur, Sir Eric Griffith-Jones, „und es sieht so aus, als gebe es Beweise, daß ein Mitglied der ugandischen Armee die Vernichtung eines ganzen Turkanadorfes sowie nachfolgende Tötungen geleitet hat. Ich denke, wir werden gezwungen sein, ein Strafverfahren gegen ihn einzuleiten."

Er erwähnte den Namen Idi Amins. Doch Sir Walter Coutts, der britische Gouverneur von Uganda, unterdrückte auf Anraten des Premierministers Obote die Anklage. Amin war einer der beiden schwarzen Offizieren der britischen Armee in Uganda. Ein Prozeß vor dem Kriegsgericht wäre wenige Wochen vor der Unabhängigkeit für alle Beteiligten unangenehm gewesen. Es war die schwerste Fehleinschätzung der Briten im Laufe von 68 Jahren Kolonialherrschaft.

Die ugandische Fahne ersetzte am 9. Oktober 1962 den Union Jack über Kampala. Die neue Flagge trug das Nationalsymbol, einen Kronenkranich, und drei farbige, horizontale Streifen: schwarz für Afrika, gelb für die Sonne, rot für die Brüderlichkeit. Hinter jeden dieser Symbole verbarg sich Ironie, denn im Laufe der Zeit sollte Obotes Land den Großteil seines Wildbestands für Nahrung und Profit abschlachten, Afrika sich von Uganda abwenden, die Sonne allein kein Ackerland zum Erblühen bringen und Brüderlichkeit zum Brudermord werden.

Obote war ein wendiger und willensstarker Mann, ein Sozialist und Theoretiker. Ein Jahrzehnt zuvor hatte man ihm ein Jura-Stipendium in den USA angeboten, aber die Kolonialbehörden verweigerten ihm damals ein Ausreisevisum – amerikanisches Recht sei in Uganda nutzlos, hieß es als Begründung. Jetzt hatte Obote die Möglichkeit zu experimentieren. Er zerstörte die Monarchie und verstaatlichte die Wirtschaft. Er veranlaßte seinen

Generalstaatsanwalt – den Baganda Godfrey Binaisa, der später als Präsident wieder auftauchen sollte, die Verfassung umzuschreiben, wobei alle Macht dem Präsidenten zufiel. Uganda, so sagte Obote, würde zu den stereotypen europäischen Systemen auf Distanz gehen. Das tat es wirklich. Die Stämme wurden unruhig, der Wirtschaftsmotor stotterte und die Armee wartete ab. Im Januar 1971 flog Obote nach Singapur zu einer Konferenz der Commonwealth-Staaten. Er wollte dort gegen Großbritanniens Entscheidung, Waffen an Südafrika zu liefern, Unterstützung gewinnen. Vor seinem Abflug machte er einen verhängnisvollen Fehler: Er befahl Amin und seinem Verteidigungsminister, Felix Onama, schriftlich das Verschwinden von Armeegeldern und Waffen in Höhe von vier Millionen Dollar zu erklären. Dieser Befehl beschleunigte das Unvermeidliche und am 25. Januar ergriffen Amin und seine Soldaten die Macht. Es war so, als hätte man einen Haufen Zwölfjähriger bewaffnet und ihnen dann mitgeteilt, daß von Stund' an sie das Land zu führen hätten.

Es ist wenig überraschend, daß Amin zuerst als Possenreißer, nicht als Schlächter, die Aufmerksamkeit der Welt auf sich lenkte. Als 1,93 Meter großer und 227 Pfund schwerer Koloß raste er in einem roten Sportwagen durch Kampala, sprang während diplomatischer Empfänge in voller Montur ins Schwimmbecken und versprach, Uganda reicher als Japan zu machen. Er ließ sich von drei seiner fünf Frauen gleichzeitig scheiden – der verstümmelte Körper seiner geschiedenen Frau Kay wurde später im Kofferraum eines Autos gefunden – und feuerte seine einnehmende Außenministerin Elizabeth Bagaya, indem er ihr Geschlechtsverkehr in einem Waschraum des Flughafens Paris-Orly vorwarf.

„Das Problem mit mir ist", erklärte Amin, „daß ich meiner Zeit fünfzig oder hundert Jahre im voraus bin. Ich habe eine hohe Geschwindigkeit. Manche Minister mußten meine Regierung verlassen, weil sie nicht mehr mitkamen."

Zu Studenten der Makarere-Universität sagte er: „Jetzt habe ich ein paar Knaller für euch. Ich seid dafür verantwortlich, den Menschen Hygiene beizubringen. Ihr müßt euch sehr klug, sehr sauber und sehr gesund machen. Ich finde, daß die Geschlechtskrankheit sehr hoch ist. Wenn du ein kranker Mann, eine kranke Frau bist, mußt du ins Krankenhaus gehen, macht euch sauber oder du wirst feststellen, daß du die ganze Bevölkerung ansteckst. Ich

mag euch sehr gerne und möchte nicht, daß ihr vom Tripper verdorben werdet."
Und an Lord Snowdon schrieb er nach desssen Scheidung von Prinzessin Margaret: „Ihre Erfahrung wird eine Lektion für alle Männer sein, aufzupassen, keine Frauen in sehr hohen Positionen zu heiraten."
Die Welt schmunzelte, Afrika applaudierte und die Ugander starben täglich zu Dutzenden.

Keiner war sicher, weder Politiker noch Bauern. Bildung, Geld oder Einfluß reichten aus, um die betreffende Person vorzumerken – für den Tod. Gesellschaftliche Zusammenkünfte, selbst unter engen Verwandten, vermied man besser. Amins Spitzel waren überall – in Ministerien, Geschäften, Flughäfen, Bars, Hotels, Taxis und Schulen. Um zu überleben, verhielten sich die Menschen ruhig und unauffällig. Sie tauchten ungeachtet ihrer gesellschaftlichen Stellung in der Masse unter.
„Manchmal sprachen mein Mann und ich mit leiser Stimme im Bett über die Entwicklungen", berichtet Judith Mulondo, Mutter zweier Jungen. „Aber wir äußerten unsere Ansichten, erwähnten Amins Namen nie in Gegenwart der Kinder. Sie hätten sich möglicherweise in der Schule verplappert. Dann hätte es an der Tür geklopft und dieses Klopfen war das Todesurteil."
Ein Anwalt erzählte mir, daß er jeden Morgen im T-Shirt und abgetragenen Hosen zur Arbeit ging, um sich nicht als Mitglied der Oberschicht erkennen zu geben. Aus demselben Grund ließ ein Geschäftsmann seinen Mercedes in der Garage stehen und radelte zur Arbeit. In Bewerbungsgesprächen gaben Studenten an, daß sie ihre Schulausbildung abgebrochen hätten, weil Amin offensichtlich die gesamte Intelligenz des Landes ausrotten wollte.
Big Daddy, wie ihn die internationale Presse nannte, rief seltsame Reaktionen in Afrika hervor und wurde eine Zeitlang zu einer Art von perversem Volkshelden. So blutrünstig er auch war, verfügte er doch über Eigenschaften, die Afrikas unkultivierte Führer ziemlich bewunderten: Er behandelte jeden, der ihm über den Weg lief, mit der selben Beiläufigkeit, mit der ein Kind eine Ameise zerquetscht; er äußerte all die Wahrheiten zum Nationalismus, der Wirtschaftsentwicklung und der Menschenwürde; um die Tatsache, daß seine Aussagen entweder abscheulich oder falsch

waren, kümmerte sich seinesgleichen nicht; er demütigte die Asiaten, indem er 1972 alle 70000 auswies*; er spielte mit den Europäern – so zwang er einmal einige britische Bewohner Kampalas, ihn
auf einem thronartigen Stuhl umherzutragen. Viele afrikanische
Präsidenten hätten gerne die Frechheit besessen, genauso so unge-
hobelt und derb zu handeln.

Doch welchen Preis zahlte Uganda! Amin erklärte sich zum
Doktor der Philosophie und Kanzler der Makarere-Universität.
Das einstmalige „Harvard von Afrika" wurde zu einer Universität
von Semiliteraten und erwarb zwischen 1976 und 1979 kein einziges Buch.

Die Inflation erreichte während Amins achtjähriger Herrschaft
über 1000 Prozent, die Grundlöhne stiegen dagegen nur um 54
Prozent. Zum Zeitpunkt seines Sturzes konnte sich ein Mann für
den Mindestlohn von 34 Dollar gerade ein Laib Brot kaufen.

Der Straßenbelag brach auf und überall bildeten sich Schaglö-
cher; die Fabriken schlossen; Amins Soldaten mähten mit ihren
Maschinengewehren ganze Wildherden für Fleisch und Elfenbein
nieder; die Kaffeeplantagen lagen brach; die Zustände im Mulago
Krankenhaus waren skandalös; seine Toiletten verstopft, seine
Wasserhähne vertrocknet und seine 60-Betten-Stationen mit der
dreifachen Menge an Kranken vollgestopft – voller Ratten, Küchenschaben, Läuse, Fliegen und Wanzen. Die 16 Psychiater Ugandas gingen zusammen mit rund 100000 anderen Ugandern ins Exil,
die Kliniken auf dem Land mußten zumachen, der Tourismus löste
sich in Luft auf.

Selbst im Todeskampf war Kampala eine schöne Stadt, durchzogen von baumbestandenen Alleen, wiegenden Palmen und öffentlichen Parks. Die Skyline wurde vom 16-stöckigen „International
Hotel" und einer herrlichen Moschee dominiert. Die anglikanischen und katholischen Kathedralen thronten auf zwei Hügeln
Kampalas. Auf einem dritten, dem Kasubi Hill, lagen die Gräber
von vier Kabakas, darunter auch King Freddies. Amin hatte seinen
Leichnam in England exhumieren und nach Uganda fliegen lassen,

---

* Amin schenkte die Läden und Firmen der Asiaten seinen Kumpeln aus der
Armee. Wie im Zaire, verkauften viele von ihnen einfach den Lagerbestand und
machten dann zu. Die Asiaten wurden für den Verlust ihres Eigentums nie
entschädigt.

um die Unterstützung der Baganda zu gewinnen. Auf den Berghängen befand sich, nur fünf Minuten von der Innenstadt entfernt,
eines der reizvollsten Wohnviertel Afrikas, dessen prächtige, efeu-
bedeckten Villen von großen Gärten umgeben waren, die ständig
zu blühen schienen. Es gab Straßencafés wie das „Café Joseph", wo
man die lauen Sommernächte genießen konnte, regelmäßige Ge-
sangs- und Tanzdarbietungen im Nationaltheater und das Gelände
der Makarere-Universität war außergewöhnlich freundlich und
grün.

Wäre man mit einem Hubschrauber über Kampala geflogen,
hätte es so ruhig, attraktiv und alltäglich gewirkt wie eine Stadt am
Bodensee. Unten aber bemerkte man, was los war. In den Schau-
fenstern der Geschäfte stapelten sich beeindruckende Mengen an
Farbeimern, Verpackungskisten für elektronisches Zubehör und
Spirituosen; doch sie waren leer und die Auslagen nur Fassade. Das
300-Betten-International-Hotel – das früher Obotes Zweitnamen
„Apolo" trug – sah von außen wie jedes Holiday Inn aus, aber das
Restaurant servierte nur Brot und Pulverkaffee. Die Generatoren
waren zusammengebrochen und die Gäste quälten sich die 14
Stockwerke mit Streichholzlicht hoch. Die Wasserleitungen funk-
tionierten nicht und wenn man ein Bad nehmen wollte, zog man
den Feuerwehrschlauch vom Flur in sein Zimmer und füllte die
Badewanne mit Wasser aus dem Notreservoir vom Dach. Im
Nationaltheater gab es keine Aufführungen mehr. Die Kellner
standen in den Cafés mit weißen Jacketts und verschmutzten
Servietten über ihrem Arm, doch es gab keine Gäste. Die große
Uhr am Platz der Unabhängigkeit stand still und schlug mehrere
Jahre nicht eine Sekunde.

Amins Residenz lag in Entebbe am Ufer des Victoriasees – das
ugandische Gegenstück zum Weißen Haus. Der Palast erschien von
außen in tadellosem Zustand. Innen aber waren die Sofas von
Brandlöchern übersät und die Fenstervorhänge heruntergerissen.
In den Schränken lagen leere Bierflaschen herum und eine Fett-
schicht bedeckte den Küchenboden. Einschußlöcher tüpfelten die
Decke im Wohnzimmer, denn Amin ballerte häufig mit seinem
Revolver herum, um sein Personal zu rufen.

Je schlimmer die Lage in Uganda wurde, desto anpassungsfähi-
ger wurden die Ugander; sie nahmen es scheinbar gelassen. Gab es
in den Läden keine Nahrungsmittel, pflückten sie Obst und aßen

gekochte Bananen mit einheimischen Gewürzen, die der Volksmund *Matoke* nennt. Wenn das Telefon nicht funktionierte, erledigten sie ihre Angelegenheiten persönlich. Wenn Freunde und Bekannte wegen unüberlegter Bemerkungen ums Leben kamen, verfielen sie in Schweigen. Gab es keine öffentlichen Verkehrsmittel zu ihrer Arbeit in der Stadt, gingen sie zu Fuß. Die Menschen ertrugen alles ohne ein Wort des Protestes oder sichtbaren Ärgers. *Shauri ya Mungu*, sagten sie – Suaheli für „Es ist Gottes Wille". Einen westlichen Betrachter mag solcher Fatalismus als Zeichen von Passivität erscheinen. Doch es steckt mehr dahinter. Wie soviele Afrikaner hatten auch die Ugander die Kontrolle über ihr Leben verloren. Sie lebten in einer Art Feudalsystem, in welchem das eigene Wohlergehen von der Treue zu einem Mann oder einer Gruppe von Stammesoberhäuptern abhing. Diese Abhängigkeit erlaubte nicht, Fragen zu stellen. Die Tradition, die Macht in die Hände eines Dorfhäuptlings zu legen, die Kolonialepoche sowie die Unterdrückung durch Männer wie Obote und Amin hatten den Ugandern Gehorsam und Unterwürfigkeit beigebracht.

Tragischerweise hätte sich Amin nie solange halten können, wenn Afrika mutig genug gewesen wäre, ihn zu isolieren und Osten und Westen sich mehr um Uganda als um ihre eigenen Interessen gekümmert hätten. Doch Libyen schulte Amins Armee, schickte Militärberater und Techniker. In den letzten Tagen seiner Amins Herrschaft versprach Saudi-Arabien Amin eine Spende von zwei Millionen Dollar im Namen islamischer Brüderlichkeit. Die PLO stellte ihm als Gegenleistung für seine antiisraelischen Ausfälle persönliche Leibwächter zur Verfügung. Ägypten, Pakistan und Bangladesch schickten Professoren für Makarere, Ärzte für Mulango, Ingenieure und andere Fachkräfte. Die Sowjetunion lieferte moderne Waffen, die DDR bildete den Geheimdienst aus.

Die Interessen des Westens waren wirtschaftlicher Natur. Die USA waren jahrelang der größte Abnehmer von ugandischem Kaffee. Erst kurz vor Amins Sturz verhängten sie ein Handelsembargo gegen Uganda. Westliche Konzerne versorgten das Land mit Erdöl. Großbritannien, Ugandas wichtigster Handelspartner, verkaufte – von Fernmelde-Installationen, über Medikamente bis zu Uniformen – alles an Amin. Erst als er die Ermordung des Erzbischofs sowie zweier hochrangiger Kabinettsmitglieder anordnete

(Amin behauptete, sie seien bei einem Autounfall ums Leben gekommen), wandte sich die Stimmung der Weltöffentlichkeit gegen diesen Mann, der bis dahin als gutmütiger Dummkopf betrachtet worden war.

Amin hatte zum selben Zeitpunkt auch Schwierigkeiten im eigenen Land. Seine Armee wurde unruhig und in den Kasernen brachen Kämpfe zwischen Angehörigen verschiedener Stämme aus. Amin mußte seine Soldaten beschäftigen. Er verfiel auf eine altbekannte Lösung – er zettelte einen Krieg an. Am 30. Oktober 1978 marschierte die ugandische Armee in Tansania ein und besetzte 1800 Quadratkilometer Land, ohne auf Widerstand zu stoßen. Die Okkupation, so verkündete Amin, sei „ein Rekord in der gesamten Weltgeschichte", vollbracht in der „Überschallgeschwindigkeit von 25 Minuten". Julius Nyerere antwortete, daß Amin eine Schlange und wegen seiner Syphilis geistesgestört sei. Er versammelte seine Generäle und befahl einen Gegenangriff. Die ersten Resultate waren ein Schulbeispiel dafür, wie man einen Krieg nicht führen sollte.

Am ersten Tag schossen die Tansanier irrtümlicherweise drei ihrer eigenen Flugzeuge ab. Eine Woche später mußte die gesamte Gegenoffensive gestoppt werden, weil keiner so recht wußte, wo die Munition lagerte. Ein tansanisches Bataillon erfuhr nicht von der Verzögerung und setzte sich nach Rwanda in Bewegung, um von dort aus nach Uganda einzuschwenken. Doch die Einheit verlief sich in den rwandesischen Wäldern und marschierte tagelang herum – unfähig, den Weg nach Uganda oder zurück nach Tansania zu finden. Die meisten tansanischen Fahrzeuge blieben liegen, so daß die Generäle in Dar-es-Salaam, 1400 Kilometer von der Front entfernt, Busse und Landrover requirieren mußten. Der Konvoi setzte sich schließlich in Bewegung. Vielen Fahrzeugen ging unterwegs der Sprit aus. Die Soldaten ließen sie liegen und beendeten die Reise zu Fuß.

Als sich die beiden Heere einige Wochen später endlich einholten, war nur wenig Kampfbegeisterung übriggeblieben. Die Soldaten schlugen einfach an beiden Ufern des Kagera-Flusses ihre Lager auf. Nyerere aber war entschlossen, die Arbeit zu vollenden, und im Frühjahr 1979 brachte er die 28 ugandischen Exil- und Befreiungsgruppen zu einer Konferenz in Moshi zusammen. Sie umfaßten Marxisten und Monarchisten, Sozialisten und Kapitalisten,

Tribalisten und Nationalisten – Männer, die nur der gemeinsame Wunsch, Amin loszuwerden, einte. Nyerere kratzte eine 50000 Mann starke „Volksmiliz" zusammen, die größtenteils aus analphabetischen Jugendlichen bestand. Diese holte man von der Straße und aus dem Busch. Die Volksmiliz war eher ein Pöbelhaufen als eine Armee, es gab keine Ränge und keine Ausbildung. Dennoch stieß sie zusammen mit einer Handvoll ugandischer Rebellen nach Norden, überquerte den Kagera-Fluß und betrat ugandischen Boden. Amins Soldaten – angeblich am besten bewaffnet und ausgebildet von allen Armeen in Ostafrika – warfen ihre Waffen bei der ersten Salve weg und flohen. Mehrere hundert libysche Soldaten, die von Oberst Muammar Ghaddafi in einer elfstündigen Aktion zur Rettung Amins nach Uganda entsandt worden waren, besetzten die Frontpositionen um Kampala herum. Sie lösten sich auf und rannten ebenfalls davon. Die Hauptstadt fiel kampflos. Amin entkam auf einer Militärmaschine nach Tripolis und Yusufu L. Lule trat aus dem Schatten des Parlamentsgebäudes, um über den Neuanfang zu sprechen, der nicht stattfinden sollte.

Auch in den folgenden Jahren war Uganda kein lebensfähiger Staat mehr. Es herrschte ein Bürgerkrieg, in dem jeder gegen jeden kämpfte. Die Nation war zu einem Haufen von Stammesstaaten zerfallen. Die Städte wurden zu Frontstellungen, die von Banditen terrorisiert wurden, welche für eine Armbanduhr mordeten. Die Regierung war eine Ansammlung von Asozialen und Eigenbrötlern, die nur sich selbst dienten. Die meisten aufgeweckten jungen Ugander, die nach Amins Sturz aus dem Exil nach Hause zurückgekehrt waren, hatten das Land wieder verlassen. Es war nichts übriggeblieben. Die Wirtschaft, die staatliche Versorgung und der Geist der Aussöhnung waren zerstört. Die Ugander hatten nationalen Selbstmord begangen und im Sommer 1983 starben 200 Menschen täglich, während Regierungstruppen und Guerillakämpfer Dörfer ausradierten, Bussen auflauerten, Kirchen zusammmmenschossen und Häuser überfielen. Die meisten Opfer waren Frauen und Kinder.

Erst Anfang 1986 gab es wieder etwas Hoffnung, als die von Yoweri Museveni angeführte Guerillatruppe „National Resistance Army" (NRA) Kampala eroberte und eine neue Regierung bildete. Der neue Präsident kündigte eine Politik der nationalen Versöhnung an und bemüht sich seitdem, die Ordnung wiederherzustel-

len. Doch im Norden des Landes herrschen weiterhin Rechtlosig-
keit, Gewalt und Chaos. Musevenis Truppen können sich gegen
die bewaffneten Fraktionen nicht durchsetzen. Zusätzlich erschwe-
ren der marode Zustand der Wirtschaft und das epidemische
Ausmaß von Aids Musevenis Bemühungen, zur Normalität zurückzukehren.

Uganda wirft einige besorgniserregende Fragen auf. Stellt es
einen Einzelfall dar oder ist ganz Afrika dazu bestimmt, denselben
Weg der Selbstzerstörung zu gehen? Kann sich Uganda jemals
erholen? Welche Rolle sollte der Westen spielen? Welche Lehren
sollte Afrika aus diesem Trauerspiel ziehen, in dem ein reiches Land
tausend Jahre in seiner Entwicklung zurückfiel? Sicherlich ist Uganda das Extrembeispiel für das Schicksal eines tribalistischen,
verirrten und rückständigen Landes. Aber es wäre unfair zu behaupten, daß Uganda mehr Lehren für Afrika als Nordirland für
Europa bereithält. Das Versagen ist menschlich und kein Kontinent
besitzt ein Patent gegen die Ungerechtigkeiten, die Menschen sich
zufügen. Afrika brachte Amin hervor, Europa Hitler. Uganda, erst
seit drei Jahrzehnten eine Nation, grub sich selbst sein Grab;
Kambodscha, Bestandteil eines großen Reichs, das 1100 Jahre
zurückreicht, grub sich ein größeres. Die Lehren Ugandas gelten
für die gesamte Menschheit, nicht nur für Afrika.

Auf der Suche nach Einheit

Diese Gipfeltreffen sind Zeitverschwendung. Hier wird nur geredet. Manchmal, wenn ich hier sitze und dem ganzen Gerede zuhöre, möchte ich aufschreien.
– Präsident El Hadj Omar Bongo von Gabun

Jeden Sommer, Anfang Juli, versammeln sich die fünfzig Männer mit den riskantesten politischen Jobs der Welt in einer afrikanischen Stadt, um die Angelegenheiten des Kontinents zu besprechen. Es handelt sich um das jährliche Gipfeltreffen der Organisation für Afrikanische Einheit (OAU). Es ist ein Forum für die Staatschefs, das die enormen politischen Probleme angehen – oder häufiger, ihnen aus dem Weg gehen – will, die Afrikas Entwicklung verzögern: Hunger und Kriege, Einmischung der Supermächte und Grenzstreitigkeiten, kollabierende Wirtschaften, mangelhafte Führung, ideologische Meinungsverschiedenheiten, Menschenrechtsverletzungen, politische Instabilität und Bevölkerungsexplosion. Das Treffen beginnt mit brüderlichen Umarmungen und Einheitsbekundungen und endet drei Tage später mit dem wütenden Heimflug von Präsidenten und Generälen, die kaum mehr als die Verurteilung der Apartheid zustandegebracht und keinen Konsens gefunden haben, außer in ihrer Bereitschaft, diesem nicht zuzustimmen. „Diese Leute zu einer Einigung zu bewegen", so Sir Harold Walter, der Außenminister von Mauritius, nach einer Sitzung bei einem OAU-Gipfel, „ist, als ob man versuchte, eine Geige zu spielen, indem man auf sie pinkelt".

Die OAU wurde 1963 mehr oder weniger nach dem Vorbild der Vereinten Nationen gegründet. Alle afrikanischen Staaten, bis auf Südafrika, sind in ihr vertreten. Im Idealfall gäbe die OAU dem schwarzen und arabischen Afrika die Gelegenheit, sich einstimmig zu äußern und wäre eine Plattform für die Behandlung und Lösung afrikanischer Probleme. Zu den Zielen ihrer Gründungscharta zählt der „vollständige Fortschritt" der afrikanischen Völker durch politische und wirtschaftliche Entwicklung, die Ausrottung des Kolonialismus in all seinen Formen und die Förderung der afrikanischen Einheit. Die OAU ist ein bedeutender Ort des Meinungsaustauschs. Sowenig sie bisher erreicht hat – vor allem existiert sie noch – trägt sie doch die Hoffnung, daß eines Tages einmütig handeln wird, um die Ungerechtigkeiten und Ungleichheiten der Vergangenheit und Gegenwart zu korrigieren.

Im Gegensatz zu den Vereinten Nationen verfügt die OAU weder über einen Sicherheitsrat, noch über die Mittel, um ihren Entscheidungen Gewicht zu verleihen. Sie kann nur durch Überredungsgabe, Übereinkunft und Konsens durch Zusammenarbeit funktionieren. Sanktionen und Bestrafung sind praktisch unmöglich. Ihre Autorität wird durch eine Klausel geschwächt, die vorschreibt, daß die Mitgliedsstaaten sich nicht gegenseitig in die inneren Angelegenheiten einmischen dürfen. Die Absicht ist gut, aber die afrikanischen Führer haben durch die buchstabengetreue Auslegung dieser Klausel die OAU jeglicher Möglichkeit beraubt, Kriege zu beenden, Sanktionen zu verhängen, barbarische Herrscher unter Druck zu setzen oder Einheit zu fördern.

Als Präsident Idi Amin mehr als 300 000 Ugander umbringen ließ, als sechs Kriege Afrika erschütterten, als Äthiopien seine Gefängnisse mit 30 000 politischen Häftlingen vollstopfte, war die heftigste Reaktion der OAU – ihr Schweigen. Mißverhältnisse anzuprangern, ob allein oder gemeinsam, würde eine Einmischung in die inneren Angelegenheiten des betroffenen Staates bedeuten und damit ein ungeschriebenes Gesetz der Brüderschaft afrikanischer Präsidenten verletzen: Laß mich mein Land in Ruhe so regieren, wie ich es will, und ich werde dich auch in Ruhe lassen. So bleiben wir beide länger an der Macht.

Dieses Gesetz wurde ernsthaft auf die Probe gestellt, als Tansania in Uganda einmarschierte. Nigeria und der Sudan protestierten gegen dieses Vorgehen beim OAU-Gipfel. Zwar hegten sie keinerlei Sympathien für Amin, aber Tansanias Julius Nyerere hatte einen gefährlichen Präzedenzfall geschaffen. Wenn man zuließe, daß er sich des Rechtes bemächtigte, darüber zu entscheiden, wer im Nachbarland zu regieren habe, was würde andere Präsidenten von ähnlichen Entscheidungen abhalten? Zwei strenge Reden verurteilten den Einmarsch und dann ging der Gipfel reibungslos und schnell zur Tagungsordnung über. Interessanterweise forderte niemand Libyens Muammar Ghaddhafi heraus. Dieser hatte sich ebenfalls militärisch eingemischt, als er Truppen zur Unterstützung der zerfallenden ugandischen Armee schickte. Die Lehre war klar: Zur Unterstützung eines Präsidenten einzugreifen, ist akzeptabel. Sich einzumischen, um ihn zu stürzen, hingegen nicht.

Zum besseren Verständnis der Risiken in der Laufbahn eines afrikanischen Präsidenten betrachte man das Schicksal der OAU-Gründer. 30 Staatschefs unterzeichneten 1963 in Addis Abeba, Äthiopien, die Gründungsurkunde. Zwanzig Jahre später waren nur noch sieben von ihnen im Amt. Von den verbleibenden waren zwei von ihren eigenen Soldaten umgebracht, siebzehn durch Putsches gestürzt worden. Nur zwei starben während ihrer Amtszeit eines natürlichen Todes.

Eine der Gründe für die herzliche Begegnung zwischen den Präsidenten bei einem OAU-Gipfel ist die Ungewißheit, wer von ihnen im nächsten Jahr noch dabei sein wird. Als William Tolbert 1979 in Liberia den OAU-Gipfel als Gastgeber eröffnete, säumten Reklameflächen mit riesigen Fotos der afrikanischer Präsidenten die Strecke zum Konferenzsaal. Ein halbes Dutzend trug allerdings nur die Namen, ohne das dazugehörige Porträt, denn die Ereignisse hatten die Organisatoren des Gipfels überrumpelt. Seit dem Treffen im Vorjahr hatte Uganda drei Präsidenten erlebt; Ghana hatte drei ehemalige Staatschefs öffentlich hinrichten lassen. Kongo hatte seinen Herrscher unter Hausarrest gestellt und ihm unter anderem die Unterschlagung von einer Million Dollar zum Kauf eines Bettes aus massivem Gold vorgeworfen. Im Tschad war der Präsident nachts aus der Hauptstadt geschlichen, um ins Exil zu flüchten, während Mauretaniens Premierminister bei einem Flugzeugabsturz ums Leben gekommen war. Äquatorialguineas Präsident auf Lebenszeit nur knapp einem Umsturzversuch entgangen war (drei Wochen später wurde er dennoch gestürzt und ermordet). Zwei Präsidenten – Kenias Jomo Kenyatta und Algeriens Houari Boumédienne – waren eines natürlichen Todes gestorben.

Beim Gipfel von Khartoum im Jahr zuvor hatten die Menschen gekichert, als der rundliche Präsident Tolbert, damals 65 Jahre alt, in einem weißen Tropenanzug und passendem Hut beim Joggen um das Hilton-Hotel beobachtet wurde. Einen Meter vor und hinter ihm liefen seine Sicherheitskräfte munteren Schrittes, während ihre Funkgeräte rauschten. Seine siebenköpfige Begleitmannschaft bildete die joggende Nachhut. Die Sorgen um seine Sicherheit waren wohlbegründet: Monate später wurde er in seinem Schlafzimmer von einer Gruppe von Unteroffizieren und einfachen Soldaten ermordet und verstümmelt. Tolbert war zum Zeitpunkt seines Todes Vorsitzender der OAU – das prestigeträchtigste Amt des Kontinents und repräsentierte als solcher die Stimme Schwarzafrikas.

Der Gipfel findet jedes Jahr in einem anderen Land statt und die gastgebende Regierung verschleudert Unsummen, über die sie nicht verfügt (Gabun gab 1977 eine Milliarde Dollar aus), zum Bau von Konferenzzentren, Chalets für die Staatschefs, Hotels und neuen Straßen zwischen Flughafen und Innenstadt. Sie kauft neue Staatskarossen, Busse für den Transport der Presse und BMW-Motorräder für ihre Polizisten. (Liberia erwarb für den Gipfel 1979 sechsunddreißig Motorräder. Innerhalb dreier Tage hatten die unsicheren Fahrer der Eskorten 20 zu Schrott gefahren.) Nach Ende eines Gipfels werden die Konferenzhallen im Normalfall zugenagelt, die Hotels geschlossen oder vom Staat subventioniert, und die Chalets verlassen. Guinea schlug 1981 vernünftiger Weise das Angebot, den Gipfel zu organisieren, aus. Die Ausgaben hätten nach Guineas Ansicht, zumindest zum damaligen Zeitpunkt, die Erträge übertroffen. Die meisten Staaten aber rechtfertigen die Investition, weil sie ihnen ausreichenden Anlaß gibt, ihre Hauptstädte herauszuputzen. Entscheidend ist aber, daß es manchem unbedeutenden Kleinstaat sowie seinem Präsidenten für kurze Zeit einen Platz im Rampenlicht verschafft.

Präsident El Hadsch Omar Bongo – der auch als Gabons Verteidigungs-, Informations-, Fernmelde- und Planungsminister sowie Minister für Nationale Führung, Volksbildung, Staatsverwaltung, spezialisierte Parteiorgane und Frauenfortschritt fungiert – feierte die Gastgeberschaft des 1979er Gipfels in seinem Land mit dem Bau eines 800 Millionen Dollar teuren Palastes, der direkt dem „Krieg der Sterne" entnommen schien. Von seinem erhöhten, thronartigen Marmorstuhl aus, der hinter einem langen, marmorbedeckten Schreibtisch stand, bediente der kleine Staatsmann (Bongo ist 1,40 Meter groß) einen Schaltpult, mit dem er Wände einziehen, Türen öffnen, Räume drehen und Lichter abdämpfen konnte. Obwohl Gabon selbst hervorragenden Marmor produziert, importierte Bongo für den Palast und die 23 Millionen Dollar teure OAU-Konferenzhalle Marmor aus Italien, weil der Steinbruch vor Ort keinen genauen Liefertermin garantieren konnte.

Bongos Palast hat einen Nachtclub, einen Festsaal für 3000 Gäste (das entspricht einem Prozent der Bevölkerung Gabuns) und eine Badewanne, die so groß ist, daß man in ihr mehrere Züge schwimmen kann. Um das Verhältnis zu wahren, gibt es zwei Theater, die durch einen zentralen Zuschauerraum getrennt werden, den Bongo auf Knopfdruck um die eigene Achse drehen kann, um der gewünschten Darbietung zu folgen.

Indem er sich kräftig Geld auslieh und dabei die bescheidenen Ölreserven seines Landes als Sicherheit gab, verwandelte Bongo seinen Gipfel in ein spektakuläres und chaotisches Ereignis, wie es Afrika lange Zeit nicht mehr erleben sollte. Auf dem Rücksitz zwischen ihren Leibwächtern eingeklemmt, rasten Präsidenten in Mercedes oder Cadillacs mit heulenden Sirenen durch die schläfrige Hauptstadt Libreville an der Atlantikküste. (Bongo hat wie Zaires Präsident Mobuto Sese Seko marokkanische Leibwächter, da er seinen eigenen Soldaten nicht traut; Idi Amin benutzte Palästinenser). Die gabunesische Ehrenwache, in rote Samtmützen gekleidet und mit einem goldenen Schwert in der Hand, säumte den Eingang zur Konferenzhalle. Gabunesische Soldaten in voller Kampfmontur patrouillierten in den Gängen und überprüften sorgfältig die Tonbandgeräte jedes Reporters, um sicherzustellen, daß es sich nicht um irgendeine Art von Geheimgerät handelte, mit dem man verschlüsselte Botschaften senden könnte.

In jener Woche war es in Libreville unmöglich, seine Wäsche reinigen zu lassen, denn alle Frauen der Stadt waren zur Aufführung traditioneller Tänze zu Ehren der antreffenden Präsidenten abkommandiert. Auch waren keine Prostituierten zu sehen, denn Bongo hatte die Straßen mit einer Warnung an die Adresse der Nachtdamen der Nation leergefegt: „Öffnet während des Gipfels eure Herzen, aber nicht eure Körper!" Als Zeichen der afrikanischen Solidarität gegen die weiße Regierung Südafrikas ordnete Bongo die vorübergehende Einstellung der Flüge zwischen Libreville und Johannesburg an und streute das Gerücht, daß das rhodesische Fleisch, welches in den Restaurants serviert wurde, in Wirklichkeit aus Botswana stamme.

Als ein Journalist am Flughafen bei seiner Ankunft den Grenzbeamten mitteilte, daß er aus Salisbury sei, wurde er promt ausgewiesen. Erst zwei Tage später stellte sich heraus, daß er Salisbury in England und nicht Salisbury in Rhodesien meinte. Zwei Diplomaten aus Bangladesh befanden sich auf demselben Flug und beantragten ihre Akkreditierung als Gipfel-Beobachter. Das Empfangskomitee glaubte, daß Bangladesh der Name einer neuen afrikanischen Befreiungsorganisation sei und erteilte ihnen stattdessen den Status einer Delegation. Andererseits war niemand im Komitee so recht in der Lage, die Delegierten der wenig bekannten Inselrepublik Sao Tomé und Principe (90 000 Einwohner) bei deren Ankunft zuzuordnen. „Sind sie sicher... ist das in Afrika?" fragte ein Funktionär. Die Abordnung von Sao Tomé mußte noch einige Entwürdigungen erdulden. Im OAU-Handbuch zeigte das angebliche Bild des Präsidenten in Wirklichkeit den ehemaligen Gesundheitsminister, einen politischen Dissidenten, der nach Europa geflohen war. PR-Funktionäre schwirrten daraufhin los und klebten das richtige Porträt von Präsident Manuel Pinto da Costa in das Büchlein.

Für die ungefähr 70 Journalisten, die zu jedem OAU-Gipfel zureisen – nur fünf oder sechs von ihnen sind Afrikaner, die restlichen kommen aus dem Westen –, ist das dreitägige Spektakel eine frustrierende Geduldsübung. Mit Ausnahme der Eröffnungs- und Schlußsitzung werden alle Sitzungen im Geheimen abgehalten. Die OAU-Offiziellen handeln aus der Überlegung heraus, daß die Journalisten vielleicht überhaupt nichts schreiben, wenn man ihnen keine Informationen gibt. Und die Unterbringung ist ein reines Glücksspiel. In Gabun kamen manche Journalisten bei den gebuchten Hotels an und fanden noch im Bau befindliche Gebäude vor. Ein Hotel hatte keine Angestellten, keine Türen, kein Wasser oder Strom und die 50-Dollar-Zimmer waren nichts anderes als Betonflächen in kahlen Fluren, die man mit Zementsäcken teilen mußte. In Sierra Leone wurden die Journalisten auf Feldbetten in den Umkleidekabinen des Fußballstadions untergebracht. Liberia versuchte das Problem zu lösen, indem es die „MS Amerika" heranschleppte und das 40 Jahre alte Kreuzfahrtschiff in ein schwimmendes Hotel für Journalisten und Delegierten niederen Ranges verwandelte: man ließ die Öffentlichkeit zum Trinken, Spielen und Besichtigen an Bord. Am letzten Abend des Gipfels tauchten so viele Menschen aus Monrovia auf, daß der italienische Kapitän die Decks räumen ließ. Er fürchtete, daß sein Schiff sinken würde. Doch die Stimmung war zu gut, um aufzubrechen. So wurde die liberianische Polizei gerufen und die behelmten Polizisten wateten in Kampfmontur und gezückten Schlagstöcken an Bord. Innerhalb einer Stunde war der Dampfer bis auf seine Besatzung menschenleer.

Wenn Journalisten während eines Gipfels Probleme haben, dürfen sie versuchen, einen OAU-Repräsentanten aufzufinden, der euphemistisch „Pressesprecher" genannt wird. Doch der Mann, der diese Position während der drei Gipfel bekleidete, von denen hier berichtet wird, Peter Onu aus Nigeria, erschien selbst zu den von ihm anberaumten Besprechungen nur selten. Einmal verschwand er 36 Stunden lang und als er endlich auftauchte, hatte er wenig zu mitzuteilen: „Keine Fragen, ich werde sie bei der Abendkonferenz entgegennehmen." Später wurde auch dieser Termin abgesagt. Als ein Reporter von Agence France Presse einen Bericht schrieb, der Onu mißfiel, kündigte dieser an, daß das gesamte vierköpfige AFP-Büro des Landes verwiesen werde; ein Erlaß, den Bongo später zurücknahm. Gut, meinte Onu daraufhin, dann sei den Delegierten fortan untersagt, mit den Journalisten zu sprechen.

Um herauszufinden, was sich hinter den geschlossenen Türen abspielt, nutzt man am Besten Quellen aus dem Westen, nicht aus Afrika. Die USA, Großbritannien und Australien senden junge Diplomaten zum Gipfel, die sich auf „OAU-Beobachtung" spezialisiert haben. Diese verschaffen sich eine Pressebeglaubigung und haben mehrere wichtige Delegierte auf ihrer Gehaltsliste. Während nächtlicher Treffen auf Parkplätzen und Badezimmern erhalten die Diplomaten von ihren afrikanischen Agenten Kopien der debattierten Geheimdokumente. Die Themen reichen von der Anerkennung der in der Westsahara kämpfenden Befreiungsbewegung Polisario, über Tansanias Einfall in Uganda bis zur Formulierung einer Menschenrechtsinitiative. Es findet sich zwar kaum schlüssiges Vorgehen, aber die Dokumente ermöglichen den Diplomaten, ihren Regierungen in Washington, London und Canberra eine sorgfältige Einschätzung der Ansichten innerhalb der OAU zu übermitteln.

In den Konferenzräumen, bricht die Fassade der Einheit zusammen, sobald die Türen geschlossen sind, und jedes Jahr ereignet sich ein denkwürdiger Faustkampf zwischen sich bekriegenden Delegationen. Während die Präsidenten buhen und sich gegenseitig auspfeifen, die Dolmetscher in ihren Glaszellen fieberhaft arbeiten und der Vorsitzende zur Ordnung ruft, zerfällt Afrika in die zahlreichen Fraktionen, die den Kontinent spalten: die sogenannten gemäßigten Länder, dem Westen wohlgesonnen; die sogenannten fortschrittlichen Länder, mit dem Osten verbündet; die islamischen und die christlichen Länder, die Araber und die Afrikaner; die wohlhabenden Ölexporteure wie Libyen und Algerien sowie die internationalen Bettler wie Tansania; die englisch- und französischsprachigen Länder (sowie fünf portugiesischsprachige Länder und ein spanischsprachiges: Äquatorialguinea); Länder, die politisch aktiven Exilanten aus den Nachbarländern Asyl gewähren und die wenigen Glücklichen, die freundschaftliche Beziehungen über die Grenzen hinweg unterhalten. Das Hilton-Hotel in Khartoum machte einmal den Fehler, die Delegationen Zaires und Angolas auf derselben Etage einzuquartieren. Die beiden Länder verstanden sich damals nicht besonders und so patrouillierten schwerbewaffnete Sicherheitskräfte beider Staaten in Unterhemden den Korridor entlang. Dabei starrten sie sich gegenseitig so grimmig an, daß der Hotelmanager (ein Deutscher) den Angolanern eine andere Etage zuwies, um eine Schießerei zu vermeiden.

Bei den Gipfeln offenbart sich schnell, daß es mehr Trennendes als Einigendes in Afrika gibt. 1982 war Afrika wegen des Schicksals der Westsahara und Muammar Ghaddafis Vorsitz so gespalten, daß die meisten Staatschefs den Gipfel boykottierten. Die anwesenden Präsidenten hingen einen Tag in Tripolis herum und fuhren dann nach Hause, weil keine beschlußfähige Mehrheit zustandekam. Wenige Monate später versuchte man noch einmal, einen Gipfel in Tripolis abzuhalten, aber auch dieser scheiterte; diesmal an der Frage, welche der beiden Delegationen aus dem Tschad die rechtmäßige sei. Erst 1983 versammelte man sich wieder vollzählig in Äthiopien. Ghaddafi war so wütend, daß ihm der Vorsitz verweigert worden war, daß er aus dem Konferenzsaal stürmte, mit seiner ganzen Entourage weiblicher Leibwächter nach Hause flog und sofort einen Angriff auf den Tschad startete, um dessen Regierung zu stürzen. Dieses Schauspiel bewirkte, daß einige Spaßvögel vorschlugen, die OAU solle in „Organisation für afrikanische Uneinigkeit" umbenannt werden.

Die Mitglieder teilen die Erniedrigung ihrer Geschichte und die Verwirrung über die Zukunft, aber darüber hinaus existiert die Idee kontinentaler Einheit nur auf dem Papier. So leben zum Beispiel die marxistischen Mosambikaner und die kapitalistischen Senegalesen in Welten, die 6750 Kilometer voneinander entfernt liegen. Die nomadischen Tuareg Westafrikas und die Kikuyu-Bauern Ostafrikas sind so verschieden wie die Sizilianer und die Lappen. Robert Mugabe, der gelehrte und disziplinierte Präsident Simbabwes, hätte selbst dann kaum etwas mit dem analphabetischen Staatschef des Tschad gemeinsam (Goukouni Oueddei), wenn sie sich in einer Sprache verständigen könnten. Die Äthiopier und Somali bekämpfen sich seit einem Jahrtausend. Einzelne Staaten haben versucht, die Vielfalt innerhalb der eigenen Grenzen zu überwinden und mußten dabei festellen, daß ein Nationalgefühl sich nicht künstlich schaffen läßt. Für einen Kontinent mit 51 Ländern (Südafrika eingerechnet) ist diese Aufgabe, die schon die Kräfte eines einzelnen Landes übersteigt, bei der bestehenden sprachlichen, ethnischen, kulturellen und religiösen Kluft nicht erfüllbar.

Wenn Afrikas Streben nach Einheit bislang gescheitert ist und Afrikas Präsidenten untereinander nicht besser auskommen als die europäischen Mächte während der Kolonialzeit, sollte keiner, am wenigsten die Historiker, überrascht sein. Kehren wir ins vergangene Jahrhundert zurück, als Afrika balkanisiert wurde und unter europäische Herrschaft geriet. Dies geschah auf einer Konferenz in Deutschland, der nicht ein einziger Afrikaner beiwohnte.

Die europäischen Mächte, die neue Handelswege, neue Märkte und Bodenschätze erschließen wollten, rangen um Einfluß in Afrika. Der Wettbewerb war hart. Es wurde trickreich und mit harten Bandagen gekämpft, um dieses Ziel zu erreichen. Frankreich stieß nach Timbuktu (heute in Mali) vor: es versuchte, alle britischen Besitzungen in Westafrika mit einem französischen Kolonialgürtel zu umgeben. Deutschland bereitete sich heimlich darauf vor, Gebiete zu besetzen, die fast halb so groß wie Europa waren. Großbritannien versprach, daß die Besetzung Ägyptens nur vorübergehend sei (sie sollte viele Jahre dauern); Italien stritt sich mit Frankreich um Tunis; König Leopold II. von Belgien finanzierte Expeditionen des Entdeckers H. M. Stanley. Dieser schloß Verträge mit afrikanischen Häuptlingen, die es dem König ermöglichten, persönlich über 2,6 Millionen Quadratkilometer zu herrschen. Leopold II. führte bald ein System von Monopolen im Kongofreistaat ein, der internationale Konkurrenz verhinderte, und seine Herrschaft war genauso tyrannisch und korrupt wie die mancher afrikanischer Präsidenten der achtziger Jahre.

Die bitteren Dispute lösten in Europa viel Besorgnis aus, obwohl sie alle friedlich gelöst wurden und schließlich setzten sich die Weltmächte zusammen, um Spielregeln für Afrika festzulegen. Abgesandte aus 14 Ländern versammelten sich zur Berliner Konferenz Oktober 1884 in Berlin. Vier Monate später, am 26. Februar 1885, unterzeichneten sie das Generalabkommen dieser Konferenz. Es sah vor, daß jede Macht die effektiv afrikanisches Gebiet besetzte und vertragsgemäß die anderen Mächte darüber informierte, damit den Besitzanspruch erwarb. Der Berliner Vertrag legte zusammen mit den anderen Verträgen der folgenden 15 Jahre „Einflußsphären" fest, die den Kontinent zwischen den europäischen Staaten aufteilten und die Rivalität um die Vorherrschaft verminderten. Nach einem kurzen Aufflackern der öffentlichen Debatte, klangen die antikolonialistischen Proteste in Frankreich und Italien ab. Konservative Regierungen herrschten in England und Deutschland. Von Rom bis London dominierte ein politischer Krämer- und Kaufmannsgeist. Europa war anmaßend und nationalistisch. Diese Stimmung begünstigte den Kolonialismus.

Der Effekt der Berliner Konferenz war die Spaltung, nicht die Einigung. Die kolonialen Grenzen waren künstlich und unlogisch. Sie ignorierten den kulturellen Zusammenhalt der afrikanischen Stämme und trennten die Menschen ethnischer Mini-Staaten voneinander, die jahrhundertelang durch ihr gemeinsames Erbe und ihre Sprache zusammengehalten worden waren. Es blieb keine sinnvolle Gruppierung der Völker zurück.

Die Massai, ein stolzes und kriegerisches Nomadenvolk, wurden durch das von Deutschland beherrschte Tanganyika und das britische Kenya gespalten. An der Westküste Afrikas fügte man in das französischsprachige Senegal einen schmalen Streifen ein, der

entlang des Gambia-Flusses vom atlantischen Ozean ins Landesinnere verlief. Dieser Wurmfortsatz heißt Gambia, ein englisch-
sprachiges Land, das kleiner als Rheinland-Pfalz ist. Die Portugiesen verkauften die Handelsrechte am Fluß an englische Kaufleute
und Großbritannien formalisierte seine Präsenz später in einem
Vertrag mit Frankreich. Die Vereinbarung trennte die Mandingo-
und Wolof-Völker in zwei Kolonien mit verschiedenen europäischen Herren und Sprachen.

1900 beriefen in Europa lebende Afrikaner in London die erste
panafrikanische Konferenz ein. Dieser Schritt zielte hauptsächlich
darauf, den Afrikanern im Ausland ein Gemeinschaftsgefühl zu
vermitteln, doch entscheidender war, daß ein Anfang des Strebens
nach afrikanischer Einheit gesetzt war. Die beiden Weltkriege – in
denen rund 700 000 Afrikaner für ihre Kolonialherren kämpften –
verstärkten Afrikas Kontakte mit der Welt und in den späten
vierziger Jahren wandten sich die Führer des Kontinents von der
Idee des Panafrikanismus zugunsten nationaler Unabhängigkeit ab.
Zwar hofften einige unter ihnen, daß der Kontinent im Laufe der
Zeit zu den Vereinigten Staaten von Afrika verschmelzen könnte
und wenn nicht, zumindest zu regionalen Gruppen englisch- und
französichsprachiger Nationen. Doch Afrikas neue Staaten entschieden sich bei der Unabhängigkeit für die Anerkennung der
Kolonialgrenzen und versuchten nicht, neue Staatsgebilde festzulegen. Das Ergebnis war ein völliges Durcheinander in den Ländern
und heute spricht niemand mehr von einem Zusammenkommen
der Staaten.

Die meisten afrikanischen Führer werden heute privat zugeben,
daß die OAU in ihrer gegenwärtigen Form nicht funktioniert und
überholt werden muß, wenn sie mehr als nur ein symbolisches
Erinnerungsstück afrikanischer Träume von Identitäts- und Ein-
heitsfindung sein soll. Erstens müßte die Satzung geändert werden,
um der OAU die Autorität zur Beeinflussung oder sogar Kontrolle
afrikanischer Vorgänge zu verschaffen. Zweitens müßte die Macht
der Staatschefs (die „obersten Organe" der OAU und die einzige
Körperschaft, die Entscheidungen fällt) verringert werden und
zum Teil auf einen Generalsekretär übergehen, der mit der Befug-
nis zu unabhängigem Handeln in dringenden Angelegenheiten
auszustatten wäre. Und drittens müßten die Mitgliedsstaaten aufhören, sich hinter einer Maske von Solidarität zu verschanzen, die

jegliche Kritik an einem Afrikaner oder an einem afrikanisches Land als Afrikas abträglich betrachtet. Unglücklicherweise aber drücken sich die afrikanischen Politiker, wie viele ihrer Kollegen auf der Welt, in Klischees und Schlagwörter aus. Die meisten afrikanischen Führer glauben, daß ihnen schon jemand zuhöre und sie ernst nähme, wenn sie nur lange und laut genug redeten. Doch Worte haben ihre Bedeutung verloren. Was öffentlich gesagt wird, hat nichts mit den privaten Gedanken zu tun. Man redet gegeneinander und nicht miteinander.

Präsident France Albert René von den Seychellen erhielt auf dem OAU-Gipfel 1979 warmherzigen Applaus, als er die neue Verfassung Südafrikas verurteilte und die Bestrafung der afrikanischen Staaten forderte, die mit Südafrika Handel trieben. Die Logik solcher Aussagen war nicht ersichtlich. Zu diesem Zeitpunkt liefen 60 Prozent des Handels der Seychellen über Südafrika und René hatte seine eigene Verfassung außer Kraft gesetzt, nachdem er durch einen Coup d'état gegen einen Mann an die Macht gekommen war, der ihn zweimal in freien Wahlen besiegt hatte.

Bei jedem OAU-Gipfel verdammen die Delegierten völlig zu Recht die Unmenschlichkeit der Apartheid in Südafrika. Doch wie glaubwürdig sind solche Worte auf einem Kontinent, auf dem mehr als eine Million Menschen in den ersten zwei Jahrzehnten nach der Unabhängigkeit von ihren eigenen Regierungen umgebracht wurden? Wie glaubhaft kann die Stimme der OAU sein, wenn sie ihre Entrüstung über den Tod des Freiheitskämpfers Steve Biko in Südafrika kundtut und gleichzeitig kein Wort des Protestes darüber äußert, daß Präsident Idi Amin in seiner achtjährigen Schreckensherrschaft die Ugander wie Vieh abschlachtete?

„Das Schweigen der OAU hat das Blutvergießen in Afrika gefördert und indirekt dazu beigetragen", so ein ugandischer anglikanischer Bischof in Uganda, Festo Kivengere. „Die OAU ging sogar so weit, im Jahre 1975 das Gipfeltreffen in Kampala abzuhalten und Amin zu ihrem Vorsitzenden zu ernennen. Während die Staatschefs sich im Konferenzsaal trafen und über die beklagenswerte Menschenrechtssituation im südlichen Afrika sprachen, wurden drei Häuserblocks weiter die Köpfe meiner Landsleute in Amins Folterkammern mit Vorschlaghämmern zertrümmert und ihre Beine mit Äxten abgeschlagen."

Einer von Amins Nachfolgern, Präsident Godfrey Binaisa, vertrat beim Gipfel 1979 in Liberia dieselbe Auffassung. „Es ist nutzlos, den Menschenrechtskatalog anderer zu kritisieren, wenn wir dasselbe tun", sagte er. Binaisa verurteilte das Zentralafrikanische Reich, wo Kaiser Bokassa I. kurz zuvor 80 respektlose Schulkinder zu Tode prügeln ließ und Äquatorialguinea, wo der Präsident auf Lebenszeit, Macias Nguema Biyogo, ein Achtel der Bevölkerung seines Landes massakrierte.

Die Delegierten fielen in Schweigen, während Binaisa seine Ansprache in leisen, vernünftigen Tönen hielt. Eingenickte Köpfe wachten ruckartig auf. Leere Sitze füllten sich. Die Delegierten rutschten auf ihren Plätzen hin und her. Noch nie zuvor hatte ein afrikanischer Staatschef ein afrikanisches Land namentlich der Menschenrechts- verletzung angeklagt. Die Delegierten waren schockiert und nicht gerade erfreut. Es gab keinen Applaus, als Binaisa zehn Minuten später auf seinen Platz zurückkehrte. „Er ist entweder betrunken oder ein Verräter; ich weiß nicht, welches von beiden", murmelte ein Delegierter aus Benin später im Korridor. Binaisa war keins von beiden, aber diese Rede sollte seine letzte bei einem OAU-Gipfel sein. Zehn Monate später wurde er gestürzt.

Vielleicht wird sich die OAU eines Tages sicher genug fühlen, um zuzugeben, daß ihre Mitglieder mehr gespalten als einig sind, daß Offenheit und Kritik nicht nur Unruhe verursachen sondern auch gesund sein können, und daß Länder mit Meinungsverschiedenheiten trotzdem einmütig handeln können, wenn ein gemeinsamer Wert bedroht ist. Vielleicht erwarten Afrika und die Welt einfach zu früh zu viel von der OAU.

Wie Kaiser Haile Selassie I. von Äthiopien in seiner Eröffnungsrede bei der Gründung der OAU 1963 bemerkte, zwölf Jahre bevor auch er gestürzt wurde: „Die Einigkeit die wir suchen, kann nur schrittweise erfolgen...". Heute würde niemand die Weisheit dieser Bemerkung anzweifeln.

Putsch und Gegenputsch

Ich bin euer Gott und Lehrer. Ich bin der göttliche Weg, die Fackel, die die Dunkelheit erleuchtet. Es gibt keinen Gott außer Ali Solhi.
– Ali Solhi, der verstorbene Präsident der Komoren in einer Ansprache an sein Volk

Der bemerkenswerteste Aspekt afrikanischer Staatsstreiche ist nicht die Häufigkeit, mit der sie auftreten, sondern ihr geringer Einfluß auf das Leben der Bürger. Sie werden gewöhnlich im Namen wirtschaftlicher und sozialer Reformen angezettelt, erreichen aber meistens keins von beiden. Und wenn die Afrikaner aufwachen, ihr Radio andrehen und die Stimme eines unbekannten Generals hören, die bekanntgibt, daß die Regierung gerade gewechselt habe, so behandeln sie diese Angelegenheit mit Gleichgültigkeit. Wahrscheinlich haben sie alles schon einmal gehört. Sie nehmen den Führungswechsel widerspruchslos hin, hoffen auf das Beste und tun, was ihnen gesagt wird.
Zwar mögen manche Länder eine radikale Neuorientierung ihrer Politik vornehmen – so geschehen in Äthiopien, als Haile Selassies feudale, prowestliche Regierung durch eine Clique marxistischer und mörderischer Soldaten gestürzt wurde. Die einzige einschneidende Veränderung im Leben der äthiopischen Bauern war die von den Feldwebeln verfolgte Politik der Landreform. Selbst in Uganda beeinträchtigte der Führungswechsel zwischen Milton Obote und Idi Amin das Leben auf dem Land nicht besonders, wo rund vier Fünftel der Bevölkerung leben. Diese Trennung

zwischen städtischen Herrschern und ländlichen Untertanen erklärt unter anderem, daß Afrika keine Revolutionen im Sinne von Volksaufständen erlebt hat. Es gibt Putschs, in denen die Macht innerhalb eines engen Kreises von Cousins, Freunden und Soldaten wechselt. Die Prozedur ist so alltäglich, daß der Staatsstreich in Afrika zu dem geworden ist, was im Westen Präsidentschafts- oder Parlamentswahlen sind – abgesehen davon, daß die Verlierer oft als Tote oder im Gefängnis enden, statt im behaglichen Ruhestand. In Sierra Leone stürzten 1967 Generäle die Zivilregierung. Es war eine Frage weniger Monate, bevor sie von anderen hochrangigen Offizieren gestürzt wurden, welche ihrerseits eine Rebellion von Feldwebeln aus dem Amt vertrieb. Benin (vormals Dahomey) erduldete fünf Militärputschs, zehn Putschversuche, zwölf Regierungen und sechs Verfassungen zwischen 1963 und 1972. Der fünfte Putsch 1972 wurde von einem jungen, in Frankreich ausgebildeten Fallschirmjäger namens Mathieu Kérékou inszeniert. Er und eine Gruppe von Soldaten umzingelten den Präsidentenpalast, wo der herrschende Ministerrat zur Mittagszeit versammelt war. Es dauerte nur wenige Minuten und der Status der Minister änderte sich vollkommen; plötzlich waren sie Gefangene.

Kérékou entschied, daß die 3,3 Millionen Einwohner seines Landes eine marxistische Revolution bräuchten. Weihnachten und Ostern wurden abgeschafft, die Zeugen Jehovas verboten – ihre Funktionäre mußten ein „Endmystifizierungstraining" durchmachen. Kérékou steckte auch die Medizinmänner in geschlossene Anstalten – ein unpopulärer Schritt, da diese im Benin immer noch weit verbreitet sind. Kérékou ist noch immer an der Macht. Er hat seinem Land fast zwei Jahrzehnte politischer Stabilität gegeben, aber auf Kosten breiter Unterdrückung und stetiger wirtschaftlicher Verschlechterung.

Niedrigrangige Offiziere initiierten 1979 einen „Staatsstreich des Gewissens" in Ghana und ließen drei ehemalige Staatschefs innerhalb weniger Tage wegen Korruption hinrichten, brachten aber keine einzige dauerhafte Reform zustande. Kaum hatten die Erschießungskommandos ihre Waffen niedergelegt, florierte wieder der Schwarzmarkt, waren die Beamten erneut bestechlich und der Kakaoschmuggel in die Nachbarländer war wieder im Gange. 15 Länder in Afrika haben seit der Unabhängigkeit einen Putsch erlebt, 13 andere mindestens zwei. Bis Mitte der 80er Jahre waren nicht weniger als 50 Regierungen des unabhängigen Afrika gestürzt worden. Die meisten Putschs wurden von den afrikanischen Bürgern begrüßt; ihr Leben ist so schwierig, daß sie jeden Wechsel als angenehme Alternative betrachten. Der erste Coup d'État im unabhängigen Afrika traf 1963 den Präsidenten von Togo, Sylvanos Olympio, der vor der amerikanischen Botschaft ermordet wurde, als er dort Zuflucht suchte. Olympio war politisch gemäßigt und achtete auf die Solidität der Staatsfinanzen. Er hatte es verstanden, den gerade flügge gewordenen landwirtschaftlichen Sektor seines Landes zu beleben, den Staatshaushalt auszugleichen und die Abhängigkeit von französischer Hilfe zu beenden. Aber er bezahlt seine Weigerung, die Gehälter des 250 Mann starken Heeres zu erhöhen, mit seinem Leben. Die Soldaten waren erstaunt – und so auch der Rest Afrikas – wie einfach sie ihren Willen durchgesetzt hatten. Ein Paar Schüsse und sie waren im Geschäft. Der Präzedenzfall war geschafffen. Mit Olympios Tod begann eine Phase kontinentaler Instabilität, die in der modernen Welt einmalig ist.

Da Afrika kaum Erfahrung in modernem Staatswesen hat, führen Putschs in vielen Fällen zum völligen Zusammenbruch der Verwaltung. Warum erlebt Afrika immer wieder Umstürze? Der Grund liegt zum Teil in der Geschichte, verwoben mit denselben Kräften, die eine nationale Einheit vereiteln: Tribalismus, sprachliche Vielfalt, koloniale Grenzen, unbeständige wirtschaftliche Fundamente. Weitere Gründe finden sich in der Gegenwart. Sie spiegeln den Charakter der Männer an der Spitze wider.

– In ihrer Unsicherheit schlossen die afrikanischen Präsidenten das Sicherheitsventil öffentlicher Meinungsäußerung. Dissidenten und schöpferische Geister wurden ermordet, ins Gefängnis geworfen oder aus dem Land getrieben. Die Tageszeitungen und Rundfunksender brachte man unter die Kontrolle der Regierung. Menschen, die ihrem Präsidenten nicht huldigten, egal, wie absonderlich dieser auch war, galten als Verräter. Die Unzufriedenheit wuchs und die Spannungen nahmen zu, so daß jedes Land zu einer Art Dampfkochtopf wurde. Nur gab es für den Dampf kein Ventil. Und als der Druck zu groß wurde, kam es zur unvermeidlichen Explosion.

– Der Kolonialismus garantierte Stabilität. Er bedeutete Beständigkeit, Recht und Ordnung. Als diese Ära zu Ende ging, blieb ein Machtvakuum ohne starke Zentralgewalt zurück, vielleicht mit Ausnahme des Militärs. Ungebildete, ehrgeizige Männer füllten dieses Vakuum und die einzige Machtbasis, die sie sofort bilden konnten, gründete sich auf die Stärke des Gewehrs. In den von Zivilisten regierten Ländern wurde die Armee zur Oppositionspartei, die im Hintergrund auf die Gelegenheit wartete, ihre Vorstellung von Regierung zu verwirklichen.

– Die europäischen Mächte erlegten den Afrikanern ein politisches System auf, das nicht funktionierte. Parlamentarische Demokratien stellten für Afrikas junge und unsichere Staaten einen Luxus dar. Als die übernommenen Systeme zusammenbrachen, entledigten sich die neuen Präsidenten der alten Garde, ohne dabei an irgendeinen sinnvollen Ersatz zu denken. Sie versuchten, neue Spielregeln einzuführen, ohne die alten verstanden zu haben. Der erste Putsch regelte im Normalfall nichts; er führte zu einem weiteren.

– Wer in Afrika an die Macht kommt, gibt diese selten freiwillig wieder auf. Ein Präsident kann weder abgesetzt noch abgewählt werden, ein Premierminister nicht durch ein Mißtrauensvotum gestürzt werden. Obwohl manche Länder wie Kenya „Mißtrauensklauseln" in ihren Verfassungen haben, hat die Ablösung in Afrika keine Tradition. Präsidenten werden zu Präsidenten auf Lebenszeit. Sie bleiben im Amt – egal, wie überfällig ihr Abgang auch sein mag –, bis sie eines Tages getötet oder vertrieben werden. Sie sind wie einst die afrikanischen Häuptlinge davon überzeugt, daß sie ein unwiderrufliches Recht zu herrschen haben.

Es gibt drei verschiedene Formen des Staatstreichs. Jede von ihnen stellt eine andere Form des „Wie und warum Regierungen gestürzt werden" dar. Zwei Fälle sollen die extremen Typen veranschaulichen: Auf den Komoren ging der Schrecken dem Putsch voran, in Liberia dagegen folgte der Schrecken auf den Putsch. Das dritte Beispiel, auf den Seychellen, kommt dem Regelfall näher – eine harmlose, törichte Angelegenheit, die überhaupt nicht hätte passieren brauchen.

Die Komoren sind nur ein Flecken im Indischen Ozean, vier vulkanische Inselchen, die aus dem Fenster eines Flugzeugs nicht größer als ein verlorener Eisberg im rauhen Meer erscheinen. Die Inseln sind sehr schön, sehr arm und vor allem, wenn überhaupt, für ihre Ilang-Ilang bekannt, eine exotischen Blume, deren Extrakt in französischen Parfüms verwendet wird. Doch mit Ausnahme der Ilang-Ilang, den herrlichen Sandstränden und den sanften Winden des Ozeans, sind die Komoren mit wenig Reichtum gesegnet. Ohne Bodensätze, mittellos und von Krankheiten heimgesucht, ist ihre Inselrepublik das zurückgebliebene, herrenlose Gut des französischen Kolonialreichs, das Stiefkind einer Unabhängigkeitsbewegung, die so viel versprach und so wenig hielt.

Trinkwasser ist auf den Inseln noch immer ein Luxus; es wird während der Regenzeit in steinernen Zisternen aufgefangen. Die Analphabetenquote unter den 50000 Komorern liegt bei über 90 Prozent. Bananen stellen ein Fünftel der Kalorienaufnahme der Bevölkerung und die Hälfte der Kinder sterben, bevor sie das Alter von fünf Jahren erreichen. Es gibt nur 1 000 bezahlte Arbeitsplätze im ganzen Land und erst im Jahre 1976 begannen die Komoren mit der Produktion eines landwirtschaftlichen Geräts, einer hölzernen Hacke. Die Inseln verfügten über neun Ärzte und es gab kein einziges funktionierendes Telefon, als ich in der Hauptstadt Moroni an Bord einer klapprigen DC-3 aus dem 60 Kilometer entfernten Dar-es-Salaam in Tansania eintraf. Der einzige Zahnarzt hatte das Land zwei Jahre zuvor verlassen und ein alter Reiseführer, den ich in meinem Hotel gefunden hatte – in welchem ich der einzige Gast war – riet mir: „Wenn sie auf den Komoren ernsthaft erkranken, fliegen sie nach Paris."

Die Komoren, die insgesamt nur 2000 Quadratkilometer umfassen, etwa die Größe des Saarlands, erklärten sich im Juli 1975 einseitig von Frankreich unabhängig, wurden so zur Republik und später zum 143. Mitglied der Vereinten Nationen. Frankreich schlug zurück, indem es sofort seine jährliche Unterstützung in Höhe von 18 Millionen Dollar sperrte und 500 Techniker abzog. Das Desaster war unausweichlich. 28 Tage nach dem Einholen der französischen Flagge erlebten die Komoren ihren ersten Putsch. Weitere Putschversuche folgten in jedem der darauffolgenden drei Jahre, darunter einer, der vom Presseattaché des Präsidenten ausgetüftelt worden war. Menschen starben, die Gefängnisse waren voll und der anfängliche Verfolgungswahn wurde zum nationalen Wahnsinn. Die „période noire" hatte begonnen und was geschah, ist das Merkwürdigste, was das moderne Afrika bisher erlebt hat. Es war ein Drama, dessen Besetzung von einem geistesgestörten Präsidenten, einem weißen Söldner, der nach 23 Kampfjahren auf Seiten der Verlierer endlich einmal zu den Gewinnern gehören wollte sowie zwei wohlhabenden Exilanten gestellt wurde. Einer davon war ein ehemaliger Präsident, der seine Rückkehr auf die Inseln aus der Abgeschiedenheit eines Pariser Penthouse-Appartments plante.

Ali Solih hatte einen ganz normalen Eindruck gemacht, als er durch einen Putsch sechs Monate nach der Unabhängigkeit zum ersten Mal an die Macht kam. Er war damals 39 Jahre alt, sein Haar lichtete sich und er hatte einen leichten Bauchansatz. Seinen drei attraktiven Frauen widmete er angemessene Aufmerksamkeit. Er war Atheist, trank in Maßen – trotz seiner islamischen Erziehung – und war als ziemlicher Idealist bekannt, der häufig die Tugenden der chinesischen Revolution anpries. Seine Leistungen als hoher Beamter im Landwirtschaftsministerium fielen nicht auf. Es gab, zumindest dem Anschein nach, keinen Hinweis darauf, daß dieser milde Regierungsfunktionär mit dem sanften Umgangston sich bald in den Wahnsinnigen von Moroni verwandeln würde.

„Glauben Sie nicht alles, was Sie über Ali Solhi hören; mein Sohn war ein guter Junge", sagte mir seine neunundsiebzigjährige Mutter Mahamouda Mze eines Nachmittags, als sie mich in ihrem winzigen, mit Blech überdachten Haus empfing, das wenige Kilometer außerhalb von Moroni lag. Der Wohnraum war dunkel und kalt hinter den ausgefranzten Decken, die sie über die offenen Fenster befestigt hatte. Ein altes Marconi-Radio stand nutzlos in der Ecke, da es in ihrem Dorf noch nie Strom gegeben hatte. Sie besaß einen alten Autorückspiegel und eine Vase mit Plastikrosen stand als Dekoration auf dem Tisch. Sie entzündete eine Kerosinleuchte in ihrem abgedunkelten Zimmer, das sie selten verließ, während die grelle Sonne, die draußen schien, unsichtbar blieb.

„Wissen Sie, Ali kam jeden Monat, um mir Essen und ein paar Francs zu bringen und er redete ständig darüber, wie er etwas für sein Volk tun wolle. Er sagte, daß der Kommunismus für ein Land so arm wie seins das Beste wäre. Er sagte, daß die Experimente in Tansania und in ganz Afrika fehlgeschlagen seien, aber daß er es schaffen werde und die ganze Welt auf die Komoren blicken werde . . .

Als er den Putsch machte, war ich erschrocken. Ich wollte nicht, daß er Präsident wird, weil ich wußte, daß ihm das Feinde schaffen würde." Sie hielt ein und trank einen Schluck warme Coca-Cola. Dann fuhr sie fort „Nun sagen sie mir etwas. Wie konnte diese Sache geschehen? Was ist schiefgegangen?" Ali Solih veränderte sich deutlich. Manche meinten, daß es an den Drogen und dem Alkohol lag. Andere glaubten, daß er einen Nervenzusammenbruch erlitten hatte. Was auch immer der Grund war, die Anforderungen der Präsidentschaft überschritten bei weitem die Grenzen seiner Fähigkeiten. Seine unklare Vorstellung von nationalen Zielen verschwamm in dem Glanz persönlicher Macht und den Annehmlichkeiten, die diese mit sich brachte. Männer, die denken konnten, oder den Mut besaßen, sich öffentlich zu äußern, wanderten ins Gefängnis oder ins Grab, bis nur noch Kriecher und Schmeichler übrigblieben. Die Komoren wurden zu seinem persönlichen Spielzeug und er spielte und experimentierte mit ihnen, manipulierte sie, ganz so, wie es ein Kind mit seinem neuen Weihnachtsgeschenk macht.

Er schuf eine Parodie auf die chinesische Revolution und brüstete sich damit, die Mentalität seines Volkes geändert zu haben. Er feuerte die 3500 Angehörigen der Verwaltung und übergab den Staat an jugendliche Schulabgänger – die Gruppe, die er am leichtesten indoktrinieren konnte. Er setzte das wahlberechtigte Alter auf 1 Jahre herab, verbrannte französische Verwaltungsakten aus 13 Jahren und erklärte sich zum Propheten. Er schloß die Hotels („fremder Einfluß korrumpiert") und verstaatlichte alles – vom Taxi bis zur Bäckerei. Er holte sich chinesische Berater und tansanische Soldaten zu seinem Schutz. Er verurteilte die Religion als Fluch und verbot moslemischen Frauen den Schleier. Er stürmte in eine Moschee und zürnte gegenüber den Betenden: „Macht weiter. Ruft Gott! Seht, ob er antwortet."

Tagelang weigerte sich Solih, seinen weißen Stuckpalast zu verlassen. Er ließ sich von seinen Frauen scheiden und hielt sich in ständiger Gesellschaft einer Schar junger Mädchen im Schlafzimmer auf. Er trank Whisky, rauchte Haschisch und schaute sich auf seinem 16-Millimeter-Projektor die ganze Nacht hindurch Filme an, bis die Sonne aufging und das morgendliche Licht seine Nerven beruhigte. Tagsüber schluckte er Valium. Seine Augen waren blutunterlaufen und er redete zusammenhangslos.

Durch Moronis Straßen zog die von Solih geschaffene Jugendbrigade an den kleinen weißen Häusern, den verstreuten, leeren Geschäften und der verammelten Höheren Schule vorbei. Ihre Mitglieder waren harte Burschen, die weder lesen noch schreiben konnten und die sogenannte Revolution – von der sie nicht die leiseste Ahnung hatten – gab ihnen den ersten Geschmack von Macht. Sie kannten keine Ideologie außer der Gewalt der Waffe und sie töteten, terrorisierten und vergewaltigten. Kleinkriminelle und „Konterrevolutionäre" wurden in Getreidesäcken durch die engen, gewundenen Straßen geführt, mit kahlrasierten Köpfen und weißbeschmierten Gesichtern. Ein Angehöriger der Jugendbrigade begleitete jede Prozession mit einem Megaphon und verkündete dem die Straße säumenden Volk die angeblichen Verbrechen der Gefangenen.

Eine solche Prozession bildete sich just in dem Augenblick, als ein bundesdeutscher Diplomat aus Mogadischu mit einem Charterflug eintraf. Er war gekommen, um einen großen Agrarkredit zu besprechen, den die Bonner Regierung für die Komoren in Erwägung zog. Er schaute verdutzt zu, wie die Gefangenen zusammengetrieben und in eine Linie gepeitscht wurden. Da ihn niemand offiziell empfing, trampte er mit dem Fahrer eines alten französischen Militärlasters nach Moroni. Er betrat das Außenministerium, wo man ihn erwartete, und befand sich wenig später in Beratung mit zwei hochrangigen Beamten. Sie waren beide ungefähr 17 Jahre alt und konnten weder lesen noch schreiben. „Das war ein sehr verblüffender Vorgang", erinnerte sich der Diplomat. Innerhalb einer Stunde war er wieder in der Luft. Der Kredit wurde nie wieder erwähnt.

„Wir können das Land so nicht weiterregieren, mit Jugendlichen an den Schalthebeln und so vielen Menschen im Gefängnis", sagte der Premierminister Abbas Jusuf eines Tages zu Solih. „Die Leute erzählen, daß wir verrückt sind. Das Land ist lahmgelegt."

„Ruhe", brüllte Solih. „Bist du Dir nicht im Klaren darüber, daß ich Visionen habe, große Visionen? Daß ich es bin, der unser Schicksal führt?"

Am darauffolgen Tag wurde Jusufs 75jährige Mutter in einem Getreidesack durch die Straßen geführt und aufgrund nicht bekanntgegebener Anklagen ins Gefängnis gesteckt.

Solih aber hatte eines Nachts eine echte Vision und redete in der Folge noch oft davon. Sie handelte von einem Mann und einem

Hund und wie sie gekommen waren, ihn zu töten. Solih wachte am
darauffolgen Morgen schwitzend und zitternd auf, erzählte mir
sein Koch, und auf ein Frühstück mit Würstchen und Brandy folgte
ein Dekret des Präsidenten: Alle Hunde auf den Komoren sollten
sofort getötet werden. Die Jugendbrigade führte den Befehl noch
am selben Tag aus und schlachtete Hunderte von ihnen mit Macheten ab, während sie andere an Landrover band und zu Tode
schleifte. Die Menschen auf den Komoren zeigten eine bemerkenswerte
Reaktion auf das nationale Delirium. Sie schwiegen und lenkten
ein. Doch ihre Reaktion war nicht einzigartig, denn alle Afrikaner
zeigen eine beachtliche Geduld mit ihren Führern. Präsidenten
können morden und keine Stimme erhebt sich im Protest. Sie
können den Staatsschatz plündern, wie mittelalterliche Monarchen
regieren und trotzdem noch immer über gehorsame Untertanen
gebieten. Die Furcht ist ein mächtiger Herr. Doch an einem nicht
definierbaren Punkt, wenn die Korruption und der Wahnsinn zu
offen zu Tage treten, bringt sich ein Präsident in Gefahr. Sowohl
sein Posten als auch sein Leben hängen an einem seidenen Faden.
Und im Frühjahr 1978 war es für Ali Solih soweit.

In Solihs Vergangenheit gab es einen Mann namens Bob De-
nard. Er war 50 Jahre alt und nannte sich „Militärtechniker". Sein
Beruf hatte ihn während 20 Kriegsjahren von Indochina nach
Afrika geführt und in vielen afrikanischen Ländern gab es keinen
Namen, der mehr Haß oder Furcht hervorgerufen hätte. Bob
Denard war einer der „affreux" (der „Schrecklichen"), ein in
Frankreich geborener weißer Söldner, der gegen Bezahlung die
dreckige Arbeit für die Afrikaner machte, die sie selbst nicht
erledigen konnten. Es gab nicht mehr viel Arbeit für die „Hunde
des Krieges", als Solihs Feinde Denard kontaktierten. Eigentlich
gab es auch keine Söldner mehr. Die meisten waren im Ruhestand
und verschwanden leise aus dem Rampenlicht. Es handelte sich um
Männer mittleren Alters, denen die Erinnerung an die Biafras,
Katangas und Stanleyvilles blieb. Doch Denard hatte nie für einen
wirklichen Sieger gefochten und er wollte einen letzten Vorhang
für diesen aussterbenden Beruf.

„Afrikanische Heere sind heutzutage viel besser, als sie es früher
waren", klagte Denard in einem Anflug von Nostalgie. „Es gab
eine Zeit, da unsere Dienste wirklich gebraucht wurden, aber diese

Zeit ist jetzt vorbei. Ich denke, daß ich der einzige Mensch bin, der noch übrig ist, um ein solches Unternehmen auszuführen." Denard war auf den Komoren kein Unbekannter. Er und eine Handvoll angeheuerter Söldner hatten bei dem Putsch geholfen, der Solih an die Macht brachte. Denard, ein erklärter Antikommunist, zog sich später nach Paris zurück als sein Arbeitgeber begann, sich mit radikalen Ideen anzufreunden. Mittlerweile hatte er das stillschweigende Einverständnis der französischen Regierung und zwei neue Arbeitgeber gefunden: Ahmed Abdallah, der exilierte erste Präsident der Komoren, und Mohammed Ahmed, ein wohlhabender komorischer Geschäftsmann, der sein Penthouse in Paris verpfändete, um die benötigten zwei Millionen Dollar zusammenzukratzen. Es dauerte drei Monate, bis Denard eine Invasionstruppe von 29 Männern aufgestellt hatte. Die meisten waren Franzosen und Belgier, von denen jeder über eine spezielle militärische Fähigkeit verfügte – von Fernmeldetechnik bis hin zur Munitionierung.

Im April 1978 starteten sie von Europa aus auf dem rostenden dreißig Jahre alten Trawler Masiwa, getarnt als eine geologische Expedition auf dem Weg nach Argentinien. Als sie das Kap der guten Hoffnung erreicht hatten, drehten sie einfach nach Osten ab. Kurz nach Mitternacht, am 13. Mai 1978, glitt die Masiwa durch den Nebel vor Grande Comore und ankerte vor deren Küste. Auf der Vorderseite des Trawlers standen Bob Denard und sein deutscher Schäferhund.

Das größte Hotel der Insel, das Itsandra mit 25 Zimmern, war wie gewöhnlich leer. Der 21jährige Barkeeper und Nachtportier Youssouf Zoubeir bemühte sich, den Abend herumzubringen – er spielte in der Lobby Ping-Pong gegen den unterbeschäftigten Koch und beobachte die Geckos, die die Wände auf der Suche nach Insekten entlanghuschten. „Jede Nacht erschien uns damals so lang wie ein ganzes Leben", erinnerte sich Zubeir später.

Weiter unten an der Straße, am Meer, lag ein Militärlager. Dort beendete Abdul Mdahuma, ehemaliger Berater des exilierten Präsidenten, sein zweites Jahr der Gefangenschaft in Zelle 10 eines fensterlosen Blocks mit Lehmboden, Zementwänden und dicken, hölzernen Türen. Er verzehrte seine tägliche Ration aus Reis und Bohnen und ließ sich dann mit den drei ehemaligen Ministern nieder, mit denen er die 1,80 Meter mal 1,80 Meter große Zelle teilte. Er fragte sich, ob die Gerüchte über einen bevorstehenden Putsch wahr seien.

Ali Solih hatte diese Gerüchte ebenfalls gehört. Doch seine Befürchtungen wurden durch Jean Guilsou, einen französischen Söldner, zerstreut. Er war 1975 mit Denard auf die Komoren gekommen und dageblieben, um die Leibwächter des Präsidenten auszubilden. Guilsou, Komplize im neuen Putsch, überzeugte Solih, daß die Bedrohung von der Nachbarinsel Anjouan ausginge. Von seinen vertrautesten Freunden verraten, schickte Solih sein 2000 Mann starkes Heer nach Anjouan und entblößte damit Moroni.

Solih war in der Nacht vor Denards Ankunft in seiner Villa auf dem Hügel. Die jugendlichen Gespielinnen des Präsidenten befanden sich in den oberen Räumen. Bis weit nach Mitternacht saß Solih an dem Speisezimmertisch aus Mahagoni und trank Brandy mit Olachary Christian, einem französischen Reeder, der sich selbst zu einem Abend zwangloser Plauderei eingeladen hatte. Christian hatte in mehreren Geschäften mit Solih den Kürzeren gezogen. So hatte sich seine Loyalität gewandelt. Sie gehörte Bob Denard, der zur selben Zeit mit seiner Söldnertruppe vor der Küste auf das Signal zum Angriff wartete.

Kurz vor vier Uhr in der Früh erhielt Denard die Funkmitteilung aus Moroni, daß Solih abgefüllt mit Brandy eingeschlafen war. Die Söldner glitten mit holzkohlegeschwärzten Gesichtern, abgesägten Schrottflinten und Handgranaten in drei Gummiboote und paddelten an Land, zum Strand in der Nähe des Itsandra Hotels, wo Youssouf Zoubeir der Beobachtung der Geckos überdrüssig geworden war und eindöste. Die Betenden in der Moschee auf der anderen Seite der Straße starrten ungläubig, sagten nichts und kehrten zu ihren Gebeten zurück.

Die Söldner teilten sich in drei Gruppen auf. Eine pirschte sich zu Fuß auf der Küstenstraße an den Rundfunksender heran – stets das erste Ziel in einem afrikanischen Putsch. Eine zweite erklomm den Hügel zu Solihs Villa, eine dritte stieß nach Norden zu den Militärlagern vor. Dort wurden nach einem kurzen Feuergefecht die Wächter getötet und die Holztüren aufgestoßen, die Abdul Mdahuma und dreihundert andere Häftlinge hinter sich verbargen.

Innerhalb dreier Stunden war der Minikrieg vorbei. Dreißig Männer hatten ein Land erobert.

Das Scharmützel kostete zehn komorischen Soldaten das Leben. Die anderen flohen zusammen mit den tansanischen Militärberatern oder warfen ihre Waffen weg. Die Söldner kostete das Unternehmen einen einzigen verstauchten Knöchel. Zur Frühstückszeit telefonierte Denard mit Abdullah in Paris.

Solih stand unter Hausarrest. Das Heer hatte sich ergeben. Die Menschen strömten in die Straßen. „Sie können nach Hause kommen", sagte Denard zu Abdullah, „sobald wir hier ein bißchen aufgeräumt haben".

Nach der umjubelten Heimkehr Abdullahs wurde Solih zwei Wochen später von den Söldnern erschossen. Sie gaben an, daß er versucht habe, aus seiner Villa zu entkommen, wo er auf seinen Prozeß wegen Veruntreuung von mehreren Millionen Dollar von Hilfsgeldern aus China und Kuwait wartete. Denard lud seinen Leichnam auf die Ladefläche eines offenen Landrovers. In der Brustgegend seines weißen Hemdes waren zwei Einschußlöcher sichtbar. Der Wagen mit dem ausgestreckten Solih fuhr durch Moroni: Kleine Menschengruppen versammelten sich und nahmen zischend von ihm Abschied. Denard bog direkt vor der Stadt vorbei an dem verlassenen Parlamentsgebäude von der Asphaltstraße ab und schlug einen steinigen Weg zu dem 290 Meter hohen Vulkan Kharthala ein.

Solihs Mutter und seine Schwester Fatime warteten dort. „Hier ist Ali Soloh", sagte Denard während er den Leichnam aus dem Wagen zog und auf den Boden fallen ließ. „Wenn sie ein paar meiner Leute brauchen, um ein Loch zu buddeln, werde ich sie holen. Ich will aber nicht viele Leute auf der Beerdigung." Es kreuzten nur einige neugierige Kinder auf und Solih wurde im Hof seiner Mutter beerdigt, – sein Name in den feuchten Zement eines einfachen Grabsteins geritzt.

Afrika reagierte schockiert und empört. Der OAU-Gipfel weigerte sich, die neue Regierung der Komoren anzuerkennen, und wies Abdullahs Delegation zurück, indem er ihr die Akkreditierung zum Betreten der Konferenzräume verweigerte. Wieder einmal hatten weiße Männer ihre Macht dazu benutzt, das Schicksal eines schwarzen Volkes zu bestimmen. Die afrikanische Souveränität war der Lächerlichkeit preisgegeben worden. Die Anwesenheit der Söldner auf den Komoren war wie Salz auf offenen Wunden, denn sie erinnerte die Regierungen daran, wie wenig Kontrolle sie wirklich über ihre eigene Zukunft haben. „Wir müssen diese Leute nach Hause schicken", erklärte Präsident Albert René von den Seychellen, der selbst ein Jahr zuvor mit Hilfe schwarzer Söldner aus Tansania an die Macht gekommen war (das hatte der OAU kein Kopfzerbrechen bereitet).

„Ich weiß nicht, über was die afrikanischen Länder so verärgert sind", erklärte Denard. „Wenigstens wissen sie, wo ich bin. Wenn sie mich fortschicken, werde ich verschwinden. Und wer weiß, wo ich als nächstes auftauchen könnte...?

Mein ganzes Leben lang haben mir die Leute vorgeworfen, daß ich für die falsche Seite kämpfe. Jetzt habe ich den Sturz eines verrückten Präsidenten bewirkt, der sein Land ruiniert hat. Wir bringen wieder eine vernünftige, antikommunistische Regierung an die Macht. Ich stehe auf der richtigen Seite. Und noch immer werfen mir die Leute vor, daß ich falsch handele. Ich verstehe nicht, warum Afrika nicht dankbar ist."

Doch Afrika kochte vor Wut, während die Komorer selbst vor Freude überwältigt waren. Denard hatte einen Alptraum beendet und für sie war er ein Held und Befreier. Sie bejubelten ihn auf der Straße und Denard antwortete mit übertriebenem militärischen Salut. Sie verkauften mit seinem Namen bedruckte T-Shirts. Die Kinder streckten ihre Hände aus, um ihn zu berühren und die Alten traten respektvoll zur Seite, um ihn vorbeigehen zu lassen. Die neue Regierung betraute ihn mit der Führung der Inseln.

„Ein Mann erreicht in seinem Leben einen Punkt, an dem er erkennt, daß es Zeit ist, sich niederzulassen und er sucht sich einen Ort dazu aus", sagte Denard. „Hier auf den Komoren kann ich gut essen und trinken, schlafen und lieben. Da sehen sie es. Wenn die Menschen mich wollen, braucht man 100 000 Kubaner, um uns von den Inseln zu vertreiben."

Bob Denard hatte wirklich ein Zuhause gefunden. Er gab sich die komorische Staatsbürgerschaft und ernannte sich zum Oberst. Er nahm den islamischen Namen Moustapha Mouhadjou an und verkündigte, daß er seine Waffe an den Nagel hängen werde, um sich auf seinen Inseln in der Sonne niederzulassen. Der junge Barkeeper im Itsandra Hotel stellte ihm eine der dortigen Empfangsdamen namens Mazna vor und Denard heiratete sie prompt.

Mittlerweile hatten die Söldner die Kontrolle über die wichtigsten Ministerien übernommen, darunter die Verteidigung und das

Fernmeldewesen. Die verlassene Post funktionierte wieder und sie begannen mit der Reparatur des Telephonnetzes. Sie überwachten die Müllbeseitigung, heuerten Personal für das Krankenhaus an, und veranlaßten die Komorer, ihre schäbigen Häuser weißzutünchen. Sie stellten ein neues Heer auf und zogen in die Villen ein, in denen früher die französischen Kolonialisten und später Solihs Handlanger wohnten. Zum ersten Mal in der Geschichte Afrikas wurde ein unabhängiges Land von weißen Söldnern regiert.

Ich traf kurz nach Solihs Tod auf den Komoren ein. Im Laufe weniger Wochen hatte sich die Persönlichkeit eines ganzen Volkes geändert – wie es so oft in Schwarzafrika geschieht. Es war unheimlich. Die Einreisebeamten, die mich herzlich und höflich am Flughafen begrüßten, waren dieselben Männer, die einen ausländischen Journalisten einen Monat zuvor ins Gefängnis geworfen oder mißhandelt hätten. Die komorischen Funktionäre, die von der Notwendigkeit von Reformen sprachen, waren in manchen Fällen dieselben Männer, die Solihs drakonische Herrschaft durchgesetzt hatten. Die freundlichen Jugendlichen, die offen über die Schrecken des Lebens unter Solih redeten, waren dieselben Gestalten, die noch kurz zuvor Gefangene durch die Straßen geführt hatten. Wie war ein solch vollständiger Wandel so schnell möglich? Die Menschen zuckten gleichgültig mit den Schultern. „Wir taten, was uns gesagt wurde", erklärte ein junger Mann, der Mitglied einer Jugendbrigade gewesen war.

Die Komoren kehrten unter Präsident Ahmed Abdullah schnell wieder zum ursprünglichen Zustand zurück. Die Wirtschaft wurde entstaatlicht, enge Beziehungen zu Frankreich aufgenommen, Wahlen abgehalten, die Kinder in die Schule zurückgeschickt und die Erwachsenen übernahmen wieder die Verwaltung. Ich traf eines schwülen Nachmittags in einem von Kugeln durchsiebten Renault in Abdullahs Haus zu einem Interview ein. Der Regierungsfahrer hatte mich eine Stunde zu spät abgeholt und als wir in die Auffahrt des Präsidenten einfuhren, sah ich einen älteren Mann alleine neben der Garage sitzen. Er trank ein Glas Eiswasser, rauchte eine Marlboro und sein entblößter linker Fuß steckte im Yogastil in seinem Schoß. Seine Sandalen lagen in der Nähe auf dem Boden.

„Bitte sagen Sie dem Präsidenten, daß ich mich für meine Verspätung entschuldige", sagte ich zu ihm. „Es gab einige Verwirrung über den Zeitpunkt des Interviews."

„Das wird nicht nötig sein", erwiderte der Mann, „ ich bin der Präsident".

Abdullah war ein gütiger und eloquenter Gastgeber. Sein Putsch, so meinte er, sei der erste in Afrika, der im Namen der Demokratie und des Kapitalismus unternommen worden sei. Er zündete sich mit Hilfe seines goldenen Dunhill-Feuerzeuges eine weitere Zigarette an. Die Brise bewegte die Kokospalmen und in der Stille hörte man die nahe Brandung und Abdullahs optimistische Äußerungen. „Nach jedem Sturm", so sagte er, „ tritt Ruhe ein. Und wenn wir nicht in der Ideologie verharren, können unsere Inseln wieder friedlich und wohlhabend werden. Für uns ist das so, als ob wir noch einmal mit der Unabhängigkeit begännen".

Die Komoren erlaubten Bob Denard zu bleiben, aber aus der afrikanischen Reaktion war klar erkennbar, daß seine Anwesenheit zuviele Probleme schaffen und die Komoren politisch isolieren würde. Er fand sich damit ab und erklärte sich zu gehen bereit. Abdullah gab zu Ehren Denards ein verschwenderisches Staatsbankett mit französischem Wein und kenyanischem Rindfleisch.

„Was auch immer manche Leute in der Welt sagen", erklärte Abdullah, „Sie gehen von uns als Volksheld. Sie können uns erhobenen Hauptes verlassen. Sie können jederzeit auf die Komoren zurückkommen – aber wenn Sie es tun, dann kommen Sie bitte als Tourist."

Am darauffolgenden Morgen kaufte Denard alte T-Shirts mit seinem Namen in Moroni auf, trank seine letzte Flasche Orangenlimonade, küßte seine komorische Frau zum Abschied und schnappte sich seine zairische Frau, die er in einem anderen Krieg kennengelernt hatte und die von Paris eingeflogen war, um sich ihm anzuschließen. In Zivilkleidung und mit einer Wolltasche beladen, fuhr er in dem Landrover zum Flughafen, der Ali Solih zu seinem Grab befördert hatte. Ein Frachtflugzeug mit rhodesischem Rindfleisch für Paris, war nach Moroni umgeleitet worden, um Denard abzuholen, denn kein anderes afrikanisches Land hätte ihm ein Transitvisum erteilt.

Vier Monate nach seiner Ankunft auf einem Fischkutter kletterte Denard an Bord eines Flugzeugs, erwies den versammelten Ministern und Beamten einen zackigen Gruß und verschwand – endlich als Sieger, aber immer noch ein Mann ohne Heimat.

Hier steht, was ein Mann, der es wissen sollte, über die heutigen Regierungen in Afrika denkt: „Es gehen einige ziemlich beschämende Dinge vor sich; zu einem nicht geringen Teil liegt es an der mittelmäßigen Führung in Afrika. Überall, wo man hinblickt, gibt es Gewehre und unglückliche Menschen. Die Versprechen der Unabhängigkkeit waren in den meisten Ländern eine Täuschung und eines kann ich Ihnen sagen: eine Menge Leute in Afrika zogen die Kolonialzeit vor. Sie genossen damals mehr Freiheit...

All das Geschrei über Neokolonialismus und Imperialismus ist nur dummes Kauderwelsch. Es soll nur die Aufmerksamkeit von den nationalen Unzulänglichkeiten ablenken. Schwarzafrika verschwendet soviel Aufmerksamkeit an Südafrika und die dortige Apartheid, daß es dabei vergißt, daß die wirklichen Probleme direkt vor seiner Haustür liegen."

Diese Äußerungen stammen von James („nennen Sie mich einfach Jimmy") Mancham, der elf Monate und sieben Tage lang Präsident der Seychellen war, einer friedlichen Inselgruppe (70 000 Einwohner) im indischen Ozean, die 1600 Kilometer vor der kenyanischen Küste liegt. Er war von seinem Premierminister Albert René und 60 tansanischen Soldaten gestürzt worden und saß jetzt am gewohnten Ecktisch in seinem Londoner Lieblingsrestaurant Mr. Chow, nippte Weißwein mit Perrier und erinnerte sich an seine Fehler.

„Wissen Sie", kurz vor dem Umsturz kamen zwei Leute von außerhalb zu mir – ich kann ihnen nicht sagen, woher sie stammten – und erzählten mir, wenn ich René nicht erledigte, werde er mich erledigen."

„Ich fragte: 'Was meinen sie mit René erledigen?' und sie sagten, daß ich ihn töten müßte, wenn ich an der Macht bleiben wolle. Das konnte ich nicht tun. Ich habe ja nicht einmal einen einzigen politischen Gefangenen eingesperrt. Vielleicht war das meine Schwäche, denn wenn man in Afrika Präsident werden will, dann muß man ruchlos sein, um zu überleben. Wenn man Gewalt nicht verträgt, wird man seinen Job, manchmal sein Leben, schnell wieder los."

Mancham lebte mit einer attraktiven australischen Journalistin in einem Penthouse in der Nähe des Hyde Parks. Er war nichtpraktizierender Anwalt, in Paris und London ausgebildet, und verfügte über ausreichend große Geschäftsinteressen auf den Seychellen, um angenehm leben zu können. Er sprach vorsichtig über René, weil er seine Anlagen nicht verlieren wollte. In seiner Freizeit schrieb er Gedichte und redete auf ergreifende Art und Weise über sein Bedürfnis, Freundschaft zu teilen und die Menschen um ihn herum glücklich zu machen.

Das letzte Mal hatte ich ihn drei Jahre zuvor gesehen, wenige Tage vor dem Putsch. Der bärtige Mancham, damals erst 37 Jahre alt, betrat sein Büro in der Präsidentenresidenz in einem verzierten mexikanischen Hemd, das bis zum dritten Knopf geöffnet war, wehenden Freizeithosen und Sandalen. Eine Goldkette hing lose um seinen Hals. Er rieb die Feier der vergangenen Nacht aus seinen schweren Augen und blinzelte uns an. „Ich glaube nicht an Selbstverleugnung", sagte er zur Einführung. „Alle Führer dieser Welt würden gerne wie ich leben und wäre es ihnen gestattet, so täten sie es." Er blinzelte wieder, lehnte sich in seinen Stuhl zurück und begann, ein Lied zu singen: „Tonight, tonight..."

Ich mußte mich kneifen, um mich daran zu erinnern, daß dies ein Interview mit einem Präsidenten war. Nie zuvor war mir Vergleichbares untergekommen. Doch ich hatte auch nie zuvor einen mit Mancham vergleichbaren Präsidenten getroffen. Er kurvte oft in Segelschuhen und kurzen Hosen in seinem blauen Rolls-Royce-Kabriolett in dem kleinen Inselstaat herum. Er befand sich gewöhnlich in Begleitung schöner Frauen aus Europa und den USA. Er war kurz zuvor von seiner englischen Frau Heather geschieden worden. Aber er machte keinen Hehl aus seinem Wunsch, jedes Wochenende eine andere „First Lady" in seinem Haus zu haben – ein Wunsch, den er sich oft erfüllte. Dabei unternahm er keinerlei Versuche, sein Privatleben von seinem öffentlichen zu trennen. „Ist es ein Verbrechen, glücklich zu sein und Spaß zu haben?", fragte er.

Im Regierungspalast hatte er den muffigen Formalitäten, die von den britischen Kolonialherren hinterlassen worden waren, ein schnelles Ende bereitet. Er empfing seine Gäste leger gekleidet und füllte seine Villa mit Blick auf den Indischen Ozean mit Orchestern und seinen französischen Lieblingsweinen. Fast jede Nacht hallte das Haus bis in die frühen Morgenstunden von Gelächter und Gesang wider.

Auf seinen regelmäßigen Auslandsreisen produzierte er Pressemitteilungen am Fließband und telexte nach Hause zur dortigen Tageszeitung. Wenn dort der Disc-Jockey verschlief, fuhr er zur

Sendestation und verbrachte mehrere Stunden damit, seine Gedichte zu rezitieren, die Nachrichten zu lesen und Schallplatten aufzulegen.

Als ein britischer Klatschkolumnist kurz vor dem Scheitern seiner zwölfjährigen Ehe Wind von einem Seitensprung bekam, die er gehabt hatte, reagierte er darauf ungewöhnlich. Er versammelte die politischen Führer der Insel, hielt ein Foto des betreffenden Mannequins hoch und fragte: „Das ist die Frau. Nun, habe ich irgendetwas falsch gemacht?" Offensichtlich nicht, dachte sein Volk. In der Wahl drei Wochen später gewann seine Partei 13 Sitze, Renés dagegen nur zwei.

Doch wenn Mancham dem schönen Leben mit Lust huldigte, so arbeitete er trotzdem unermüdlich für die Seychellen. Er war eine Ein-Mann-PR-Agentur, der die Welt bereiste und jedem, der ihm zuhörte, von der Schönheit seines Landes erzählte, von dem nur sehr wenige Leute je etwas gehört hatten. Er eröffnete einen internationalen Flughafen. Es entstanden mehrere Luxushotels. Der Tourismus nahm kräftig zu. Besucher aus aller Welt kamen, um das tropische Paradies zu genießen, dessen Präsident einen politischen Glaubenssatz hatte, den er als „Philosophie des Singens" bezeichnete – sei einfach als Mensch und als Nation glücklich. Sein Ziel sei es, unter jeder Palme einen Jungen mit einer Gitarre zu plazieren, verkündete Mancham.

„Wir sind ein kleines, ruhiges Land. Wir müssen nicht so tun, als ob wir etwas anderes seien. Wir brauchen keine großen Portionen von politischer Ideologie. Laßt uns einfach das sein, was wir sind."

Das allerdings ist nicht leicht für ein afrikanisches Land. Mancham begab sich im Sommer 1977 nach London, um der Commonwealth-Konferenz beizuwohnen. René verabschiedete ihn am Flughafen und schickte in derselben Nacht seine tansanischen „Militärberater" zur Sendestation. Sie spielten „Peter, Paul & Mary" Platten und am Morgen darauf ließ René verkünden, daß Mancham gestürzt und ihm eine Rückkehr auf die Inseln verwehrt sei. Die Seychellen standen gerade 23 Tage vor ihrem ersten Geburtstag nach der Unabhängigkeit.

René kritisierte Manchams pompösen Lebensstil und monierte, daß dieser zuviel Zeit damit zugebracht hätte, in der Gegend herumzufliegen und sich zu wenig um die Staatsgeschäfte kümmerte. Vielleicht hätte Mancham tatsächlich ein freier Botschafter des guten Willens und nicht Präsident sein sollen. Doch wenn irgendein Land die Gelegenheit hatte, seine Träume von der Unabhängigkeit ohne Putsch zu verwirklichen, so waren es die Seychellen, bevölkerungsmäßig das kleinste Land Afrikas. Das Pro-Kopf-Einkommen lag mit 650 Dollar im Jahr unter den höchsten in Afrika. Drei Viertel der Bevölkerung zwischen fünfzehn und dreißig Jahren konnten Lesen und Schreiben und die Lebenserwartung bei Geburt (70 Jahre für eine Frau, 63 für den Mann) war führend in Afrika. Die Inseln sind von der Malaria und den anderen Krankheiten, die dem Rest Afrikas soviel Unglück zugefügt haben, völlig frei. Die Menschen, zumeist die Nachkommen französischer Siedler und ihrer afrikanischen Sklaven, lebten friedlich miteinander (Mancham hatte chinesische und kreolische Vorfahren). Ihr Leben war so ruhig und scheinbar so sicher, daß die Seychellen nicht einmal eine Armee besaßen.

„Es ist keine große Heldentat, das Land zu übernehmen", sagte Mancham. „Das könnten 25 mit Stöcken bewaffnete Leute tun."

Ohne Mancham wären die Seychellen vielleicht ein isolierter, rückständiger Ort geblieben. Doch sein großer Fehler war seine Naivität, der Glaube, daß sein Land das Recht auf ein unschuldiges Zeitalter habe – was nicht zu Afrika gehört. René steuerte die Seychellen auf einem linken Kurs und begann, herumzupfuschen. Er verstaatlichte Teile der Wirtschaft, sperrte ein paar Opponenten ein und stellte ein Heer auf, das von denselben tansanischen Soldaten beraten wurde, die Uganda in einen Trümmerhaufen verwandelt hatten. Der Touristenstrom ebbte ab, die wirtschaftliche Lage verschlechterte sich und die freie Presse starb. 1980 feierten die Seychellen den dritten Jahrestag des Putschs mit einer Militärparade durch die Innenstadt der Hauptstadt Victoria. Überall gab es uniformierte Soldaten, gepanzerte Mannschaftswagen und Waffen. Die Palmen entlang der Strecke schwankten in der milden Brise. Unter ihnen standen junge Männer, die ihre Gitarren vergessen hatten und jetzt Waffen trugen. Im November 1981 rekrutierte eine Gruppe wohlhabender Exilseychellois 52 weiße Söldner, jeden für 1000 Dollar, um Mancham an die Macht zurückzubringen. Die Billigsöldner flogen auf einem normalen Linienflug nach Victoria und gaben an, ein Sport- und Trinkklub zu sein. Ein Zollbeamter entdeckte bei der Gepäckkontrolle ihre Waffen und nach einem Feuergefecht am Flughafen entführten die Söldner ein Flugzeug von Air India und flogen nach Südafrika. Mancham leugnete jegliche Beteiligung an der Affäre. Mit dem Umsturzversuch im Jahre 1982, den René mit Hilfe tansanischer Soldaten niederschlug, habe er ebenfalls nichts zu tun gehabt.

„Sehen Sie es so", sagte Mancham bei unserem letzten Gespräch in London, wenige Tage, bevor er zu einer Vortragsreise in den Südpazifik aufbrach. „Ich bin am Leben. Das ist mehr, als viele ehemalige afrikanische Präsidenten von sich behaupten können. Abgesehen davon, hatte jeder Spaß, als ich Präsident war, und wieviele Expräsidenten können das von sich behaupten?"

Der Kongreß der Vereinigten Staaten stellte 1816 der weißen Philantropen-Vereinigung namens American Colonization Society einen Freibrief aus. Unterstützt durch ein vom Kongreß gewährtes Darlehen in Höhe von 100000 Dollar, machte sich die Gesellschaft daran, Schiffskarawanen für freigelassene Sklaven zu organisieren, die in das Land ihrer Vorväter zurückkehren wollten. Sechs Jahre später, nachdem ihnen der Zutritt zur britischen Kolonie Sierra Leone verwehrt worden war, landete die erste Schiffsladung von Freigelassenen in der Nähe der Flußmündung des Mesurado an der westafrikanischen Küste. Sie wurden von Agenten der Gesellschaft und einem Leutnant der US-Kriegsmarine begleitet, der die örtlichen Häuptlinge unter vorgehaltener Waffe überzeugte, ihm den Platz für diverse Eisenwaren, Schmuckstückchen und Kekse im Wert von 300 Dollar zu verkaufen. Während der darauffolgenden Jahre kehrten 5000 ehemalige Sklaven – oder „schwarze Pioniere", wie sie sich nannten – nach Westafrika zurück. Sie nannten ihre neue Heimat Liberia (Freiheit) und ihre Hauptstadt Monrovia (zu Ehren des Präsidenten James Monroe). 187 wurde Liberia zu Afrikas erster Republik. Es hatte eine Regierung nach amerikanischen Vorbild, eine rotweißblau gestreifte Flagge mit einem Stern und das nationale Motto lautete „Die Liebe zur Freiheit führte uns hierher".

Die neuen Siedler nahmen den Lebensstil an, der ihnen bekannt war – den der Weißen vor dem Amerikanischen Bürgerkrieg – und sie unterjochten die 60 eingeborenen Stämme, die sie bis in die fünfziger Jahre unseres Jahrhunderts als Eingeborene bezeichneten. Die Pioniere und ihre „liberianisch-amerikanischen" Abkömmlinge wurden zu einer schwarzen Kolonialaristokratie. Sie kontrollierten den Handel, führten die Regierungsgeschäfte und schickten ihre Söhne zur Ausbildung ins Ausland. Die Männer trugen Gehröcke und Zylinder, tranken Bourbon, traten den Freimaurern bei und gründeten eine Geheimgesellschaft namens Poro, die kein afrikanisches Erbe anerkannte. Sie gaben ihren Kindern amerikanische Namen wie Christian Maxwell, George Browne und Barton Bliss. Generalstabschef Ende der sechziger Jahre war ein gewisser George Washington und die Mitglieder der „True Whig Party" waren so konservativ wie jeder Südstaatenrepublikaner. Selbst heute noch hat das städtische Liberia mehr mit Faulkners Süden als mit Afrika gemein. Als gesetzliches Zahlungsmittel werden die gleichen Scheine wie in New York oder Chicago verwendet – obwohl sie ausgeblichen und zerknittert sind und die amerikanischen Banken sie schon vor langer Zeit aus dem Verkehr gezogen haben. Die Polizisten tragen die abgelegten Sommeruniformen der Polizei von New York und die Städtchen Namen wie Louisiana, New Georgia und Maryland. Sonntags, wenn die Striplokale auf der Broad and Gurley Street geschlossen sind, tönt amerikanische Gospelmusik aus den Radios und die Aussprache in der gerammelt vollen Baptistenkirche auf der Center Street klingt sehr nach tiefem amerikanischen Süden.

Lange Zeit machten sich die Afrikaner über Liberia lustig und verunglimpften es, weil es Einstellungen angenommen und Werte importiert habe, die nicht im Einklang mit der afrikanischen Tradition stünden. Aber über einen Aspekt von Liberia machte sich niemand lustig: seine Stabilität. Während die Regierungen in ganz Afrika wie Dominosteine purzelten, stand Liberia wie ein politischer Fels. Es stand für Dauerhaftigkeit und innere Stärke. 1980 blickte es auf 133 Jahre der Stabilität zurück, die kein einziger Putsch trübte. Außerdem war es das erste afrikanische Land geworden, das einen friedlichen, verfassungsgemäßen Übergang der Macht erlebte, als 1971 Präsident William S. Tubman im Amt verstarb und sein seit zwanzig Jahren regierender Vizepräsident, William Tolbert, die Nachfolge antrat. „Wir können stolz auf die Tatsache sein, daß diese Nation heute als wirkliches Beispiel für Stabilität dasteht", sagte der neue Präsident.

Tolbert war damals 58 Jahre alt und Enkel eines freigelassenen amerikanischen Sklavens und Sohn eines reichen Gummibarons. Er hatte seinen Staatsdienst 1935 als Sekretär im Finanzministerium begonnen. Er war geweihter Priester und der erste schwarze Mann, der jemals zum Präsidenten der Weltallianz der Baptisten gewählt wurde; später sollte er Vorsitzender der OAU werden. Er nannte seine politische Philosophie „Humanistischen Kapitalismus" und belehrte sein Volk in moralisierenden Predigten.

„In einer Welt steigender Erwartungen und beschleunigten Wandels", so sagte er, „erfordern und benötigen die erhabenen Ziele der nationalen Bestimmung noch immer, daß die Liberianer all ihre Mittel einspannen und kanalisieren..., um einen anhaltenden, aufwärts gerichteten Schub für sich immer weiter eskalierende Kreise der Würde zu erreichen, ja, höhere Höhen."

Tolbert war ein anständiger Mann, der, obwohl er gewiß vor Korruption und Vetternwirtschaft nicht gefeit war, fähiger als viele afrikanische Präsidenten und gutmütiger als die meisten herrschte. Es gab drei dringende Probleme, die er während seiner Amtszeit in den Griff bekommen mußte. Erstens mußte Liberia mehr in eine politische Linie mit dem restlichen Afrika gebracht werden. Zweitens mußte eine Übereinkunft mit den Ureinwohnern erzielt werden, die mit ihrem Dasein als Staatsbürger zweiter Klasse zunehmend unzufriedener wurden. Drittens mußte die Wirtschaft, die auf Eisenserzen, Hölzern, Gummi und der weltgrößten Geisterhandelsflotte fußte, belebt und umstrukturiert werden. Da Liberia nie Kolonie war, sind sowohl die Vorteile des Kolonialismus (Schulen, Straßen, Krankenhäuser und eine ausgebildete Verwaltung), als auch die des Postkolonialismus (große Darlehen aus Europa und ausländische Investitionen) an ihm vorbeigegangen. Die Unabhängigkeit selbst, die Liberia einzigartig machte, hatte seine 1,8 Millionen Menschen viel gekostet.

Tolbert erzielte auf allen drei Gebieten bescheidene Fortschritte. Er fuhr in einem VW-Käfer zu seiner Amtseinführung und trug einen weißen Safari-Anzug, um so zu zeigen, daß Tubmans muffige Zylinder-Ära zu Ende gegangen war. Er verkaufte Tubmans Zwei-Millionen-Dollar-Yacht (es wurde niemals klar, was mit den Erlösen geschah). Er holte mehr Leute in die Regierung, die nicht zu den privilegierten Abkömmlingen der Sklaven gehörten, und rief einen Befreiungsfond ins Leben, um die weiße Herrschaft in Südafrika zu bekämpfen. Er brandmarkte die Brutalität von Ugandas Idi Amin als einer der wenigen unter den afrikanischen Präsidenten. Er führte das allgemeine Wahlrecht ein, trat für die kosten-

lose Universitätsausbildung ein und änderte die Verfassung, so daß
er nicht für eine zweite Amtszeit kandidieren konnte – was kein
Präsident je zuvor auf dem Kontinent getan hatte.

„Wir sind so glücklich in Liberia", erzählte mir eine Geschäfts-
frau, Ruth Phillips, eines Tages in Monrovia. „Hier ist einer der
wenigen Orte in Afrika, der politische Stabilität erlebt und Respekt
vor den Rechten des Einzelnen hat. Wenn man andere Präsidenten
für das anklagt, was sie ihren Ländern angetan haben, dann muß
man Tolbert das, was in Liberia geschehen ist, hoch anrechnen."

Frau Phillips, der die Westafrican Travel Agency gehörte, war
195 aus ihrem Zuhause in Washington D.C. nach Liberia gekommen. Sie war Krankenschwester und beabsichtigte, nur sechs Monate zu bleiben. Doch sie verliebte sich in einen jungen liberianischen Geschäftsmann, der intelligent und fleißig war, und schließlich Finanzminister des Landes wurde. Sie heirateten und Frau
Phillips nahm die liberianische Staatsbürgerschaft an.

„Mein Zuhause ist jetzt hier. Ich fahre noch häufig auf Reisen in
die Staaten zurück, aber mein Herz hängt an Liberia. Meinem
Mann geht es finanziell gut und er ist ein angesehenes Mitglied der
Regierung. Er ist sehr intelligent. Tolbert verläßt sich sehr auf ihn."

Während seiner fast knapp drei Jahrzehnte als Vizepräsident und
Präsident sang Tolberts Volk sein Lob und suchte seine Gunst.
Seine Generäle führten seine Befehle gehorsam aus. Dann, wie es so
oft in Afrika geschieht, erhielt er den Judaskuß und wurde wie ein
Hund begraben. Eines späten Abends im April 1980 verließ er einen
Empfang für Kleriker und Diplomaten in der Innenstadt Monro-
vias und kehrte zu seiner siebengeschössigen Villa über dem Atlan-
tik zurück, die von den Israelis gebaut worden war. Es war fast
Mitternacht und er ging direkt in seine Penthousesuite. Er zog
einen Pyjama an, sprach seine Abendgebete und krabbelte ins Bett.
Zwei Stunden später erklomm ein 28jähriger Feldwebel namens
Samuel K. Doe mit 19 Kollegen und der Hilfe von Aufständischen
in der Präsidentenwache das eiserne Tor der Villa. Sie überwältig-
ten die wenigen getreuen wachhabenden Soldaten. Während eines
Feuergefechts kappte eine verirrte Kugel die Telefonleitung zu den
Militärkasernen. Das war der Zufallstreffer, der Tolbert daran
hinderte, sein Heer herbeizurufen. Doe und seine Kollegen brachen
seine Tür auf und fanden ihn im Bett vor. Sie rissen ihm das rechte
Auge und die Eingeweide heraus und schossen ihm drei Kugel in

den Kopf. Drei Tage später, während Monrovia unter der von der Armee auferlegten Ausgangssperre schlummerte, brach ein großer, gelber Bulldozer durch den schmiedeeisernen Zaun des Palm Grove Friedhofs und grub in der Ecke, die als Müllabladeplatz verwendet wurde, einen flachen Graben, ausreichend groß für 28 Leichen. Tolberts Leichnam wurde, noch immer im Pyjama, aus dem John F. Kennedy Hospital geholt, wo man ihn auf einer Platte hatte liegen lassen. Die Soldaten, die ihrem Oberbefehlshaber treu gedient hatten, warfen den Körper in einen Lastwagen, fuhren zum Friedhof und schmissen ihn in das namenlose Grab, zusammen mit den Männern, die starben, als sie ihn zu verteidigen suchten.

Viele Liberianer kamen, um in die offene Grube zu spähen, aber es gab keine Gebete oder Lobreden für den geweihten Baptistenprediger, der zum Zeitpunkt seines Todes Vorsitzender der OAU war. Die Menschen warfen Steine und spuckten auf den Leichnam ihres verstorbenen Präsidenten. „Schwein", rief ein Jugendlicher, während er seine Bierdose auf die Leiche schleuderte.

Mittlerweile war Feldwebel Doe, der fast analphabetische neue Staatschef, in Tolberts Villa eingezogen und fuhr in der Stadt in Tolberts schwarzem Mercedes mit Chauffeur herum (Tolbert hatte schon lange Zeit zuvor seinen VW aufgegeben). Doe hielt eine Pressekonferenz ab, bei der er mitteilte, daß es keine Hexenjagd geben werde. „Unsere Verantwortung liegt darin, eine neue Gesellschaft zum Wohle all unserer Menschen zu erbauen", sagte er. Doch alle Menschen hieß in Wirklichkeit manche Menschen und meist war da so manche alte Schuld zu begleichen.

Die Soldaten patroullierten prahlerisch durch die Straßen, plünderten Zivilisten und Geschäfte aus. Eine Gruppe betrunkener Soldaten stürmte ins Ducor Intercontinental Hotel und raubte in einem Streifzug von Raum zu Raum die ausländischen Delegierten aus, die einer Lutheraner-Konferenz beigewohnt hatten. Die Häuser der Gefährten Tolberts wurden eingesackt und neun seiner Spitzenfunktionäre unter Anklagen verhaftet, die von Korruption bis zu Menschenrechtsverletzung reichten.

Die Verhandlung begann an einem Mittwoch im Konferenzzimmer des zweiten Stocks der Militärkasernen am Rande von Monrovia. Die Öffentlichkeit zwängte sich in den kahlen Raum mit den unverputzten Wänden und starrte wortlos auf die Angeklagten, die einem fünfköpfigen Militärtribunal gegenübersaßen. Keiner von ihnen hatte einen Rechtsbeistand. Ventilatoren schnitten durch die schwere, verbrauchte Luft und draußen sahen hunderte von Zivilisten erfreut zu, wie ehemalige Minister, nur in Unterhosen bekleidet, durch das Lager geführt wurden. Am nahegelegenen Strand wurden neun Telefonmasten im Sand aufgerichtet, ein sicheres Zeichen dafür, daß einige der Angeklagten bereits für schuldig befunden worden waren und hingerichtet würden. Ich traf in einem Taxi bei den Kasernen ein und erwartete, zurückgewiesen zu werden, sobald ich mich als Journalist zu erkennen gäbe. Stattdessen nickten die Soldaten am Tor und winkten mich durch. Einige Minuten später saß ich in der zweiten Reihe des behelfsmäßigen Gerichtssaals, in dem Frank Stewart, Finanzminister der Tolbert-Regierung, um sein Leben flehte.

Stewarts Haar war mit Sägemehl überzogen, denn er hatte zehn Tage auf einem Zementfußboden geschlafen, und ein grauer Stoppelbart bedeckte sein Kinn. Er trug ein T-Shirt, bauchige braune Hosen ohne Gürtel und Sandalen. Jemand meinte, er sei fünfzig, doch er wirkte viel älter. Er saß auf einem hölzernen Stuhl mit gerader Rückenlehne und schielte und schwitzte im Scheinwerferlicht der Kameras des staatlichen Fernsehsenders. Er beugte sich nach vorne, um die Anschuldigungen des Militärtribunals zu hören. Wenn die tönenden Hupen und der ratternde Verkehr draußen auf den Straßen zu laut wurden, führte er die Hand an sein Ohr.

Die fünf Ankläger waren Offiziere mit stahlharten Augen und mit spuckepolierten Schuhen. Sie waren Richter und Geschworene zugleich. Zu ihrer Linken mühte sich ein junger Gefreiter mit Sonnenbrille unsicher hinter einer Schreibmaschine ab, um die Verhandlung aufzuzeichnen. Am hinteren Ende des kleinen Raums waren mehrere bewaffnete Soldaten schläfrig an der nicht benutzten Anklagebank in sich zusammengesackt. Einer von ihnen brachte Stewart ständig Flaschen mit Ginger Ale, die dieser in einem Zug leerte.

Es stellte sich bald heraus, daß Stewart sein jährliches Regierungsgehalt von 18 000 Dollar erheblich aufgebessert hatte. Er verdiente 32 000 Dollar jährlich aus der Vermietung dreier Häuser und er besaß 28 Grundstücke, einen Supermarkt, einen Bauernhof und andere, verstreute Anlagen. Alles, so beharrte er, sei legal erworben worden und wenn das Tribunal ihm nur erlaubte, seine Unterlagen zu bringen, könne er seine Unschuld beweisen. Aber nein, antwortete ein Offizier, das wäre nur Zeitverschwendung. So wußte Stewart vermutlich, daß er schon für schuldig befunden worden war und es blieb nur die Frage offen, ob er hingerichtet oder eingesperrt würde.

„Herr Stewart", sagte ein Offizier, „zum Nutzen dieses Tribunals, geben Sie bitte an, wieviele Häuser, Baugrundstücke und Bauernhöfe Sie besitzen".

„Ich werde das beantworten, indem ich ihnen eine Geschichte erzähle; wie es geschah, daß ich..."

„Wir sind nicht an Geschichten interessiert. Wieviele Häuser haben Sie?"

„Nun, Häuser... da sind, laßt uns sehen – vier."

„Vier", wiederholte der Offizier anklagend und hob vier Finger in die Luft.

„Hast Du das notiert?"

„Was notiert", fragte der Schreiber.

„Vier Häuser. Herr Stewart hat vier Häuser."

„Vier Häuser, ja, das habe ich."

„Ja", sagte Stewart, „aber 1957 war der Zementpreis sehr niedrig, so daß meine Frau, die 125 Dollar monatlich im Justizministerium verdiente, und ich – mein Gehalt betrug 250 Dollar –, wir verwendeten kleine Bankkredite und sieben Jahre arbeiteten wir, um das Fundament fertigzustellen..."

„Gütiger Herr", sagte ein Offizier, „machen Sie's kurz oder wir werden hier noch zur Mittagszeit sitzen."

„Nein, laß ausreden", sagte ein anderer. „Herr Stewart, ist es für einen Regierungsangehörigen richtig, ein Haus zu bauen, wie sie es taten, und es dann an die Regierung zurückzuverpachten? Das ist eine Frage."

„Wie war der letzte Teil?" fragte der Schreiber.

„Ich sagte ,Das ist eine Frage'. Das brauchst Du nicht aufschreiben."

„Nichts davon?"

„Nein, nur den letzten Teil, den Teil mit der Frage."

„Meine Antwort darauf lautet", so Steward, „daß es von der Nachfrage, dem Bedarf und der bestehenden Regierungspolitik abhängt".

„Wie steht es mit Ihren Wasserrechnungen, Strom, und andere solche Dinge? Sind Sie auf dem Laufenden?"

„So weit ich weiß, ja."

„Ich frage das, weil ich noch nie einen Menschen von der Regierung gekannt habe, der die Rechnungen der öffentlichen Versorgungsbetriebe bezahlt hat."

„Herr Stewart", sagte ein Offizier, während er eine vorbereitete Frage ablas, mit deren Formulierung er scheinbar einige Zeit gekämpft hatte. „In der Geschichte Liberias ist dies der erste Staatsstreich. Wenn das richtig ist und wahr, bitte frischen Sie Ihre Erinnerung auf und erzählen Sie diesem Tribunal von Ihren scharfsinnigen Beobachtungen, was die fortschreitenden Unterschiede zwischen der Regierung des verstorbenen Präsidenten Tubman und Präsident Tolbert sind. Ich möchte, daß Sie die unterschiedlichen Regierungen bewerten, was ihren Dienst an den Massen und ihren Import von Gütern angeht."

„Den Import von Gütern?" fragte Stewart. „Nun, ich bin nicht wirklich in der Lage, das zu bewerten..."

„Zu was?" fragte der Schreiber.

„Bewerten. B-e-w-e-r-t-e-n. Ich kann das wirklich nicht bewerten. Sicherlich waren während der Tubman-Jahre Güter billiger und die Lebenshaltungskosten geringer."

„Somit", sagte der Offizier, „haben Sie uns indirekt zu verstehen gegeben, daß die Tubman-Regierung die Interessen der Nation besser wahrnahm, besonders" – und er wiederholte „besonders", während der Schreiber ein neues Blatt Papier einlegte, „besonders in Bezug auf die Massen, die gewöhnlich arme Leute genannt werden".

„Ja."

„Dürfen wir dann schließen, daß der Putsch vom 12. April 1980 nötig war, um das liberianische Volk von seinem Leid zu befreien?"

„Er war nicht nur notwendig..."

„Warten Sie", unterbrach der Schreiber. „Nicht was?"

„Er war nicht nur notwendig, er war lange überfällig."

Der Fragesteller lächelte und nickte im Einverständnis. „Dieser Pozeß wird unterbrochen, damit wir ein Mittagsessen kriegen. Herr Stewart, sie sind fertig."

„Fertig? Wie meinen sie das? Werde ich wiederkommen?"

„Vielleicht", sagte der Offizier schulterzuckend.

Am darauffolgenden Morgen hielt Feldwebel Doe, der neue Staatschef, seine erste Pressekonferenz für die rund vierzig ausländischen Korrespondenten ab, die mittlerweile in Monrovia waren. Er betrat den Ballsaal in Tolberts Villa mit dem breitkrempigen Hut einer Kommandotruppe, einem steifgebügelten Drillichanzug und Kampfstiefeln bekleidet. Er trug ein pompöses Schwert, einen schweren 35-Magnum-Revolver und ein Walkie-Talkie. In stokkendem Englisch las er eine vorbereitete Stellungnahme vor, beantwortete zwei kurze Fragen und setzte sich hin. „Meine Damen und Herren", verkündete sein neuer Informationsminister, Gabriel Nimely, gleichgültig, „Sie sind zu einigen Hinrichtungen um 1.30 eingeladen".

Im Barcley-Trainingszentrum, wo die Verhandlung abgehalten worden war, herrschte eine festliche Stimmung. Tausende von Zivilisten liefen auf dem Strand herum und Hunderte von Soldaten, viele von ihnen betrunken, tanzten und tollten um einen kleinen weißen Minibus herum, in dem 13 verurteilte Funktionäre des Tolbert-Regimes eingesperrt waren. Sie schlugen an die Fenster und traten gegen die Türen und verhöhnten die darinsitzenden Männer.

„Hey da, Cecil, mein Junge", schrie ein Soldat den früheren Außenminister an. „Ich werde den ersten Schuß machen. Wenn ich Dich nicht töte, mach Dir keine Sorgen, wir werden Dich langsam sterben lassen."

Feldwebel Does Autokolonne traf lärmend ein und neun der verurteilten Männer wurden aus dem Bus gezerrt – die vier verbleibenden sollten dem Schauspiel beiwohnen und später an die Reihe kommen – und an die Telefonmasten gebunden. Sie trugen nur Unterhosen. Die Soldaten verspotteten und kitzelten sie während der 20 Minuten, derer es bedurfte, das Erschießungskommando zu organisieren. Der befehlshabende Offizier fluchte, als er versuchte, sein Gewehr zu entsichern.

Cecil Denis, der vornehme Außenminister, den ich während der vergangenen Jahre gut kennengelernt hatte, blickte mit Abscheu auf seine Peiniger. Frank Tolbert, der Bruder des verstorbenen Präsidenten, fiel in Ohnmacht. Frank Stewart schaute mit aufgerissenen Augen umher, als sei dies alles ein Alptraum, aus dem er plötzlich erwacht sei. James Phillips, der Finanzminister und Ehemann meiner Bekannten aus dem Reisebüro pinkelte in seine Unterhose.

„Kommando, Feuer", rief der Kommandeur, nachdem sein

Gewehr endlich richtig funktionierte. Drei Minuten lang ließen die
Henker Schuß auf Schuß los. Kugeln knallten in Philipps Arme und
Schultern, bevor eine seine Stirn traf. Stewart wurde in den Bauch
getroffen, dann rund dreißig Sekunden später ins Herz. Denis stand
weiterhin aufrecht da, die Augen geschlossen, während eine Kugel
nach der anderen an ihm vorbeizischte. Schließlich trat ein Soldat
aus der Reihe hervor und tötete ihn mit einer Maschinengewehr-
salve. Ein großer Freudenschrei erhob sich vom Pöbel: „Freiheit,
wir haben endlich unsere Freiheit!" Die Soldaten hasteten nach
vorne, um die Leichen zu treten und mit den Fäusten zu bearbeiten.

Einer der ersten Maßnahmen von Staatschef Doe war die Ver-
dopplung der Löhne der Soldaten und Beamten, deren Unterstützung er benötigen würde, um an der Macht zu bleiben. Die
Staatskasse war aber schon in den roten Zahlen und die 3 Millionen
Dollar zusätzliche Jahresausgaben für die Gehälter verschärften nur
Liberias Wirtschaftskrise. Schon schnell wurde offensichtlich, daß
die Ekstase der Menschen bei den Hinrichtungen voreilig gewesen
war. Die Macht war in andere Hände übergegangen, aber sonst
änderte sich wenig. Feldwebel Doe beförderte sich zum General
Doe und jeden Morgen kam ein Friseur zur Villa des Chefs, um
seinen Afro aufzuplustern. Er raste mit einer Motoradeskorte
durch die Stadt und kümmerte sich um seine Gegner in geheimen
Prozessen und öffentlichen Hinrichtungen. Er fand schnell an
seinem neuen Job als Staatschef Gefallen und die Vereinigten
Staaten, die ihren Brückenkopf des Einflusses in Westafrika nicht
verlieren wollten, hofierten ihn wie einen Helden.

Doch mit der Ermordung Tolberts hatten Doe und seine Soldatenpolitiker bloß die Symptome von Liberias Unzufriedenheit
kenntlich gemacht. Die Ursachen blieben. Eine Regierung zu
führen, so fanden sie heraus, war anspruchsvoller, als einen Putsch
zu inszenieren. Arzneien gegen nationale Krankheiten zu verord-
nen war schwieriger, als an Telefonmasten gebundene Politiker zu
erschießen. Freiheit, so lernten die Menschen, kam nicht aus den
Gewehrläufen. Nur eines schien durch die Machtübernahme des
Heeres gewiß: Liberias erster Staatsstreich würde nicht sein letzter
sein.

Der liberische Putsch raubte jedem Präsidenten Afrikas den Schlaf.
Wenn der Vorsitzende der OAU von einer Bande einfacher Solda-

ten ermordet werden konnte, wer war dann noch sicher? Die Antwort lautete: keiner. Politische Stabilität ist größtenteils eine Illusion in Afrika und fast jede Regierung kann so plötzlich und so einfach wie die von Tolbert gestürzt werden. Unter dem papierdünnen Anstrich der Zivilisation in Afrika lauerte eine Unkontrolliertheit, die nur auf die Gelegenheit zum Ausbruch wartet.

Tolberts Niedergang gründete auf die gleichen Fehler, die zum Sturz sovieler afrikanischer Präsidenten geführt haben. Erstens hob er die Erwartungen und Bestrebungen seines Volkes sowohl wirtschaftlich als auch sozial an, aber er hielt gleichzeitig nur wenige seiner Versprechungen. Zweitens gestattete er der staatlichen Korruption und der Lücke zwischen Arm und Reich über dieses unbestimmte Maß hinauszuwachsen, das die Afrikaner hinnehmen und tolerieren. Und schließlich mißdeutete er den Anschein von Gehorsam, den Afrikaner fast jedem Mann mit Autorität zollen, als ein Zeichen von Zuneigung und Achtung. Er wurde von dem System zerstört, das er zu schaffen half und das er zu liberalisieren versuchte.

Wie viele Präsidenten sagte Tolbert all die richtigen Worte, erkannte aber nicht die sich aufstauende Wut und übersah dabei, daß die Pfeiler der Stabilität ins Wanken gerieten. Die Lehren afrikanischer Geschichte entgingen ihm.

Traurigerweise gibt es wenige Anzeichen dafür, daß sich die Geschichte nicht wiederholen wird. Tolbert führte Reformen aus, aber es waren zu wenige, sie kamen zu spät und der Haupteffekt bestand darin, der Opposition mehr Spielraum zur Agitation zu geben. Genau aus diesem Grund haben die meisten Präsidenten Angst, ihre eigene Herrschaft zu liberalisieren. Doch in ihrer Weigerung das zu tun, schaffen sie genau die Verhältnisse, die zu dem führen, was sie am meisten fürchten – den Verlust der Macht.

Die Unzulänglichkeiten, die in Tolberts Ermordung und Does Aufstieg mündeten, bestehen praktisch in jedem afrikanischen Land – gewöhnlich noch akuter, als es in Liberia der Fall war. Und wenn die afrikanischen Volkswirtschaften weiterhin verfallen und die Präsidenten die Sicherheitsventile freier Meinungäußerung geschlossen halten, kann es nur ein Ergebnis geben: Afrikas Zeitalter der Instabilität hat gerade erst begonnen.

Das koloniale Erbe

Ich werde ihnen mal was sagen: Diese alten Zeiten waren unglaublich gut für den Europäer. Es gab kein Gesetz, so machten wir es. Wir waren das Gesetz.
– Latham Leslie-Moore, ein neunzigjähriger britischer Siedler in Kenya

Das europäische Imperium, das sich einst über ganz Afrika erstreckte, war im Sommer 1977 bis auf einen Küstenstreifen Wüste von der Größe Hessens – das Französische Territorium von Afars und Issas – zusammengeschrumpft. Ein karges Ödland, das sich Frankreich 115 Jahre zuvor als Versorgungsstation für seine nach Saigon und Madagaskar fahrenden Schiffe einverleibt hatte. Das Gebiet, das an Äthiopiens Ostgrenze liegt – gewöhnlich wird es nach seiner Hauptstadt Djibouti genannt, was in der Afars-Sprache „Mein Schmortopf" heißt – war ein mittelloses Land ohne Bodenschätze, dessen Unterhalt Frankreich 100 Millionen Dollar jährlich kostete. Es besaß nur zwei Fabriken, eine für die Abfüllung von Cola-Cola, die andere für die Abfüllung von Pepsi, und bis auf einige selbstangebaute Tomaten mußte fast alles importiert werden. Die Bevölkerung von 320000 Afars-und-Issas-Stammesangehörigen zählte drei Universitätsabsolventen, keinen einzigen Arzt und Madame Fatima, eine zahnlose Somalierin, die das Bordell „Roter Pfeil" betrieb, das von den französischen Legionären frequentiert wurde.

Djibouti, einzige Stadt des Landes und Regierungssitz, war ein heruntergekommener Ort, an dem sich Peter Lorre und Sydney

Greenstreet wohlgefühlt hätten. Es gab einen schäbigen Platz, den Platz Menelik, der von Cafés und Bars umgeben war, die in urindurchnäßten Gewölben eingenistet waren. Französische Soldaten und Zivilisten saßen dort an den Tischen, die Hemden bis zur Taille aufgeknüpft und schwitzten in der Abendhitze, während sie lauwarmes Bier herunterspülten und die umherwimmelnden Bettler mit einer Handbewegung wegscheuchten. Nachts zogen sich die Ausländer hinter Fensterläden mit Kühlschlitzen in die schäbigen Villen zurück, in Straßen wie der Rue de Beauchamps und Avenue Pasteur. Die Afrikaner lebten am anderen Ende der Stadt, in Buden aus Verpackungskisten. Hinter dem afrikanischen Viertel befand sich eine Barrikade aus Stacheldraht, die einen 16 Kilometer langen Bogen um Djibouti spannte. Nachdem einst Präsident Charles de Gaulle bei einem Besuch in den sechziger Jahren mit einem Krawall begrüßt worden war, errichteten die Franzosen die Barrikade, um die anschwellende Stadtbevölkerung zu kontrollieren. Die Atmosphäre in Djibouti erinnerte an Saigon um 1950 herum. Die Eleganz war weg, aber es blieb ein verblaßter Charme. Alles hätte einen Anstrich und eine umfassende Säuberung nötig gehabt. Die Sonne hämmerte auf die Köpfe herab und alle bewegten sich langsam – eigentlich nur an der Siesta interessiert, die von 11 Uhr 30 bis 16 Uhr dauerte. Selbst die Moskitos waren lethargisch, so träge, daß man sie im Flug mit der bloßen Hand fangen konnte. Das einzige Hotel ohne Küchenschaben, das „La Siesta" mit 39 Zimmern, hatte zwar in jedem Raum fließendes Wasser, aber nur heißes. In den Hotels und Bars ächzten die Deckenventilatoren, aber die Luft war zu schwer, um in Bewegung zu geraten. Nachts lagen die Franzosen auf den Böden ihrer Schlafzimmer unter den Ventilatoren und schüttelten sich flaschenweise Wasser über die Köpfe, in der Hoffnung, so einschlafen zu können.

Es gab 15 000 Franzosen in Djibouti – Soldaten, Geschäftsleute, Beamte und Weltenbummler – und zu Beginn des Jahres 1977 hatten die meisten von ihnen bereits zu packen begonnen, denn sie hatten wieder ein Zuhause verloren. Indochina war weg. Westafrika war weg. Bald würde auch Djibouti verschwunden sein und die Franzosen würden nach Tahiti oder Neukaledonien weiterziehen oder sogar nach Frankreich zurückkehren. Das Ende der europäischen Kolonialepoche in Afrika vollzog sich in einer von Stacheldraht umgebenen Stadt in einer Juninacht, die vor Hitze und

Feuchtigkeit triefte – ohne Tränen oder Toasts, ohne nostalgische Abschiede. Afrikas jüngste Nation wurde in einer traurigen, kleinen Zeremonie in die Unabhängigkeit entlassen, die den internationalen Medien gerade eine Zeile wert war und kaum einen Staatschef anzog.

Der künftige Präsident, Hassan Gouled Aptidon, war von Frankreich sorgsam ausgewählt worden: 61 Jahre alt, ein ehemaliger Nomade und Kameltreiber mit Volksschulbildung. Ich traf eines Nachmittags vor der Unabhängigkeit unangemeldet bei ihm ein. Als er sich von der Couch erhob, auf der er ein Nickerchen gehalten hatte, begrüßte er mich mit einer Flasche Cola und einer französischen Zigarette. Sein ordentliches Haus hatte drei Schlafzimmer, keine Klimaanlage und das Wohnzimmer war mit einigen alten Möbelstücken eingerichtet. Er schien um die Zukunft überhaupt nicht besorgt zu sein, als ich ihn fragte, wie ein Land, das zu 90 Prozent aus Wüste bestand und nichts produzierte, wirtschaftlich überleben wolle.

„Aah", antwortete er, während er seine Zigarette paffte. „Als Sie geboren wurden, hatten sie kein Geld, richtig? Dann haben sie gearbeitet, haben etwas Geld verdient und leben seitdem besser. Wir werden dasselbe tun, weil wir Lösungen finden werden, sobald wir frei sind, um unsere Verantwortung wahrzunehmen... Wir haben viele Möglichkeiten: Salz, Tourismus, Atomenergie, vielleicht ein zollfreier Hafen wie Hongkong und" – nach einer Pause – „französische Hilfe".

Niemand schien in dieser Juninacht besonders aufgeregt, als fünf Jahrhunderte des europäischen Kolonialismus zu einigen letzten Sekunden zusammengeschrumpft waren. Mehrere hundert Stühle standen aufgereiht für die Zeremonie in der Nähe des Piers und eine Handvoll Gebäude wurden in letzter Minute weißgetüncht. Man eröffnete die neue Passagierabfertigungshalle des Flughafens und beim „La Siesta" Hotel hing das Schild „Kein Zimmer frei". Der französische Flugzeugträger Foch ankerte ein paar Kilometer vor der Küste, für den unwahrscheinlichen Fall, daß eine Evakuierung der Ausländer nötig sein sollte und Madame Fatima verriegelte den „Roten Pfeil" um 18.00 Uhr, während sie laut vor sich hinmurmelte: „Gnädiger Herr, was werde ich bloß ohne die Legionäre machen?" Als vor dem Stacheldraht ein Haufen, der sich „Front für die Befreiung der Somaliküste" nannte – eine Gruppe (die sich dem

Sturz der Regierung verschrieben hatte, noch bevor diese angetreten war) Einlaß begehrte, fielen einige Schüsse, die ein Todesopfer forderten. Gouled glättete die Wogen der Erregung durch geschicktes Verhandeln und die meisten der 3000 Mitglieder der Front blieben däumchendrehend mit ihren Kamelen und Gewehren außerhalb der Absperrung. Die Frauen, stämmig und großbusig, trugen bunte, bedruckte Stoffkleider und die Männer saßen mit glasigen Augen und khatkauend herum.*

Genau eine Minute nach Mitternacht erwies der Hohe Kommissar Frankreichs, Camille d'Ornano, den Anwesenden einen steifen Gruß, während die französische Trikolore gesenkt und zum letzten Mal in Afrika eingeholt wurde. Hassan Gouled Aptidon, der aus seinem kleinen Heim in die am Meer gelegene Villa des französischen Gouverneurs umziehen würde, war jetzt Präsident von Afrikas fünzigstem unabhängigen Staat, der Republik von Djibouti. Irgendwo in der Dunkelheit ertönte ein Signalhorn, eine Kanone der französischen Flotte im Hafen donnerte einundzwanzigmal und Feuerwerkskörper zischten durch den Himmel und erleuchteten die baufällige Hafenstadt, an der Straße von Bab el-Mandeb, die vom roten Meer zu den Ölrouten des indischen Ozeans führt. Hier und da gab es höflichen Applaus, dann entschwanden alle in die Nacht. Bald war Djibouti leer und ruhig. Die Fackel war übergeben worden.

Der amerikanische Journalist John Gunther schrieb 1953 über das koloniale Afrika:

Die Europäer haben vielleicht einen Kontinent geplündert, diesen aber auch für die Zivilisation geöffnet. Der Kolonialismus ermöglichte den heutigen Nationalismus und ebnete den Weg zur Demokratie. Die Europäer schafften die Sklaverei ab und beendeten die Stammeskriege. Sie schufen Verkehrswege, verbesserten den Lebensstandard, führten öffentliche Gesundheitskontrollen ein, gaben Eingeborenen, die nur einen Zollbreit von der Barbarei entfernt waren, eine stabile Verwaltung und ein Regime, das wenigstens theoretisch auf Recht und Gesetz (selbstverständlich das

---

* Khat ist ein Kraut mit berauschender Wirkung das aus Äthiopien eingeführt wird und von dem praktisch jeder erwachsene Mann in Djibouti abhängig ist.

Recht des weißen Mannes) fußte. Entscheidend ist aber, daß sie das Christentum und die westliche Bildung brachten.*

Wenn man diese Worte heute liest, hat man den Eindruck, daß Gunther wahrscheinlich zuviel Zeit damit verbrachte, mit britischen Gouverneuren zu reden und sich zu wenig mit Afrikanern unterhielt. Die Wohltaten, die er aufführt, waren nicht von Dauer. Sie verschwanden praktisch sofort nach Abzug der Europäer. Die Europäer errichteten künstliche Fundamente für Afrikas junge Nationen und nach dem Gezeitenwechsel fielen sie wie Sandburgen zusammen. Nur ein Bestandteil des Kolonialismus war stark genug, den Übergang in die Unabhängigkeit zu überleben – die wirtschaftliche Versklavung.

Es ist richtig, daß die beiden schwarzafrikanischen Länder, die nie kolonisiert wurden, Liberia und Äthiopien, weiterhin zu den rückständigsten auf dem Kontinent gehören und daß die Regierenden dort ihren unterentwickelten Zustand oft der Tatsache zuschreiben, daß sie nicht in den Genuß des materiellen Nutzens des Kolonialismus gekommen seien.

Doch insgesamt war die Wirkung des Kolonialismus auf Afrika im überwältigenden Maße negativ. Großbritannien, Frankreich, Portugal, Belgien, Deutschland und Spanien teilten den Kontinent auf wie Pokerspieler den Einsatz. Ihre Interessen waren wirtschaftlicher Natur: Sklaven, Elfenbein, Rohstoffe, Versorgungshäfen (wie Djibouti), neue Märkte für europäische Güter und, im Falle Portugals, ein Abladeplatz für mehr als eine Million seiner Bürger, von denen die meisten keine Ausbildung hatten und kaum lesen oder schreiben konnten. Europa kümmerte sich nicht im geringsten um den Fortschritt Afrikas, wenn es nicht selbst davon profitierte. Solange Recht und Ordnung erhalten blieben, waren alle anderen Erwägungen zweitrangig.

Um den Abfluß aus der heimische Staatskasse zu verringern, bauten die Kolonialisten Volkswirtschaften auf, deren Ernte zum Verkauf bestimmt war: Man pflanzte Kakao in Ghana, Erdnüsse im Senegal, Tabak in Malawi, Kaffee und Tee in Kenya, Sisal in Tansania und Baumwolle in Angola. Es waren Exportprodukte

---

* John Gunther – Inside Africa, New York 1953

und ernährten weder Afrika, noch reduzierten sie dessen Abhängigkeit von Europa. Folglich wurde der Kontinent ohne industrielle Basis in die Unabhängigkeit katapultiert. Fast jede Volkswirtschaft gründete sich auf ein einziges Produkt, dessen Preis auf dem Weltmarkt wilden Schwankungen ausgesetzt war. Kenya zum Beispiel erfreute sich 1977 eines Kaffeebooms, als die Preise nach dem Frost in Südamerika in die Höhe schossen. In jenem Jahr verdiente Kenya 482 Millionen Dollar mit seiner Kaffee-Ernte. Zwei Jahre später kehrten die Weltmarktpreise auf ihr normales Niveau zurück und Kenyas Einkünfte schrumpften auf 265 Millionen Dollar zusammen. Doch hatte Kenya während des Booms zuviel ausgegeben, so, als ob die zusätzlichen Gewinne dauerhaft wären, und war bald wieder auf internationale Almosen angewiesen, während seine ehrgeizigen Entwicklungspläne hinfällig wurden.

Die europäischen Mächte, die schon Grenzen gezogen hatten, welche die Stammesdemarkationen ignorierten, spalteten die Afrikaner innerhalb jeder Kolonie noch weiter – in Besitzende und Habenichtse. Die Ersteren waren eine kleine ausgewählte Gruppe und Angehörige eines bestimmten Stammes, den die Kolonialisten als würdig genug erachteten, im begrenzten Maße bürokratische Autorität auszuüben. Bei der Unabhängigkeit bestand das Ziel der wenigen Priviligierten darin, so schnell wie möglich zu einer dominierenden Bourgeoisie zu werden. Um das zu erreichen, mußte diese Elite Wohlstand und Einfluß anhäufen. Die neue Klasse machte sich mit bemerkenswerter Geschicklichkeit daran, die öffentliche Gewalt zu ihrer persönlichen Bereicherung auszunutzen. Die Kluft zwischen den wenigen Priviligierten und der wachsenden Anzahl von Armen wird immer größer.

Während der 500 Jahre europäischer Herrschaft in Afrika, die bis auf die frühen portugiesischen Ansiedlungen in Mosambik und Angola zurückgeht, regierten die Weißen, als ob der Kolonialismus ein Dauerzustand wäre. Erst in den letzten Jahren der Unterjochung von Afrika unternahmen die Europäer ernsthafte Schritte, den Kontinent auf eigene Füße zu stellen. Doch es war schon zu spät. Die neuen Länder erbten Volkswirtschaften, staatliche Strukturen und anspruchsvolle Arbeitsplätze, die nach europäischem Vorbild zurechtgeschnitten worden waren, um die Bedürfnisse der Weißen zu befriedigen. Die unausgebildeten Afrikaner kamen nicht zurecht. Vor 30 Jahren fuhren sie weder Autos, noch bedienten sie Flugzeuge. Sie träumten nicht davon, Bankmanager oder Direktoren von Aktiengesellschaften zu werden – Positionen, die nur Weiße bekleideten. Die höchste Sprosse, die ein Afrikaner in der Kolonialzeit erklimmen konnte, war die eines hohen Beamten ein Posten, der von einem noch ranghöheren weißen Beamten streng überwacht wurde. Djibouti verfügte bei der Unabhängigkeit über weniger als 100 Absolventen höherer Schulen. Der Kongo besaß nur einen einzigen hohen afrikanischen Beamten. Mosambik verzeichnete eine Analphabetenquote von 90 Prozent. Zaire, größer als alle EG-Staaten zusammen, zählte nur ein Dutzend Universitätsabsolventen unter seinen 25 Millionen Menschen. Mehrere Länder wie Guinea-Bissau und die Kapverden besaßen keinen einzigen afrikanischen Arzt, Rechtsanwalt oder Buchhalter. Kein Land, Nigeria vielleicht ausgenommen, besaß eine Mittelklassse, die sich aus eigener Kraft gebildet hatte.

Doch die Frage, ob Afrika auf die Unabhängigkeit vorbereitet war, beschäftigte Mitte der Fünfziger Jahre niemanden mehr. Das moralische Klima in der Welt hatte sich verändert. Der Unterhalt der Kolonien war zu teuer geworden und nur Portugal war bereit, einen Krieg zu riskieren, um sein Reich zu bewahren. Frankreich und Großbritannien zogen es vor, ihre Koffer zu packen und hofften, daß die neuen Staaten sich im Rahmen des internationalen Kapitalismus bewegen, daß sie ihre politischen Systeme behalten und sich leicht in den Rhythmus verantwortungsvollen nationalen Verhaltens einfinden würden. 1957 wurde Großbritanniens Goldküste zur Republik von Ghana, die erste schwarzafrikanische Exkolonie. Im Jahr darauf folgte Frankreichs Guinea. 1960 entstanden 17 neue Länder mit einer Bevölkerung von 198 Millionen Menschen.

1960, das als das Jahr der Freiheit bekannt wurde, begann mit einer prophetischen Ansprache von Großbritanniens Premierminister Harold Macmillan vor den beiden Häusern des weißen Parlaments in Kapstadt: „... der bemerkenswerteste aller Eindrücke, den ich gewann, seit ich London vor einem Monat verließ, ist die Stärke des afrikanischen Nationalbewußtseins. An verschiedenen Orten nimmt es verschiedene Gestalt an, aber es geschieht überall. Der Wind der Veränderung bläst durch diesen Kontinent und, ob

wir es mögen oder nicht, das Anwachsen des Nationalbewußtseins ist eine politische Tatsache. Wir alle müssen sie als solche hinnehmen und unsere nationale Politik es berücksichtigen."
Ohne den Kolonialismus hätte Afrika nicht die politischen Systeme Europas geerbt und wäre so seinem Zeitalter der Instabilität vielleicht schon entwachsen. Es wäre noch immer ein Mitglied der Dritten Welt, aber es hätte die Möglichkeit gehabt, sich natürlich zu entwickeln. Die Kolonialisten ließen ein paar Schulen und Straßen, einige Postämter und Bürokraten zurück. Doch ihr brutalstes Vermächtnis auf dem afrikanischen Kontinent war ein beharrlicher Minderwertigkeitskomplex, eine verwirrte Identität seitens der Afrikaner. Denn wenn Menschen ein Jahrhundert lang eingetrichtert wird, daß sie nicht so intelligent oder fähig wie ihre Herren seien, so beginnen sie schließlich selbst daran zu glauben.
Niemand nährte diese Verwirrung und Unsicherheit mehr als die weißen Missionare. Sie kamen als Soldaten des heiligen Evangeliums nach Afrika und brachten westliches Christentum und europäische Kultur zu einem „heidnischen" Volk. Die revolutionäre Doktrin, die sie predigten, änderte endgültig den Charakter eines ganzen Kontinents. Die Botschaft dieser Missionare, die Mitte des 19. Jahrhunderts in kleiner Zahl und wenige Jahrzehnte später schon zu Tausenden eintrafen, lautete, daß der Europäer und seine Lebensweise allem überlegen waren, was das leere Erbe Afrikas anzubieten hätte. Zivilisation, so behaupteten sie, sei nur durch Assimilation möglich.
Doch es ist unmöglich, eine Religion auf einen Schlag zu zerstören, vor allem in einer Gesellschaft, in der Glaube und Kultur eine harmonische Einheit bilden. Die Verwurzelung der Menschen in ihrer religiösen Welt war nicht nur tief und umfassend – sie war eine Selbstverständlichkeit des Alltags, die gelebt und nicht hinterfragt wurde.
„Ich glaube, daß es kein größeres Leid für den Menschen gibt, als zu spüren, wie seine kulturellen Grundlagen unter seinen Füßen nachgeben", schrieb der italienische Schriftsteller Alberto Moravio in einem Buch über Afrika.
Im Guten wie im Schlechten versagten die Missionare bei ihrer selbstgestellten Aufgabe nicht: Sie pflanzten die Samen des Christentums ein. Und heute sind die Kirchen trotz großer Hindernisse

die mächtigsten Institutionen in Schwarzafrika – Institutionen, die westlich beeinflußt, deren Kern aber afrikanisch ist.

Fast jeder Präsident in Afrika ist von Missionaren erzogen worden und viele bleiben der Kirche eng verbunden. Präsident Hastings Banda von Malawi ist Priester, wie der verstorbene Präsident Liberias, Wiliam Tolbert. Präsident Kenneth Kaunda ist ein Laienprediger. Der ehemalige Premierminister Rhodesiens, Abel Muzorewa, ist ein Bischof der Vereinigten Methodistenkirche. Der ehemalige sozialistische Präsident Tansanias, Julius Nyerere, und der marxistische Präsident Madagaskars, Dikler Ratsiraka, sind praktizierende Katholiken.

„Sie müssen verstehen", sagte Domherr Burgess Carr, der ehemalige Vorsitzende der Allafrikanischen Kirchenkonferenz, „daß für die Generation der Männer, die jetzt an der Macht sind, die Kirchen die einzige vorhandene Aufstiegsmöglichkeit darstellten. Als ich in Liberia aufwuchs, konnte keiner von uns Ingenieur oder Apotheker werden. Der einzige Weg war die Kirche."

Die Portugiesen und die Spanier führten das Christentum im 15. Jahrhundert nach Afrika ein. Angesichts von Krankheiten, Kriegen und primitiven Verhältnissen hielt es sich nicht lange. 400 Jahre später kamen die Deutschen und die Briten. Die europäischen Missionare trugen zur Abschaffung der Sklaverei bei, doch sie halfen dabei auch, dem Kolonialismus den Weg zu ebnen und die afrikanischen Kulturen auszuhöhlen, indem sie Anpassung predigten. Sie waren die Vorboten der wirtschaftlichen und sozialen Vorherrschaft des Weißen auf einem schwarzen Kontinent und als sie landeinwärts drangen, brachten sie das Innere Afrikas mit fremden Einflüssen und Werten in Kontakt.

„Ich bitte sie, ihre Aufmerksamkeit auf Afrika zu lenken", sagte der Missionar und Forscher David Livingstone 1857 in Cambridge in England. „Ich weiß, daß ich in einigen Jahren in diesem Kontinent von der Außenwelt abgeschnitten sein werde. Lassen sie ihn sich nicht wieder schließen. Ich kehre nach Afrika zurück, um dem Handel und dem Christentum eine Bresche zu schlagen."

Unter ihren religiösen Spruchbändern errichteten die Missionare Schulen, Kirchen und Krankenhäuser und übersetzten die Bibel in 400 afrikanische Sprachen. Sie verdammten, was sie als die Übel der afrikanischen Traditionen ansahen, etwa die Polygamie und die Beschneidung, und ihre Einstellung zu den Afrikanern war autoritär und väterlich. Ein afrikanischer Konvertit erinnert sich an einen anglikanischen Missionar in Uganda, der man Bwana Botri nannte. Er stieg während der Messe häufig von seiner Kanzel herab, um afrikanischen Nachzügler mit dem Rohrstock zu züchtigen. „Der Neger ist ein Kind", schrieb Dr. Albert Schweitzer 1928 in den ersten Jahren seiner Arbeit in Afrika, „und mit Kindern muß man autoritär umgehen... im Bezug auf Neger habe ich dann die Formel geprägt: ich bin dein Bruder, das ist wahr, aber dein älterer Bruder."

Schweitzer (1876 bis 1965), ein elsässischer Theologe und Arzt, der 1952 den Friedensnobelpreis erhielt, bezahlte seine afrikanischen Arbeiter in Bananen. Sieben Bananen pro Tag. John Gunther fragte ihn einmal, ob die Afrikaner nicht besser arbeiteten, wenn sie acht Bananen erhielten? „Nein", antwortete Schweitzer, „das würde Disziplin und Moral untergraben." Schweitzer hatte das Buschkrankenhaus im Grunde genommen mit seinen bloßen Händen aus dem Nichts aufgebaut, nachdem er 1912 in Afrika eingetroffen war. Bis heute noch wird es in Lambarene (Gabun) betrieben. Es ist eine moderne Einrichtung mit zwei klimatisierten Operationssälen, das sowohl mit europäischem, als auch afrikanischem Personal besetzt ist. Schweitzer liegt abgelegen unter einem grasbewachsenen Fleckchen Erde begraben.

Obwohl er die meiste Zeit seines Erwachsenendaseins in Afrika verbrachte, erlernte Schweitzer nie ein afrikanische Sprache. Heute sprechen die Missionare mindestens eine lokale Sprache und sind wahrscheinlich eher Spezialisten (vielleicht Linguisten oder Ärzte) als Evangelisten. Sie brauchen in den meisten Ländern (wie auch die anderen Ausländer) eine Arbeitserlaubnis und widmen sich nur selten während ihrer gesamten Laufbahn ausschließlich Afrika, so wie es ihre Vorgänger getan hatten. Ihr Leben mag spartanisch und gelegentlich gefährlich sein – 30 Missionare wurden in den siebziger Jahre im rhodesischen Bürgerkrieg getötet – doch nach wie vor sind sie zahlreich vorhanden und scheinen noch immer vom selben Pioniereifer bewegt, der sie seit mehr als 100 Jahren antreibt. Alleine im Zaire gibt es über 5000 Missionare, in Kenya 3000 und in vielen Länder ist die Nachfrage nach Missionaren zu groß, als daß die Kirche sie befriedigen könnte.

Im Gegensatz zum Westen, in dem die Gemeinden vieler Kirchen seit Jahren schwinden, wächst die Christenheit in Afrika so schnell, daß sie um das Jahr 2000 die vielleicht größte Ansammlung von Christen in der Welt sein wird. Gegenwärtig beträgt ihr Anteil knapp die Hälfte der afrikanischen Bevölkerung. Ungefähr 100 Millionen Afrikaner sind Moslems, der Rest hält an den traditionellen Religionen fest.*

David Barrett, ein in Nairobi lebender anglikanischer Forscher, der eine mehrbändige Studie über die Religionen der Welt fertigstellt, schätzt, daß sich jährlich rund sechs Millionen Afrikaner – oder mehr als 16000 täglich – taufen lassen. Rund zwei Fünftel davon sind Konvertiten, der Rest ist eine Folge des Bevölkerungswachstums (der Islam wächst jährlich um etwa 3,6 Millionen Mitglieder, allerdings fast nur aufgrund des Bevölkerungswachstums).

Während der Kolonialzeit waren die Gottesdienste nach Rassen getrennt und Namen wie die „Eingeborene Anglikanische Kirche" waren geläufig. Die katholische und die protestantischen Kirchen sind größtenteils traditionell geblieben. Sie unterließen es, ihre Gesänge, Predigten und Rituale zu „afrikanisieren" und in den vergangenen drei Jahrzehnten gab es eine Bewegung von der westlichen Orientierung hin zu unabhängigen afrikanischen Kirchen. Heute existieren schon mehr als 7000 eigenständige Kirchen auf dem Kontinent.

Manche der neuen Sekten hat weniger als 100 Mitglieder. Ihre Kirche mag sich unter einem Mangobaum oder in der Ecke eines städtischen Parkplatzes befinden. Jeden Sonntag werden Städte wie Nairobi durch Gruppen leiernd singender Gläubiger belebt, die sich zum Rhythmus von Trommeln hin und her wiegen – oft in weiße Gewänder und Käppchen gekleidet, die die Insignien ihrer Sekten tragen. Westliche Christen würden wenig Vertrautes in ihren Gottesdiensten, ihren Gesängen oder ihren Gebetsbüchern finden.

---

* Die größte Konfession ist der Katholizismus, der zwölf afrikanische Kardinäle zählt. Daneben gibt es noch zahlreiche protestantische Kirchen. Die Mehrheit der 42 Millionen Äthiopier sind Mitglieder der koptischen orthoxen Kirchen. In vielen Gegenden Afrikas hängt die Glaubenszugehörigkeit einzig und allein davon ab, welche Konfession in der jeweiligen Kolonialmacht vorherrschend war und wer zuerst dort eintraf. In der Wüstengegend Nordwestkenyas sind zum Beispiel fast alle Christen Quäker.

Trotz der steigenden Zahl von Bekehrten in ganz Afrika kann man sich guten Grundes fragen, ob ihre Bindung wirklich so tiefgehend ist, wie es die Zahlen vermuten lassen. Das Christentum, so denke ich, breitet sich vorrangig deshalb aus, weil es eine moderne Kraft darstellt und das in einer Zeit, in der Afrika sich vor allem mit der Zukunft beschäftigt. Für den Durchschnittsafrikaner rechtfertigen Katholizismus und Protestantismus den Glauben an Wunder und den Respekt vor dem Unerklärlichen. Das allein reicht aus, die Gefolgschaft von Millionen zu bewirken. Traditionell standen die Kirchen auf Seiten der Weißen. Sie spielten keine aktive Rolle im afrikanischen Unabhängigkeitskampf; überwiegend deshalb, weil die weiße Geistlichkeit rassistisch eingestellt war und dementsprechend handelte. Die weißen Missionare äußerten keinerlei Protest, als barbarische Regierungen Hunderttausende von Unschuldigen in Uganda, Burundi, Rwanda und dem Zentralafrikanischen Reich ermordeten Denn sie waren der Ansicht waren, daß sich die Afrikaner ja schon immer gegenseitig umgebracht haben. „Ich möchte nicht daran denken, was sie sich angetan hätten, wenn es das Christentum nicht gäbe", erzählte mir ein amerikanischer Missionar in Burundi. Die Kirche hat es ebenfalls unterlassen, ihre Glaubenssätze in Südafrika zu befolgen, wo viele der Zehn Gebote von der Regierung ignoriert werden.

Doch vor nicht allzulanger Zeit versammelte sich in Germiston anläßlich der Beerdigung des Weißen Christian Smith, der stellvertretender Geschäftsführer einer Kunststofffabrik gewesen war, eine große Gemeinde. Die Trauergemeinde umfaßte Schwarze, Farbige und Inder, von denen manche bis zu 15 Jahre lang mit Smith zusammengearbeitet hatten. Der Prediger, Reverend J.J. du Toit erklomm die Kanzel und blickte über die Versammelten in seiner ausschließlich für Weiße reservierten Kirche. Seine Augen verengten sich und er fing langsam an zu sprechen: Es werde keine Messe geben, solange die Schwarzen die Kirche nicht verließen.

Robina Smith, die Witwe, stand auf und führte die Versammlung, Schwarz und Weiß, geschlossen aus der Kirche. Der Prediger blieb allein auf seiner Kanzel zurück. Ein Leichenbestatter leitete einen formlosen Gottesdienst bei der Grabstätte. „Und wir besitzen die Frechheit, uns Christen zu nennen", sagte Frau Smith.

Der Vorfall ereignete sich in einer Kirche, die zur Nederduitsch Harvormde Kerk gehört, der konservativsten der drei Holländisch-Reformierten Kirchen Südafrikas. Zusammen haben sie knapp 1,8 Millionen Mitglieder – rund vierzig Prozent der weißen Christen des Landes. Bei der Synode 1974 ließ die Kirche ihre offen rassistische Theologie fallen. Mittlerweile unterstützt sie, zumindest dem Namen nach, die Rassengleichheit.

Auf einer kleinen Insel namens Goree vor der senegalesischen Küste in Westafrika findet man weitere Narben der kolonialen Vergangenheit. Gorees Straßen sind sandig und eng. Sie führten an den ordentlichen Häuserreihen vorbei, deren blaue Fensterläden gegen die Nachmittagssonne zugezogen werden und schlängeln sich dann zu einem Hügel hinauf, auf dem eine rostende Kanone aufs Meer deutet. In der Nähe der Kanone, am Ende der Rue Saint Germain, steht ein verschachteltes, wettergegerbtes Gebäude, das die Holländer vor 200 Jahren erbauten. Seine leeren Kellerräume sind von Schweigen erfüllt. Der Ozean schlägt gegen die steinernen Fundamente und aus den Fenstern blickt man über den Atlantik zur weitentfernten neuen Welt.

Für Millionen von Westafrikanern – die Vorfahren derjenigen, die später zur größten Minderheit der USA werden sollten – war das der Ort, an dem die Freiheit endete und die Leibeigenschaft begann. Hier, in diesem dunklen, feuchten Sklavenhaus, feilschten und stritten arabische Händler mit europäischen Sklavenschiffern. Hier verbrachten die Afrikaner an die Wand des Kellers gekettet die letzten Wochen auf ihrem Heimatkontinent, und warteten auf einen Käufer und ein Schiff. Am Ende einer langen, qualvollen Reise erwartete sie ein weißer Herr.

Im Wiegeraum unter dem Handelsbüro wurden Männermuskeln geprüft, weibliche Brüste gemessen und Zähne von Kindern untersucht. Das waren die Eigenschaften, anhand derer man den Wert eines Menschen beurteilte. Die Sklaven wurden wie Vieh gemästet, bis sie das ideale „Verschiffungsgewicht" von 130 Pfund erreichten, und diejenigen, die kränklich blieben oder Lungenentzündung und Tuberkulose zum Opfer fielen, sonderte ein arabischer Arzt aus und man führte sie zu einer Tür am Ende eines Ganges, hinter der der Ozean wartete. Sie wurden einfach den Haifischen zum Fraß vorgeworfen. Diese Selektion ähnelte dem Vorgehen der Nazis 200 Jahre später in den Vernichtungslagern des Zweiten Weltkriegs.

Ich unternahm die 30minütige Bootsfahrt von Dakar, der modernen Hauptstadt des Senegal, zusammen mit einer Gruppe schwarzamerikanischer Touristen. Goree, das nach einer niederländischen Insel benannt ist und einmal französischer Marinestützpunkt war, ist ein ruhiger, friedlicher Ort mit nur 500 Einwohnern, der weder Autos noch Kriminalität kennt. Auf der Straße zogen uns afrikanische Kinder am Ärmel und fragten: „Du brauchen Führer? Ich führe Dich. Ich zeige Dir, wo Du Sklave worden." Das Sklavenhaus wurde vor einigen Jahren in ein Museum verwandelt. Der senegalesische Kurator Joseph Ndiaye begrüßte uns an der offenstehenden Tür. Die Fluten klatschten gegen dieselben Steine, auf denen die Vorväter der Besucher zu den Schiffen mit Namen wie *Fünf Brüder, Diana* und *Regina Cook* geführt wurden. Jeder siebte Afrikaner, der diese Reise unternahm, starb auf der Überfahrt als Opfer von Krankheiten oder Schiffskatastrophen.

Im Gegensatz zu Goree sind die meisten anderen afrikanischen Monumente, die an die Sklaverei erinnern, dem Verfall preisgegeben und geraten in Vergessenheit. Die Steinblöcke in Sansibar, auf denen früher Sklaven versteigert wurden, dienen heute den Gemüsehändlern. Die Forts zum Schutze der Handelsrouten an Ghanas Goldküste zerfallen. Alles, was in Lagos übriggeblieben ist, sind einige Ketten und Nägel, die in die Wände der Gebäude auf der Breadfruit Street hineingeschlagen wurden. In Freetown in Sierra Leone steht in der Mitte des Hauptplatzes eine riesige Pappel. An ihr versammelten sich ehemalige Sklaven, um ihre Freiheit zu verkünden, doch heute wird ihr nicht mehr viel historische Bedeutung beigemessen. Afrikanische Kinder werfen in ihrem Geschichtsunterricht nur einen kurzen Blick auf die Sklaverei. Es ist ein Kapitel der Vergangenheit, das die meisten Afrikaner am Liebsten vergäßen.

Die schwarzamerikanischen Besucher verhielten sich so respektvoll und still wie die Betenden in einer Kathedrale, als uns Ndiaye in das Sklavengebäude führte und vor uns wie ein Staatsanwalt im Gerichtssaal von drei Jahrhunderten Menschenhandel, baumelnden Handschellen und Folterwerkzeugen berichtete. Für Fluchtversuche bekamen die Sklaven Fußschellen mit einem Dorn verpaßt, der sich in den Fuß bohrte. Für Widerworte gab es ovale Ringe, die durch die Lippen gezogen und mit einem Dorn verriegelt wurden. Der Yoruba-Stamm in Nigeria nannte diese Vorrichtung einen Itenu, was „Halt deinen Mund" bedeutet.

„Ich sage Ihnen", so Geraldine Fair aus New York, „es wird lange Zeit dauern, bis das einsickern, bis ich weiß, was ich im Inneren wirklich fühle. Es ist ganz anders, viel wirklicher, als diese bescheuerte Art und Weise, in der es einem in den Geschichtsbüchern zu Hause beigebracht wird. Vor allem denke ich, daß, wenn ich Goree, Westafrika sehe, es mir hilft, meine eigene Identität zu erkennen, einfach tief in mir zu wissen, daß ich eine Heimat gehabt habe."

Obwohl keine exakten Angaben verfügbar sind, nimmt man an, daß sich die Zahl der Sklaven, die vom 16. bis zum 19. Jahrhundert von Westafrika nach Amerika transportiert wurden, sich zwischen zehn und fünfzehn Millionen bewegt. Der Handel erreichte in den neunziger Jahren des 18. Jahrhunderts seinen Höhepunkt, als jährlich rund 70 000 Sklaven auf dem amerikanischen Kontinent landeten. In Ostafrika, wo die Sklaverei von 1770 bis 1896 andauerte, wurden zwischen einer und drei Millionen Sklaven exportiert, hauptsächlich in den Nahen Osten. Manche Historiker schätzen, daß insgesamt 50 Millionen Sklaven aus Afrika verschleppt wurden.

Die Sklaverei nahm in den USA zunächst einen zögerlichen Verlauf. Die erste Schiffsladung traf erst 1619 in Virginia ein und bis 1681 gab es nur 2000 schwarze Sklaven in den Kolonien, verglichen mit 6000 bezahlten Dienern. Doch die Sklaverei nahm bald einen rasanten Aufschwung, als die Vereinigten Staaten billige Arbeitskräfte für ihre Tabak-, Zucker- und Baumwollplantagen suchten. So registrierte die Volkszählung am Vorabend des Bürgerkriegs 1860, 4,4 Millionen Schwarze bei einer Gesamtbevölkerung von 36 Millionen Menschen. (Damit war der Prozentsatz der schwarzen Bevölkerung 1860 genauso hoch wie 1970.)

Die Afrikaner selbst machten sich – wie die Araber –, nicht weniger als die Weißen schuldig, denn sie stellten sicher, daß Orte wie Goree stets gut mit menschlicher Ware versorgt blieben. Die arabischen Sklavenhändler wagten sich bei ihren Beutezügen meistens nicht weit ins Landesinnere vor. Diese Arbeit wurde von den afrikanischen Königen und Häuptlingen erledigt, die den wirtschaftlichen Verlockungen einer anderen Welt erlagen. Sie unterjochten ihre Menschen und verkauften sie gegen Güter, mit denen sie erst kurz zuvor in Berührung gekommen waren: Segeltuch, Metalle, Perlen, Spirituosen, Tabak und Feuerwaffen. Der Sklavenhandel machte die Könige im Landesinneren reich und schuf entlang der Küste eine neue Klasse afrikanischer Händler.

Boden hatte damals eine geringe wirtschaftliche Bedeutung und obwohl die Herrschaft über ein Gebiet und dessen Bodenschätze geschätzt wurde, war der entscheidende Maßstab der Macht das Menschenmaterial. Folglich ging es in den afrikanischen Kriegen genauso darum, die Zahl der eigenen Untertanen zu vergrößern wie Land zu gewinnen oder alte Rechnungen zu begleichen. Viele der in die Knechtschaft verkauften Afrikaner waren Kriegsgefangene. Andere waren Verbrecher, Schuldner und Ausgestoßene. Oder Unglückliche, die sich über die Stammesgrenzen verirrt hatten und gefangengenommen wurden. Die Afrikaner selbst ermöglichten die Sklaverei: Sie verkauften ihre Menschen an die Araber, die sie ihrerseits den Europäern verkauften.

Letztere argumentierten, daß der Sklavenerwerb eine natürliche Folge von Afrikas Kriegen sei. Es sei besser, so behaupteten sie, den Afrikaner zu einem christlichen Herrn zu verschiffen, als ihn der Gewalt der Könige in einer primitiven und heidnischen Gesellschaft zu überlassen, in der er vielleicht als Menschenopfer getötet würde. Die christliche Kirche bezweifelte zwar nie die Unsittlichkeit des Menschenhandels – es gab in Europa schon im 18. Jahrhundert hier und da Proteste gegen die Sklaverei –, aber die Ausplünderung der menschlichen Ressourcen eines Kontinents war nicht Inhalt langwieriger Debatten.

Interessanterweise wurden die ersten Schritte zur Abschaffung der Sklaverei außerhalb von Afrika unternommen. Dänemark verbot seinen Bürgern im Jahre 1803 den Sklavenhandel, Großbritannien folgte 1807, die USA 1808 und Frankreich 1818. Trotz des Verbots kauften die US-Bürger weiter Sklaven und die Sklaverei grassierte noch immer in vielen Teilen der Welt. Die afrikanischen und europäischen Händler waren nicht bereit, das einträgliche Geschäft aufzugeben. Großbritannien machte mittlerweile mit seinem Dekret ernst. Es bildete eine Antisklavereiflotte aus 20 Schiffen und inspizierte verdächtige Boote. Zwischen 1825 und 1865 brachten die Briten 1287 Sklavenschiffe auf und befreiten 130 000 Sklaven. Doch während dieses Zeitraums schlüpften noch immer Schiffe mit 1,4 Millionen Sklaven durch das Netz der britischen Patrouillen und löschten ihre Menschenfracht auf dem amerikanischen Kontinent.

Der entscheidende Faktor bei der Abschaffung des Menschenhandels waren der amerikanische Bürgerkrieg und die daraus folgende Sklavenbefreiung. Damit war die Sklaverei nur noch in Kuba und Brasilien legal, und das Risiko, nur zwei Märkte zu beliefern, wurde den Händler zu groß. Bald sollte eine andere, subtilere Form der Knechtschaft beginnen – der Kolonialismus.

Ich kenne keine Studie, die angemessen darstellt, welche Langzeitwirkung die Sklaverei auf Afrika bis heute hatte – einen Kontinent, der möglicherweise 50 Millionen Menschen, meistens Männer zwischen 15 bis 35 Jahren an die neue Welt verlor. Diese erzwungene Migration beeinflußt noch immer Entwicklungen etwa in den USA. In Afrika, so könnte man argumentieren, waren die wirtschaftlichen Folgen der Entvölkerung relativ gering. Die Wirtschaft beruhte auf Selbstversorgung, es gab reichlich Land und die zurückgelassenen jungen Frauen gebaren noch immer viele Kinder. Afrika wurde aber männlicher Stärke beraubt. Familien wurden auseinandergerissen und Stämme mußten den Verlust ihrer Krieger hinnehmen. Der weiße Mann war zum Symbol einer überlegenen Kraft geworden, die böse, gefürchtet und mächtig genug war, um Respekt zu gebieten. Die psychologischen Auswirkungen waren verheerend.

Europa traf auf großen Widerstand, als es die Moslems in Nordafrika unterwerfen wollte. Frankreich mußte 30000 Soldaten einsetzen, ehe Tunesien sich ergab. Großbritannien focht offene Feldschlachten gegen die Ägypter und kämpfte zwölf Jahre in den Wüsten des Sudan. Doch Schwarzafrika verlor seine erste Begegnung mit dem weißen Mann auf erniedrigenste Art und Weise. Es ergab sich fast kampflos. Hier liegen die Wurzeln des Minderwertigkeitsgefühls und der Unsicherheit, die Afrika in seinen Beziehungen zur Außenwelt empfindet. Hätte Afrika die Mittel gehabt, den Sklavenhändlern zu widerstehen, dann wäre der Kolonialismus vielleicht nie eingedrungen.

„Manchmal setze ich mich hin und versuche, mir vorzustellen, wie mein Leben und das meiner Familie, aussähe, wenn ich vor 200 Jahren geboren worden wäre" erzählte mir ein gambischer Verwaltungsangestellter namens Abdulla Secka, während wir mit dem Boot den Gambia-Fluß zu dem Dorf Juffure hinauffuhren. Dort fand der Autor Alex Hailey seine „Wurzeln" fand und schrieb darüber später ein Buch , das eine Auflage von 20 Millionen erreichte und in 32 Sprachen übersetzt wurde.

„Ich kann es mir wirklich nicht vorstellen. Vielleicht wäre gerade jemand dabei, mich und meine Kinder zu verkaufen. Oder vielleicht würde ich gerade versuchen, jemanden gegen etwas Rum oder einige Perlen einzutauschen. Das ist alles zu lange her – unmöglich, es sich vorzustellen. Wir denken einfach nicht mehr daran und reden nicht mehr darüber. Gott war gütig. Er hat uns die Vergangenheit vergessen lassen."

Die Afrikaner können die Vergangenheit genauso wenig vergessen wie die 25 Millionen Amerikaner, für die Afrika das entfernte Mutterland ist, daß seine Kinder mit Versprechungen von schwarzer Würde, kultureller Verwandtschaft und einem unbestimmten Zugehörigkeitsgefühl lockt. Zehntausende amerikanischer Schwarzer folgten diesem Ruf im Laufe der siebziger Jahre, in dem die Neuorientierung der Schwarzamerikaner an Dynamik gewann, was eine Verlagerung von Selbstkritik und sogar Selbsthaß zu Faszination und Stolz auf die schwarzen Ursprünge signalisierte. Die Rückkehr nach Afrika erfreut manchen Amerikaner, aber andere werden desillusioniert. Doch fast alle, ob ortsansässig oder Tourist, gewinnen zwei unumstößliche Erkenntnisse: erstens garantiert eine schwarze Hautfarbe keineswegs sofortige Akzeptanz; zweitens mag Afrika zwar das Ursprungsland sein, doch die Vereinigten Staaten sind die Heimat.

„Ich glaube, daß wir zuerst als Amerikaner und erst an zweiter Stelle als Schwarze wahrgenommen werden", so David French, ein Arzt aus Boston, der ein 20 Länder umfassendes Gesundheitsprojekt in Westafrika für die Weltgesundheitsorganisation (WHO) leitete. „Als ich Afrika vor acht Jahren das erste Mal besuchte, hatte ich das Gefühl, daß es da eine gewisse Verachtung seitens der Afrikaner gegenüber den schwarzen Amerikanern gab. Wir waren verdächtig. Zum Einen, weil wir in den USA gelandet waren, zum Anderen, weil wir uns während der vergangenen 300 Jahre alles haben gefallen lassen. Inzwischen habe ich den Eindruck, daß die Afrikaner sich selbst fragen ,Wo sind die gebildetsten, wohlhabendsten, technisch versiertesten Schwarzen in der Welt?'. Nun, sie sind in den Vereinigten Staaten und die Afrikaner sagen: Wenn ihr etwas anzubieten habt, dann kommt rüber und schließt euch uns an".

In den sechziger Jahren fuhr eine Gruppe der „Schwarzen Panther" aus den USA nach Kenya. Dort hofften sie, die Guerilla-Taktiken der Revolution zu lernen. Denn schließlich hatten die Mau-Mau-Kämpfer Schwarzafrikas ersten Befreiungskrieg geführt und die Panther erwarteten, dort viele mitfühlende Brüder zu finden. Dem war aber nicht so. Die Regierung übersah sie, die Polizei belästigte sie ständig und die Studenten lachten sie aus. Sie bekamen noch nicht einmal einen Afro-Look zu sehen. Die von den Panthern anvisierte Revolution war die Spielerei einer Mittelklasse in einer freien Gesellschaft. Aber in Kenya waren sie Außenseiter in einem verarmten Land mit passiven Menschen und einer konservativen Regierung. Die Panther fanden überhaupt keine Zuhörerschaft und flogen innerhalb einer Woche zurück in die USA.

In Äthiopien hatten schwarze Freiwillige im Friedenscorps Schwierigkeiten, akzeptiert zu werden. Die Äthiopier blickten mit ihren europäischen Gesichtszügen genauso auf sie herab wie auf die meisten Afrikaner. Und in vielen Hauptstädten sind afrikanische Regierungsmitglieder unangenehm berührt, wenn Washington seine Botschaften mit schwarzen Diplomaten besetzt. Zu einem gewissen Zeitpunkt in den späten siebziger Jahren waren sowohl der Botschafter, der Entwicklungshilfedirektor als auch der Direktor des Friedenscorps in der US-Vertretung in Kenya samt und sonders Schwarze. So fragte ein hochrangiger kenyanischer Funktionär auf einer Cocktailparty: „Warum schickt uns Washington nicht seine Spitzendiplomaten, statt uns mit den ganzen Schwarzen zusammenzustecken"? Dahinter lag eine Unterstellung, die unfair und falsch zugleich war. Die schwarzen amerikanischen Diplomaten, die ich in Afrika traf, waren im Großen und Ganzen weder besser noch schlechter als die weißen. Doch die meisten Afrikaner sind noch immer der Kolonialmentalität verhaftet, indem sie glauben, daß ein Europäer – wie alle Weißen in Ostafrika genannt werden – irgendwie fähiger als ein Schwarzer sei. Diese Einstellung überrascht nicht, wenn man berücksichtigt, daß die meisten Weißen, denen ein Afrikaner begegnet, verantwortungsvolle Positionen bekleiden oder zumindest Aufgaben wahrnehmen, die für die Entwicklung Afrikas wichtig sind: Ärzte, Geschäftsleute, Diplomaten (die Ratschläge und Geld verteilen), Missionare, Entwicklungshelfer, Journalisten, hochspezialisierte Techniker und Fachleute, die sich in Fernmeldetechnik, Bauwesens, Luftfahrt, Landwirtschaft und dem Bankensektor auskennen.

Das afrikanische Erlebnis ist für amerikanische Schwarze einschneidender und bewegender als etwa die eines weißen Amerikaners bei einem Englandbesuch. Die Schwarzen reagieren auf die Lethargie, die Frustration, die Ineffizienz und Unwissenheit in Afrika mit Betroffenheit und ein Gutteil schlägt die Hände über dem Kopf zusammen. „Gottseidank ging Großvater an Bord dieses Schiffes," so ein Mitglied aus Alis Entourage während des Kampfes Ali – Foreman 1974 im Zaire. Auf einem Kontinent, auf dem die Freiheit des Einzelnen das Privileg einiger weniger ist, kommt man zu der Erkenntnis, daß die amerikanischen Schwarzen mehr Würde, Freiheit und Sicherheit genießen, als die meisten Afrikaner in ihren Ländern.

„Ich werde Ihnen erzählen, was ich Schwarzen antworte, die mir schreiben und fragen, ob sie nach Afrika kommen sollen ... " so Clifford Sharp, ein Mechaniker aus Detroit, der 1968 nach Guinea in Westafrika umzog. „ Wenn ihr nach Afrika kommt, um Spaß zu haben, dann bleibt zu Hause. Wenn ihr eine überhebliche Einstellung habt, dann bleibt zu Hause. Wenn ihr hier keinerlei Probleme erwartet, dann bleibt zu Hause. Aber wenn ihr bei der Entwicklung der schwarzen Rasse helfen wollt, wenn euch das wirklich etwas bedeutet, dann kommt. Aber ihr müßt Pioniergeist und missionarischen Eifer beweisen, weil Ihr sicherlich jeden Tag Probleme haben werdet."

Sharp war 66 Jahre alt, als ich ihn in Conakry traf, der deprimierendsten, verfallendsten und dreckigsten Hauptstadt Afrikas. Er hatte seinen amerikanischen Paß behalten und stimmte per Brief bei jeder Präsidentschaftswahl für die Demokraten, aber er betrachtete sich als „zurückgekehrter Afrikaner", nicht als Amerikaner. Er und seine Frau Laverna lebten bescheiden von seinen 404 Dollar Sozialversicherung im Monat, die er mit der Wartung von Präsident Sekou Tourés Wagenflotte aufbesserte. Touré führte über 20 Jahre lang eines der brutalsten Regimes in Schwarzafrika, aber die Sharps waren unpolitisch geblieben und mischten sich nicht in die örtliche Politik ein. Sie sprachen voller Stolz davon, daß sie schwarze Menschen in einem schwarzregierten Land waren.

In den frühen sechziger Jahren, als Sharp sich entschlossen hatte, „mit seinesgleichen zusammensein zu wollen", begannen er und Laverna, eine Lehrerin, Geld für eine „Rückkehr nach Afrika" zu sparen. Sie schrieben an vier Länder und erkundigten sich, ob sie einwandern könnten. Nigeria machte sich nicht einmal die Mühe zu antworten. Ghana schrieb zurück, daß die Sharps durch die Einreiseprüfung gerasselt seien, obwohl sie niemals einen Test absolviert hatten. Liberia sagte, daß es weder Mechaniker noch Lehrer benötige. Präsident Touré dagegen schrieb persönlich zurück: „Kommen Sie zu uns. Wir heißen jeden Bruder willkommen, der bereit ist, uns beim Aufbau des Landes zu helfen."

„Ich hatte bis zu unserer Ankunft noch nie zuvor einen schwarzen Präsidenten gesehen", so Sharp. „Ich konnte kaum glauben, daß es so etwas wirklich gibt. Doch kurz nachdem wir in Conakry ankamen, wurden wir in Präsident Tourés Räume geführt. Die Räume waren schön und er erhob sich, um meine Frau und mich zu empfangen. Der Präsident einer Republik stand auf, um uns zu empfangen! Er streckte seine Hand aus und sagte *bonjour* – wir hatten einen Dolmetscher bei uns, der uns erklärte, daß das „Guten Tag" hieße – und als wir nach zehn Minuten hinausgingen, erhob sich Präsident Touré, führte uns zur Tür und öffnete sie für uns. Sie können sich vorstellen, wie stolz wir uns als schwarze Menschen fühlten."

Sharp sagte, daß er kein Interesse an Politik oder Revolution hätte und er unterhielt ein nur loses Verhältnis zu einem anderen, in Conakry lebenden Amerikaner, dem schwarzen Aktivisten Stokely Carmichael, der 1968 nach Guinea zog. Gab es etwas, das Sharp vermißte? Sharp dachte einen Augenblick lang nach, während er in seinen zerschundenen 1971er Peugeot stieg. „Hühnchen", sagte er schließlich. „Ein gutes, saftiges Hühnchen, nicht diese dürren, kleinen, die wir hier kriegen. Wieviel kostet inzwischen ein gutes, fleischiges Grillhähnchen in Amerika?"

Die Passatwinde an der kenyanischen Küste legen sich Ende März und in der feuchten schweren Luft rührt sich kein Hauch mehr. Auf den Piers des alten Hafens von Mombasa schwitzen und krümmen sich die Schauerleute mit freiem Oberkörper unter der Last der Kisten mit Trockenfisch, die sich auf ihren Rücken türmten. Sie kämpfen sich die glitschigen Landungsbrücken zu den Decks hoch, während die Kapitäne der großen, hölzernen Dhaus besorgt aufs Meer hinausblicken und auf eine leichte Brise hoffen, die sie auf ihrer letzten Reise der Saison nach Indien bringt.

Die Dhaus bereisen seit 2000 Jahren die Gewässer des nördlichen

Indischen Ozeans und verbinden so Afrika mit Asien und den Golfanrainerstaaten. Früher brachten die Dhaus Glasflaschen und Eisenwerkzeuge nach Afrika und kehrten mit Sklaven, Elfenbein, Tierhäuten und Holz beladen nach Arabien zurück. Die Einmaster mit Lateinsegeltakelage glitten am Fort Jesus vorbei, der im 15. Jahrhundert erbauten portugiesischen Festung, die den Hafeneingang Mombasas bewacht – Trommeln wirbelten und Fahnen flatterten. Die Mannschaften rissen ihre Arme in Dankbarkeit hoch und grüßten brüllend ihre Freunde, die auf den anderen Booten vor ihnen eingetroffen waren. Der Hafen war so vollgepackt mit Dhaus, daß man das Wasser kaum sehen konnte.

Noch bis 1945 liefen mehr als 400 Dhaus jährlich Mombasa und Sansibar an. Doch die Handelswege und die Märkte haben sich gewandelt, und der Transport ist in das Zeitalter der Düsenflugzeuge und Supertanker eingetreten. Heute legen nur noch wenige Dhaus lange Strecken zurück. Nicht mehr als ein Dutzend unternehmen noch immer jedes Jahr die tückische fünfwöchige Reise von Kuwait oder Bombay nach Mombasa. Sie gleiten still und leise ohne stampfende Musik oder jubelnde Mannschaften in den leeren Hafen. Ihre Zeit ist abgelaufen, obwohl ihre geschichtliche Rolle noch nicht vorbei ist. Denn die Dhaus bleiben Ausdruck einer anderen fremden Volksgruppe, die den Charakter Afrikas beeinflußt hat – der Asiaten (der Ausdruck „Asiate" bezieht sich in Afrika auf alle braunhäutigen Völker, gewöhnlich Inder, Pakistani und Ganesen).

Seit mehr als einem Jahrhundert sitzen die Asiaten in Afrika zwischen allen Stühlen: halb Bürger, halb Flüchtlinge, die nirgendwo recht hingehören. Sie kamen als Händler, Seeleute und bezahlte Diener nach Afrika, und obwohl die Europäer sie verächtlich behandelten und die Afrikaner ihnen mit Geringschätzung und Mißtrauen begegneten, erlagen sie nicht der Diskriminierung und Feindseligkeit ihrer neuen Umgebung. Stattdessen unternahmen sie etwas, wozu die Afrikaner unfähig waren. Sie überwanden oder umgingen die Hindernisse und wuchsen zur ersten nichtweißen Klasse von Finanziers und Händlern in Afrika.

Die Inder trafen im 18. Jahrhundert mit ihren Dhaus in Afrika ein, schufen entlang der Küste Handelsposten und wurden so schnell zum dominierenden Handelsvolk in Mombasa und Sansibar.

Viele handelten mit Sklaven. Andere stießen zu Fuß und mit Ochsenkarren ins Landesinnere vor. Sie richteten kleine Läden ein – ein wichtiger Faktor in der Entwicklung Ostafrikas, die zunächst die Afrikaner und später die weißen Siedler versorgten. In vielen Fällen waren es indische Händler, die den ersten geschäftlichen oder fremdländischen Kontakt eines afrikanischen Dorfbewohners mit der Außenwelt herstellten. Die Asiaten betrachteten die Afrikaner als faul und sie zögerten nicht, deren Unwissenheit auszunützen.

Als die Sklaverei abgeschafft wurde und die Afrikaner sich selbst gegen Lohn weigerten, auf den Plantagen zu arbeiten, wurden Tausende von Indern als angeheuerte Arbeiter ins Land geholt. 1896 brachte man fast 32000 ins Land, um die Eisenbahnstrecke von Mombasa nach Uganda zu bauen, die Ostafrika für die europäischen Siedler erschloß. Andere gingen nach Mosambik, um die Eisenbahnlinie von Beira nach Südrhodesien zu bauen. Krankheiten, Insekten, die Hitze und wilde Tiere töteten Tausende von ihnen.

Nach den beiden Weltkriegen führten von den Briten unterstützte Einwanderungswellen zusätzlich Asiaten nach Ostafrika. Diese wurden „Passagier-Inder" genannt und sie kamen aus denselben Gründen, aus denen ihre Vorväter geblieben waren – wegen des höheren Lebensstandards. Die Kolonialgouverneure argumentierten, daß ihre Absonderung in spezielle Wohn- und Handelszonen aus sanitären Gründen unabdingbar sei, solange sie noch nicht die europäische Lebensweise angenommen hätten.

Die Asiaten waren fleißig und wirtschaftlich aggressiv und kontrollierten schon bald einen großen Teil der ostafrikanischen Wirtschaft.* Sie wurden zu Händlern, Handwerkern und Finanzmännern und sammelten großes Vermögen an.

Für den Afrikaner ist der Asiate ein Ausbeuter; für den Asiaten ist der Afrikaner kulturell minderwertig und faul.

„Ich könnte morgen noch einmal aus dem Nichts anfangen und wäre in drei Jahren wieder reich", so ein asiatischer Juwelier in Somalia. „Die Konkurrenz der Afrikaner ist zu vernachlässigen. Sie

---

* Die Libanesen, von denen es in Afrika mehr als 200000 gibt, kontrollieren die Wirtschaft mehrerer westafrikanischer Länder im selben Maße wie die Asiaten in Ostafrika.

können nicht wie wir arbeiten. Selbst wenn ich zwölf oder vierzehn Stunden täglich arbeiten müßte, samstags und sonntags, so würde mir das nichts ausmachen."

In den fünfziger Jahren drängte Indiens Premierminister Jawaharlal Nehru die Asiaten in Afrika dazu, die schwarzen Nationalbewegungen, die den Kontinent erschütterten, aktiv zu unterstützen. Nur wenige kamen dieser Aufforderung nach. Sie hatten allen Grund, den Kolonialismus zu hassen, aber gleichzeitig gelernt, innerhalb des Systems zu gedeihen. Sie befürchteten, daß die Unabhängigkeit die begrenzten Privilegien, die sie gewonnen hatten, bedrohen würde.

Das Zögern der Asiaten, die afrikanische Staatsbürgerschaft nach der Unabhängigkeit anzunehmen – dieselbe abwartende Haltung, die viele weiße Siedler einnahmen – schien die Überzeugung der Afrikaner zu bestätigen, daß sie nicht gewillt waren, ihr Los mit der nationalen Begeisterung der neuentstehenden schwarzen Länder zu verknüpfen.

Anfang der siebziger Jahre, als die jungen Staaten versuchten, ihre Wirtschaft und die Arbeitsplätze zu „afrikanisieren", gerieten sie fast überall unter Druck. Vielerorts wurde ihre Anwesenheit einfach als „Asiatenproblem" bekannt. 1971 befahl Uganda eine gesonderte Volkszählung für Asiaten. Sie wurden in Zählstellen im ganzen Land aufgereiht und gezwungen, die Dokumente mit einem in Tinte getauchten Finger zu unterzeichnen. Die Tinte sollte sie demütigen, weil die meisten von ihnen, im Gegensatz zu ihren afrikanischen Zählern, selbstverständlich ihren Namen schreiben konnten.

Zehn Monate später eröffnete Präsident Idi Amin eine Ansprache an seine Nation mit den folgenden Worten: „Meine Regierung glaubt, daß eine ihrer vordringlichsten Pflichten die Sicherstellung der Wohlfahrt aller Mitglieder der Gemeinschaft ist." Er sagte weiterhin, daß alle Asiaten 90 Tage Zeit hätten, Uganda zu verlassen, so daß die Kontrolle über die Wirtschaft den „Einheimischen" übergeben werden könne. Auf einen Schlag wurden 70 000 Menschen heimatlos, davon ein Drittel ugandische Staatsbürger.

Tansanias Präsident Nyerere zog Parallelen zwischen der Ausweisung der Asiaten und Hitlers Behandlung der Juden. Präsident Kenneth Kaunda von Sambia erklärte, daß die Maßnahme fürchterlich, abscheulich und widerwärtig sei. Doch diese Stimmen waren in der Minderheit. Die meisten Schwarzafrikaner erfreuten sich an dem Schauspiel. Die ihrer Bürgerrechte beraubten Asiaten suchten nach einer Zuflucht in anderen afrikanischen Ländern sowie in Indien, Kanada, Großbritannien und den Vereinigten Staaten. Die Asiaten, so dachten viele, bekamen nur das, was sie verdienten.

Malawi hob in den siebziger Jahren die Lizenzen der Asiaten für den Tabakanbau auf. Tansania verstaatlichte ihre Geschäfte und Sisalplantagen. Südafrika gab seiner Million Asiaten eine Staatsbürgerschaft zweiter Klasse. Kenya enteignete Tausende Ladenbesitzer, die die kenyanische Staatsbürgerschaft nicht angenommen hatten und verbot ihnen, in den Gebieten auf dem Land Geschäfte zu betreiben. Kenyas ehemaliger Innenminister, Martin Shikuku, drückte das Volksempfinden aus, als er in den frühen siebziger Jahren erklärte: „Die Asiaten sollten nach Hause gehen."

Zu jener Zeit schien es so, als hätten die Asiaten in Afrika keine Zukunft. Sie blieben Fremde auf dem Kontinent, den sie mitaufgebaut hatten und lebten auf gepackten Koffern. Ihr Geld brachten sie ins Ausland und ihr Schicksal lag in der Hand der neuen, schwarzen Autorität. Sie zählten zu einer auffälligen, verletzlichen Minderheit mit fast 1,5 Millionen Menschen.

In den vergangenen Jahren ist die feindselige Einstellung der Afrikaner gegenüber den Asiaten deutlich geschwunden. Obwohl sie noch immer diskriminiert werden – viel mehr als die Weißen oder irgendeine andere Minderheit in Schwarzafrika –, scheinen sich die Asiaten heute eine dauerhafte und ziemlich gefestigte Rolle in der Zukunft des Kontinents gesichert zu haben. Ihre Anwesenheit steht nicht nicht mehr zur Debatte. Dafür gibt es vermutlich zwei Gründe: Die Afrikaner fühlen sich weniger bedroht als noch vor einem Jahrzehnt und die Volkswirtschaften haben großen Schaden erlitten – im Falle Ugandas ein völliger Zusammenbruch –, wann immer die Asiaten vertrieben wurden.

„Ich bin überzeugt davon, daß sich ein derartiger Vorfall wie in Uganda nicht wiederholen wird, obwohl ich das vor einigen Jahren nicht behauptet hätte", erklärte mir Abdul Hamid, ein asiatischer Freund, eines Tages beim Mittagessen in Nairobis „Red Bull" Restaurant, in dem sich die rund hundert Gäste etwa gleichmäßig auf Afrikaner, Asiaten und Europäer verteilten. Hamid war 40 Jahre alt und betrieb eine der größten Druckereien in Ostafrika. Er war sunnitischer Muslim und einer der 200 000 Angehörigen der asiatischen Gemeinde von Kenya, der größten und sowohl wirtschaftlich als auch politisch einflußreichsten in Schwarzafrika. „Ich meine, daß die Generation meiner Kinder sich nicht mehr mit Indien identifiziert. Sie kümmern sich nicht mehr darum, die Sprache zu lernen. Alle meine Verwandten sind in Kenya, nicht in Indien. Meine Familie ist seit über hundert Jahren hier. Die Asiaten sind zu einem afrikanischen Stamm geworden." Hamid wurde in Mombasa in einem Haus mit 60 Verwandten großgezogen. Die Männer, Frauen und Kinder aßen in Schichten. Seine Ehe wurde arrangiert. Sein Großvater war ein ungebildeter Handwerker. Aber wie fast alle Asiaten in Afrika entkam Hamid dem Sumpf unzureichender Bildung, in dem seine Vorfahren steckten. Wirtschaftlich und gesellschaftlich hat er sein afrikanisches Gegenüber weit hinter sich gelassen.

„Als ich vor acht Jahren von Mombasa nach Nairobi zog, kam ich mit nichts. Absolut nichts. Ich lebte zwei Jahre lang von Bananen und einem halben Liter Milch am Tag und steckte jeden Shilling in mein Geschäft. Ein Afrikaner würde das nicht tun, aber ich hatte keine Angst vor der Arbeit und wollte Geld für meine Kinder verdienen. Ich gebe zu, daß die Asiaten leidenschaftlich Geld anhäufen. Wir sind die Juden Afrikas und deshalb lehnen uns die Afrikaner ab."

In der Kolonialepoche, in der Hamid aufwuchs, befanden sich die Asiaten in Ostafrika zwischen allen Fronten. Sie waren zwischen Weiß und Schwarz eingeengt – ohne die Vorrechte der Ersteren und die Lasten der Letzteren. Sie lebten in getrennten Wohngebieten und es war ihnen nicht erlaubt, ihre Kinder auf europäische oder afrikanische Schulen zu schicken. Mitte der fünfziger Jahre gab die britische Verwaltung in Kenya durchschnittlich 180 Dollar im Jahr für die Ausbildung eines weißen Kindes, 65 Dollar für die eines asiatischen und fünf Dollar für die eines afrikanischen Kindes aus. Im öffentlichen Dienst Ugandas verdienten die Asiaten sechsmal mehr als die Afrikaner und ein Drittel weniger als die Europäer.

„Die Menschen vergessen, wie dieser Ort vor 25 oder 30 Jahren aussah", so John Karmali, ein Asiate und Vorsitzender des Rotary Clubs in Nairobi sowie Absolvent der Universität von London. „Als ich 1946 aus London nach Nairobi mit einer englischen Frau zurückkehrte, waren wir eine der ersten Mischehen, die Kenya je erlebt hatte. Es gab nur wenige Orte, wo ich Land kaufen konnte. Es gab kein Hotel in Nairobi oder im Hochland, das mir eine Mahlzeit oder ein Getränk serviert hätte. Wenn man mit seinen Kindern einen Ausflug machte, konnte man unterwegs nicht zu einer Tasse Tee anhalten. Die Apartheid war sehr stark, der südafrikanischen ähnlich."

Karmali war einer der ersten, der für die Rechte der Asiaten eintrat. 1950 gründeten er und seine Frau Joan die erste gemischtrassige Schule in Kenya und 1958 wurde er das erste asiatische Mitglied im reinweißen Rotary Club. Er war schon zweimal abgewiesen worden und seine Aufnahme veranlaßte prompt zwei weiße Mitglieder, auf der Stelle auszutreten. Als er 1980 zum Vorsitzenden gewählt wurde, gab es nicht einmal den Hauch eines Protestes.

„Ich leugne nicht, daß es noch immer eine beträchtliche Diskriminierung der Asiaten gibt, aber ich denke wirklich, daß die Spannungen, die wir zwischen Europäern, Afrikanern und Asiaten einmal kannten, ziemlich verschwunden sind. Was die Diskriminierung betrifft, so gibt es dafür eine Reihe von Gründen. Zum Einen ist da der Neid – die asiatische Gemeinde als Ganzes ist reich. Zum Zweiten haben die Asiaten die Neigung, unter sich zu bleiben und sich nicht zu vermischen, was ich uns vorhalte. Drittens sind die asiatische und die afrikanische Lebensweise einander fremd.

Die Afrikaner sind heute in der Position des Stärkeren und sie nutzen diese Position, um einige alte Rechnungen zu begleichen. Das ist menschlich genug. Ich kann verstehen, daß sie, die solange gegängelt wurden, einige Freude daran finden, jemand anderen etwas zu gängeln. Das ist wohl nicht außergewöhnlich."

Die Diskriminierung, die er erwähnte, zeigt viele Gesichter – manchmal ist sie versteckt, manchmal offen. Am Jomo Kenyatta International Airport werden afrikanische und europäische Reisende zügig durch die Einreise- und Zollformalitäten gewunken. Die Asiaten aber werden wie Kleinkriminelle behandelt. Die Zollbeamten öffnen ihre Koffer und jedes Kleidungsstück wird auseinandergefaltet und ausgeschüttelt. Sie durchsuchen die Brieftaschen und tasten die Taschen der Asiaten ab.

Wenn ein Afrikaner und ein Asiate mit gleicher Qualifikation sich für eine Stelle im öffentlichen Dienst oder um Aufnahme an die

Universität bewerben, bekommt der Afrikaner den Vorzug, obwohl beide Staatsbürger desselben Landes sind. Die Handvoll asiatischer Offiziere in der kenyanischen Armee haben wenig Aussicht, über den Rang eines Majors hinaus befördert zu werden, und als sich eine neunzehnjährige asiatische Studentin bei der Fakultät für Architektur der Universität Nairobi bewarb, wurde ihr vom Dekan ziemlich direkt bedeutet, daß sie die falsche Hautfarbe habe. Kenya wollte schwarze, nicht braune Architekten.

„Sicher verbittert einen das", meinte das Mädchen, mittlerweile Sekretärin, „aber als Asiate in Afrika macht man keinen Wirbel. Wenn die Wellen nicht hochschlagen, gibt es keine Auseinandersetzungen. Wir können das ziemlich gut. Wir haben hier hundert Jahre lang Zeit gehabt, das zu üben."

Doch die Asiaten zeigen im Gegensatz zu den Afrikanern keine sichtbaren Wunden aus der Kolonialzeit – noch aus der Phase der Diskriminierung, die auf den Kolonialismus folgte. Sie sind zum Großteil mit dem System fertig geworden, das die Afrikaner überwältigt hat. Als während des Putschversuchs im Jahre 1982 viele ihrer Geschäfte in Kenya vom aufgebrachten Pöbel geplündert und niedergebrannt wurden, zuckten die Asiaten nur mit den Schultern und begannen mit dem Wiederaufbau.

„Ich glaube, der Grund, warum wir mit weniger Bitterkeit auf die Kolonialzeit zurückblicken als die Afrikaner", so ein asiatischer Juwelier in Kenya, „läßt sich auf eine grundlegende Tatsache zurückführen. Wir haben an den Europäern viel Geld verdient."

Das politische Schicksal der unabhängigen afrikanischen Staaten hängt nicht erkennbar davon ab, welches europäische Land sie kolonialisierte. Die Zahl der Kriege, Putschs und Militärregierungen, die das ehemals französische Afrika seit der Unabhängigkeit erlebte, ist ungefähr so hoch wie im ehemals britischen Afrika. Beide Kolonialmächte brachten Präsidenten an die Macht, die zu angesehenen Staatsmännern wurden, während sich andere zu brutalen Verrückten entwickelten. Beide schufen Länder, deren Wirtschaft florierte (Elfenbeinküste und Kenya), und andere, die wirtschaftlich versagten (Guinea und Tansania); Länder, die zu kleinen Ministaaten zerfielen (Tschad und Uganda), die politische Stabilität genossen (Senegal und Malawi) oder die sich in permanenter Aufruhr befanden (Benin und Ghana). Ich denke, es ist fair zu resümieren, daß der Kolonialismus nichts für Afrika getan hat, das Afrika nicht selbst hätte tun können.

Es ist aber offensichtlich, daß das Vermächtnis des französischen Kolonialismus in Afrika viel stärker als das britische Erbe ist. Frankreich übt nach wie vor einen außergewöhnlich großen Einfluß auf seine früheren Kolonien aus und bleibt in vielen Fällen die dominante wirtschaftliche und kulturelle Kraft, die deren Angelegenheiten beherrscht.

Im westafrikanischen Staat Senegal machte der ehemalige Präsident Léopold Sédar Senghor keinen Hehl aus seiner Liebe zu Frankreich, das er immer noch als leuchtendes Vorbild verehrt. Diese Liebe hat auch den Druck des Nationalismus und den Umständen nach der Unabhängigkeit widerstanden. Gegenüber dem Präsidentenpalast in Dakar stand ein großes Standbild zu Ehren eines früheren französischen Kolonialgouverneurs. Und Senghor selbst, der in Paris ausgebildet wurde und seine Ferien in Frankreich verbringt, ist einer der führenden Virtuosen der französischen Sprache.* Senghor ist einer der führenden Dichter Afrikas, ehemaliger Minister der französischen Regierung und ein uneingeschränkter Bewunderer von allem, was französisch ist. An Neujahr 1980 trat der 74jährige Senghor nach zwanzig Jahren Herrschaft als Staatsoberhaupt zurück, was noch kein afrikanischer Präsident zuvor getan hatte. Er trat freiwillig zurück und übergab die Macht seinem Premierminister Abdou Diouf.

Eine derartige Verbundenheit wäre in einer ehemals britischen, belgischen oder portugiesischen Kolonie undenkbar. Doch die Franzosen planten bei der Verwaltung der Kolonien langfristig und noch heute sind die Bindungen zwischen Paris und seinen ehemaligen Kolonien so stark, daß ein Afrikaner, der sagt, daß er nach Hause fahre, damit genauso gut Frankreich wie Senegal oder die Elfenbeinküste meinen kann.

Frankreich betrieb im Gegensatz zu den anderen Kolonialmächten eine Politik der Assimilation oder, wie manche es nennen, des Kulturimperialismus. Seine Herrschaft war direkt autoritär und

---

* Er wurde als erster Afrikaner in die Académie Française berufen, den kleinen Kreis der „Unsterblichen", das Symbol der Vollendung französischer Kultur und Sprache – die höchste Auszeichnung, die einem „homme de lettre" verliehen wird. (Anm. d. Übers.)

zentralistisch. So wurden die ausgewählten Stammesführer nur mit wenig Macht ausgestattet. Entscheidender aber ist, daß Großbritannien Bürokraten, Frankreich aber Führer ausbildete. Die Briten kamen, um das Land zu besiedeln – ein Drittel der Engländer in Kenya waren Farmer –, die Franzosen jedoch, um das Land zu verwalten. Die britischen Bauern sprachen Suaheli; die französischen Verwaltungsbeamten beharrten auf ihrer Muttersprache. Die Briten verhandelten mit den Häuptlingen und schlossen eine Reihe von Verträgen; die Franzosen schufen eine Elite, deren Angehörige in Paris ausgebildet wurden, durchdrungen von der Kultur Frankreichs und sie genossen alle Rechte eines Franzosen, die Staatsangehörigkeit eingeschlossen.

Während Frankreich in den Kolonien seine Kultur betonte, interessierten sich die Briten hauptsächlich für die Wirtschaft. Bei der Verfolgung dieser Interessen schuf Großbritannien eine überlegene Infrastruktur und vermachte diese später seinen Kolonien: bessere Straßen, Schulen, und Verkehrsverbindungen; einen tüchtigen öffentlichen Dienst. Es bestand jedoch keine gefühlsmäßige Bindung und die ehemals britischen, belgischen und portugiesischen Kolonien haben alles Mögliche unternommen, um die sichtbaren Hinweise auf ihre europäischen Vergangenheit zu demonstrieren. Einer der ersten Taten der Zairer nach der Unabhängigkeit war, die Statue von König Leopold II. in Kinshasa niederzureißen. In Nairobi wurde der Livingstone Drive nach dem britischen Forscher in General Mathenge Drive umbenannt, um einen Mau-Mau-Führer zu ehren. Doch in fast jeder Hauptstadt des alten Französisch-Westafrika findet man Statuen, die Frankreich ehren, Brücken, Plätze und Straßen, die nach Franzosen benannt sind. Als Jean Bedel Bokassa 1966 in der Zentralafrikanischen Republik die Macht übernahm, lauteten seine ersten Worte: *Vive la France.* Und als er Charles de Gaulles Begräbnis beiwohnte, schluchzte er „Papa, Papa" und mußte beim Verlassen der Grabstätte gestützt werden.

Frankreich hat sich im Gegensatz zu den anderen europäischen Mächten schon mehrfach bereit gezeigt, militärische Gewalt anzuwenden, um afrikanische Regierungen auszutauschen oder an der Macht zu halten. Es versorgt seine ehemaligen Kolonien weiterhin mit so mancher Annehmlichkeit des Lebens – was den Ausländern natürlich wesentlich mehr zugutekommt als den Afrikanern. In Bamako, der Hauptstadt des armen Mali, kann man französiche

Lebensmittel kaufen, die zweimal die Woche aus Paris eingeflogen werden. In der Elfenbeinküste, wo 50 000 Franzosen leben und arbeiten, kann man in einem Straßencafé ein frischgebackenes Croissant essen und die neuste Ausgabe von *Le Monde* lesen. In Ouagadougou, der Hauptstadt eines der ärmsten Länder Afrikas, Burkina Faso, gibt es einen Laden, der ausschließlich frische Blumen von den Feldern Frankreichs verkauft. Frankreich subventioniert die Hälfte des Staatshaushaltes der Zentralafrikanischen Republik, unterhält das Telefonnetz und deckt ein Fünftel der Gehälter der Verwaltung. In Gabun werden Staat und Handel praktisch von den 3000 dort ansäßigen Franzosen in Gang gehalten. Es gibt wöchentlich mehr Flüge von Niamey (im Niger) nach Paris als in irgendein afrikanisches Land. Möchte man vom Kongo in ein anderes afrikanisches Land telefonieren, so wird der Anruf über Paris geleitet. Im größten Teil des französischsprachigen Afrika ist der afrikanische Franc, der an den französischen gekoppelt ist, die gemeinsame Währung.

Als die Unabhängigkeitsbewegung 1958 in Afrika an Schwung gewann, stellte Charles de Gaulle Frankreichs Kolonien vor die Wahl: weiterhin Verbindung zu Frankreich und seiner finanziellen Hilfe oder sofortige Unabhängigkeit. Nur Guinea wählte den letzteren Weg. „Guinea zieht Armut in Freiheit dem Reichtum in der Sklaverei vor", erklärte der künftige Präsident Sékou Touré, damals ein 36jähriger Gewerkschaftsführer. Daraufhin sagte de Gaulle einen Empfang mit Touré in Guinea ab und eilte erbost nach Paris zurück. Mit de Gaulle gingen 35 Millionen Mark pro Jahr. Senegals Senghor bemerkte: „Armer Sékou. Niemals wieder wird er die Champs Elysées entlangspazieren."

Wenn man bedenkt, was die Afrikaner seit den Anfängen der Sklaverei bis zum Ende des Kolonialismus erduldet haben, zeigen sie anderen Rassen gegenüber eine erstaunliche Toleranz. Sie hegen keinen offen zu Tage tretenden Groll gegen den Europäer an sich und es ist wirklich sehr selten, daß ein Weißer wegen seiner Hautfarbe auch nur die leiseste Demütigung erfährt. Es gibt praktisch keine Stadtviertel in Afrika, die für Weiße so unzugänglich wären, wie etwa Teile von Harlem in New York. Es gibt keine feindlichen Blicke, grobe Antworten oder rassistische Ausdrücke. In der Elfenbeinküste ist die weiße Bevölkerung heute fünfmal größer als bei der Unabhängigkeit 1960. In Kenya haben 5000 ehemals britische Staatsbürger die kenyanische Staatsangehörigkeit angenommen. In Mosambik und Angola besetzten weiße Bürger hochrangige Regierungspositionen. Die Afrikaner haben vergeben, wenn auch nicht vergessen. Sie kämpften und verhandelten um die Unabhängigkeit, weil sie die schmerzliche Demütigung der Unterdrückung beenden wollten. Sie zeigten sich als Sieger weitaus großherziger als jemals ihre Kolonialherren. Sie hegen vielleicht eine Abneigung gegenüber den Asiaten, aber bei den Weißen kommt es auf die Persönlichkeit, nicht die Hautfarbe, an. Kenya ist ein aufschlußreiches Beispiel für das sich wandelnde Verhältnis zwischen Weiß und Schwarz in Afrika. Denn in Kenya führten die Afrikaner während des Mau-Mau-Aufstandes von 1953 bis 1956 erstmals einen bewaffneten Unabhängigkeitskampf. In Kenya trat ein alter Mann namens Jomo Kenyatta aus den Kolonialgefängnissen und predigte denjenigen Weißen, „die umkehren und in ihrem Herzen Afrikaner werden", eine Botschaft der Harmonie zwischen den Rassen. Im kenyanischen Hochland, wo früher am heftigsten gekämpft wurde, haben die Afrikaner, schwarze und weiße, ihre Waffen niedergelegt, die Vergangenheit begraben und bestellen jetzt Seite an Seite die Felder. Sie leben im Einklang miteinander, in einem Verhältnis, das weder von Liebe noch von Haß bestimmt ist. Seine Grundlage ist eher die einfache Erkenntnis, daß sich die Zeiten geändert haben.

Das Hochland liegt zwei Fahrtstunden von Nairobi entfernt. Knapp außerhalb der Hauptstadt verengt sich die vierspurige Fernstraße nach Norden. Die Silhouette Nairobis, die vom Hilton Hotel und dem Kenyatta Konferenzzentrum beherrscht wird, verschwindet im Rückspiegel und die Welt gehört wieder dem afrikanischen Land. Die rote Erde wird braun und die Ebenen rollen sich auf. Die Straße klettert höher und kreuzt den Äquator. Lastwägen mit Anhängern, die kenyanisches Bier transportieren, und klapprige Busse voller Fahrgäste, die mit Fahrrädern, Obst, Gemüse und Matratzen beladen sich, neigen sich in nichteinsehbaren Kurven und Steigungen in beängstigend hohem Tempo zur Seite. Flüsse voller Forellen strömen vom schneebedeckten Mount Kenya herab. Die dunklen Pinienwälder bergen große Elefantenherden. Abgeerntete Kaffeebohnen trocknen tonnenweise auf erhöhten Siebgittern. Kleine landwirtschaftliche Flächen schneiden sich in die Hänge jedes Hügels. Straßenverkäufer bieten den Touristen, die in Minibussen vorbeirauschen, Schaffelle und Strohkörbe feil. Es ist eine wunderschöne Landschaft.

Die Europäer drangen in das kenyanische Hochland erst in den neunziger Jahren des vorigen Jahrhunderts ein, denn sie mußten auf dem Weg Massailand durchqueren. Dieses stolze Nomadenvolk aber schreckte Sklavenhändler, Missionare und Siedler ab. Doch als die Eisenbahn von Mombasa an der Küste über Nairobi nach Westen in Richtung Uganda vorstieß, wurde deren Isolierung durchbrochen. Die Massai wurden in den Süden abgedrängt und die Europäer bald die Herren des Hochlands und der dort lebenden Afrikaner. Sie bebauten das unerschlossene Land und brachten Opfer, die das Bild vom im Überfluß lebenden Kolonialisten Lügen strafen.

In jenen Tagen waren die Täler und Hügelketten als das „Weiße Hochland" bekannt. Es war ein weißes Reservat in einem schwarzen Land. Heute wird das Gebiet „Hochland" genannt und nur rund einhundert weiße Siedlerfamilien sind übriggeblieben. Die „weißen" Höfe werden von afrikanischen Genossenschaften aufgekauft und in zwei bis drei Hektar großen Flächen für die Subsistenzwirtschaft unterteilt. Soweit das Auge reicht, strotzen die einstmals leeren Lichtungen vor kleinen Lehmhäusern, deren Blechdächer wie Spiegel in der Mittagssonne funkeln. Nahe dem Dorf Mwega gabelt sich die Straße. Wenn man nach links abbiegt, verläßt man den Asphalt und hüpft rund einen bis zwei Kilometer weit über eine Staubstraße, die zu einem hölzernen Tor führt. Auf dem grasbewachsenen Hügel direkt dahinter liegt der Aberdare Country Club. Dort arbeiten zwei Männer, der eine schwarz, der andere weiß, die all das symbolisieren, was mit Kenya geschehen ist.

Frederick Ndirangu war einer der gefürchtesten Mau-Mau-Kommandeure, ein Mann, der die Machtverteilung im Hochland mitveränderte. Im Alter von 29 Jahren wurde er General und lebte fast vier Jahre lang mit seinen Männern im Aberdare Wald, vergrub sich tagsüber in der Erde, um sich gegen britische Bombenangriffe zu schützen, und führte nachts Angriffe gegen weiße Siedlungen und einheimische Dörfer, deren Einwohner sich weigerten, die Mau Mau zu unterstützen.

Ndirangu war ein großer Mann mit ergrautem Haar und einem

Händedruck wie ein Schraubstock. Der Aberdare Country Club, einst Siedlertreffpunkt, beherbergt heute hauptsächlich Touristen und Entwicklungshelfer. Der Kampf, so sagt er, war die Sache wert. Er besitzt heute Land und zwei seiner Söhne sind Elektriker in Nairobi. Seine sieben anderen Kinder gehen alle zur Schule. Er muß zu niemandem „Herr" sagen.

„Wir haben in unserer Kikuyu-Kultur eine Tradition", sagte Ndirangu, während uns ein Kellner auf dem gepflegten Clubrasen Tee servierte. „Wenn du dich streitest, kannst du dich nicht versöhnen, solange du nicht gekämpft hast. Aber hast du einmal gekämpft, dann vergeht der Haß."

„Vor dem Mau-Mau-Aufstand gab es keine guten Europäer. Sie nützten uns aus und gaben uns nie eine Chance, unsere Intelligenz zu entwickeln. Heute stehen die Dinge anders. Das ist jetzt unser Land, nicht ihres, und das Verhältnis ist ziemlich gut. Ich erinnere mich an die Vergangenheit, aber ich schleppe sie nicht mit mir herum."

Sam Weller war ein junger britischer Hauptmann, als die Attacken der Mau-Mau-Kämpfer begannen und er und seine Männer verbrachten viele Monate im Aberdare Wald. Sie versuchten General Ndirangu aufzuspüren, zu fangen oder zu töten. „Ich hatte den alten Knaben mehrmals im Visier", schmunzelte Weller, der den Aberdare Country Club leitet und Ndirangu als Fahrer beschäftigt. „Doch er schaffte es, immer wieder zu entwischen ... wirklich, wenn nicht ein Besucher wie Sie es zur Sprache bringt, redet niemand mehr hier oben von der Mau-Mau-Zeit. Das ist solange her.

Warum hat man es vergessen? Nun, ich denke zum Teil, weil der Afrikaner anders als der Europäer fühlt. Er liebt seine Frau und er haßt seine Feinde nicht mit derselben Intensität. Ein richtiger weißer Haß kann sich über Generationen erstrecken. Afrikaner sind nicht so nachtragend."

Nach dem Krieg wurde Weller Farmer, dann professioneller Jäger und Führer. Als er zur Überzeugung gelangte, daß die Europäer seiner Generation eine Zukunft in Afrika hätten, wurde er kenyanischer Staatsbürger. Er lebt alleine in einem komfortablen Bungalow auf dem Hügel oberhalb des Clubs. Er bot mir einen Brandy an. Die Holzscheite knisterten im Kamin und seine beiden Labradorhunde lagen zu seinen Füßen ausgestreckt. Das Wohnzimmer war voller Angelzeug und überall gab es Bücher über afrikanische Schmetterlinge, afrikanische Blumen, afrikanische Tiere und afrikanische Geschichte.

Das alte Kurzwellenradio in der Ecke, groß wie ein Geschirrspüler, wurde auf 1542 Kiloherz gedreht ; ein Brauch, der in fast jedem weißen Haushalt zu jener Stunde üblich ist – den 20-Uhr-Nachrichten: „This ist London, BBC World Service … The British Governer ist leaving London for Rhodesia …" Weller runzelte die Stirn, zuckte mit den Schultern und schwieg. Eine weitere weiße Bastion war gefallen. Es war klar, daß das weißregierte Rhodesien drauf und dran war, zum schwarzregierten Simbabwe zu werden. Die Überreste weißer Vorherrschaft waren fast überall verschwunden und Weller wußte, daß Orte wie das „Weiße Hochland" auf einem Kontinent, der die Vergangenheit hinter sich lassen wollte, zu einem Anachronismus geworden waren.

Die ersten Siedler, die vor Weller nach Kenya kamen, waren keine Gentlemen. Sie waren harte, genügsame Männer mit unabhängigem Geist. Sie reisten in Ochsenkarren, machten Seife aus Nashornfett und es vergingen oft Wochen, ohne daß sie einen anderen Europäer sahen. Ihre Einstellung gegenüber den Afrikanern war bestenfalls väterlich und schlimmstenfalls roh, und bis zum Anbruch der Unabhängigkeit dachten sie scheinbar nie im leisesten daran, daß eines Tages jemand anderes ihr Land bebauen könnte.

Auf diejenigen, die zu arbeiten gewillt waren, übte das Hochland eine abenteuerliche Anziehungskraft aus. Kurz vor dem ersten Weltkrieg warb man in England mit einem Plakat um neue Siedler, das folgende Anreize auflistete: „Die Anreise aus England kostet 40 Pfund, das Land ist fruchtbar, das Weideland reich, Wasser gibt es im Überfluß und Straußenfedern, die nach Port Elizabeth verschifft werden, erzielen beträchtliche Preise. Der lokale Räucherschinken verkauft sich mühelos und ist sehr einträglich … Die Geeignetheit des Hochlandes als Heimat für weiße Männer, Frauen und Kinder ist über jeden Zweifel erhaben. "

Man sagte in jenen Tagen, daß die britischen Offiziere, die sich in Afrika niederlassen wollten, nach Kenya kämen; die Unteroffiziere und Mannschaften gingen nach Rhodesien. Einer der Blaublütigen, der in Kenya Ansprüche anmeldete, war Sam Wellers Vater, ein

Künstler, Poet und Geiger. Er traf 1925 ein, nach einer Karriere als Eisenbahnbauer in Indien, um eine Sprachschule für Afrikaner einzurichten.

In seinem Buch „Kenya Without Prejudice" (Kenya ohne Vorurteil) schrieb Henry Owen Weller 1931: „Es kann kein glücklicheres, gesünderes Leben als das des Siedlers geben. Selbst wenn die Zukunft einige Zeit nicht lächelt ... es ist leichter, schweren Herzens eine Waffe unter dem Arm zu tragen und einen Bock auf dem Hügel zu schießen, als an einer Schlaufe in der faulen Luft der U-Bahn zu hängen, nachdem man Brötchen und eine Tasse Tee zu Mittag hatte. Es ist besser, ein Auto durch kolonialen Schlamm zu lenken, als vor Bussen im Trafalgar Square zur Seite zu springen. ... während die (weißen) Kinder aufwachsen, müssen sie von Vertrautheiten mit den Afrikanern abgehalten werden. Mädchen dürfen niemals mit männlichen Eingeborenen alleine gelassen werden. Im Internat wird auf diese Angelegenheit sorgfältig geachtet. Dies Zuhause zu vernachlässigen, hieße, Ärger heraufzubeschwören. ... der Afrikaner läßt sich gut führen. Es ist unwahrscheinlich, daß er jemals den intellektuellen Horizont des Europäers oder selbst des Inders erreichen wird, aber er wird die Chance dazu erhalten, und man hofft, daß er sich zu genügsamem Arbeiten bereitfinden wird, wenn er die Grenze seiner Entwicklungsfähigkeit erreicht hat."

22 Jahre nach der Veröffentlichung dieses Buches wachte eines Morgens ein weißer Farmer auf und fand 200 seiner Rinder verstümmelt vor. Die Augen waren herausgerissen und die Beine abgetrennt worden. Einige Wochen später wurden 21 regierungstreue Kikuyu, die der Kolonialregierung ergeben waren, massakriert. Das war am 26. März 1953 und der Mau-Mau-Aufstand hatte begonnen.

„Wir kannten die Wälder – das war unser großer Vorteil", erinnert sich General Ndirangu, „aber der Europäer war der bessere Soldat. Wenn dich ein afrikanischer Soldat in die Finger bekam, dann brachte er dich um. Ein weißer Soldat verhaftete dich und brachte dich zum Prozeß vor einem Gericht. Es ging bei den Europäern rechtmäßiger zu."

Die Mau Mau waren fast ausnahmslos Kikuyu vom größten Stamm Kenyas. Sie legten geheime Schwüre ab, operierten in kleinen Guerillagruppen im Hochland, und gaben sich nicht damit zufrieden, ihre Gegner einfach umzubringen. Die Weißen kreisten ihre Heimstätten mit Leuchtbomben und Minenfeldern ein, trugen Waffen und zogen ihre Vorhänge jeden Abend in der Dämmerung zu. Sie verrammelten die Wohnräume im ersten Stock mit Eisengittern, die noch immer verwendet werden und im heutigen Kenya als Mau-Mau-Gitter bekannt sind. Sie entließen ihre Kikuyu-Diener, weil man plötzlich nicht mehr wußte, wo der Feind stand. „Wer die Suppe hinter sich bringen konnte, wußte sich einen weiteren Tag lang sicher", bemerkte ein Siedler in Anspielung auf die Angewohnheit der Mau Mau, während des Abendessens zu attackieren.

Mehr als 20 000 Kikuyu wurden in Gefangenenlager gesteckt, wo die Briten versuchten, sie politisch umzuerziehen. Doch die Mau-Mau-Überfälle gingen weiter. Sie richteten sich stärker gegen nicht kooperationswillige Afrikaner als gegen weiße Bauern. Bis die Briten es 1956 schafften, die Kikuyu zu besiegen, lag die Zahl der Toten bei 11.500 Mau-Mau-Kämpfern und afrikanischen Zivilisten, 2000 afrikanischen Soldaten, die an der Seite der Briten gekämpft hatten, 58 Angehörigen der britischen Sicherheitskräfte und 37 britischen Siedlern. Es war aber dennoch zu spät für militärische Siege. Der Krieg verhärtete die Einstellung mancher Weißer. „Das ist unser Land", sagten sie. „Ohne uns gäbe es hier nur Wilde." Doch jeder vernünftige Mensch, Europäer oder Afrikaner, wußte, daß sich eine neue Realität abzeichnete. Die Tage der weißen Herrschaft neigten sich ihrem Ende zu. Die Gelegenheit, die Macht zu teilen, war verpaßt worden. Die 43 000 Weißen in Kenya sahen sich einer Übermacht von 190 zu 1 gegenüber: Die Stimme der Mehrheit wurde lauter.

In Nairobi entstanden drei von Europäern geführte politische Gruppen: die Federal Independence Party, die das Land zwischen Weiß und Schwarz aufteilen wollte; die Coalition, die für den Schutz der europäischen Rechte eintrat, und die gemischtrassige New Kenya Group, die vom früheren Kolonialminister für Landwirtschaft, Michael Blundell, angeführt wurde und die Übergabe der Macht an eine demokratisch gewählte afrikanische Regierung befürwortete. Blundell schätzt, daß seine Partei nur von 30 Prozent der Europäer unterstützt wurde, als 1960 die Lancaster-Konferenz in England über die Zukunft der kenyanischen Kolonie zu befinden hatte.

Blundell kehrte nach einer Verhandlungsrunde nach Nairobi
zurück und begegnete am Flughafen einer wütenden Menge Weißer. Sie bombardierten ihn mit faulen Eiern und üblen Schimpf-
wörtern. Sicherheitskräfte eilten herbei und eskortierten ihn durch
die Schalterhalle. In der Nähe seines Wagens rannte ein Mann auf
ihn zu und warf ein kleines braunes Päckchen nach ihm. Blundell
duckte sich, da er eine Bombe vermutete. Das Päckchen sprang vor
seinen Füßen auf und 30 Silberlinge rollten heraus. „Verräter",
brüllte der weiße Mann, „du hast uns verkauft!"

„Ich wurde angespuckt und geächtet", so Blundell, mittlerweile
Sir Michael, ein Herr von über siebzig Jahre und kenyanischer
Staatsbürger. „Zwei oder drei Jahre lang konnten meine Frau und
ich nicht einmal in unseren Club gehen. Es war wirklich ziemlich
unangenehm ... Manche Leute haben mir nie verziehen, aber wissen Sie, es ist seltsam. Die meisten Leute, die haßten, wofür ich
eintrat, gäben zu – besonders nach einem oder zwei Drinks – daß
ich Recht hatte; daß es in Afrika einen Platz für die Europäer gibt,
denen die afrikanischen Interessen am Herzen liegen."

Während die Lancaster-Konferenz andauerte, beschleunigte sich
die Abwanderung der Weißen aus Kenya. Die meisten Afrikaner,
die nach dem Burenkrieg aus Südafrika gekommen waren und
Tausende britischer Soldaten eilten nach Rhodesien, Südafrika und
Australien. Dort wurden sie als „Als-Wir-Stamm" bekannt, denn
wenn sie, wie so oft, von den guten alten Zeiten sprachen, begann
jeder Satz „Als wir in Kenya waren...".

Die britische Regierung erklärte sich auf der Konferenz bereit,
die neue kenyanische Regierung – die Unabhängigkeit war für den
Dezember 1963 vorgesehen – mit Krediten und Garantien in Höhe
von 100 Millionen Dollar auszustatten, um damit die europäischen
Farmer auszubezahlen, für die zwölf Millionen Hektar im Hochland ausschließlich reserviert waren. Die Bezahlung erfolgte in
Pfund Sterling. Um die weitere Anwesenheit der Weißen zu fördern – und so einen reibungslosen Übergang und dringend benötigte Fachkenntnisse in Landwirtschaft und Verwaltung zu sichern
–, erklärte Großbritannien unter der Hand, daß es, wenn darum
gebeten, die britische Staatsangehörigkeit derjenigen wiederher-
stellen werde, die die kenyanische annähmen. In der neuen Verfassung gab es keine besonderen Garantien für die Weißen und die
Wahlen sollten frei, gleich und geheim sein.

Am Abend des 12. August 1963, vier Monate vor der Unabhängigkeit, drängelten sich mehrere hundert europäische Bauern und ihre Frauen in der Stadthalle von Nakuru, um ihren, wie sie glaubten, „Marschbefehl" in Empfang zu nehmen. Nakuru besaß nur eine große Straße mit einer Reihe von Geschäften auf jeder Seite. Bis zum Beginn des Treffens hatte sich Totenstille über die Stadt gelegt. Jeder, so schien es, war entweder in der hölzernen Stadthalle oder wenigstens in ihrer Nähe, um angestrengt zuzuhören, was drinnen vor sich ging.

Jomo Kenyatta, den die Briten zu sieben Jahren Zwangsarbeit verurteilt hatten, betrat die Bühne. Er war siebzig Jahre alt und stützte sich auf seinen Spazierstock. Er sprach leise und seine Stimme gewann nur langsam an Kraft.

„Wir wollen, daß Sie in diesem Land bleiben und es weiterhin gut bearbeiten", sagte er zu den Siedlern. „Das ist die Politik dieser Regierung ... was die Regierung braucht, ist Erfahrung und mir ist es gleich, wo sie herkommt. Ich nehme sie mit beiden Händen an. Bestellen Sie Ihr Land auch weiterhin und Sie werden die ganze Unterstützung und den Schutz der Regierung erhalten. Das einzige, was wir nicht akzeptieren werden, ist brachliegendes Land ... Kenya ist groß genug und sein Potential ist groß. Wir können alle friedlich zusammenarbeiten, um dieses Land großzumachen und anderen Ländern in der Welt zu zeigen, daß verschiedene Rassen zusammenleben und arbeiten können."

Die Weißen rutschten unruhig auf ihren Sitzen hin und her, schauten sich an, um sich zu vergewissern, daß sie den alten Mann richtig verstanden hatten. Dann standen sie auf und jubelten.

Die meisten Weißen haben seitdem das Hochland verlassen, widerwillig, aber mehr oder weniger freiwillig. Der Bevölkerungsdruck auf das Land ist groß im überbevölkerten Kenya. Die ungefähr einhundert verbliebenen weißen Siedlerfamilien, die eine der größten Ansammlungen von weißen Farmern in Schwarzafrika darstellen, sprechen heutzutage wenig von ihrer Zukunft. Sie hoffen nur, daß wenigstens sie, wenn schon nicht ihre Kinder, auf dem Land bleiben können, das durch den Schweiß ihrer Vorväter grün und urbar gemacht wurde. Müßten sie gehen, läge es nicht daran, daß die Afrikaner sie genauso diskriminiert hätten, wie sie die Afrikaner, sondern weil Land der heiligste Besitz in Afrika ist. Streit um Landrechte war der ursprüngliche Anlaß für den Mau-

Mau-Krieg. Wenn eine Regierung die Unterstützung ihres Volkes erhalten will, muß jeder Afrikaner auf dem Land eine Parzelle erhalten.

Im Herbst 1979 versammelten sich 300 weiße Kenyaner auf Charlie Stone-Wiggs 18000 Hektar großen Farm zur Hochzeit seiner Tochter mit dem Sproß einer anderen alteingesessenen Siedlerfamlie. Im Nieselregen nach der Zeremonie drängten die Gäste auf die Veranda vor Stone-Wiggs Haus. Sie waren die letzten Überbleibsel der weißen Siedlergemeinschaft, weißafrikanische Farmer der zweiten und dritten Generation, und jeder kannte jeden. Eine alte Kikuyu-Frau ging die Straße hinauf. Sie war barfuß. Ihr Rücken krümmte sich unter der Last von Feuerholz. Das zerschlissene Kleid war kaum mehr als ein Lumpen. Sie stand ein paar Minuten lang unbeachtet auf dem Rasen, ein schwarzes Gesicht in einem Meer von Weiß. Dann verlor sie das Interesse und bewegte sich weiter in das einige Kilometer entfernte Dorf.

Drei Monate nach der Hochzeit verließen die Stone-Wiggs die Gianni Ranch, die bald in bis zu 10000 Parzellen für Subsistenzwirtschaft aufgeteilt werden sollte. Der rote Hafer, den Stone-Wigg so fachmännisch für seine Merino-Schafe und Boranrinder aufgezogen hatte, würde verschwinden.

Die Aufteilung von Kenyas großen, für den Export produzierenden Farmen zugunsten winziger Bauernhöfe, die jeweils 15 bis 20 Menschen ernähren, ist ein besorgniserregendes Phänomen in einem Land ohne Bodenschätze, aber der höchsten Geburtenrate der Welt. Die landwirtschaftliche Produktion und die Besteuerungsgrundlage des Staates sinken. Nairobi erklärt, daß die Parzellierung aufhören und der weiße Farmer weiterproduzieren muß, wenn Kenya gedeihen soll.

Doch der Druck auf das Land zerstört die großen Farmen. Die Arbeitsplatznot führt dazu, daß immer weniger Positionen mit Weißen besetzt sind. Fast alle weißen Kenyaner schicken ihre Kinder nach Europa ins Gymnasium, um sie auf ein Leben vorzubereiten, das sich so sehr von ihrem bisherigen unterscheidet.

So, wie es einer der Siedler mir erkärte: „Ich will nicht, daß meine Kinder Afrika zu sehr lieben lernen."

Liebesgrüße aus Lissabon

*Wie produzieren täglich 600 Reifen in Angola, aber nur Gott weiß, wie
wir das schaffen. Die Arbeiter kommen morgens und drücken auf den
Knopf und wenn alles funktioniert, prima. Wenn es nicht funktioniert,
gehen sie einfach nach Hause.*
– ein leitender US-Angestellter von General Tyre and Rubber nach
einer Besichtigung der Fabrik des Unternehmens in Luanda, wo
regelmäßig nur die Hälfte der Beschäftigten zur Arbeit erscheinen

Es ist heute kaum zu glauben, aber bis Mitte der siebziger Jahre galt
Luanda als das Rio de Janeiro von Afrika und Angola war unter
Weißen ein Synonym für Wohlstand und Überfluß. Fragt man
einen Portugiesen, wie das Leben an der südatlantischen Küste war,
so wird er lächeln, seine Augen schließen und eine Kußhand
werfen.

In Angola, wird er sagen, ließ es sich sehr viel besser als in
Lissabon leben. Genieße es nur einen Tag lang und du weißt, daß
Thomas Wolfe nur halb recht hatte: es ging nicht darum, daß du
nicht nach Hause gehen konntest – du wolltest nicht mehr nach
Hause. Es gab Wochenenden am Strand, wo man frischen Hum-
mer und Krabben aß, schicke Läden voller Feinkost und der letzten
europäischen Mode, luxuriöse Appartementhochhäuser, die die
Bucht überblickten, Ferienhäuser in Lobito und bis zum Ende gab
es nicht den geringsten Ärger mit den Eingeborenen. Und dann
Luanda.

Die Hauptstadt Luanda ist auf Hügeln erbaut, die sanft von der

Bucht aufsteigen. Die Steinplatten der Bürgersteige waren mosaik-
förmig und die Straßen breit und baumbestanden. Überall gab es
gepflegte Parks mit farbenprächtigen Blumenteppichen. 170 Restaurants und Nachtclubs, die von der Abenddämmerung bis zum
Morgengrauen geöffnet waren, sorgten für Abwechslung. Die
Skyline, die sich vom 25stöckigen Hotel Präsident bis zu dem ein
paar Kilometer entfernten holländischen Fort erstreckte, war ohne-
gleichen in Afrika. Nirgendwo auf dem Kontinent waren der
Ausblick so beeindruckend und der Lebensstil so angenehmen.

Für einen Portugiesen war der große Vorteil, daß er nicht reich
sein brauchte und weder Lesen noch Schreiben können mußte, um
die Früchte dieses süßen Lebens zu genießen. Es genügte, Weißer zu
sein, denn mit 500000 Portugiesen war Angola die weißeste Kolonie in Afrika. Das Land war wie die anderen portugiesischen
Kolonien – Mosambik, Guinea-Bissau, die Kapverden und São
Tomé und Principe – eine Domäne weißer Männer, die dachten,
daß sie dort bis in alle Ewigkeit bleiben würden. Die Portugiesen
erledigten selbst einfache Jobs: Sie fuhren Taxi, waren Friseure und
standen hinter der Theke. Für die sieben Millionen schwarzen
Angolaner blieben nur Arbeiten als Diener, Hausmeister oder Plan-
tagenarbeiter übrig. Zum Zeitpunkt der Unabhängigkeit 1975,
nach 500 Jahren portugiesischer Herrschaft, konnten 98 Prozent der
Angolaner weder lesen noch schreiben und die Afrikaner mit einer
technischen Ausbildung ließen sich an den Fingern einer Hand
abzählen. Noch viel weniger hatten einen Hochschulabschluß.

Die Unabhängigkeit fiel mit dem Zusammenbruch des portugiesischen Kolonialreichs zusammen, der einen Haufen revolutionärer, häufig marxistischer, unabhängiger Staaten in ganz Afrika
zurückließ. Die Weißen bekamen Angst, das die Afrikaner sich an
ihnen rächen würden und flohen in Panik nach Europa oder
Südafrika. Es war die größte weiße Migration, die Afrika jemals
erlebt hat. Sie nahmen alles mit, was sich tragen oder auf Booten
verstauen ließ. Mehr als 20000 Autos wurden auf Schiffe geladen
und hunderte in Trinkspielen zu Schrott gefahren, damit keine für
die Angolaner übrigblieben. Die Fischereiflotte dampfte nach Lissabon oder in die Walvis Bucht nach Namibia ab. Telefone wurden
ausgerissen, Schreibmaschinen eingepackt, Plantagen aufgegeben
und Villen zugenagelt. Ärzte verließen die Krankenhäuser und
Professoren räumten ihre Schreibtische in der Universität. Im

Laufe einer einzigen Woche waren 95 Prozent der Angestellten der Bank von Angola verschwunden. Sie ließen einfache Angestellte und Hausmeister zurück. Am Ende war Angola leergeräumt: Alles, was blieb, waren 25 000 Weiße und der Rumpf eines Staates. „Ich bin nicht stolz auf das, was wir taten, aber wir gingen nicht freiwillig", sagte mir ein portugiesischer Exporteur.

Portugals Kolonialgeschichte als schmachvoll zu bezeichnen, wäre noch geschmeichelt. Portugal stand stellvertretend für all die Übel des Kolonialismus und keine seiner Wohltaten. Es nahm, ohne zu geben. Es molk seine beiden größten afrikanischen Kolonien, Angola und Mosambik, bis auf den letzten Tropfen und hinterließ ihnen nur die Garantie des wirtschaftlichen Zusammenbruchs. Noch immer konnte man auf dem Patio des Panorama Hotels stehen und über die Bucht auf Afrikas schönste Skyline blicken, aber sonst war nichts beim Alten geblieben. Der Eingang des Hotels wurde von einer Frau in Kampfhosen und doppelschnalligen sowjetischen Stiefeln bewacht, bewaffnet mit einem AK-47-Sturmgewehr. Der Hafen war voller sowjetischer Schiffe, doch die Fracht verrottete auf den Piers, während die Dockarbeiter im nahen Schatten dösten.

Die gefliesten Trottoirs waren aufgesprungen und machten großen Löchern voller Steine und Dreck Platz, während der Müll die Straßen füllte. Illegale Bewohner besetzten die hochaufragenden Appartementhäuser, deren Korridore nach Urin stanken. Wäsche hing über den Balkongeländern. Ratten huschen durch die verlassenen Restaurants und zerrissene und verschmutzte Markisen hingen schlaff in der drückenden Hitze des Nachmittags. Die Patios waren überwuchert und überall verrosteten in den baumbestandenen Straßen die Karosserien von zertrümmerten Autos. Genau um fünf Uhr in der Früh, wenn die Ausgangssperre beendet war, begannen die Frauen, sich nach einem Laib Brot oder einer aus Brasilien eingeführten Dose Milchpulver anzustellen. Mittags reichten die Schlangen mehrere Häuserblöcke weit.

Als ich nachmittags alleine durch Luanda lief, beschlich mich das furchterregende Gefühl, in einer Geisterstadt zu sein – die afrikanische Stadt des 21. Jahrhunderts. Es gab Menschen, aber keinen Lebenssinn. Häuserblock um Häuserblock waren die Läden geschlossen, ihre Fensterscheiben zerschlagen oder mit Brettern zugenagelt. Neonlichter blitzten geheimnisvoll über Ausstellungsräumen von IBM, Sony und Singer, die schon seit Jahren leerstanden. Hotelangestellte schnarchten am Empfang und die Beamten hingen hinter Schreibtischen, auf denen weder Telefone, Schreibmaschinen, Stifte noch Papier zu sehen waren. Die Aufzüge steckten noch immer dort fest, wo sie zwei oder drei Jahre zuvor zusammengebrochen waren und die Klimaanlagen ächzten, sprühten und spuckten stoßweise heiße Luft aus.

In meinem 40 Dollar teuren Hotelzimmer riet ein Schild: „Die großen Schwierigkeiten, die wir haben, verlorengegangene oder zerbrochene Objekte zu ersetzen, zwingt uns zu folgender außergewöhnlichen Bitte. Sollten Sie ein Handtuch benötigen, dann fragen Sie bitte beim Portier nach." Doch im Hotel gab es weder einen Portier noch fließendes Wasser und im Speisesaal nur Suppe und Brot.

Eines Morgens sah ich aus meinem Hotelzimmer ein Fahrzeug, das einem Peugeot-Kabriolett ähnelte und im Schneckentempo die Straße am Strand entlangkroch. Als es endlich das Hotel erreichte, sah ich, daß sein Eigentümer die Wagendecke abgesägt, die Innenausstattung herausgerissen und ein Joch an der Vorderachse befestigt hatte. Der Peugeot war zu einem Ochsenkarren umfunktioniert worden.

„Ich würde Ihnen zugestehen, daß wir uns nicht gerade in einer sehr glücklichen Zustand befinden", so ein hochrangiger Polizeioffizier. „Ich würde keinesfalls unterstellen, daß irgendwer sich nach dem Kolonialismus und den Portugiesen sehnt, aber sicherlich ging es einem 1970 sehr viel besser als heute, wenn man nicht gerade ein hochrangiges Parteimitglied ist."

Sein Fazit erschien vernünftig, den Angola war ein verwundetes und zerbrechliches Land, dessen Zustand sich ständig verschlechterte. Wie in so vielen afrikanischen Staaten sind seine Ressourcen dennoch immens und die Entwicklungsmöglichkeiten groß.

Angola (der Name stammt von einem der ersten Könige N'gola) ist vierzehnmal so groß wie Portugal, oder so groß wie Spanien, Frankreich und die Bundesrepublik zusammen. Verläßt man die flachen, engen Küstenstreifen, steigt das Land schnell auf über 1600 Meter auf ein buschbewachsenes Hochplateau an, das eine der größten Wasserscheiden in Afrika ist. In den meisten Teilen Angolas fällt reichlich Regen und das Klima ist gemäßigt. Obwohl es Millionen von Hektar an fruchtbarem, unbestellten Ackerboden gibt, ist die Entwicklung der Landwirtschaft durch eine Reihe verschiedener Tsetsefliegenarten behindert worden, deren Biß so schmerzhaft ist, daß Nutztiere unkontrollierbar werden. In Südangola, einem Gebiet von der Größe Frankreichs, gibt es deshalb weder Pferde noch Lasttiere.

Was die Bodenschätze angeht, ist Angola eines der zwei oder drei potentiell reichsten Länder Schwarzafrikas. Die Bohrinseln vor der Küste werden von Gulf betrieben und bringen Angola rund fünf Millionen Dollar täglich ein (60 Prozent des Öls landet in den USA, obwohl Washington die marxistische Regierung in Luanda nie anerkannte). Angola war zum Zeitpunkt der Unabhängigkeit ein bedeutender Kaffee-Exporteur und seine Diamantenminen (die heimlich mit südafrikanischem Kapital ausgebeutet werden) zählten zu den produktivsten der Welt. Seine Eisenerzexporte brachten 75 Millionen Dollar jährlich ein, seine Sisal- und Baumwollernte weitere 51 Millionen. Darüber hinaus verdiente Angola 100 Millionen Dollar im Jahr an den Transportgebühren, die Zaire und Sambia für die Benguela-Eisenbahn bezahlten, welche Rebellen wenig später lahmlegten. Doch 1980, fünf Jahre nach der Unabhängigkeit, blieben dem Land praktisch nur noch seine Öleinkünfte und das meiste davon ging für die Bezahlung des Kriegs gegen die Guerillakämpfer in Südangola drauf. Der abrupte Übergang in die Unabhängigkeit, die portugiesische Auswanderung und der anhaltende Bürgerkrieg gegen die von Südafrika unterstützten Guerillakämpfer hatten das Land verkrüppelt. Hinzu kamen eine marxistisch-verwirrte Regierung, die glaubte, daß die Probleme des Landes verschwänden, wenn man nur genügend Sprüche zitierte, und eine passive, gehorsame Bevölkerung, die nicht die nötige Ausbildung besaß, die der junge Staat benötigte.

Der erste Europäer, der in Angola eintraf, war der portugiesische Entdecker Diogo Çao. Er landete 1483 an der Mündung des Kongo-Flusses und stieß dort auf Bantu-Völker, die sich auf über 100 Stämme verteilten. Das Land wurde von einem afrikanischen Monarchen, dem König von Kongo, beherrscht. Sieben Jahre später entsandten die Portugiesen eine kleine Flotte zu dem Königreich, die Priester, Handwerker und Werkzeuge an Bord trug. Die Abordnung wurde herzlich empfangen und als Gegenleistung für die portugiesischen Gefälligkeiten nahm der König den christlichen

Glauben an. Außerdem willigte er ein, seinen Sohn, den künftigen König Afonso, nach Lissabon in die Schule zu schicken. Auf der Grundlage gegenseitigen Respekts begann so die portugiesische Präsenz in Afrika. Sie sollte 500 Jahre später mit den Niederlagen der Portugiesen in den Befreiungskriegen und ihrer panischen Flucht aus dem Kontinent zu Ende gehen.

Die Beziehungen zwischen Lissabon und König Afonso verschlechterten sich bald. Aufstände erschütterten das Königreich am Kongo, das nach und nach auseinanderfiel. Die Sklavenhändler kamen und die militärischen Zusammenstöße mit den Afrikanern häuften sich. Die Portugiesen weiteten unterdessen ihre Kontakte entlang der Küste nach Süden aus und gründeten 1575 Luanda. 1641 nahm eine holländische Flotte Luanda und einen weiteren Sklavenhafen, Benguela, ein und zwang die Portugiesen zum Rückzug ins Landesinnere. Sieben Jahre später stellte eine Expedition aus Brasilien die portugiesische Kontrolle über die Küste wieder her.

Warum hatte Lissabon so entschlossen um einen Küstenstreifen auf einen primitiven, geheimnisvollen Kontinent gekämpft? Aus wirtschaftlichem Interesse – es ging um Sklaven. Innerhalb von 300 Jahren wurden schätzungsweise drei Millionen Angolaner zu den Plantagen in Brasilien verschifft. Sie waren Grundlage des Wirtschaftswachstums dieser portugiesischen Kolonie. Die bereitwillige Unterstützung der Häuptlinge zweier Stämme ermöglichte den Sklavenhandel in Angola. Die Chokwe waren ein beweglicher, agressiver Stamm und lebten im östlichen Angola. Die Ovimbundu waren die größte Ethnie in Zentral- und Südangola; sie stellten ungefähr 40 Prozent der Gesamtbevölkerung.

Die portugiesischen Soldaten und Siedler sahen sich noch mehr als ein Jahrhundert nach der Gründung Luandas gelegentlichen, aber regelmäßig wiederkehrenden Gefechten ausgesetzt. Erst gegen Ende des 19. Jahrhunderts konnte Lissabon seine Herrschaft auf die Hochebenen im Landesinneren ausweiten. Zu diesem Zeitpunkt hatte die Jagd der europäischen Kolonialmächte auf Afrika schon begonnen. Portugal, industriell und technologisch rückständig, war das Leichtgewicht im Kreise der Länder, die sich 1884/85 in Berlin zur Festlegung der Grenzen in Afrika versammelten. Portugal bekam das „Okkupationsrecht" für Angola vor allem durch die Unterstützung Großbritanniens zugesprochen. Gleich-

zeitig wurde ihm untersagt, in die zentralafrikanischen Gebiete
Nordrhodesiens (Sambia), Südrhodesiens (Simbabwe) und Nyasa-
lands (Malawi) vorzudringen, die die Konferenz zur Britischen
Einflußspäre erklärte.

Die weißen Siedler vor dem Beginn dieses Jahrhunderts waren
überwiegend *degradadas* – Kriminelle, die zu Angola, statt zu Gefängnis verurteilt worden waren. Noch 1950 war die Hälfte der weißen
Bevölkerung Angolas nie zur Schule gegangen und weitere 40
Prozent hatten gerade vier Jahre Grundschule hinter sich gebracht.
Im Gegensatz etwa zum kenyanischen Hochland, wo Angehörige
der britischen Mittel- und Oberschicht siedelten, war Angola ein
Abladeplatz für analphabetische Bauern. Sie waren ein erbarmungs-
würdiger Haufen, die in den Städten keine entsprechende Arbeit
finden konnten. So zogen viele von ihnen aufs Land, heirateten
afrikanische Frauen und wurden „Eingeborene". Sie lebten wie der
ärmste afrikanische Bauer am Rande des Existenzminimums.

Die Portugiesen trugen zwei einzigartige Dinge zum europäischen Kolonialismus in Afrika bei: Sie bauten schöne Städte wie
Luanda und Lourenço Marques (heute Maputo) und vermischten
sich so stark, daß ihre ehemaligen Kolonien zu den gemischtrassig-
sten Ländern in Afrika zählen.

„Gott schuf Weiße und Schwarze", beliebten die alten Siedler in
Angola zu erzählen, „aber die Portugiesen schufen den Mestiço
(Mischling)". Die Verschmelzung der Rassen hatte aber wahrscheinlich mehr mit der Promiskuität und den sexuellen Verhältnissen als mit Toleranz zu tun. 1846 beispielsweise kamen in Angola elf
weiße Männer auf eine weiße Frau.

In Angola lebten 99 Prozent der Portugiesen in den Städten. Das
bedeutete einen geringen Einfluß Lissabons auf dem Land und der
Ackerboden wurde nicht annähernd seinem Potential entsprechend
entwickelt. Die Portugiesen hatten nicht dieselbe Verbundenheit
mit dem Land, oder dieselbe Bereitschaft, das Land zu erschließen,
wie die Briten in Kenya. Lissabon versuchte mit diversen Projekten
die Verstädterung der Weißen umzukehren. In den fünfziger Jahren
bot es jedem portugiesischen Bauern, der verheiratet und älter als
dreißig Jahre alt war, 20 Hektar Boden in Angola gratis an. Dazu
gab's eine Kuh, ein Schaf, sechs Hühner, sechs Enten und ein
Kaninchen – alles umsonst. Dennoch machten nicht mehr als 100
Portugiesen jährlich von diesem Angebot Gebrauch.

In den frühen sechziger Jahren entließen Frankreich und Großbritannien ihre Kolonien in die Unabhängigkeit. Aber Portugals Diktator Antonio de Oliveira Salazar weigerte sich, die Unabhängigkeit der afrikanischen Kolonien auch nur in Erwägung zu ziehen: Er behauptete, daß sie integraler Bestandteil von Portugal seien (ein Schild vor der Stadthalle von Lourenço Marques verkündete: Hier ist Portugal). 1961 griffen schwarze Nationalisten gegen die Kolonialgewalt zu den Waffen und Lissabon mußte gegen zwei separate Unabhängigkeitsbewegungen gleichzeitig kämpfen. Die eine propagierte den Marxismus, während die andere es mit dem Westen hielt. Wie so häufig in Afrika, waren die Freiheitskämpfer unter sich sowohl durch Stammes- als auch durch ideologische Differenzen gespalten. Nachdem sie die Portugiesen besiegt hatten, richteten sie ihre Waffen aufeinander. Drei Bewegungen spielten im Befreiungskrieg eine Rolle:

– Die Volksbewegung zur Befreiung Angolas (MPLA), marxistisch und von der Sowjetunion unterstützt, wurde 1956 mit Hilfe der kommunistischen Partei Portugals gegründet. Ihre beiden Hauptbasen während des 14jährigen Unabhängigkeitskrieges nannten sich Hanoi II und Ho Chi Minh. Die Anführer waren größtenteils intellektuelle Mischlinge aus der Stadt. Agostinho Neto, ihr Führer und später erster Präsident Angolas, besuchte 1962 Washington und suchte wirtschaftliche Unterstützung. Doch die amerikanischen Wirtschafts- und Politinteressen waren mit den Kolonialmächten verwoben, nicht den schwarzen Befreiungsbewegungen. So ließ die Kennedy-Regierung ihn abblitzen. Diese Mißachtung trieb Neto, der einer von Afrikas wichtigsten Revolutionsführern werden sollte, noch weiter ins sowjetische Lager.

– Die Nationale Front für die Befreiung Angolas (FNLA) wurde 1962 gegründet und errichtete schon bald eine Exilregierung im benachbarten Zaire. Ihr Chef war Holden Roberto, der nach einem britischen Baptistenmissionar benannt und ein Nachfahre der Kongomonarchie war. Die FNLA verfügte mit rund 15000 Mann über die größte Armee im Befreiungskrieg und wurde vom Westen unterstützt.

– Die Nationalunion für die totale Unabhängigkeit Angolas (Unita) wurde 1966 nach der Spaltung der FNLA gegründet und verschiedentlich von China, den USA und Südafrika unterstützt.

Ihr Anführer ist ein stämmiger, bärtiger und in der Schweiz
ausgebildeter Guerillakämpfer namens Jonas Savimbi. Er ist
Angehöriger des dominierenden Stammes der Ovimbundu und
hat als einziger Guerillaführer die meiste Zeit im Busch bei seiner
Truppe verbracht. Die Unita war die einzige Partei des Krieges,
die sich für Wahlen einsetzte. Savimbi wurde von Schwarzafrika
geschnitten, nachdem er Südafrika um militärische Hilfe gebeten
hatte und die Truppen Pretorias am Vorabend der Unabhängigkeit bis auf 120 Kilometer an Luanda herangerückt waren.

Der Lissaboner Militärputsch im April 1974 führte zu einschnei-
denden Veränderungen in der politischen Landschaft Portugals
und dieses entschloß sich, seinen afrikanischen Kolonien frühzeitig
die Unabhängigkeit zu gewähren. Kurz vor der panischen weißen
Auswanderungswelle erarbeitete Lissabon ein kompliziertes Abkommen mit den drei Fraktionen in Angola, um eine Übergangsre-
gierung aus allen drei Parteien zu bilden. Das Abkommen schlug
fehl. Netos MPLA suchte den militärischen Sieg über die beiden
prowestlichen Gruppen und rief die Kubaner um Hilfe. Diese kam
schnell: Innerhalb weniger Wochen verfügte Neto über 20 000
kubanische Soldaten und mehr als 1500 sowjetische und andere
Militärberater aus dem Ostblock standen auf angolanischem Boden. Washington hatte die Wahl. Es konnte entweder dabei zusehen, wie eine marxistische Regierung an die Macht kommt, oder
aber seine verdeckte Unterstützung für Roberto und Savimbi
verstärken. Damit hätte es einem der beiden ermöglichen können,
das letzte Stück nach Luanda zurückzulegen, um sich dort als Chef
einer westlich-orientierten Regierung einzurichten. Präsident Gerald R. Ford und Außenminister Henry Kissinger befürworteten
letztere Gangart, die für die sowjetische Interessen in Afrika einen
Rückschlag bedeutet hätte. Aber der Kongreß war einer weiteren
vietnamartigen Verwicklung überdrüssig und nicht gewillt, dem
Ostblock wegen afrikanischer Immobilien gegenüberzutreten.
Nach langer Debatte stoppte er die Finanzierung Robertos und
Savimbis. (Bis zu diesem Zeitpunkt hatte Washington rund 40
Millionen Dollar investiert.) Südafrika, dessen Einmarsch in An-
gola von Washington ermutigt worden war, zog sich zurück. Es
fühlte sich nicht ohne Grund von den USA hintergangen. Netos
Traum war zum Greifen nahe. In einer nüchternen Zeremonie am

11. November 1975 wurde Neto Präsident von Afrikas 48. unabhängigen Staat, während feindliche Soldaten praktisch nur einen Pistolenschuß von Luanda entfernt standen.

Neto war von den Portugiesen viermal wegen antikolonialistischer Umtriebe eingesperrt worden. Er war Träger des Lenin-Friedensordens. Er hatte den Leumund eines echten Revolutionärs. Indem er den Marxismus an die Schwelle von Südafrika trug, änderte er in der Tat das politische Gleichgewicht im südlichen Drittel von Afrika. Doch Neto („Unser unsterblicher Führer", wie ihn seine Leute nannten) war gewiß nicht das Ungeheuer, das der Westen erwartet hatte. Er war Dichter, Arzt und ein Sprachrohr für die Rechte der Unterprivilegierten. Seine Herrschaft war weder korrupt noch übertrieben repressiv. Selbst die schärfsten Kritiker Netos waren von seiner Kompromißbereitschaft überrascht. Er lud Tausende angolanischer Exilanten in Portugal zur Rückkehr in die Heimat und zur Unterstützung beim Wiederaufbau des Landes ein; er schloß ein Freundschaftsabkommen mit Zaire, daß seine Feinde beherbergt hatte; er flog nach Guinea–Bissau zu einem dreitägigen Freundschaftstreffen mit Portugals Präsident Antonio Ramalho Eanes. Vor seinem Tod 1979, im Alter von 56 Jahren in Moskau, hatte Neto erkannt, daß er wirtschaftliche Unterstützung benötigte, die ihm die Sowjetunion nicht geben konnte. Er erkundigte sich nach der Hilfsbereitschaft des Westens und sagte zu Vertrauten, daß er sich bei dem Gedanken nicht wohlfühle, daß das Überleben seiner Regierung von der militärischen Präsenz einer ausländischen Macht, nämlich Kubas, abhinge.

Die meisten Kubaner, die ich in Luanda und auf dem Land traf, waren Zivilisten – Lehrer, Ärzte und Verwaltungsfachleute. Sie begegneten mir mit Neugierde, nicht mit Feindseligkeit. Je weiter ich nach Süden kam, desto militärischer wurde die kubanische Präsenz und mein Regierungsdolmetscher bemühte sich nicht, mich von den kubanischen Soldaten fernzuhalten. Ich versuchte herauszufinden, wieviele von ihnen bei der Verteidigung der angolanischen Regierung gefallen waren. Niemand wollte meine Fragen mehr als vage beantworten, doch es war ziemlich sicher, daß Kubas Verluste in die Tausende gingen.

Die meisten westlichen Staaten reagierten auf Netos Gesuche. Washington aber sah unter jedem angolanischen Bett einen Kommunisten und lehnte es ab, Netos Regime oder das seiner Nachfol-

ger überhaupt nur anzuerkennen. Washington erklärte, daß es erst
dann offizielle Beziehungen zu Angola aufnehmen werde, wenn die
Kubaner das Land verlassen hätten und Savimbi in die Regierung
aufgenommen worden sei. Diese Forderungen waren genauso
absurd, als hätte Angola dem US-Präsidenten vorschreiben wollen,
wen er in sein Kabinett hätte aufnehmen und daß er seine Truppen
aus Deutschland hätte abziehen sollen.

Die Frage nach der Unabhängigkeit Namibias war mit dem
Bürgerkrieg in Angola eng verknüpft Die ehemalige deutsche
Kolonie kam nach dem ersten Weltkrieg unter das Mandat des
Völkerbundes, der sie der Südafrikanischen Union zur Verwaltung
anvertraute. Nach dem Zweiten Weltkrieg ging das Mandat an die
Uno über und Südafrika gliederte das Land praktisch seinem
eigenen Staatsgebiet an. 1966 entschied die Uno, Südafrika das
Mandat zu entziehen und forderte seinen Rückzug aus dem Gebiet.
Pretoria focht die Uno-Entscheidung in einem langjährigen Ver-
fahren vor dem Internationalen Gerichtshof in Den Haag an. Dieser
bestätigte sie aber 1971 und zwei Jahre später brach die Uno die
Verhandlungen mit dem weißen Regime am Kap ab. Die Vollver-
sammlung beschloß stattdessen, die Swapo als einzige legitime
Vertretung Namibias anzuerkennen. Daraufhin etablierten die
Südafrikaner die Turnhallenallianz, einen Zusammenschluß diver-
ser afrikanischer und weißer Gruppen, deren Regierung aber international nicht anerkannt wurde. Die Uno erließ 1978 die Resolution 435 nach welcher rechtlich sie allein für Namibia zuständig ist.

Mit der Unabhängigkeit Angolas 1975 trat auch der Konflikt in
Namibia in eine neue Phase. Schon seit Mitte der sechziger Jahre
kämpfte die Befreiungsbewegung Swapo (South West African
People's Organization) unter ihrem Führer Sam Nujoma gegen die
südafrikanischen Besatzer und operierte von Basen in Südangola.
Das Regime am Kap schlug zurück, indem es wiederholt in Südangola einmarschierte und Swapo-Basen bombardierte. Gleichzeitig
unterstützten die Südafrikaner die Unita, die weite Teile Südango-
las kontrollierte. So standen die südafrikanischen Truppen 1975 nur
400 Kilometer vor Luanda und operierten 1983 gemeinsam bei
einer Großoffensive der Unita im Osten des Landes. Waffenstill-
standsverhandlungen zwischen Südafrika und Angola blieben erfolglos, da Südafrika und die USA den Abzug der kubanischen
Truppen als Vorbedingung für die Unabhängigkeit Namibias

forderten. Erst als 1987 starke südafrikanische Verbände der Unita zu Hilfe eilten, um eine von Kuba und der Sowjetunion unterstützte angolanische Offensive zu stoppen, kam Bewegung in die verhärteten Fronten. Den Südafrikanern gelang es nicht, die strategisch wichtige Stadt Cuito Cuanavale einzunehmen und ihre Einheiten wurden von kubanischen Truppen an die namibische Grenze zurückgedrängt.

Daraufhin lenkte Pretoria ein und am 22. Dezember 1988 unterzeichneten die USA, Südafrika, Kuba und Angola das Friedensabkommen von New York: Die Kubaner müssen sich bis 1991 aus Angola zurückziehen, während Südafrika seinen Abzug aus Namibia bis zum 1. November 1989 garantierte. (Am 1. April 1989 begann der Unabhängigkeitsprozeß in Namibia, der an diesem Herbsttag in die Wahlen einmünden soll.) Allerdings bleibt Südafrika im Besitz des einzigen Tiefseehafens des Landes, Walvis Bay, von wo es Namibia militärisch kontrollieren kann.

Mitte 1989 wurde in Angola ein Waffenstillstand vereinbart. Die Unita und die angolanische Regierung einigten sich auf weitere Treffen, um über den Ablauf des Friedensprozesses zu verhandeln.

Im Osten Afrikas, am indischen Ozean, liegt Mosambik. Mosambik war neben Angola die zweite bedeutende portugiesische Kolonie in Afrika. Auch sie wurde im Jahre 1975 nach langjährigem Guerilakrieg unabhängig und seine Regierung ist der Sowjetunion ebenfalls eng verbunden. Die Hauptstadt Maputo ist fast genauso schön wie Luanda und ihre makellos sauberen Straßen beeindruckten mich. Ich war erstaunt, daß jeden Morgen freiwilige Arbeitsgruppen den Müll einsammelten. Die „Volkskomitees" hatten die Hotels und Restaurants übernommen und führten ihre Aufgaben zumindest mit einem Lächeln, wenn auch nicht besonders effizient, aus. Im Schulgebäude auf dem Land brannten abends noch lange die Lichter, während Tausende von Erwachsenen in einem der ehrgeizigsten Alphabetisierungsfeldzüge, die Afrika je erlebt hat, Lesen und Schreiben lernten. Als ich einen Bauern fragte, ob es ihm nicht unangenehm sei, im Alter von 50 Jahren das Alphabet in der ersten Klasse zu lernen, antwortete er „Nein. Ich bin begeistert. Ich kann meinen Namen schreiben."

Machels Ziel war, in Mosambik den „neuen Menschen" von Afrika zu erschaffen – einen gebildeten, politisch wachsamen und

nationalbewußten Bürger, der für das Gemeinwohl arbeitet. Wer
diese Vision nicht teilte, wurde in eines der acht Umerziehungsla-
ger des Landes gesteckt. Die Funktionäre Mosambiks verraten
nicht, wieviele Menschen in den Lagern sind, aber westliche Geheimdienste schätzen die Zahl auf ungefähr 12 000. Auf einem
Besuch in Mosambik hatte ich die seltene Gelegenheit, als Ausländer ein Lager namens Codzo, rund 100 Kilometer von der Grenze
zu Simbabwe entfernt, zu besuchen. Ich wurde von einem Offizier
und einem Regierungsdolmetscher begleitet, so daß kein Zweifel
darüber besteht, daß ich nur das sah, was ich sehen sollte. Nichtsdestoweniger fand ich nichts, was die Geschichten barbarischer
Behandlung bestätigen würde, die in den Kindertagen der Unabhängigkeit aus den Lagern drangen.

Codzo war ein Gefängnis ohne Wände, Tore und krachende
Stahltüren. Wenn man sich ihm auf der Landstraße näherte, die
sich durch das mannshohe Elephantengras windet, sah ich mich an
ein typisch afrikanisches Dorf erinnert. Lehmhütten mit Strohdä-
chern lagen verstreut um das kleine Schulgebäude herum. Die
Nationalflagge flatterte an einem in den Boden gerammten Stock.
Auf den Feldern mühten sich Männer in bauchigen, schwarzen
Uniformen und blauen Sandalen über Rüben und Kartoffeln ab.
Der Lagerkommandant sagte mir, daß keiner der Wächter Waffen
trüge, doch ich sah mindestens ein Dutzend Bewaffneter.

Es gab 800 männliche Gefangene im Alter von 16 bis Mitte 30.
Manche waren Gelegenheitskriminelle oder Drogenabhängige,
andere wurden als Feinde der Revolution bezeichnet. Keiner von
ihnen war je angeklagt oder einem Richter vorgeführt worden
und keiner wußte, wie lange er bleiben würde. Ein Jugendlicher
war wegen Trunkenheit und weil er vergessen hatte, seinen Perso-
nalausweis mit sich zu führen, eingesperrt worden. Alle Insassen
von Codzo verbrachten 90 Minuten täglich bei Selbstkritiksitzun-
gen, die auch der marxistischen Orientierung dienten, und jeder
bekam etwas beigebracht – von der Schreinerei bis zur Landwirtschaft.

Präsident Machel sträubte sich gegen die Kritik an den Lagern.
Er wies darauf hin, daß Mosambik sich im Gegensatz zu manchen
anderen afrikanischen Ländern entschieden hätte, die Abweichler
auszubilden, statt umzubringen. Außerdem, so Machel, seien die
Lager nur ein winziger Aspekt in einer Revolution, die das Land

wiederaufbauen müsse. Und die Probleme, die die Revolution zu lösen hat, sind wirklich sehr groß.

Es gibt sowenig ausgebildete Verwaltungsfachleute in Mosambik, daß Jugendliche, die frisch aus der Universität kommen, zu Provinzdirektoren (Gouverneuren) gemacht werden. Die landwirtschaftliche Produktion ist seit der Unabhängigkeit stark gesunken und die ausländischen Investoren sind durch die radikale Steuerpolitik abgeschreckt worden. Bürokratische Vorschriften machen die kleinste tägliche Hausarbeit zu einem frustrierenden Hindernislauf. 70 Prozent der Bevölkerung ist jünger als 18 Jahre und die meisten sind so ungeschliffen, daß Machel warnte „Denkt daran, Ihr dürft in Euren neuen Heimen keine Hühner halten", als Tausende von ihnen aus den Slums in die Wohnungen am Meer und die wunderbaren alten Villen einzogen, die von den Portugiesen verlassen oder aber verstaatlicht worden waren.

Vor der Unabhängigkeit gab es in Mosambik 200 000 Portugiesen. Obwohl Mosambik keine Strafkolonie war, brachten sie es fertig, daß Land zu verwüsten und die Entwicklung der Afrikaner genauso zu verzögern wie ihre Landsleute in Angola. Das Land hatte bei der Unabhängigkeit eine gesunde industrielle Produktion von 40 Millionen Dollar im Jahr und nur zehn Prozent der Nahrungsmittel waren Importe. Aber die Wirtschaft wurde von Europäern für europäische Siedler aufgebaut. Die Dienstleistungen für Weiße wie Banken, Versicherungen und der Tourismus erwirtschafteten 63 Prozent des Sozialprodukts; die Landwirtschaft, der Bergbau und die Industrie nur 37 Prozent.

Machel hatte die Lektionen afrikanischer Geschichte gelernt. Trotz allem, was sein Volk durch die Kolonialisten erlitten hatte, trotz der Bitterkeit des Befreiungskrieges, bat er die Portugiesen nach der Unabhängigkeit dazubleiben. Er wußte, daß ein Exodus der Europäer das gebeutelte Land verkrüppeln würde. „Wir wollen Harmonie zwischen den Rassen", sagte Machel. „Wir brauchen zum Aufbau des Landes die Unterstützung aller Völker jeder Rasse auf jedem Kontinent."

Seine Botschaft erinnerte an die Jomo Kenyattas vor den weißen Bauern im kenyanischen Hochland vor der Unabhängigkeit. Doch in Mosambik stießen die Worte Machels auf ungläubige Ohren und die nervösen Portugiesen packten ihre Koffer. „Wir glaubten wirklich, daß Machels Bewegung eine terroristische Organisation sei und daß die Terroristen Zivilisten umbringen, unsere Frauen vergewaltigen und unsere Töchter aufessen würden", erzählte mir ein portugiesischer Händler vor seiner Ausreise. Innerhalb weniger Monate waren alle Portugiesen bis auf 20 000 verschwunden. Ihre Abreise hatte für Mosambik genauso verheerende Folgen wie der weiße Exodus in Angola. Es gab übrigens niemals irgendwelche Anschuldigungen oder Rache an den Europäern. Machel engste Berater schlossen schon bald Schwarze, Inder und Weiße ein (auf meinem letzten Besuch waren drei seiner Minister weiße Angolaner).

Warum sind die Weißen in Kenya geblieben und aus Angola und Mosambik geflohen?

– Erstens waren die britischen Siedler von sehr viel höherem Kaliber als die Auslandsportugiesen. Sie waren mit dem Land verbunden und an seinem Wohlergehen interessiert. Afrika war wirklich ihre Heimat und ihre eigene Zukunft hing davon ab.

– Großbritannien hatte den Krieg gegen die afrikanischen Freiheitskämpfer gewonnen, die Portugiesen dagegen verloren. In Kenya vergingen zwischen dem Ende des Mau-Mau-Aufstandes und der Unabhängigkeit sieben Jahre. Die Europäer und die Afrikaner hatten Zeit, ihre Differenzen auszuräumen und ein demokratisches Gebilde zu entwerfen. In Mosambik und Angola führten die Befreiungskriege direkt in die Unabhängigkeit und die Guerillabewegungen wurden zu Regierungen.

– Die Unabhängigkeit in Kenya brachte keine radikalen Veränderungen der politischen und wirtschaftlichen Vorstellungen; Mosambik und Angola wurden marxistisch. Die Wirtschaft wurde verstaatlicht, Landwirtschaftskooperativen eingerichtet, Einparteiensysteme geschaffen und die freie Presse abgeschafft. Im kolonialen Angola gab es 17 Radiosender, 16 Tageszeitungen und 15 Wochenzeitschriften. Im unabhängigen Angola gibt es zwei Tageszeitungen und einen Radiosender, alle unter staatlicher Kontrolle. Es gab kein Platz für Europäer, die nicht hingebungsvolle Ideologen waren.

Der Marxismus hat in Mosambik und in Angola versagt – wie auch sonst auf der Welt. Überall, wo man mit ihm herumexperimentierte, haben die Volkswirtschaften stagniert, ist die Unterdrükkung zu einem Schlüsselinstrument der Regierung geworden und hat die Bürokratisierung das bißchen Effizenz zerstört, das im öffentlichen und privaten Sektor bestand. Der Marxismus hat in Somalia und in Algerien versagt. Ghana, Guinea, der Sudan und der Kongo haben alle mit ihm geflirtet; sie stellten aber fest, daß die wirtschaftliche Realität schwerer als visionäre Ideale wog. Äthiopien hält noch immer am Marxismus fest, ist aber über den Tod vieler Menschen und einen staatlichen Terrorfeldzug gegen „Konterrevolutionäre" nicht hinausgekommen. Die Träume des ehemaligen Präsidenten Julius Nyerere von einem sozialistischen Tansania klangen im Klassenzimmer wunderbar, doch ihre praktische Umsetzung brachte sein Land wirtschaftlich nicht im geringsten voran. Politische Ideologien, seien sie aus dem Osten oder dem Westen, füllen keine leeren Mägen und bauen die verlassenen Fabriken nicht wieder auf. Sie vergeuden lediglich Energie, die der Landesentwicklung gewidmet sein sollte. Die Ideologien hinterlassen ein abgestumpftes Volk, das auf den Befehl seiner Präsidenten törichte Sprüche murmelt. Sind diese marxistisch eingefärbt, wird jeder wirtschaftlicher Anreiz vernichtet. Das Ergebnis sind ungebildete Menschen ohne Fertigkeiten und Motivation, die sich wenig um Produktionssteigerungen kümmern. Die Tropensonne spendet ihnen Wärme, die fruchtbare Erde gibt ihnen Nahrung und der Stamm verschafft Schutz. Inmitten des Zerfalls sind sie jeglicher Aufstiegsmöglichkeit beraubt und folglich machen sie nur soviel wie zum Überleben nötig.

In Angolas einziger funktionierenden Baumwollmühle, Afrika-Textil, die sich außerhalb Benguelas befindet, kamen so viele Arbeiter täglich drei oder vier Stunden zu spät, daß die Firma jedem ein Fahrrad zum Herstellungspreis verkaufte und die pünktlich erscheinen Arbeiter mit Stoff zu ermäßigten Preisen belohnte. Trotzdem erscheinen nach wie vor knapp ein Drittel nicht zur Arbeit.

Fällt die Produktion im Betrieb von General Tire, wird eine Parteizusammenkunft einberufen und die Arbeiter stimmen gewöhnlich einstimmig für einen „roten Sonntag" – einen zusätzlichen Arbeitstag, den sie ohne Bezahlung leisten. Bei General Tire gab es während meines Besuches gerade solch einen Sonntag und nur drei der 150 Angestellten erschienen – zwei Ausländer und ein Parteifunktionär.

„Unsere Produktion wurde durch die politischen Zusammenkünfte, die die Arbeiter bei der kleinsten Kleinigkeit abhielten,
wirklich stark beeinträchtigt", so ein ausländischer leitender Angestellter bei Afrika-Textil. „Jetzt haben wir die Partei endlich davon
überzeugt, die Treffen zu verbieten, von Freitag nach fünf Uhr
nachmittags abgesehen. Ich sagte der Partei: „Sie besitzen die
einzige Mühle Angolas, die noch funktioniert. Warum lassen Sie sie
nicht in Ruhe?"

Die meisten Angolaner müssen mit der Ideologie im Alltag
leben. Sie können ihr nicht entkommen, aber schenken ihr auch
nicht viel Beachtung. In einer der seltenen noch funktionierenden
Fabriken fragte ich einen Arbeiter, was er von einer wenig schmei-
chelhaften Zeichnung von Jimmy Carter hielt, die auf eine Wand
gekritzelt worden war. „Wer ist das, sagten Sie?" fragte mich der
Arbeiter verblüfft. Dann, nach einer längeren Pause, fügte er hinzu:
„Ist er Kommunist?" Die Buchhandlungen gehörten zu den wenigen Läden, die in Luanda noch geöffnet waren, aber sie verkauften
nur kommunistische Literatur. Die Tageszeitungen druckten statt
Informationen nur Propaganda. Die herrschende Partei ermahnte
die hungernden Massen, für das Wohl der Gesellschaft zu arbeiten,
während Unkraut und der Dschungel die Plantagen zurückerober-
ten, Mütter ihre Babies mit Tee und Zucker aufzogen und der
Lebensstandard sich täglich verschlechterte.

„Angola, Angola, Angola!" entfuhr es einem Leutnant der Ma-
rine, während er erbost seine Arme in die Luft warf, als eines Tages
die meisten seiner Männer nicht zu einer Ausbildungsübung erschienen. „Was ist das bloß für ein Ding, was wir da geschaffen
haben?"

Schatten von draußen

Die Vereinigten Staaten beginnen besser damit, sich um die Dinge zu kümmern, von denen sie wissen, wie man sich um sie kümmert. Wir wissen sowenig von Afrika, über die mehr als 800 Stämme, aus denen Afrika besteht ... ich denke, das ist eine andere Welt.
–Senator Hubert Humphrey, 1976

Noch vor Jahren wäre es leicht gewesen, Afrika einfach zu vergessen. Doch heute ist das nicht mehr vorstellbar. Heute macht die Welt dem Kontinent den Hof, denn es geht um viel: Afrikas unangetastete Bodenschätze zählen zu den ergiebigsten der Erde und seine Lage ist strategisch bedeutsam, denn von Afrika kann eine Militärmacht die Hauptölrouten und das Rote Meer sowie die Durchfahrt zum Suez-Kanal und dem Mittelmeer kontrollieren. Es ist als politischer Block stark genug, Entscheidungen der Vereinten Nationen zu beeinflussen und seine wachsenden Märkte absorbieren jedes Jahr ausländische Waren in Milliardenhöhe – und sind ausbaufähig. Das nicht bestellte Ackerland ist riesengroß und fruchtbar, ein möglicher Brotkorb für Millionen von Menschen innerhalb und außerhalb von Afrika. Doch trotz all seiner Reichtümer ist Afrika noch immer jungfräuliches Gebiet. Es ist für innere Zwänge anfällig und für fremden Einfluß empfänglich. Schöne Aussichten für die ausländischen Werber, die mit Waffen und Geldgeschenken ihre Aufwartung machen.

Und von Moskau bis Washington, von Rio de Janeiro über Havanna bis Paris und Tokio, schachern die ausländischen Regierungen um Einfluß und einen Platz in der Zukunft dieses Kontinents, der vielleicht in 20 oder 30 Jahren soviel Gewicht haben wird, daß er das Gleichgewicht der Mächte entscheidend mitbestimmen kann. Die erste „Jagd auf Afrika" fand vor einem Jahrhundert statt, als sich die europäischen Mächte in Berlin trafen, um den Kontinent aufzuteilen. Die neue Invasion ist subtiler, doch ihre Ziele sind ähnlich: wirtschaftliche und strategische Vorherrschaft. Noch ordnet sich Afrika unter. Es braucht zum Überleben das Geld aus dem Westen und die Waffen aus dem Ostblock für den Kampf gegen den jeweiligen Feind. Indem es diese Dollars und Waffen annimmt, wird es genauso hörig und von ausländischen Staaten abhängig wie in den letzten Tagen des Kolonialismus. Es möchte alleingelassen werden, um afrikanische Lösungen für afrikanische Probleme zu finden, aber sobald ein Problem auftritt, sei es militärisch oder wirtschaftlich, geht der Hilferuf sofort nach Paris, Moskau, London oder Washington. Es redet von Blockfreiheit, hat aber, vielleicht mit Ausnahme des ölreichen Nigerias, nicht die Kraft, unabhängig zu reden und zu handeln. So ist eine neue Spaltung, die ideologische, in Afrika erschienen, die den Kontinent in zwei Hälften teilt. Die sogenannten fortschrittlichen Länder blicken auf Moskau als ihren Schutzpatron; die anderen, die sogenannten gemäßigten, verknüpfen ihr Schicksal mit dem Westen. Diese Aufteilung zieht sich quer durch den Kontinent und weil sich die Spannungen über die Grenzen hinaus verschärfen, nimmt das Gefahrenpotential einer Konfrontation der Supermächte zu.

Es gibt ein Sprichwort demzufolge man sich die Gefolgschaft einer afrikanischen Regierung nicht erkaufen kann – man kann sie nur für einen Tag mieten. Das faßt ziemlich gut in einem Wort die Risiken zusammen, die diejenigen eingehen, welche in Afrikas Zukunft investieren. Die Loyalitäten der Staaten wandeln sich über Nacht und sind manchmal dem Meistbietenden verfügbar. Gemäßigte Präsidenten werden von fortschrittlichen gestürzt, die wiederum von Generälen zu Fall gebracht werden, welche ihrerseits von Unteroffizieren verjagt werden. Die Wirtschaft wird verstaatlicht und entstaatlicht, ausländische Volksgemeinschaften werden ausgewiesen und wieder eingeladen.

Keine ausländische Macht weiß das besser als die Sowjetunion. Doch die Russen lernen langsam und sind die rassistischsten Ausländer in Schwarzafrika.* Sie leben auf Grundstücken, die von hohen Steinmauern umgeben sind, begeben sich mit Ausnahme diplomatischer Empfänge nur selten unter Afrikaner und stellen selbst für die allerniedrigste Stelle in der Botschaft keine Afrikaner ein. Sie bringen ihre eigenen Leute für den Empfang sowie Köche und Fahrer von Zuhause mit. In Mogadischu in Somalia und Lobito in Angola wurden besondere Strände für die Russen eingerichtet. In Conakry in Guinea fuhren die Russen in Bussen von ihrer festungsartigen Botschaft zu ihrem Wohnviertel, obwohl sie die Entfernung in fünf Minuten hätten zurücklegen können. Eines Tages wurden eine Gruppe westlicher Journalisten und ich von einer wütenden Menschenmenge umzingelt, als wir über den Markt in Mogadischu schlenderten. Die Leute drohten mit geballten Fäusten, starrten uns an und wiederholten immer wieder: „Ruusk, Ruusk, Ruusk." Schließlich sagte unser Dolmetscher etwas auf Somalisch. Die Stimmung änderte sich und die Menge zog sich zurück, um uns vorbeizulassen. „Machen Sie sich keine Sorgen", sagte unser Führer. „Sie dachten, sie wären Russen." Diese Feindseligkeit braucht niemanden zu überraschen. Fast jedes afrikanische Land, das ein Verhältnis zu Moskau einging – darunter Ägypten, Ghana, Guinea, Somalia und der Sudan –, entdeckte bald, daß man es über den Tisch zog. Die gängelnden Russen wurden nach Hause geschickt. Die sowjetische Politik in Afrika gründete sich auf das Ausnutzen regionaler Instabilität und die Bereitstellung des militärischen Materials – nicht aber der Entwicklungshilfe –, das notwendig war, um sich die Abhängigkeit verschiedener radikaler Fraktionen zu erkaufen. Während der siebziger Jahre gab sich Moskau damit zufrieden, Schwachstellen zu entdecken und hier und da ein paar Grundstücke zu erwerben. Es fügte seinen vereinzelten Verbündeten in Afrika Äthiopien, Mosambik und Angola hinzu. Die sowjetische Regierung unter Gorbatschow hat in der

---

* Rund 1100 afrikanische Studenten haben Stipendien zum Studium in der Sowjetunion – einer der wenigen Formen von Hilfe, die Moskau ohne irgendwelche Fallstricke offeriert. Die meisten erfahren dort einen stärkeren Rassismus als zu Hause während der Kolonialzeit. Mit den Jahren haben Tausende Moskau vorzeitig völlig desillusioniert verlassen. Wenn du einen Afrikaner zum Kapitalisten machen willst, so heißt es, dann schicke ihn nach Moskau in die Schule; soll er Kommunist werden, dann schicke ihn nach Paris.

Afrikapolitik größere Kompromißbereitschaft gezeigt. So wurde die Regelung der lang anhaltenden Konflikte in Angola und Namibia möglich und selbst in Äthiopien hat die Regierung den Rebellen Friedensverhandlungen angeboten. Nur wenige afrikanische Länder haben von der Beziehung zu Moskau profitiert. Moskaus erstes Entwicklungshilfegeschenk an Guinea, ein westafrikanisches Land, in dem nur wenige Häuser fließendes Wasser haben, bestand aus zwei Schneepflügen und 10000 Klosettdeckeln. Der französischsprachige Tschad bekam zwölf sowjetische Professoren, die nur Russisch sprachen. In Somalia baute Moskau eine Fleischfabrik, aber der Großteil der Produktion ging in die Sowjetunion zu Diskountpreisen. In Tansania baute Moskau das, was dieses zurückgebliebene Land am dringendsten brauchte – ein dreißig Millionen Dollar teueres Boden-Luft-Raketensystem zum Schutze Dar-es-Salaams. Äthiopien mußte für die eine Milliarde Dollar teuere Waffenluftbrücke zwischen 1977 und 1978 seine Kaffee-Ernte für die darauffolgenden zehn Jahre verpfänden, um Moskau zu bezahlen. Guinea-Bissau kauft Fisch, der in seinen eigenen Gewässern von russischen Fischern gefangen und in Dosen verpackt wird, die mit Aufklebern „Gefangen in der Sowjetunion" versehen sind. In Mosambik zahlt Spanien zwei Millionen Dollar im Jahr für Fischfangrechte, die Sowjetunion bekommt sie umsonst. Im Rahmen einer Moskau begünstigenden Vereinbarung „vakuumreinigen" die Sowjets den Fisch aus dem Kanal von Mosambik, behalten die besten 75 Prozent des Fangs und verkaufen die Überreste an Mosambiks Regierung. In Angola gehen von jeder Mark, die die Regierung einnimmt, 60 Pfennig an das Militär oder dienen der Rückzahlung sowjetischer Schulden. Für jeden kubanischen Lehrer oder Techniker auf angolanischem Boden zahlt die Regierung Havanna 600 Dollar im Monat. Darüber hinaus bezahlt sie die Unterkunft und die Wasser- und Stromversorgung der Kubaner. Selbst an Genossen verschenkt Moskau nichts und irgendwann treibt es seine Schulden immer ein.

Die Sowjetunion ist mit Abstand zum größten Waffenverkäufer in Afrika geworden. Sie stellt elfmal mehr Waffen als die Vereinigten Staaten und viermal mehr als Frankreich bereit. Das allein gibt Moskau beachtliches Gewicht. Ohne seine Waffen wären heute mindestens zwei Regierungen, die Angolas und die Äthiopiens, nicht an der Macht. Doch der größte Vorteil der Sowjetunion in

Afrika ist historisch und psychologisch bedingt: Washington unterstützte die Kolonialmächte in Afrika bis zum Herandämmern der Unabhängigkeit, Moskau unterstützte die Befreiungsbewegungen. Es ist dennoch naiv, diese Tradition aufrechterhalten zu wollen und zu behaupten, daß die Sowjetunion Afrikas „natürlicher Verbündeter" sei. Doch ich traf ziemlich viele gebildete Afrikaner, die genau das glaubten. Sie lehnen die wirtschaftliche und politische Stärke der USA, ihre Unterstützung Südafrikas, ihr schlägertypenartiges Verhalten in internationalen Gremien und ihre Sorge um die Menschenrechte im Ausland ab, während sie ihren eigenen Minderheiten zuhause genug Anlaß zur Klage gibt. Dabei gibt es einen interessanten Aspekt. Dieselben Afrikaner sprechen mit ehrfürchtigem Respekt von der amerikanischen Revolution und betrachten sie als Vorbild des Triumphes eines unterdrückten Volkes über den Kolonialismus. Sie kennen die amerikanische Verfassung besser als die meisten amerikanischen Schulkinder und führen sie oft als ein Zeugnis an, das den Traum der ganzen Menschheit widerspiegele. Und wenn die USA und die UdSSR beide ihre Einreisebeschränkungen aufhöben und die freie Einwanderung ermöglichten, dann müßte Washington eine größere Flotte als zur Invasion der Normandie entsenden, um die Abwanderung aus Afrika aufzunehmen. Moskau könnte nicht einmal eine Boeing 727 füllen. Warum? Weil die Afrikaner wissen, daß die Vereinigten Staaten dem Einzelnen etwas bieten, was sie zuhause oder in der Sowjetunion nicht finden können – die Möglichkeit des wirtschaftlichen Aufstiegs in einer freien Gesellschaft.

Washington hat nie gewußt, wie es mit dieser Haßliebe umgehen soll. Noch war es sich je darüber im klaren, wie es Moskaus plumpem und miltärisch aggressivem Auftreten begegnen sollte. Es hatte die Gelegenheit, Moskau 1975 in Angola, 1977 am Horn von Afrika und im rhodesischen Bürgerkrieg gegenüberzutreten, der 1980 zur Geburt Simbabwes führte. Jedesmal zog es sich zurück und suchte eher nach politischen, denn militärischen Lösungen. Wie es sich herausstellen sollte, war die Abwesenheit einer Politik oder zumindest einer nicht die Konfrontation suchenden Politik, die beste Politik von allen. Simbabwe hat heute ein sich zum Marxismus bekennendes Staatsoberhaupt, Robert Mugabe, der Moskau zutiefst mißtraut. Angola und Äthiopien versanken in einem Bürgerkrieg und im wirtschaftlichen Chaos und machten so das Engagement der Sowjetunion kostspielig. Tatsächlich steht der Kommunismus besonders in Afrika im Widerspruch zur Tradition. Die Afrikaner sind religiös verwurzelt. Sie denken kapitalistisch, indem sie Viehzeug oder Geld genauso gierig sammeln wie ein westlicher Unternehmer. Die Afrikaner sind individualistisch und gewillt, für sich oder ihren Stamm zu arbeiten, aber sie zeigen nur wenig Verständnis für die weitergefaßte und abstrakte Vorstellung vom Staat oder der Nation. Sie arbeiten und produzieren genauso wenig wie andere Menschen, wenn sie keine wirtschaftlichen Anreize erhalten.

Afrika wird weiterhin davon zu überzeugen sein, daß sich wirtschaftliche Entwicklung und innere Sicherheit bedingen und daß die längerfristigen Vorteile der Wirtschaftshilfe größer als die der kurzfristigen Militärhilfe sind.

Der Westen sollte die technische und finanzielle Hilfe bereitstellen, die selbst marxistische Länder wie Angola und Äthiopien benötigen, um ihren Verfall zu stoppen und wirtschaftliche und politische Selbständigkeit zu entwickeln. Irgendwann werden Afrikas radikale Staaten einsehen, daß Karl Marx- oder Lenin-Poster auf den Plätzen genauso töricht und unafrikanisch aussehen, wie es Portraits von Adam Smith oder Thomas Jefferson wären. Bis das geschieht, werden einige afrikanische Länder weiterhin ihre Waffen aus dem Osten und ihr Geld aus dem Westen beziehen. Doch ein Präsident nach dem anderen hat erfahren müssen, daß die Fachkenntnisse und die Finanzierung des Wachstums von Morgen nur im Westen erhältlich sind und daß sich der Kontinent – wie in der Vergangenheit – an den Westen wenden muß, wenn er eine geschulte und tatkräftige Bevölkerung entwickeln will.

– Die Sowjetunion pumpte 1977 und 1978 Waffen im Wert von einer Milliarde Dollar nach Äthiopien herein, um dem Land zum militärischen Sieg über zwei Guerilla-Bewegungen – im Ogaden und in Eritrea – zu verhelfen. Als eine schlimme Dürre wenige Monate nach der Waffenluftbrücke die äthiopischen Provinzen von Wallo und Tigre traf, gab Moskau kaum einen Rubel, um die Not zu lindern. Das marxistische Äthiopien wandte sich an den Westen und die Hilfe floß. Die Dürre schlug 1983/84 wieder zu und erneut war es der Westen, der einsprang.

– Der Ölkonzern Gulf stellte die Produktion in Angola Mitte der siebziger Jahre während des Bürgerkriegs ein. Einer der ersten

Schritte der marxistischen Regierung, die an die Macht kam, war, Gulf um die Wiederaufnahme der Produktion zu bitten. Der Konzern willigte ein. Seine Produktionsanlagen liegen in der Kabinda-Region und die Sicherheit der Anlagen wurde von niemand anderem als Fidel Castros Truppen garantiert. Und wen hielt sich Angola als Wirtschaftsberater? Die amerikanische Firma Arthur D. Little aus Boston.

– Der UN-Sicherheitsrat versprach 1976 Mosambik mit rund 385 Millionen Dollar zu unterstützen, um dem finanziellen Aderlaß durch die Schließung der Grenze zu Rhodesien zu begegnen. Von diesem Schritt erhoffte sich Mosambik, daß er den Sturz der weißen Minderheitsregierung in Salisbury beschleunigen würde. Es wurden aber nur rund 50 Millionen Dollar an Mosambik überwiesen und davon stammte jeder Pfennig aus dem Westen.

– In den späten siebziger Jahren versuchte die Sowjetunion, ihren politischen Einfluß in den acht afrikanischen Ländern des Sahels auszuweiten, die von permanenter Dürre heimgesucht wurden. Moskau vergrößerte die Besatzung seiner Botschaften, aber nicht den Betrag seiner Spenden. Die Wirtschaftshilfe für das Gebiet kam wiederum aus dem Westen. Alleine 1978 flossen rund eine Milliarde Dollar in die Region.

Bis zum Antritt der Carter-Regierung hatten die USA eine beachtenswerte Gleichgültigkeit und Unkenntnis gegenüber Schwarzafrika bezeugt. Washington bekundete seine Unterstützung für die Ambitionen der entstehenden Nationen, aber seine wirklichen Gefühle galten dem weißen Mann in Afrika – den Portugiesen, Südafrikanern und Rhodesiern. 1962 etwa stimmte Washington für eine UN-Resolution, die die portugiesische Kolonialherrschaft in Afrika kritisierte. Doch in der Folge verstärkten die Präsidenten Kennedy und Nixon die US-Unterstützung für Portugal und stimmten in Streitfragen des Kolonialismus fast immer mit den Portugiesen, um weiterhin Zugang zum Lajes-Luftwaffenstützpunkt auf den Azoren zu haben.

Präsident Nixon weigerte sich hartnäckig, afrikanische Staatsoberhäupter auf Besuch in Washington oder New York zu empfangen. Außenminister Henry Kissinger traf afrikanische Botschafter in Washington nur in großen Gruppen – eine Behandlung, die die afrikanischen Staatsmänner zurecht als herablassend empfanden. Zur Rechtfertigung, daß Afrika ihn langweilte, behauptete Kissinger privat, daß es unmöglich sei, eine Afrikapolitik zu formulieren. Der Kontinent sei zu vielschichtig, politisch zu unzusammenhängend; man bräuchte 40 oder 50 Politiken, nicht nur eine einzige. Er irrte sich. Die Carter-Regierung räumte der Schaffung eines mehr partnerschaftlichen Verhältnisses zur Dritten Welt oberste Priorität ein. Carter besuchte 1978 Nigeria, als erster amerikanischer Präsident, der einen offiziellen Staatsbesuch in ein schwarzafrikanisches Land unternahm. Seine Regierung war an dem Abkommen aktiv beteiligt, das den rhodesischen Bürgerkrieg beendete und zur Unabhängigkeit von Afrikas 51. Staat, Simbabwes, führte. Und Washington begann, zwischen sich und das weiße Regime in Südafrika etwas Abstand zu bringen. Carter und sein UN-Botschafter Andrew Young schenkten Afrika soviel Aufmerksamkeit, daß der britische Premierminister James Callaghan bemerkte: „Es gibt offensichtlich eine Reihe neuer Christoph Columbus', die in den Vereinigten Staaten in See stechen, um Afrika zum ersten Mal zu entdecken. Afrika existiert schon seit langem."

Die Zuteilung der Auslandshilfe stellt ein einigermaßen verläßliches Barometer für Washingtons Interesse an einem Gebiet dar und Callaghan mag überrascht gewesen sein, daß Schwarzafrika trotz all der Zeit, die Carter und Young darüber diskutierten, keine besonders hohen Zuwendungen erhielt.* 1979 sah Washington im Haushalt nur 265 Millionen Dollar an Entwicklungshilfe für Schwarzafrika vor. Im selben Jahr erhielten allein Israel 785 Millionen Dollar und Ägypten 750 Millionen Dollar. Vier Fünftel von Washingtons Unterstützung an Schwarzafrika ist nicht militärisch, während die Sowjetunion fast ausschließlich das Militärhilfe gibt.

Die USA sind nach wie vor der größte Geldgeber der Welt, doch bei weitem nicht der großzügigste. Gemessen am Bruttosozialprodukt, widmen die Amerikaner nur 0,2 Prozent ihres Wohlstands der Dritten Welt (BRD 0,4 Prozent). Der Beitrag der USA ist während der vergangenen Jahre kontinuierlich gesunken.** Diese

---

* Zwischen 1953 und 1981 erhielt Schwarzafrika sechs Prozent der Wirtschaftshilfe und ein Prozent der Militärhilfe, die die USA dem Ausland zur Verfügung stellten.
** Statistisch gesehen sind Schweden, Norwegen und die Niederlande die großzü-

negative Entwicklung setzte sich unter der Reagan-Regierung fort, was den früheren Außenminister Edmund S. Muskie zu der Bemerkung veranlaßte, daß die Vereinigten Staaten „es sich nicht länger leisten können, so zu tun, als sei Entwicklungshilfe ein Geschenk und als ob Diplomatie reiner Zeitvertreib sei. Beide sind so grundlegend wie die Verteidigung."

Ein friedliches, wohlhabendes Afrika dient allen außer der Sowjetunion. Doch traurigerweise hat Afrika seit seiner Unabhängigkeit keinen einzigen friedlichen Tag erlebt, weil von den Wüsten Westafrikas bis zum Horn in diesem gebeutelten Kontinent ständig Krieg geführt wird. Diese Kriege sind Sezessions- oder Befreiungskriege; man sieht Marxisten gegen Marxisten kämpfen, prowestliche gegen prosowjetische, Weiße gegen Schwarze und Schwarze gegen Schwarze.

„Die Großmächte haben unseren Kontinent zu einem Schlachtfeld gemacht und unsere Völker zum Kanonenfutter für ihre Kriege", so der ehemalige sudanesische Präsident Jaafar Numeiri. „Ich fürchte, daß unser Kontinent denselben Weg wie Asien in 20 Jahren Krieg und Zerstörung gehen wird."

Mit Ausnahme Südafrikas stellt Schwarzafrika nicht seine eigenen Waffen her, so daß seine Kriege mit Waffen aus dem Ausland geführt werden. Es ist aber dennoch zu einfach, die Supermächte für Afrikas Unfähigkeit, in Frieden zu leben, verantwortlich zu machen, so wie Numeiri es tat.

Es ist wahr, daß die künstlich gezogenen Kolonialgrenzen, die Afrika bei seiner Unabhängigkeit erbte, die Grenzstreitigkeiten verstärkten. Doch selbst wenn diese Grenzen niemals gezogen worden wären, selbst wenn die Supermächte die frischgebackenen unabhängigen Staaten nicht mit Waffen ausgestattet hätten, ist es dennoch sehr wahrscheinlich, daß Afrika trotzdem Kriege führen würde. Jahrhundertealte Traditionen verändern sich nicht in ein oder zwei Jahrzehnten. Darüber hinaus wird in Afrika niemand durch Kompromisse und Zugeständnisse zum Präsidenten oder General. Diese gelangen an die Macht und behalten sie vor allem

---

gigsten Geberländer. Sie geben jeweils über 0,9 Prozent ihres Bruttosozialprodukts.

deshalb, weil sie die Kunst der Intrige und der Gewalt beherrschen. Sie verhandeln nicht mit ihren Feinden, wenn sie diese verbannen, verhaften oder umbringen können. Ihre Lösung mag roh und nur vorübergehend sein. Doch es handelt sich dabei um das grundlegende Instrument von Regierungen, die unter ihren Völkern keine Einigkeit haben herstellen können und von Präsidenten, die in ihrer engsten Umgebung keine Vertreter anderer Stämme, anderer politischer oder religiöser Herkunft aufgenommen haben. Diese Ausgestoßenen verschaffen sich mit Gewehrfeuer, nicht mit Worten Gehör.

Als der OAU-Vermittlungsausschuß 1979 in Nairobi zusammentrat, um über die acht Kriege zu sprechen, die damals in Afrika geführt wurden, eröffnete der Generalsekretär die Sitzung mit den Worten: „Unsere Aufgabe ist es heute, auf die Lippen unserer afrikanischen Brüder das Lächeln zurückzubringen."

Ein paar Delegierte stöhnten. Doch solche Sprüche waren so ungefähr das einzige, auf das sich die OAU einigen konnte, abgesehen von der Verurteilung der Apartheid. Einige Wochen später sandte der Ausschuß eine Gruppe von Abgesandten nach Dar-es-Saalam, um den tansanisch-ugandischen Krieg zu besprechen, der zu Idi Amins Sturz führte. Ein paar Stunden nach ihrer Ankunft kehrten sie zum Abendessen nach Nairobi zurück. Die Begründung lautete, daß sie nicht hätten übernachten können, da sie vergessen hatten, ihre Schlafanzüge einzupacken.

„Soweit ich es beurteilen kann, waren sie mehr am Tragen von Pyjamas als an der Beilegung des Krieges interessiert", so der tansanische Außenminister Ben Mkapa.

Die Berichterstattung von afrikanischen Kriegen stellt westliche Journalisten vor einige ungewöhnliche Hindernisse, weil die Kriege selbst normalerweise von Rätselhaftigkeit, Geheimnistuerei und Lügen umgeben sind. Das Fehlen verläßlicher Informationen seitens der betroffenen Regierungen und die Unzugänglichkeit der Fronten machen es schwierig, wenn nicht unmöglich, festzustellen, wer gewinnt, wer stirbt, wer wen unterstützt, wer die Beute erhält. Die Notizen in einem Schreibblock, den ich während des tansanisch-ugandischen Krieges 1979 benützte, von dem die Journalisten aus dem benachbarten Kenya berichten mußten, illustrieren die oft nicht definierbare Trennlinie zwischen Tatsache und Täter:

10. März – Libyen leugnet, daß es militärischen Nachschub nach Uganda einfliegt, um Präsident Amin herauszuhauen.

11.März – Zwei libysche Transportflugzeuge landen auf dem Luftwaffenstützpunkt Entebbe, beladen mit militärischer Ausrüstung und Soldaten.

19. März – Amin verkündet, daß Kommandos der PLO an der Seite seiner Soldaten an der Front kämpfen.

25. März – Ein PLO-Vertreter beruft eine Pressekonferenz in Tansania ein und erklärt: Ich versichere Ihnen, daß keine Palästinenser in den Kämpfen in Uganda verwickelt sind.

26. März – Radio Uganda berichtet, daß Amin in seiner Residenz eingeschlossen ist, da die Straße von Entebbe nach Kampala abgeschnitten wurde, daß feindliche Panzer zum Präsidentenpalast vorrücken.

27. März – Radio Uganda erwähnt die Ausstrahlung vom Vortag mit keiner Silbe und teilt nur mit, daß in Uganda alles ruhig und Amin bei seinen Truppen sei.

Ein britischer Journalist, der von London nach Ostafrika geschickt worden war, um über den Krieg zu berichten, kapitulierte professionell vor dem Mangel an Informationen. Er konnte kein Visum für Uganda erhalten und erfuhr nichts Erwähnenswertes von den ugandischen Flüchtlingen, die nach Kenya strömten. So saß er in seinem Zimmer in Nairobis Intercontinental Hotel und schob aufs Geratewohl Spielzeugpanzer auf einer Karte von Uganda hin und her, die vor seinen Füßen ausgebreitet lag. Dann schrieb er einen Artikel, der auf seinen Schlafzimmermanövern beruhte. Einem tatkräftigeren amerikanischen Journalisten gelang es, telefonisch zu Amins Aufenthaltsort vorzudringen. Er stellte sich vor und ein Offizieller am anderen Ende der Leitung erklärte ihm: „Ich weiß, daß sie von der CIA sind, so stellen sie mich erstmal zu Präsident Carter durch und wir werden ihm etwas geben, daß ihn wirklich anmacht."

Die Folge solcher zweideutigen und nichtssagenden Informationen ist, daß die Reporter sich ihre Informationen häufig aus zweiter Hand zusammensuchen müssen – von Flüchtlingen, westlichen Botschaften, staatlichen Radiosendungen und allzu oft auch von anderen Reportern. Doch seinen Erfindungsreichtum in Afrika unter Beweis zu stellen, kann gefährlich sein und das Risiko wiegt oft den Wert der Story nicht auf. Ich erinnere mich an vier europäische Journalisten (darunter Journalisten vom Stern), die ein paar Wochen, bevor Idi Amin von der tansanischen Revolutionsarmee aus Uganda gejagt wurde, nach Nairobi kamen. Einer von ihnen war von seinem Chef damit beauftragt worden, Idi Amin zu fotografieren und zu interviewen. Der Auftrag war genauso absurd wie unmöglich, denn in Uganda herrschten Furcht und Verfolgungswahn und das Land war für die Außenwelt geschlossen. Dennoch waren die Vier fest entschlossen, irgendwie nach Uganda hereinzukommen. Diejenigen von uns, die in Nairobi postiert waren, warnten sie: „Ihr seid verrückt, versucht das nicht." Trotzdem gingen sie, mieteten sich das Ruderboot eines kenyanischen Fischers und glitten über den Victoriasee zu einem kleinen Dörfchen bei Entebbe. Mehrere ugandische Soldaten nahmen sie dort freundlich in Empfang, brachten sie zur örtlichen Polizeiwache und erschossen sie.

Auf einer Afrikakarte findet man im Osten ein Gebiet, das in den Golf von Aden und den Indischen Ozean hineinragt. Das ist das Horn von Afrika. Es umfaßt drei Länder – Äthiopien, Somalia und Djibouti –, bedeckt eine Fläche dreieinhalbmal so groß wie Frankreich und beheimatet knapp 50 Millionen Menschen. Auf der westlichen Seite des Gebirgszugs, der Äthiopien in zwei Hälften teilt, wächst Kaffee in Spitzenqualität.* Auf der Ostseite trocknen die Flüsse schnell aus und die strauchbedeckten Plateaus weichen einer endlosen Wüste, die sich bis an die Küste erstreckt. Dort ist die Heimat der Somali, eines Nomadenvolkes, das widerstandsfähig und hartgesotten ist, von Schicksalsergebenheit und Überlebenskenntnis durchdrungen – Eigenschaften, die sie sich durch das harte Leben in der Wüste und im Krieg erworben haben.

Im Gegensatz zu den meisten Afrikanern sind die Somali hitzige Nationalisten. Sie sprechen eine Sprache, teilen dieselbe Kultur und den Glauben, daß ihre islamischen Führer Nachfahren von Aquil Abu Talib sind, dem Cousin Mohammeds. Isak Dinesen verglich die Somali in ihrem Buch *Schatten wandern übers Gras* mit den alten

---

* Viele Ethnologen sind der Auffassung, daß das Wort Kaffee von Kaffa abstammt, einer Provinz in Südwestäthiopien, die angeblich die Geburtsstätte des Kaffees ist.

Isländern in den nordischen Sagen. Die Somali waren den Expansionsgelüsten der Portugiesen, Äthiopier, Franzosen, Engländer und Italiener ausgesetzt und haben niemals kampflos auch nur einen Zentimeter Boden preisgegeben oder ihren Kampfgeist verloren. 1921 unterwarfen die Briten einen Somali-Führer, Mohammed Abdullah Hassan, erst nachdem sie sein Fort bombadiert hatten. „Es ist unglaublich", so ein britischer Offizier, „wie wenig die Somali von unsrerer Überlegenheit beeindruckt sind".

Das Horn von Afrika steht seit Jahren synonym für Krise. Die Kriege dauern dort schon länger an, als der weiße Mann in Afrika steht. Die Sowjetunion und die USA sind wegen der strategischen Küstenlage des Horns aufeinandergestoßen. Das Christentum und der Islam, Marxismus und prowestlicher Sozialismus, stehen sich dort gegenüber. Es herrschen Armut und Unterdrückung. Reist man aus Somalias Hauptstadt Mogadischu heraus, werden die Asphaltstraßen schnell zu Staub und es dauert nicht lange, bis man auf ein Lager stößt, in dem sich Strohhütte an Strohhütte reiht, soweit das Auge reicht. Und dort stößt man auf ein weiteres Produkt afrikanischer Kriege und übler Regierungen – die Flüchtlinge. Einer von fünf Millionen Afrikanern ist auf der Flucht.

Dol Abdu Husein hat während ihrer gesamten 33 Lebensjahre im Schatten von Krieg und Dürre gelebt. Flugzeuge regnen den Tod vom Himmel und Artillerie zerschlägt die Stille der Wüste. Wasserlöcher versiegen, die Erde bricht auf, das Vieh stirbt. Kinder wimmern vor Hunger und die Kamele werden unruhig, denn sie spüren, daß es Zeit ist, weiterzuziehen.

Husein, eine große, würdevolle Somalifrau und in der Kunst des Überlebens bewandert, zuckte mit den Schultern. Sie tut die Kräfte, die ihr Leben kontrollieren und bekämpfen – und die sie zum Flüchtling machten –, mit einer einzigen, kurzen Bemerkung ab: „Das Schicksal ist mächtig."

Einen Monat, bevor ich sie in einem somalischen Flüchtlingslager names Gialalassi traf, war noch der Ogaden die Heimat von Frau Husein und ihren vier Kindern gewesen. In dieser kargen äthiopischen Provinz bekriegen sich somalische Nomaden und äthiopische Bauern seit 1000 Jahren. Es ist ein weitläufiger und öder Ort, der voller Entbehrung und Verzweifelung steckt. In ihrem ganzen Leben hatte Frau Husein noch nie ein Glas Eiswasser probiert, noch eine Stadt gesehen oder einen Stromschalter betätigt.

„Ich wollte nicht gehen, aber schließlich bekam ich Angst",
erzählte sie, während sie ihr jüngstes Kind umarmt hielt. „Die
äthiopischen Flugzeuge kamen oft, bombadierten unsere Dörfer
und Wasserlöcher und viele starben bei ihren Angriffen. Überall
sind kubanische Soldaten, die versuchen, uns von unserem Land zu
vertreiben. Es war Zeit, zu fliehen."
So sammelte sie eines Nachts im Schutze der Dunkelheit ihre
Kinder, wickelte ihr gesamtes Hab und Gut in ein Tuch, band
dieses am Rücken ihres Kamels fest und machte sich nach Somalia
auf. Ihren Mann, einen Guerillakämpfer, ließ sie zurück. 13 Tage
später überquerte sie die Grenze. Die Nomaden waren offiziell zu
Flüchtlingen geworden.
   „Es fällt diesen Leuten sehr schwer, sich anzupassen", so der
Kommandant des Gialalassi-Lagers, Hauptmann Abdullah Haji
Ahmed. „Ihre ganze Lebensweise hat sich verändert, und sie wer-
den vielleicht nie mehr in der Lage sein, das zurückzufordern, was
sie verloren haben. Ihr ganzes Leben haben sie frei gelebt, ungehin-
dert, und sind mit ihren Herden zum guten Weideland und zu den
Wasserquellen gewandert. Jetzt haben sie keine Herden und keinen
Raum mehr und wir sagen ihnen, daß sie aus sanitären Gründen
Latrinen bauen müssen. Das verstehen sie nicht."
   In ganz Afrika gibt es ähnliche Szenen in den Lagern, wo
Menschen wie Frau Husein von Almosen und vom Mitleid anderer
leben. Sie flohen vor Tyrannei, Revolution, Stammesrivalitäten,
Apartheid, Armut, Krieg und Dürre und ihre Verpflanzung hat das
laut Uno größte Flüchtlingsproblem seit dem Zweiten Weltkrieg
verursacht.
   Die afrikanischen Flüchtlinge – jeder Hundertste auf dem Kontinent ist ein Flüchtling – stellen mehr als die Hälfte aller heimatlosen
Menschen auf der Erde dar. 1965, als 535000 Afrikaner als Flüchtlinge galten, machte die Allafrikanische Kirchenkonferenz hauptsächlich die Rassendiskrimierung im südlichen Afrika dafür verantwortlich. In den neuesten Berichten der Konferenz wird klarge-
stellt, daß die Mehrzahl der heutigen Flüchtlinge Opfer schwarz-
afrikanischer Diktaturen sind.
   In vielen Fällen folgt die Flucht nicht einem logischen Muster
und spiegelt so die Künstlichkeit der afrikanischen Staatsgrenzen
wider. So sind 400000 Angolaner nach Zaire geflohen und 200000
Zairer nach Angola. Tausende von Menschen aus Burundi sind ins

benachbarte Rwanda geflohen und Tausende von Rwandesen nach Burundi. Insgesamt haben 25 von 51 afrikanischen Staaten große Flüchtlingsbevölkerungen. Unter ihnen befinden sich abgesetzte Präsidenten, ehemalige Minister und Guerillaführer, wohlhabende Geschäftsleute und Professoren sowie millionenfach Bauern und Nomaden, deren einziges Verbrechen es ist, zur falschen Zeit am falschen Ort zu sein.

Tragischerweise ist Afrikas Flüchtlingsproblem eher die Sorge der internationalen Gemeinschaft als die der afrikanischen Regierungen. Dasselbe gilt für Nahrungsmittelknappheit, Bevölkerungswachstum und die Nöte, die durch Dürre und andere Naturkatastrophen verursacht werden. Es ist für die meisten afrikanischen Regierungen in der Tat vorteilhaft, ihre Länder in einem ständigen Ausnahmezustand zu halten, weil sie dann die Krise zu einer unverhofften Geldquelle machen und unterdrückerische Maßnahmen im Namen des Überlebens der Nation rechtfertigen können. In einem besonders schlechten Erntejahr verkaufte beispielsweise Kenya 80000 Tonnen Weizen an Sambia und erklärte wenig später, daß eine Hungersnot drohe. Westliche Spendenorganisationen sprangen in die Bresche und alle Beteiligten waren glücklich: Kenya strich den Gewinn aus dem Verkauf an Sambia ein, erhielt umsonst Weizen, um die entstandene Lücke aufzufüllen, und mußte sich nicht mit der anstrengenden Planung der Lagerung und der Verteilung seines Weizens befassen; die Hilfsorganisationen waren wieder einmal in der Lage, ihre Existenz mit Statistiken über die Anzahl der Menschen zu rechtfertigen, die sie vor dem Hungerstod bewahrt hatten.

Präsident Julius Nyerere von Tansania brachte diese Krisenmentalität genau auf den Punkt, als er dem Hohen Flüchtlingskommissar der Vereinten Nationen, Poul Hartling, erklärte: „Ich liebe die Flüchtlinge. Sie bestellen mein Land. Aber ich habe kein Geld. Sie bringen das Geld."

Von all den Ländern, die ich in Afrika besuchte, hat sich keines so deutlich in meine Erinnerung eingeprägt wie Äthiopien. Es hat eine reiche Geschichte und ist heute durch seine Verwicklung in internationale Intrigen der Dreh-und Angelpunkt des Gleichgewichts der Mächte am Horn von Afrika. Dort erfährt man – wie überall sonst auf dem Kontinent –, wie unbeständig politische Allianzen sein können. Der Name Äthiopien stammt von den griechischen Wörtern „Brennen" und „Land" ab – das Land der Menschen mit den verbrannten Gesichtern. Mit Ausnahme Ägyptens ist Äthiopien der älteste unabhängige Staat in Afrika. Die fruchtbaren Hochebenen im Landesinneren sind von Bergen umgeben, die sich fast senkrecht aus der Wüste erheben. Diese Berge bildeten eine natürliche Schranke, die es den Äthiopiern ermöglichte, ausländischen Eindringlingen zu widerstehen und in über 2000jähriger Isolation ihre eigene Kultur zu entwickeln. Die Gebirge machten Äthiopien so unzugänglich, daß es mit Liberia das einzige Land in Schwarzafrika ist, das niemals von Europa kolonisiert wurde. Und es ist das einzige Land, wo das Christentum (die koptische Kirche) eine einheimische Tradition hat und nicht von europäischen Missionaren eingeführt wurde.

Der Legende zufolge – und es handelt sich nur um eine Legende – war der erste äthiopische Herrscher Menelik ein Nachfahre von König Salomon und der Königin von Saba. Viele Äthiopier haben europäische Gesichtszüge und die dominante Ethnie der Amharer (abgeleitet aus einem hebräischen Wort, das „Menschen des Gebirges" bedeutet) betrachtet andere Schwarzafrikaner als minderwertig. Schon lange bevor das restliche Ostafrika das Rad entdeckte, zeichneten die Äthiopier ihre Geschichte in einer Schriftsprache auf, dem Amharisch. Äthiopien war so isoliert, daß zu Zeiten Homers die Äthiopier als die „am weitesten entfernten von allen Menschen" bezeichnet wurden. Ihr Land galt als der Ort, an dem die Sonne unterging. Erst 1895 sahen sich die Äthiopier ihrer ersten wirklichen Bedrohung von außen gegenüber, einer italienischen Invasion. Doch die Italiener wurden in der Schlacht von Adowa vernichtend geschlagen und zum Rückzug gezwungen. Das war die erste Niederlage einer europäischen Armee in Schwarzafrika. Äthiopiens Unabhängigkeit bestand bis 1935, als Italiens faschistischer Diktatur Benito Mussolini das Land eroberte. Der Kaiser Haile Selassie, der ins Exil getrieben wurde und während der italienischen Besatzung im englischen Bath lebte, zog vor den Völkerbund. Dieser ignorierte seine Bitte um Hilfe.

„Außerhalb des Reich Gottes", sagte Selassie 1936 in einer Ansprache vor dem Völkerbund in Genf, "gibt es kein Reich, das größer ist als ein anderes. Gott und die Geschichte werden sich an ihr Urteil erinnern."

Selassie kehrte 1941 aus dem Exil zurück, nachdem britische, indische und äthiopische Truppen die Italiener vertrieben hatten, und zog wieder in seinen Palast auf dem Hügel ein, in dessen Garten 30 Löwen frei herumliefen. Von seinem Palast in Addis Abeba („Neue Blume" auf Amharisch) blickte Selassie auf eine ausgedehnte Hauptstadt herab, in der im Laufe der Zeit Slums und moderne Bürogebäude Seite an Seite standen und die Vergangenheit auf immer mit der Gegenwart in Konflikt zu stehen schien.

Selbst heute trotten jeden Morgen Eselkarawanen durch die unbefestigten Straßen Addis Abebas, den Rücken mit Weizen vollbeladen. Ihre Herren halten von Zeit zu Zeit bei den Lehmhütten an, vor denen eine leere Dose auf einem Stock neben der Tür signalisiert, daß drinnen hausgemachtes Bier verkauft wird. Wie viele alte Männer in Äthiopien schmiert ein Eseltreiber zur Heilung von Kopfschmerzen sein Haupt mit Butter ein. Zur Heilung von Wunden und zur Vertreibung böser Geister umwickelt er seine Glieder mit religiösen Schriften. Wenn er am Ende des Tages nach Hause zurückkehrt, werden seine müden Füße von seiner Frau gewaschen und massiert.

Kaiser Selassie traf jede Entscheidung selbst, kontrollierte jeden Pfennig der Staatskasse und ließ niemals echte Wahlen abhalten. Doch im Gegensatz zu manch anderem afrikanischen Herrscher unserer Tage brachte der „Löwe von Juda", wie er genannt wurde, Äthiopien einige positive Neuerungen. Er gab ein Drittel seines Budgets für Bildung aus, ließ einige hervorragende Hospitäler und Schulen bauen und war, an afrikanischen Maßstäben gemessen, kein brutaler Unterdrücker. Selassie war ein steifer Mann voller Würde und Anmut und in der Gesellschaft von Präsidenten und Premierministern zuhause.

Der konservative, antikommunistische Kaiser hatte die USA als Hauptverbündeten gewählt — einerseits, weil Washington Geld übrig hatte und andererseits, weil Washington die Rechtmäßigkeit der italienischen Eroberung nie anerkannt hatte. Von 1954 bis 1977 war Äthiopien Kunde der Amerikaner. Washington besetzte die Schlüsselpositionen im Außen-, Finanz- und Außenministerium mit Amerikanern. Es rüstete Äthiopiens Armee und bildete sie aus. Washington unterhielt streng geheime militärische Kommunikations- und Aufklärungsanlagen, die mit Amerikaner besetzt waren. Die USA schenkten Selassie zwei Millionen Dollar zum Kauf einer Yacht.

Während Selassie und die kaiserliche Familie in Saus und Braus lebten, vegetierten die Äthiopier Anfang der siebziger Jahre in Armut – bei einem Pro-Kopf-Einkommen von 90 Dollar im Jahr und einer Analphatenquote von 93 Prozent. Sie arbeiteten praktisch wie Sklaven auf den Feldern kaiserlicher Prinzen und Prinzessinnen. Gelegentlich gab es Gerüchte über Unruhen in der Armee und die in England oder den USA ausgebildeten jungen Männer flüsterten sich zu, daß Äthiopien und Afrika sich nicht im Gleichschritt befänden. Selassie schien fest im Sattel zu sitzen und mehrere Versuche, ihn abzusetzen, waren amateurhafte Angelegenheiten, die kaum über die Planungsphase hinausgingen. Dann fegte 1973 eine Dürre durch die Provinz Wallo. Die Regierung versuchte, das Desaster geheimzuhalten, da sie ihre Unfähigkeit, die Bedürfnisse ihres Volkes zu befriedigen, nicht eingestehen wollte. Mehr als 200 000 Menschen starben. Zur selben Zeit wurde der damals 81jährige Selassie dabei fotografiert, wie er Streifen frischen Fleisches seinen zwei großen dänischen Doggen zuwarf. Die Geschichten von Unzufriedenheit in den Kasernen waren keine Gerüchte mehr.

Selassie wurde im darauffolgenden Jahr, nach 44 Jahren als Kaiser, von einer Gruppe gemeiner Soldaten gestürzt. Wenn irgendein afrikanisches Land eine Revolution benötigte, dann war es Äthiopien. Unglücklicherweise erhielt es statt dessen einen Haufen mörderischer, marxistischer Revolutionäre. Die Militärjunta unter dem Vorsitz von Mengistu Haile-Mariam, einem 1,65 Meter großen Angehörigen des Stammes der dunkelhäutigen Galla, die lange Zeit von den Amhara beherrscht worden waren, richtete Hunderte von Äthiopiern mit Verbindung zum Königshaus hin; Dutzende von Selassies Verwandten wurden ermordet oder an die Wände in den Weinkellern des kaiserlichen Palastes gekettet; Tausende von verdächtigten „Konterrevolutionären" wurden in den Straßen niedergeschossen und schätzungsweise 30 000 Menschen eingesperrt. Als ein Mitglied der Junta die Weisheit der Terrortaktiken der Regierung bei einer offiziellen Zusammenkunft anzweifelte, lehnte sich Mengistu ruhig in seinen Stuhl zurück, zog seinen Revolver und schoß ihm durch den Kopf. Abweichende Auffassungen verstummten.

Selassie wurde in einem Flügel seines Palastes eingeschlossen. Eine gewisse Zeitlang gab die Junta gelegentliche Mitteilungen zu seinem Gesundheitszustand heraus und schließlich folgte die wenig plausible Erklärung, daß der Kaiser sich in den Hungerstreik begeben habe. Dann verstummten die Mitteilungen. Es wurde niemals eine offizielle Erklärung abgegeben, doch in Addis Abeba erzählte man sich, daß der Kaiser vergiftet worden sei. Haile Selassie, das am längsten regierende und eloquenteste Staatsoberhaupt des modernen Afrika, wurde in einem namenlosen Grab verscharrt, dessen Ort nur den harten, jungen Soldaten bekannt ist, die jetzt das alte Kaiserreich regieren.

Der 38jährige Mengistu, der in seinem Anzug bei den OAU-Treffen so harmlos wie ein Rekrut aussah, entpuppte sich als unangenehmer, mitleidsloser Zeitgenosse. Als eriträische Separisten drohten, seine Frau und seine Kinder zu entführen, bellte er: „Macht nur. Kocht sie in Öl, es ist mir egal." Schon bald ersetzte er Haile Selassies Portraits in Addis Abeba mit seinen eigenen und begann, im großen Stil des gestürzten Kaisers zu leben. Seine Untergebenen wurden genauso kriegerisch wie die Selassies. Einer neuer Personenkult war geboren.

Der Putsch bot der Sowjetunion eine großartige Gelegenheit. Die Junta äußerte sich in immer radikaleren Tönen und störte sich an der engen militärischen und wirtschaftlichen Verknüpfung des Landes mit den kapitalistischen USA. Die Junta benötigte zwei Dinge, die Moskau reichlich hatte: Waffen, um die Sezessionsbewegung in Eritrea* und den Guerillakrieg der Somalis im Ogaden auszumerzen; und die Anleitung, wie man eine Feudalgesellschaft in einen marxistischen Staat verwandelt.

Doch die Sowjetunion hatte ein Problem: Äthiopien und das benachbarte Somalia waren erbitterte Feinde, die schon seit Ewigkeiten im Ogaden Krieg führten, und Somalia war Moskaus wichtigster Verbündeter in Afrika. Moskau konnte nicht mit Äthiopien und Somalia zugleich befreundet sein. Es mußte sich entscheiden

---

* Eritrea war ab dem 19. Jahrhundert bis 1941 eine italienische Kolonie. Eine Resolution der Uno beendete die britische Administration 1952 und Eritrea trat in eine Föderation mit Äthiopien ein, die ihr erhebliche Autonomie und das Recht, ein eigenes Parlament zu wählen, zusprach. 1962 löste Haile Selassie die Föderation einseitig auf und gliederte Eritrea als 14. Provinz an Äthiopien an. Etwea 40 000 von arabischen Staaten unterstützte und marxistisch-orientierte Eritreer kämpfen nun schon seit 28 Jahren um ihre Unabhängigkeit.

und in vielerlei Hinsicht stellte Äthiopien mit seinen damals 35 Millionen Einwohnern ein verlockenderes Ziel dar: Äthiopien war fast zweimal so groß wie Somalia und sein Entwicklungspotential sehr viel größer; es besaß zwei große Häfen am Roten Meer – Assab und Massawa – und die Hauptquelle des blauen Nils, der Lebensader Ägyptens.

Somalia wurde 1974 der erste schwarzafrikanische Staat, der einen Freundschafts- und Kooperationsvertrag mit der Sowjetunion unterzeichnete und 6000 russische Soldaten und Zivilisten verwalteten es wie aus einem Minikreml. Sie kontrollierten das Verteidigungs- und Informationsministerium, die Geheimpolizei und eine bedeutende Militäranlage in Berbera. Sie verwandelten die zusammengeschusterte somalische Armee in eine 25 000 Mann starke Kampftruppe, die mit schwerer Artillerie und AK-47-Sturmgewehren ausgerüstet war. Sie versorgten die somalische Luftwaffe mit MIGs und die Schule mit Lehrern, die mehr politische Theorie als Mathematik unterrichteten. Am ersten Mai stellten sie eine beeindruckende Militärparade auf die Beine, verbrachten ihre Wochenenden beim Sonnenbaden in ihrem Strandhaus und verscheuchten die barfüßigen Somalikinder, die ihnen Muscheln und handgemachte Sandalen zu verkaufen versuchten.

Und die Amerikaner? Sie waren nach der Unabhängigkeit mit Unterstützung in Millionenhöhe nach Somalia geeilt, doch jetzt waren sie unwillkommene Schurken, die Opfer ihrer Allianz mit Äthiopien und einer Propagandakampagne der Sowjetunion. Friedenskorps-Freiwillige wurden in den Straßen mit Steinen beworfen und 1971 wurde die Organisation gezwungen, sich vollständig aus Somalia zurückzuziehen. Amerikanische Diplomaten wurden bespuckt und 1977 stoppte Washington seine Hilfe – es hatte sowieso keines der Landwirtschaftsprojekte viel getaugt – und reduzierte sein umfangreiches Botschaftspersonal auf drei Abgesandte. „Auf diesem Posten gibt es außer Lesen nichts zu tun", so einer von ihnen. Onkel-Sam-Plakate, von Somalibauern getreten, flogen in der ganzen Hauptstadt herum und in die Residenz des amerikanischen Botschafters, John Loughran, wurde eingebrochen – vermutlich beim Versuch, diskreditierende Dokumente zu finden. Das Telefon der US-Botschaft wurde abgehört, ihre Post geöffnet und somalischen Staatsbürgern war durch ein Dekret des Präsidenten jeglicher Kontakt zu Ausländern untersagt. Jeder Somali, der es wagte, einen Fuß in das Haus eines Amerikaners zu setzen, wäre sofort als Spion gebrandmarkt worden.

Die Fremdenfeindlichkeit erreichte im Frühjahr 1977 ihren Höhepunkt, als sich Somalia auf eine Invasion des Ogaden vorbereitete, um seinem seit langem bestehenden Territorialanspruch Geltung zu verschaffen. Wieder einmal wurde das Horn von Afrika zum Schlachtfeld. Doch diesmal sollten sich unter den Kämpfenden Kubaner, Russen sowie indirekt Amerikaner befinden und der Krieg im Ogaden zum außergewöhnlichsten Bäume-wechsle-dich-Spiel der Allianzen mit den Supermächten führen, die das unabhängige Afrika je erlebt hat.

Der Ogaden ist eine trockene Ebene, die sich von den Wüsten im Osten zu den Gebirgen im Landesinneren erstreckt, die sich in der Form eines Halbmonds durch Äthiopien ziehen. Das Land ist außer für die Nomaden von geringem Nutzen, die dort mit ihren Kamelen und ihrem Vieh umherziehen. Zwischen dem zehnten und dem fünfzehnten Jahrhundert kämpften diese Nomaden – Moslems von der arabischen Halbinsel, die schließlich Somali heißen sollten, und Christen aus dem äthiopischen Königreich – um die Kontrolle der Wasserlöcher und des Weidelands im Ogaden.

Somalia wurde von den europäischen Mächten in einer Reihe von Verträgen aufgeteilt, die auf die Berliner Konferenz von 1884/ 85 folgten. Ein Stück wurde an die Briten vergeben und ist heute das nördliche Drittel Kenyas. Ein zweites ging an Frankreich (Territorium von Afars and Issas – heute Djibouti) und ein drittes, der Ogaden, an das selbständige Äthiopien. (Kaiser Menelik von Äthiopien unterzeichnete 1897 und 1908 Verträge mit Großbritannien und Italien, die seine Herrschaft im Ogaden formal bestätigten. Die Somali wurden weder konsultiert, noch waren sie während der Unterzeichnung zugegen.) Was von Somalia nach seiner Verstümmlung übrigblieb, wurde in Italienisch-Somaliland mit der Hauptstadt Mogadischu und Britisch-Somaliland mit der Hauptstadt Hargeisa aufgeteilt.

1934 prallten von Italienern befehligte somalische Truppen in Ogaden mit äthiopischen Soldaten an einem Wasserloch namens Wal Wal aufeinander. Mussolini benutzte das Scharmützel als Vorwand, um Äthiopien zu erobern und zu besetzen. Er trennte den Ogaden von Äthiopien ab und verwaltete ihn als Teil von Italienisch-Somaliland (1941 besiegten die Briten die Italiener in Ostafrika und der Ogaden kam unter militärische Verwaltung).

Großbritannien schlug 1950 bei den Vereinten Nationen vor, die fünf Teile Somalias wiederzuvereinigen. Ironischerweise wurde der Vorschlag unter anderem wegen des Widerstands der Sowjetunion aufs Eis gelegt, die zwei Jahrzehnte später der entscheidende Faktor bei der Vorbereitung Somalias zu seinem mißglückten Versuch sein sollte, den Ogaden militärisch wiederzugewinnen. Bei den Vereinten Nationen abgeblitzt, gab Großbritannien den Ogaden auf Drängen Haile Selassies 1955 an Äthiopien zurück. Fünf Jahre später wurden Britisch- und Italienisch-Somaliland zur unabhängigen Republik von Somalia vereinigt. Obwohl sie von Schwarzafrika nicht unterstützt wurden, das die Kolonialgrenzen als unantastbar betrachtet, wollten die Somali noch immer die fehlenden Gebiete als Bestandteile eines Großsomalia zurückgewinnen. Jeder der fünf Punkte des weißen Sterns auf der Nationalflagge symbolisiert eine Region, die von Somali bewohnt wird. Wer also von der Feindschaft zwischen Somali und Äthiopiern im Ogaden spricht, redet über einen Haß, der in tausendjährigem Kampf geschürt wurde.

Während der gesamten siebziger Jahre bereitete Moskau das somalische Militär auf seine Invasion des Ogaden vor, der von den Äthiopiern nur schwach verteidigt wurde. Doch dann, 1977, mit dem Tod Haile Selassies und der Machtübernahme junger Revolutionäre, überdachten die Sowjets ihre Strategie. Sie gingen soweit, die Somali praktisch darum zu bitten, ihre Angriffspläne fallenzulassen und schlugen eine marxistische Föderation zwischen Äthiopien und Somalia vor. Mohamed Siad Barré, Somalias islamischer Präsident, zürnte. Die Russen verließen scharenweise Somalia und Barré schickte heimlich einen Abgesandten – seinen amerikanischen Zahnarzt aus New York – nach Washington, um herauszufinden, ob die Carter-Regierung etwas anzubieten hätte. Ja, so lautete die Antwort, die USA seien bereit, den Somali „Defensivwaffen" zu liefern, wenn Barré seine Verbindungen zur Sowjetunion abbräche. Barré erklärte Moskau, daß es sich entscheiden müßte – es könne Somalia oder Äthiopien, aber nicht beide zugleich unterstützen – und eines Morgens im Juni, kurz vor Tagesanbruch, schickte er seine Truppen über die Grenze in den Ogaden. Die äthiopischen Verteidigungsstellungen brachen zusammen. Innerhalb von zwei Monaten eroberte Somalia neun Zehntel des Gebiets und Barrés Traum von der Vereinigung seines Volkes unter einer Flagge schien zum Greifen nahe.

Bis dahin war Somalia eines der isoliertesten Länder Afrikas gewesen, das der Außenwelt genauso verschlossen wie Nordkorea blieb und für westliche Journalisten Sperrgebiet war. Doch plötzlich hatte Barré der Welt etwas mitzuteilen und Somalia begann, Visa zu verteilen wie Supermärkte Rabattmarken. Eine Gruppe von Journalisten reiste nach Mogadischu, um einen Weg in den Ogaden zu finden. Wir hingen im Uruba Hotel herum, einem neuen Gebäude mit schönem Seeblick, dessen Toiletten beim Spülen überliefen und jedes Zimmer mit dem Geruch der Straßen erfüllten. Wir rannten der Regierung die Türen ein, um eine Transportmöglichkeit in den Ogaden zu erhalten, kratzten einige Interviews in der Stadt zusammen und gingen zu einer Pressekonferenz, bei der Barré leugnete, daß seine Truppen irgendwo einmarschiert seien. Alle Kämpfe, so sagte er, vollzögen sich durch die somalischen Bewohner des Ogaden. Und wo die Nomaden ihre Panzer und die schwere Artillerie herbekämen? Barré, ehemaliger Polizist und im Ogaden geboren, sagte, daß er sich nicht sicher sei; sie müßten sie wohl bei der somalischen Armee „geborgt" haben.

Barré behauptete nicht ganz ohne Grund, daß die äthiopische Präsenz im Ogaden kolonialistisch sei und es gab keinen Zweifel daran, daß die Äthiopier mit harter Hand regierten, um die somalischen Nomaden über die Grenze zurückzutreiben. Die Äthiopier vergifteten die Wasserlöcher und schnitten, wie manche Somalier, mit denen wir sprachen, behaupteten, gelegentlich den Frauen die Brüste ab, um die Kinder der Milch zu berauben. Die Äthiopier trieben die Steuern mit vorgehaltener Waffe ein und hielten die Ordnung mit zweitrangigen Soldaten und Polizisten aufrecht, die von der Regierung in Addis Abeba mehr oder weniger strafversetzt worden waren.

„Ich habe unter drei Kolonialmächten gelebt – den Briten, den Italienern und den Abyssiniern (Äthiopiern)", so ein 71jähriger Nomade aus dem Ogaden, Husein Liban, ein schwächlicher Mann mit wehendem weißen Bart, wässrigen Augen und einem Zahn. „Die Italiener und die Briten beuteten uns ebenfalls aus und fügten uns Schmerz zu, aber sie taten das nach und nach. Die Abessinier waren schnell und primitiv. Wenn man sich eine Spritze geben lassen muß, wählt man lieber diejenige, die nur ein wenig schmerzt, als diejenige, welche tief in den Körper eindringt."

Wir hatten den alten Mann in Jijiga getroffen, einer Wüstenstadt mit einer einzigen Straße, die die Somali gerade von den fliehenden Äthiopiern eingenommen hatten. Jijiga hatte weder fließendes Wasser noch Strom und das, was sich Genet Hotel nannte, war nicht mehr als ein großer, fensterloser Raum mit sandbedecktem Boden, einem zerschundenen Sofa und drei Feldbetten. Wir hatten Jijiga nach fünfstündiger Fahrt in drei von der somalischen Regierung zur Verfügung gestellten Landrovern erreicht. Wir reisten in einer mondlosen Nacht quer durch die Wüste, um nicht von äthiopischen Kampfflugzeugen entdeckt zu werden. Alles erschien so rätselhaft, so weit von jedem mir bekannten Volk oder Ort entfernt – die einsamen, in Kleider gewickelten Gestalten, die aus der eisigen Schwärze mit ihren Kamelen auftauchten und uns beim Vorbeifahren still anstarrten; die kleinen Dörfer, die sich als Umrisse von Lehmhütten abzeichneten und in der Nacht verschwanden, als ob sie nur ein Trugbild seien; die poltrigen Wüstenpisten, die end- und richtungslos erschienen, die unser Fahrer aber so sicher navigierte, als lese er einen Stadtplan.

Kurz nach drei Uhr morgens kamen unsere drei Allradfahrzeuge in dem verlassenen äthiopischen Heerlager an, das auf einem Hügel bei Jijiga stand. Der Sand wurde zu felsigem Boden und unser Fahrer verließ die Piste. Er fuhr querfeldein zu einem kleinen Gebäude aus Lehm und Zement. Eine Kerze brannte im Inneren über einer italienischen Karte des Ogaden und ein halbes Dutzend somalischer Guerillakämpfer mit Gewehren erhoben sich vom Eßtisch, um uns in gebrochenem Englisch zu begrüßen. Der Rebellenführer Abdullah Abdi führte uns an den Tisch, auf dem der Braten einer zu unseren Ehren frischgeschlachteten Ziege stand. Wie unsere Gastgeber zogen wir das fettige Fleisch mit unseren Fingern ab. Es war fast roh und wir zwangen es mit Schlücken aus einer staubbedeckten Flasche Scotch herunter, die einer der Somali aus einer Munitionskiste herausgeholt hatte. Mit rumorendem Magen zogen wir uns in eine Ecke zurück, um auf den Tag zu warten. Die Nachricht von unserer Ankunft verbreitete sich schnell in Jijiga und früh am nächsten Morgen versammelte sich die gesamte Stadt vor dem Genet Hotel, um uns ihren Haß auf die Äthiopier vorzuführen. Die Menschen, insgesamt vielleicht zweitausend, kamen aus dem Nichts herbeigeeilt. War der Ort noch vor einigen Augenblicken so leblos wie eine Geisterstadt gewesen, so brodelte er jetzt mit Leben, einer Bewegung und Farbenvielfalt wie beim Karneval. Die Menschenmasse bewegte sich wie ein Körper, tanzte und hüpfte um uns herum und trug uns mit sich fort. „Sieg der Front", schrien sie und ihre Rufe hallten durch das Wüstental. Alte Männer, barfüßig und spindelig, schwangen ihre Speere, Dolche, Macheten und eine seltsame Zusammenstellung alter Gewehre vor unseren Gesichtern. Die Kinder lachten und schleuderten Steine auf streunende „äthiopische" Hunde und giggelten voller Stolz, wenn einer von ihnen getroffen wurde und jaulend davonhumpelte. Die Frauen wankten zwischen ihren Männern wie hypnotisiert hin und her und ihre feinen Gesichtszüge verzogen sich zum Lächeln, während ihre Trommeln und Kriegsrufe sich mit dem Begeisterungstaumel verschmolzen.

Zwanzig Minuten lang taumelte die euphorische Menge die sandige, ungeflasterte Straße entlang und beruhigte sich erst, als Abdullah Abdi auf einen 1959er Chevrolet vor dem Hotel sprang. „Jetzt zurück nach Hause", rief er, indem er die Hände trichterförmig um den Mund legte. „Wir wollen keine große Menge auf der Straße, weil jetzt die Tageszeit ist, zu der die Flugzeuge gerne kommen, und ihr wißt..."

Doch die Warnung kam zu spät. Die äthiopischen Kampfflugzeuge kamen aus dem Norden, anmutig und still im sanftblauen Himmel über dem Ogaden. In den Straßen darunter, wo wir mit unseren Notizblöcken und Kameras standen, hörten die Somali weder, wie sie die Flieger in großer Höhe näherten, noch spürten sie, daß der Tod wieder einmal in Jijiga gegenwärtig war.

Plötzlich drehten die Flugzeuge ab und tauchten direkt auf das Hotel zu. In dem Sekundenbruchteil, der vergeht, ehe Ungläubigkeit sich in Horror verwandelt, waren sie über uns – zwei silbrige amerikanische F-5 Kampfflugzeuge führten den Angriff an. Dahinter bildete ein klappriger alter britischer Canberra-Bomber die Nachhut. Bomben explodierten, Kanonen feuerten wie Silvesterkracher und Menschen schrien, während sie in panischer Verwirrung taumelten und sich mit dem Ellbogen den Weg auf den Boden bahnten. Ich tauchte auf den alten Chevrolet zu, während meine Kamera, meine Zigaretten und die Sonnenbrille verschiedene Richtungen einschlugen. Ich umklammerte mein Notizbuch mit beiden

Händen und wand mich, um mich so flach wie möglich zu machen. Überall um mich herum stöhnten und schrien die Menschen und ich dachte, daß ich das lachende Gesicht eines der Piloten gesehen hatte, als er 15 Meter über mir vorbeizischte – was sicher nicht der Fall war. Ich reagierte darauf völlig absurd, denn ich wollte aufstehen und brüllen: „Um Himmels Willen, schießt nicht auf mich! Ich bin Amerikaner!"

Viermal flogen die Äthiopier mit heulenden Düsen über uns. Die Kanonen ratterten und die Erde bebte. Nach dem dritten Mal zogen sie am Rande der Stadt senkrecht nach oben, kreisten ein paar Sekunden lang über Jijiga – was wie eine qualvolle Stunde erschien – und tauchten von neuem wie Falken auf Beutejagd auf uns herab. Dann verschwanden sie im Norden und ließen einen Kondensstreifen zurück. Die erste Attacke köpfte eine somalische Krankenschwester namens Sarah vor dem baufälligen 80-Betten-Spital. Er zerfetzte außerdem einen zehnjährigen Jungen in einer Lehmhütte an der Straße. Der einzige Arzt des Krankenhauses war durch Granatsplitter ernstlich verwundet worden, während er in seinem Bett lag. Außerhalb einer Krankenstation wand sich ein Patient mit aufgerissenem Bauch und Kopf auf einer Bahre. Er röchelte seine letzten Gebete zu Allah, dann zitterte sein ganzer Körper und er lag still. Der Mann, der ihm Beistand leistete, entfernte den Blutplasmaschlauch von seinem Arm und ging zum Werkzeugschuppen, der in Krisenzeiten als vorübergehende Leichenhalle diente.

Alles in allem waren sieben Somali getötet, 30 oder 40 schwer verwundet worden. Der Angriff war offensichtlich nicht dazu bestimmt, Jijiga zu zerstören, sondern nur seine Bewohner zu demoralisieren. Tatsächlich waren die sieben Menschenleben kein großes Opfer für ein Volk, das an soviele Jahre nicht endenwollenden Kriegs gewöhnt war. Bei einem Angriff drei Tage zuvor waren drei Menschen gestorben, beim Angriff zuvor neun. Und in über zehn Jahrhunderten des Kampfes zwischen Somaliern und Äthiopiern, der mit Speeren begann und mit Kriegswerkzeug in Millionenhöhe – von ausländischen Mächten bereitgestellt – fortgesetzt wird, haben sich diese kleine Zahlen zu einer großen summiert und der Haß ist immer größer geworden.

„Wir leben seit Jahren mit dem Krieg", so der Schmied Mohammed Heeban. „Seit ich denken kann, seit meine Großeltern denken können, gibt es Krieg im Ogaden. Wir sind an den Tod gewöhnt.

Das ist kein hoher Preis. Wir müssen ihn zahlen, wenn unser Volk dafür sein Land von den Abyssiniern zurückbekommen kann." Es sieht ganz so aus, als ob auch Heebans Kinder keinen Frieden erleben werden. Denn eine Nacht im November, kurz nachdem wir den Ogaden verlassen hatten, entdeckten amerikanische Aufklärungssatelliten eine unerwartet massive Bewegung sowjetischer Flugzeuge in Richtung des Horns von Afrika. Die Russen hatten sich entschieden. 15 000 kubanische Soldaten und Waffen im Wert von einer Milliarde Dollar waren auf dem Weg nach Äthiopien. Bald würden die äthiopischen Truppen unter der Führung sowjetischer Panzer, Berater und kubanischer Infanteristen in den Ogaden zurückstoßen und sowohl Jijiga als auch andere Dörfer in der Wüste wiedergewinnen, die während der somalischen Offensive verlorengegangen waren. Die somalischen Guerillakämpfer kehrten zu ihren Verstecken in den Bergen zurück, um ihre Waffenlager wiederaufzufüllen und sich auf den nächsten Überraschungsangriff vorzubereiten – so, wie es ihre Vorväter generationenlang getan hatten.

Die Waffenluftbrücke stellte die militärischen Verhältnisse, die internationale Loyalität und die politischen Ideologien am Horn von Afrika auf den Kopf. Präsident Siad Barré warf die Russen heraus – von denen die meisten einfach direkt nach Äthiopien gingen – und bedachte den Marxismus nie wieder mit einem gefälligen Wort. Er befahl die Entfernung aller antiamerikanischen Plakate aus Mogadischu, beendete die Überwachung amerikanischer Diplomaten und bat Washington um Hilfe, das sein Versprechen, Somalia „Defensivwaffen" zu liefern, nicht eingelöst hatte. Die Amerikaner kehrten mit einer diplomatischen Vertretung von 69 Leuten und 86 Millionen Dollar für Militär- und Entwicklungshilfe sowie Unterstützung für die Flüchtlinge zurück. Sie zogen in die von den Sowjets verlassenen Wohnhäuser und Büros ein und begannen erfolgreiche Verhandlungen zur Übernahme des ehemaligen sowjetischen Stützpunkts in Berbera. Die Äthiopier wiesen unterdessen die Amerikaner aus, schmierten Addis Abeba mit grotesken Karikaturen von Onkel Sam voll, unterzeichneten einen Freundschafts- und Kooperationsabkommen mit der Sowjetunion und verkündeten ihre Absicht, Schwarzafrikas erster wirklich kommunistischer Staat zu werden. Washingtons engster Verbündeter war jetzt ein sowjetischer Satellit und Moskaus afrikanisches

Adoptivkind unter der Vormundschaft der Vereinigten Staaten. Äthiopien und Somalia trugen ihre Haut zu Markte und verkauften ihre Treue an den Meistbietenden. Eines Tages wird dieses Arrangement zweifellos aus den Fugen geraten und die Loyalitäten sich wieder ändern.

Das Bäumchen-wechsle-dich-Spiel am Horn unterstrich einmal mehr, daß Afrikas Geschicke in den Händen östlicher und westlicher Staaten liegen und daß es beide Blöcke als wichtig genug erachten, um dort sowohl militärisch als auch wirtschaftlich kräftig zu investieren. Afrikas strategische Lage, sein potentieller Reichtum als auch seine Unfähigkeit, sich zu wehren, machen es für fremden Einfluß anfällig.

Obwohl ich nur wenig freundliche Worte zur sowjetischen Rolle gefunden habe, sollte jedem afrikanischen Land die Wahl seiner Regierungsform freigestellt sein. Der Westen wird aber weiterhin die finanzielle Unterstützung an Afrika bereitstellen müssen, die es für seine Entwicklung braucht; und leider auch weiterhin Waffen liefern, mit denen afrikanische Länder ihre Grenzen verteidigen, oder despotische Präsidenten ihre Herrschaft sichern.

Getrennte Wege zweier Nachbarn

Ich frage diejenigen, die von einer panafrikanischen Union sprechen – was sollen wir miteinander teilen? Unsere Armut?
– Präsident Félix Houphouët-Boigny der Elfenbeinküste

Wir in Guinea haben uns die ersten zwanzig Jahre darauf konzentriert, die Mentalität unseres Volkes zu entwickeln. Jetzt können wir zu anderen Dingen übergehen.
– Ahmed Sékou Touré, ehemaliger Präsident von Guinea

Die Elfenbeinküste und Guinea haben vieles gemein, unter anderem eine gemeinsame Grenze. Beide Länder sind ehemalige französische Kolonien, beide hatten bis 1984 nur einen Präsidenten (Sékou Touré starb im März 1984), beide haben die Wichtigkeit der Entwicklung der Landwirtschaft erkannt, beide haben politische Stabilität genossen, beide bemühten sich um Wirtschaftswachstum, die Würde des Einzelnen und nationale Eigenständigkeit, und beide erblickten in derselben Region als eigenständige Staaten das Licht der Welt, Guinea 1958 und die Elfenbeinküste 1960.

In den letzten Tagen des Kolonialismus war Guinea das reiche Kind in der französischen Familie und auf dem besten Wege, so sagten die meisten, das reichste Land Schwarzafrikas zu werden. Es war der führende Bananenexporteur und sein blühendes Ackerland ernährte einen Großteil des französischen Westafrika. Der Boden barg ein Drittel der auf der Erde bekannten Bauxitvorkommen, mehr als zwei Milliarden Tonnen an hochwertigem Erz sowie

genügend Gold und Diamanten, um damit ein dutzendmal Fort
Knox zu füllen. Die drei größten Flüsse des Landes boten ein großes
Potential für die Stromgewinnung aus Wasserkraft und die Hauptstadt Conakry, eine saubere, weißgetünchte kleine Stadt, die auf
der Tumbo-Insel vom blauen Meer umgeben liegt, zog Tausende
französischer Touristen an. Die Strände säumten Palmen, die Restaurants hatten Küchenchefs aus Paris und ein Luxuszimmer im
am Meer gelegenen Hotel de France kostete nicht mehr als eine
Flasche preisgünstigen Chablis.

Die Elfenbeinküste hatte weniger Glück. Die schwere Brandung, tückische Häfen und der Mangel an Bodenschätzen entmu-
tigte die ersten europäischen Siedler, die nach Osten weiterzogen
und ihre Forts an der Goldküste, dem heutigen Ghana, errichteten.
Die dichten Wälder im Südwesten waren praktisch undurchdring-
lich und die trockene, rote Erde des Nordens gab außer Staub
wenig her. Am Ende des Zweiten Weltkriegs gründete sich die
Wirtschaft der Elfenbeinküste auf ein einziges Produkt, Kaffee, der
zwei Drittel ihrer Exporte ausmachte. Die Hauptstadt Abidjan
hatte eine kleine ausländische Bevölkerung und 20 000 afrikanische
Einwohner, die den tropischen Tag in ihren Lehmhütten verbrachten und sich nur selten darum kümmerten, auch nur einen Fisch in
der nahegelegenen Lagune zum Abendessen zu fangen. Die Elfenbeinküste, so dachte jeder, war dazu bestimmt, den Reihen der
internationalen Bettler beizutreten.

Doch die Vorhersagen waren falsch. Mit dem Eintritt der Unabhängigkeit begaben sich die Elfenbeinküste und Guinea auf getrennte Wege. Erstere steuerte einen von Frankreich stark beein-
flußten, kapitalistischen Kurs, während Guinea eine radikale Philosophie mit der Unterstützung der Sowjetunion verfolgte – „Marxismus in afrikanischen Kleidern", wie Präsident Sékou Touré es
nannte. In beiden Fällen war nur ein Mann – der Präsident – für den
Weg verantwortlich, welchen das Land zur nationalen Selbstsicher-
heit einzuschlagen hätte. Diese Entscheidungen, vor mehr als 20
Jahren getroffen, haben dramatische Unterschiede hervorgerufen.
Sie stellen einen faszinierenden Einblick in die Rolle der Ideologie
in der Dritten Welt und die Macht eines Einzelnen dar, das Schicksal seiner Nation für die kommenden Generationen zu bestimmen.

Präsident Félix Houphouët-Boigny der Elfenbeinküste ist eine ungewöhnliche Erscheinung inmitten des Tumultes und der Gewalt in Afrika. Er spricht mit sanfter, vernünftiger Stimme, vergibt denen, die sich seinem Sturz verschrieben haben (selbst denen, die ihn zu töten versuchten) und erklärt seinem Volk: „Wir müssen langsam gehen, meine Kinder, denn wir haben nicht viel Zeit." Houphouët-Boigny ist frommer Katholik, der weder trinkt noch raucht. Er trägt schwarze Homburg-Hüte und dreiteilige Anzüge und trifft sich heimlich mit südafrikanischen Führern, denn er glaubt, daß der Dialog mehr zur Lösung der Probleme beiträgt als Schmähungen. Er liebt Frankreich – er verbringt den Sommer in einem Appartement in Paris und auf einem Anwesen in der Schweiz – und verachtet die radikale Rhetorik, die für die afrikanische Politik so kennzeichnend geworden ist. Er heißt westliche Journalisten willkommen. Er stellt jedem Antragsteller ein Visum aus, weil, wie er sagt, die Elfenbeinküste nichts zu verbergen habe. Was wahr ist: Seit der Unabhängigkeit wurde in der Elfenbeinküste nicht eine einzige Hinrichtung vollzogen und das Land hat keinen einzigen politischen Häftling.

Felix Houphouët-Boigny (der Name Boigny bedeutet „Widder") wurde 1905 als Sohn eines reichen Baoule-Häuptlings geboren. Er machte seinen Weg durch das französische Ausbildungssystem der Kolonialzeit, indem er Medizin in Dakar studierte und zum angesehenen Gesundheitsbeamten sowie wohlhabenden Pflanzer wurde, ehe er 1944 in die Politik eintrat. Im selben Jahr gründete er die erste Landwirtschaftsvereinigung in der Elfenbeinküste. Sie wurde später das Forum der Pflanzer, die Mindestpreise für ihren Kaffee und Kakao forderten, die ihnen von den diskriminierenden Kolonialgesetzen vorenthalten wurden.

Am Ende des Zweiten Weltkriegs ging er das erste Mal nach Frankreich – als Abgeordneter der Elfenbeinküste im Parlament. Innerhalb weniger Jahre stieg er zum Minister in der Regierung von Premier Guy Mollet auf, als erster Afrikaner im Kabinett einer europäischen Regierung. Noch 1959, ein Jahr vor der Unabhängigkeit, erklärte er, daß die Elfenbeinküste noch nicht bereit sei, zum selbständigen Staat zu werden. „Vielleicht meine Enkelkinder...", sagte er.

Doch er kehrte nach Hause zurück und sicherte sich sofort seine Popularität, indem er das verhaßteste Instrument der Kolonialherrschaft, das Zwangsarbeitsgesetz, abschaffte. Dieses erlaubte den französischen Pflanzern, aus jedem beliebigen Dorf im Lande Arbeiter zu rekrutieren. Er mag viele Jahre in Frankreich verbracht haben (1946 bis 1958), doch sein Herz blieb in Afrika. Obwohl er Frankreich viel verdankte, fällte er als Präsident wahrscheinlich niemals eine Entscheidung – darunter die Ausweisung der russischen Botschaft aus Abidjan im Jahre 1969 –, die eher den Franzosen gefallen sollte, als den Bewohnern der Elfenbeinküste zu dienen. Houphouët-Boigny spielte erfolgreich mit den Franzosen nach deren eigenen Regeln. Er überwand ihr Kolonialsystem und er lernte den Europäer zu benutzen. Er hat sein Land nicht an Frankreich verkauft, wie manche Kritiker behaupten; er nutzte lediglich Frankreichs Potential – Geld und Spezialisten – zum Wohle seines Landes und dies zu einem relativ geringen Preis für seine Untertanen.

Es ist ein Zeichen von Houphouët-Boignys Selbstbewußtsein, daß er sich nicht mit dem symbolischen Putz anderer afrikanischer Präsidenten umgibt. Er trägt weder Leopardenfellmütze noch einen Fliegenwedel und winkt nicht mit einem weißen Taschentuch. Er trägt sein Afrikanertum nicht zur Schau, weil er durch den erfolgreichen Wettbewerb mit den Franzosen keine Vorbehalte gegenüber Europäern oder Afrikanern hat. Er weiß genau, was er ist.

Houphouët-Boigny ist ein kleingewachsener, stämmiger Mann und mittlerweile 84 Jahre alt. Er wird von seinen Landsleuten respektvoll *le vieux* (der Alte) genannt und er erscheint mit dem restlichen Afrika außer Takt. Doch zu welchem Takt marschiert Afrika? Houphouët-Boigny regiert ein Land, das sich bis zur Schuldenkrise Mitte der achtziger Jahre des beständigsten und schnellsten Wirtschaftswachstums aller nichterdölproduzierenden Länder Schwarzafrikas erfreute (abgesehen von Südafrika). Das afrikanische „Hinterland" wurde zum afrikanischen Wirtschaftswunder und die Passagiere, die auf Abidjans glitzerndem, klimatisierten Flughafen landen, schütteln oft den Kopf. Sie haben das Gefühl, auf dem falschen Kontinent auszusteigen. Wie es heißt, ist Abidjan sehr schön und Afrika sehr dienlich.

Abidjan ist aus seinen bescheidenen Anfängen zu Schwarzafrikas luxuriösester Metropole geworden – genauso sauber und ordent-

lich wie modern. Pastellfarbene Bürogebäude reichen 20 Stockwerke hinauf, riesige Autobahnen führen die Lastwagen mit Ex-
portware an den Hafen, die eleganten Läden und die geschäftigen
Märkte schwimmen in Waren und die Restaurants sind möglicherweise die besten in Afrika. Abidjan hat seinen eigenen Club Mediter-
ranée und sogar eine Eislaufbahn (die zweite des Kontinents ist in
Südafrika). Der Tourismus pumpt jedes Jahr Millionen von Francs
in die Wirtschaft.

Schlittschuhbahnen und Hotelzimmer für 80 Dollar am Tag
mögen für den westlichen Besucher angemessen sein, doch sie
bedeuten für die einheimische, unterbezahlte Bevölkerung der
Elfenbeinküste nicht viel. Tatsächlich spotten viele skeptisch über
dieses Land. Sie behaupten, daß sein schnelles Wachstum nur
oberflächlich sei, sein Wohlergehen von der Anwesenheit der
Franzosen abhänge und die Entwicklungshilfedollars vor allem für
die Stadt- aber nicht für die Landentwicklung ausgegeben worden
seien. Die Skeptiker fühlten sich im Jahre 1982 bestärkt, denn zum
ersten Mal seit der Unabhängigkeit stagnierte das industrielle
Wachstum, während gleichzeitig die Auslandsverschuldung rapide
zunahm. Die Studenten zogen offen die Möglichkeit der Demokratie in einem Einparteiensystem in Zweifel. Doch trotz ihrer Probleme ist die Elfenbeinküste ihren Nachbarn noch immer um
Lichtjahre voraus. Selbst in den Dörfern gibt es Fernsprechverbindungen, geteerte Straßen und die Hütten tragen Blechdächer. Das
sind die Meilensteine, anhand derer der Fortschritt im ländlichen
Afrika gemessen wird.

Die Elfenbeinküste gibt zwanzig Prozent ihres Staatshaushalts für
Bildung aus und der Anteil der Kinder, die zur Schule gehen, ist von
22 Prozent bei der Unabhängigkeit auf heute 55 Prozent angestie-
gen. Immerhin 60 Prozent der Bevölkerung kann Lesen und Schreiben, mehr als das Zweifache des Durchschnitts auf dem Kontinent.
Gleichzeitig hat das Land auf politische Abenteuer, hohe Verteidi-
gungsausgaben und verschwenderische Projekte verzichtet.

Das Bruttosozialprodukt der Elfenbeinküste hat sich seit 1965
verdreifacht. Die Palmölproduktion hat sich versiebenfacht und die
Elfenbeinküste ist so zum größten Produzenten der Welt geworden.
Das Pro-Kopf-Einkommen ist von 70 Dollar im selben Zeitraum
auf 720 Dollar gestiegen. Entscheidend ist aber, daß die Elfenbeinküste eines der wenigen afrikanischen Länder ist, die ihre Landwirt-

schaft entwickelt und diversifiziert haben. Diese wurde zum Lebensstrang ihres Wirtschaftswunders. Die Kaffeeproduktion etwa hat sich verdreifacht, obwohl der Anteil des Kaffees an den Exporterlösen von zwei Dritteln auf ein Drittel zurückgegangen ist. Im trockenen nördlichen Viertel des Landes wird heute Zucker produziert; die Wälder im Südwesten sind bezwungen und für den Holzexport nutzbar gemacht; die Niederungen des schlammigen, glühend heißen Südens sind in Plantagen verwandelt worden, die die Elfenbeinküste zum führenden Bananen- und Ananasexporteur gemacht haben. Ein Kanal wurde durch die Sandbänke und Lagunen gezogen, um in Abidjan einen hervorragenden künstlichen Hafen zu schaffen. Die Elfenbeinküste hat in einem Wort das erreicht, wovon 1960 jedes afrikanische Land sprach, doch was keines vollbracht hat, vielleicht mit Ausnahme Kenyas.

Houphouët-Boigny, der sich „erster Bauer der Nation" nennt, aber in königlicher Manier lebt, gibt privat zu, daß er in den sechziger Jahren ein kalkuliertes Risiko einging. Statt sich vom nationalistischen Feuer der Zeit anstecken zu lassen, öffnete er ausländischen Investoren und Spezialisten durch Gesetze die Türen, die dem Transfer von Kapital und Gewinnen nur wenig Schranken auferlegten. Er widerstand der Versuchung der Industrialisierung und glaubte, daß es wichtiger sei, zunächst die landwirtschaftlichen Quellen des Landes zu erschließen, um sich anschließend auf effiziente Häfen, gute Straßen, Fernsprechverbindungen und die Stromversorgung zu konzentrieren.

Für Afrikas neue Generation junger, radikaler Führer stellt Houphouët-Boigny ein Anachronismus dar. Er ist zu französisch, zu bourgeois und zu altväterlich, um der Stimmung der achtziger Jahre zu gefallen. Er ist in ihrer Diktion kein Revolutionär Dennoch hat er eine Revolution vollbracht, indem er einen grundlegenden Wandel der wirtschaftlichen und sozialen Strukturen seines Landes bewirkte. Es ist eine Revolution, bei der niemand umkam und niemand ins Exil gehen mußte. Und denjenigen, die ihn einen Neokolonialisten nennen und ihm die Verwendung von Worten anstelle der Gewalt vorwerfen, entgegnet er beleidigt: „Niemand strebt den Frieden durch Dialog mehr an als ich und mein Volk. Ich habe das unter großem Risiko eindeutig bewiesen."

Man betrachte folgende Beispiele von Versöhnung und Mitgefühl, die sonst in Afrika völlig unbekannt sind: 1961 wurde eine

Gruppe von Offizieren des Heeres, die wegen Umsturzplänen verhaftet worden waren, von täglichen Besuchen des Präsidenten überrascht, den sie stürzen wollten. H.B., wie ihn seine Freunde nennen, saß stundenlang auf ihren Stahlliegen und versuchte, sie von der Fehlerhaftigkeit ihrer Ansichten zu überzeugen. Er setzte die Todesurteile aus. Alle wurden schließlich freigelassen. Fünf Jahre später ließ Houphouët-Boigny drei ehemalige Minister und 93 andere frei, die eines Attentatsversuchs in einem anderen Komplott überführt worden waren. Er setzte die Todesurteile von zehn weiteren darin verwickelten Personen auf sechs Jahre Gefängnis herab. Einer der zum Tode Verurteilten war Jean Baptiste Mockey. Houphouët-Boigny ließ ihn frei, freundete sich mit ihm an, ging zur Hochzeit seiner Tochter und machte ihn später zum Gesundheitsminister.

Als die Studenten 1977 streikten, rief Houphouët-Boigny nicht das Heer aus den Kasernen, wie es die meisten afrikanischen Präsidenten in vergleichbaren Situationen tun. Stattdessen verbrachte er drei Tage in Gesprächen mit den Studenten, hörte sich ihren Kummer an und drängte sie, ruhig in die Universität zurückzukehren und ihr Studium fortzusetzen, was auch geschah.

Die Zusammensetzung der Bevölkerung des Landes zeugt ebenfalls von der politischen und wirtschaftlichen Stimmung in der Elfenbeinküste. Im Gegensatz zu vielen anderen afrikanischen Ländern, aus denen Tausende von Bürger vor Armut und Unterdrückung geflohen sind, kommen rund ein Viertel der zehn Millionen Einwohner ursprünglich aus Nachbarländern. Die meisten von ihnen sind Arbeiter, die mehrere Jahre lang im Land bleiben, um sich ein finanzielles Polster zu schaffen. Sie arbeiten in Fabriken, Wäldern und auf den Plantagen, wo sie bis zu 800 Dollar in einer einzigen Saison verdienen können. Wenn sie nach Hause zu den Hirsefeldern Malis, in die Untätigkeit Guineas oder die verwilderten Kakaoplantagen Ghanas zurückkehren, bringen sie Radios, Hemden und Speiseöl mit – Waren, die in anderen afrikanischen Ländern oft zu keinem Preis erhältlich sind.

Aus den Sahel-Ländern Burkina Faso und Niger kommen die Viehhirten: Sie treiben ihre Tiere entlang der Straßengräben zu Abidjans Schlachthäusern und versammeln sich in dem flachen, baumlosen Grasland in der Nähe des Flughafens. Im Hintergrund blinkt die Skyline Abidjans, wo die Bulldozer und der Staub durch die Erschließung des Bodens für neue Fabriken, Bürogebäude und Straßen allgegenwärtig sind. Sie unternahmen die mehrere hundert Kilometer weite Reise, weil ihr Vieh in der Elfenbeinküste höhere Preise erzielt, und dort, um ihr grasendes, unruhiges Vieh herum versammelt, sprechen sie über Geld.

Während Houphouët-Boigny die Bedingungen für das Wachstum der Elfenbeinküste schuf, war Frankreich die Kraft, die es ermöglichte. Es stellte das Kapital und die Fachkräfte zur Verfügung, die die Elfenbeinküste umwandelten, und heute gibt es überall Franzosen, deren Zahl und Einfluß überwältigend ist. Mehr als 50 000 französische Staatsangehörige leben in der Elfenbeinküste, fünfmal mehr als zum Zeitpunkt der Unabhängigkeit. Die Weltbank schätzt, daß sie 80 Prozent der Positionen besetzt halten, die ein Studium erfordern. Französische Geschäftsleute kontrollieren rund 40 Prozent des Industriekapitals in der Elfenbeinküste und rund die Hälfte des Handels (obwohl der landwirtschaftliche Sektor in der Hand von Einheimischen bleibt). 600 französische Soldaten stellen das Rückgrat der inneren Sicherheit dar, so daß Houphouët-Boigny nur pro forma Geld für die Landesverteidigung ausgeben muß. Französische Beamte besetzen Schlüsselpositionen in den Ministerien. Wer durch das Ministerium für Planung und Entwicklung geht, wird feststellen, daß nur der Minister und zwei oder drei seiner Stellvertreter sowie die Hausmeister Afrikaner sind. Dazwischen sind fast alle Franzosen. In anderen Ländern dürfen Europäer nicht länger Jobs machen, die auch von Afrikanern ausgeübt werden können; in der Elfenbeinküste gibt es französische Barkeeper, maitre d's und Verkäufer.

Ihre Anwesenheit nagt an vielen jungen Menschen des Landes, vor allem an denjenigen mit Ausbildung, die keine Anstellung finden. Sie behaupten, daß die Elfenbeinküste permanent bevormundet wird, daß das Land trotz der beeindruckenden Statistiken noch immer von ausländischer Arbeitskraft, ausländischen Investionen, Technikern und Märkten für seine landwirtschaftlichen Produkte abhängig ist. Wenn die Franzosen sich morgen aus der Elfenbeinküste zurückzögen, bräche das Land zusammen. Das daraus entstehende Chaos nähme zwar nicht die angolanischen Ausmaße an, weil die Elfenbeinküste über eine gebildete, vermögende und besitzende Klasse fähiger Leute verfügt. Aber ohne die Franzosen gäbe es keine Wunder.

Es gibt auch andere Probleme. Die Korruption ist weitverbreitet und die Kluft zwischen Arm und Reich sehr groß. Weil die Schulbildung kostenlos ist und vor allem von ausländischen Lehrern getragen wird, kommt die Ausbildung eines Kindes den Staat im Vergleich zu den Nachbarländern doppelt so teuer. All das macht Houphouët-Boigny verwundbar. Aber die Anwesenheit der Franzosen könnte von der Opposition zu dem Thema überhaupt gemacht werden. Ein geschickter Propagandist kann jeden Mißstand im Land darauf zurückführen und damit wahrscheinlich die Unterstützung der Mehrheit erhalten. Ein weiteres mögliches Problem ist, daß Houphouët-Boigny keinen Nachfolger herangezogen hat. Wenn er im Amt sterben sollte, könnte sich ein Führungsvakuum ergeben, das zu einem Machtkampf führt.

Houphouët-Boigny weist Skeptiker zurück. Besonders diejenigen, die an der französischen Präsenz Kritik üben, indem er sagt: „Wenn ich zweimal soviele Franzosen wie heute als Hilfe beim Aufbau unseres Landes kriegen könnte, so würde ich sie nehmen". Angesichts des erstaunlichen Fortschritts der Elfenbeinküste verweist der „erste Bauer seines Landes" seine Kritiker einfach auf die benachbarten Ghana, Burkina Faso, Mali, Liberia und Guinea und auf deren wirtschaftliche sowie politische Stagnation; man solle die Alternativen bedenken.

Abidjan und Conakry, die Hauptstadt des benachbarten Guinea, liegen 1100 Kilometer voneinander entfernt und wenn man in Conakry landet, findet man ein vertrauteres Afrika vor. Die kleine Flughafenhalle ist stickig und dreckig und neben der Landebahn liegen die verrotteten Gehäuse von sechs DC-4 (die früher von Air Alaska benutzt wurden), ein 20 Jahre altes Geschenk der USA. Die Guineaer flogen sie, bis ihnen die Ersatzteile ausgingen oder die Maschinen abstürzten. Dann ließen sie die Gehäuse einfach am Flughafen liegen. Guinea war während der siebziger Jahre für die westliche Welt so verschlossen wie Albanien. Nachdem es zahlreiche Umsturzversuche gegeben hatte, darunter die Invasion portugiesischer Söldner im Jahre 1970, schloß Präsident Touré die Pforten seines Landes. Er konzentrierte sich fortan auf die innere Sicherheit und das, was er die „mentale Entwicklung" seines Landes nannte – ein Euphemismus für die Indoktrination der ungebildeten Massen, die so denken und die Welt so sehen sollten, wie er es bestimmte. Jahrelang kamen keine Touristen nach Guinea und alle nichtkommunistischen Journalisten wurden zu personae non grata erklärt. Trotzdem schrieb ich Touré alle paar Monate einen Brief auf dem Papier der „Los Angeles Times" und bat ihn um ein Visum. Die ersten acht Briefe blieben unbeantwortet. Doch eines Aprilmorgens erhielt ich zu meiner großen Überraschung eine Antwort seines Außenministers, in der mir mitgeteilt wurde, ja, natürlich, Präsident Touré freue sich, mich jederzeit zu empfangen. Der Brief war nicht mit Luftpost aufgegeben worden und so hatte es vier Monate gedauert, bis er bei mir eintraf. Die unausgesprochene Botschaft war klar: Touré wollte seine Abschottung vom Westen beenden und meine Zeitung sollte hierzu das anfängliche Sprachrohr sein.

Die Ankunft in Conakry, nach einem Frühstück aus frischen Croissants und starkem französischen Kaffee am Morgen desselben Tages in einem Abidjaner Straßencafé, ist so, als würde man das Rad der Zeit um 50 Jahre zurückdrehen. Die enge Straße voller Schlaglöcher, die vom Flughafen in die Stadt führt, schlängelt sich am schmuddeligen De Donka Krankenhaus vorbei, wo die Nachttöpfe regelmäßig aus dem Fenster entleert werden; vorbei an verfallenden französischen Plantagen, wo die Bäume in den Wohnzimmern verlassener Herrensitze wachsen und die Dorfbewohner die überreifen Mangos vom Boden aufsammeln; vorbei an Reihen leerer Geschäfte, deren Türen an gebrochenen Scharnieren in allen möglichen Winkeln hängen. Dem Staat gehört alles in Guinea und im staatlichen Kaufhaus *Nafyaya* (was „im Überfluß" bedeutet) gab es außer einigen chinesischen Rasierpinseln, etwas Ananassaft und ein paar Spaghettipackungen nichts zu kaufen. Die Fleischtheke war mit drei Zentimetern Staub bedeckt und völlig leer. An einem Ende des Ladens, der so groß wie ein Basketballfeld war, hing ein Poster von Fidel Castro und ein weiteres mit der Aufschrift „Leiden bedeutet erfolgreich sein".

Die gesamte ausländische Gemeinde betrug nur noch 350 Menschen in Conakry, so daß es für die Annehmlichkeiten, für die Conakry einmal berühmt war, keinen Markt mehr gab. Nur noch ein nennenswertes Restaurant war übriggeblieben, das Petit Bateau, doch die dort Speisenden mußten ihr eigenes Wasser mitbringen und die Mahlzeiten einen Tag im voraus bestellen, um der Eigentümerin genug Zeit zu geben, das Essen auf dem Markt einzukaufen. Die Straßen waren voller Müll und die Bäume abgestorben, die einst die prächtigen Boulevards säumten. Jeder in Guinea schien gleichgültig zu sein. Es gab weder Geschäftigkeit noch Eile und auf den Straßen fehlte jegliche Bewegung. Über dem Leben schien der Schleier unveränderlicher Konformität zu liegen.

Am zweiten Tag in Conakry teilte mir die amerikanische Botschaft mit, daß meiner Bitte um ein Interview mit Touré entsprochen worden sei und ich mich um Punkt 16 Uhr beim Palast des Präsidenten einzufinden hätte. Kurz nach 18 Uhr tauchte Präsident Touré mit einer Zigarette in der Hand und einer locker auf seinem Haupt sitzenden weißen Mütze auf. Er nahm kopfnickend von mir Kenntnis. Er war ein großer, irgendwie gutaussehender Mann, der mit langen, eiligen Schritten die steinernen Stufen hinabging, während sich seine Augen wie die einer Katze permanent bewegten und alles in seiner Umgebung registrierten.

Am Fuß der Treppe, in der Nähe seines sportlichen Renault Coupés, stoppte Touré. Seine Begleitung aus Ministern und anderen Helfern hielt ebenfalls an. Eine Ehrenwache ging in Stellung, ein Hornist blies sein Salut und acht Sicherheitskräfte ließen ihre großen BMW-Motorräder an. Die Auspuffgeräusche hallten wie Donner durch den Hof.

Die Kavalkade verließ mit Touré am Steuer des ersten Wagens und mir, zwischen zwei Leibwächtern auf dem Rücksitz eingeklemmt, den Palast. Auf den Straßen standen die Bauern und applaudierten dem Mann zu, den sie zu respektieren und fürchten gelernt hatten. Touré wedelte zur Antwort mit einem weißen Taschentuch und hatte seine Augen kaum aufs Lenkrad gerichtet, bis schließlich ein Helfer herüberlangte und das Lenkrad hielt. „Er ist ein besserer Präsident als Fahrer", flüsterte mir einer der Leibwächter zu.

Die Signalhörner vieler Schiffe unter chinesischer und russischer Flagge tönten in Erwartung des hohen Besuchs im nahegelegenen Hafen. Plötzlich bog Touré schnell und unerwartet nach links ab. Seine Motoradeskorte donnerte in die falsche Richtung. Touré gluckste voller Schadenfreude und seine Helfer lachten ebenfalls. Denn es waren entspannte Zeiten; Guinea, auf der Suche nach neuen Freunden und neuen Richtungen, war dabei, sich von seinem unterdrückerischen Marxismus zu lösen.

Seit 1958 hatte Touré Guinea wie ein Unteroffizier in einem

Ausbildungslager regiert, länger als jedes andere schwarze Staatsoberhaupt im postkolonialen Afrika. Dabei merzte er seine Feinde
aus, organisierte sein Volk in 2500 Zellen, den sogenannten Dorfrä-
ten, und opferte alles der Revolution, von der er glaubte, daß sie
sein Land eines Tages von dem Joch der Armut, Unwissenheit,
Apathie und Krankheit befreien würde.

Es gab nur wenige sichtbare Errungenschaften, aber Touré, ein
kompromißloser und absolut aufrechter ehemaliger Gewerkschaftsführer, der einmal als das *enfant terrible* von Französich-
Westafrika bezeichnet wurde, hatte so oder so seinen Weg verfolgt
und dabei eine beachtenswerte Leistung vollbracht: Er hatte überlebt.

„Ich weiß nicht, was die Leute meinen, wenn sie mich den bösen
Buben von Afrika nennen", so Touré. „Ist es, weil sie unseren
Kampf gegen den Imperialismus und den Kolonialismus als stand-
haft erachten? Wenn ja, so können wir stolz darauf sein, als halsstarrig bezeichnet zu werden. Unser Wunsch ist es, bis zu unserem Tod
ein Kind Afrikas zu bleiben."

Ich hatte vor dem Interview mit dem Präsidenten, das nach dem
Hafenbesuch stattfinden sollte, einem von Tourés Gehilfen eine
Liste mit 15 Fragen übergeben. Dieser ging eine nach der anderen
aufmerksam durch. *Was war der Nutzen Ihrer Beziehungen zur
Sowjetunion?* hatte ich notiert. „Unwichtig", sagte der Gehilfe und
strich die Frage durch. *Welche wirtschaftlichen Veränderungen sehen
Sie nach dem kürzlichen Aufstand der Markthändler vor, die ihre eigenen
Preise frei von staatlicher Kontrolle festsetzen wollten?* „Respektlos",
sagte der Gehilfe und nahm den Stift erneut zur Hand. *Wie würden
Sie den Fortschritt Guineas seit der Unabhängigkeit, verglichen mit dem
der Elfenbeinküste, beurteilen?* „Unwichtig", so der Gehilfe. Schließlich blieben sieben Fragen für den „hellsichtigen Führer", wie der
Präsident sich gerne nennen ließ, übrig. Ich nahm neben Touré auf
einem alten, blauen Sofa im Empfangszimmer des Palastes Platz.
Das gesamte Kabinett und ein Filmteam des staatlichen Senders
waren herbeizitiert worden – ein normales Vorgehen in Afrika.
Alle Blicke waren auf mich gerichtet. Ich stellte das Tonband an
und bereitete mich auf meine erste Frage vor.

„Nicht jetzt", flüsterte ein Offizieller hinter mir geheimnisvoll.
„Es ist nicht die rechte Zeit. Sie müssen gehen." Als ich die große
Halle durchquerte und die Steintreppen hinabging, glaubte ich zu

wissen, wie sich ein Leprakranker fühlt. „Wir werden das Interview neu ansetzen. Machen Sie sich keine Sorgen", rief der Offizielle heiter. Doch er setzte sich weder mit mir in Kontakt, noch beantwortete er meine Anrufe. Nach fünf Tagen saß ich wieder im Flugzeug nach Nairobi, ohne auch nur die leiseste Ahnung zu haben, was schiefgelaufen war. Dort wartete ein siebzehnseitiges, enggeschriebenes Telegramm auf mich, in dem Touré meine sieben Fragen beantwortete.

Tourés Stimme konnte nicht ignoriert werden. Als Frankreich 1958 seine afrikanischen Kolonien vor die Wahl zwischen Unabhängigkeit oder weiterer Verbindung mit Frankreich stellte, stimmte nur das von Touré geführte Guinea (97 Prozent) für die sofortige Unabhängigkeit. Präsident Charles de Gaulle flog nach Conakry, um den 36jährigen Touré umzustimmen. Doch dieser gab ihm zu verstehen, daß er Leine ziehen solle. Innerhalb eines Monats hatten auf Befehl de Gaulles alle 400 französischen Kolonialbeamten bis auf 20 Guinea verlassen, darunter Ärzte, Lehrer und Techniker. Sie nahmen von Landkarten bis zu Medikamenten alles mit, sogar das chinesische Porzellan aus dem Gouverneurspalast, in den Touré einzog.

Die Guineer bejubelten die Abreise der Franzosen. Doch Touré verbot Demonstrationen und schnauzte: „Das ist nicht der Zeitpunkt zum Tanzen." Guinea war allein und galt selbst unter seinen konservativeren Nachbarn als Ausgestoßener. Touré, mit der kommunistischen Partei Frankreichs eng verbunden und später Leninpreisträger, suchte im Westen Hilfe, aber stieß nur auf Feindseligkeit. Nur die Sowjetunion schien zu helfen bereit. Das war ein Fehler, den der Westen in den folgenden Jahren noch oft begehen sollte. So, als er etwa Angolas Agostinho Neto, Mosambiks Samora Machel und andere einflußreiche afrikanische Führer wegen ihrer radikalen politischen Orientierung abwimmelte. Diesen blieb nichts anderes übrig, als sich an die Sowjetunion zu wenden.

Aus Moskau kam Guineas erste Entwicklungshilfe: Schneepflüge, Keramik-WCs und sechs riesige Mähdrescher, die keiner fahren konnte. Die Sowjets bauten ein Stadion, ein paar Bürogebäude, eine Militärakademie, die mittlerweile leersteht sowie die längste Landebahn in Westafrika (die Guinea nicht nutzte, aber den Russen als Aufmarschgebiet während des angolanischen Bürgerkriegs Mitte der siebziger Jahre gute Dienste leistete). Moskau schickte Hochschullehrer, die nur Russisch sprachen, und baute eine große Anlage, in der die russischen Diplomaten hinter einer Steinmauer leben und arbeiten konnten, ohne sich unter die Einheimischen begeben zu müssen. Sie handelten einige Abkommen aus, bei denen Touré sich hinterher über den Tisch gezogen fühlen mußte.

Darunter war eins über Fischfangrechte, das der Sowjetunion gebührenfrei 60 Prozent des in guineischen Gewässern gefangenen Fisches zuerkannte, während sie den Rest an das Land verkaufte. Entscheidender aber war, daß die Sowjetunion Guineas Bauxit – Rohmaterial der Aluminiumgewinnung – abbaute und das Erz in nicht konvertiblen Rubeln weit unter Weltmarktpreisen kaufte. Das Abkommen sah vor, daß 90 Prozent des Erzes in die Sowjetunion gingen, während die gesamten Einnahmen Guineas aus der Mine zur Zahlung der Schulden an die Sowjetunion draufgingen. Eine andere Mine, die ein westliches Konsortium ausbeutete, brachte dem Land mehr als 100 Millionen Dollar jährlich in harter Währung ein, was 70 Prozent der Deviseneinnahmen des Landes ausmachte.

Zwanzig Jahre nach der Unabhängigkeit wurde Touré über die Unzulänglichkeit der Ostblockhilfe immer verbitterter. Er grummelte privat, daß die Sowjets „kapitalistischer als die Kapitalisten" seien; um seine Behauptung zu untermauern, wies er auf die 25 Millionen Dollar hin, die Guinea jährlich für seine Kredite und die „Hilfe" an Moskau zurückzahlte. Daraufhin folgte seine erste Reise in die Elfenbeinküste – er hatte Houphouët-Boigny früher als französischen Kolonialisten abgefertigt – und deren Fortschritt verschlug ihm die Sprache. Dann tat Touré das, was so viele afrikanische Politiker in Zeichen der Not schon vor ihm getan hatten: Er wandte sich an den Westen, um dort Kapital und Know-How zu erhalten. Er lud Valéry Giscard d'Estaing zu einem Besuch nach Conakry ein und begrüßte den französischen Präsidenten wie einen verlorenen Bruder. Er reiste durch die Vereinigten Staaten und wunderte sich über die moderne Landwirtschaft im Mittleren Westen. Er löste sich aus der Verbindung zu Moskau und dämpfte seine marxistische Rhetorik, so daß seine Philosophie eine afrikanische Mischung aus Sozialismus, Nationalismus und Islam wurde. Er lockerte sogar die Zügel der Unterdrückung, die das Markenzeichen seines Regimes waren.

Doch auf der Suche nach internationaler Salonfähigkeit tat sich

Touré schwer, die Vergangenheit hinter sich zu lassen. Er war bei der Verfolgung seiner revolutionären Ziele immer standfest und ruchlos gewesen. Seine Autorität war unangefochten. Der Staat, die Präsidentschaft und die Partei waren alle eins und Politik wurde nur in leisen Tönen besprochen. Allenfalls die Tollkühnen forderten den hellsichtigen Führer heraus.

Tausende von Guineern, die versucht hatten, gegen den Strom zu schwimmen, wurden eingesperrt oder getötet. Folter war genauso an der Tagesordnung wie Tourés Wedeln mit dem symbolischen weißen Taschentuch. Der zuverlässigsten Schätzung zufolge wurden zwischen 1958 und den späten siebziger Jahren 17 Minister erschossen oder aufgeknüpft, weitere 18 zu lebenslanger Gefängnishaft und schwerer Zwangsarbeit verurteilt. Vor mehreren Jahren ließ Touré die aufgedunsenen Leichen von fünf gehenkten Beamten zwei Tage lang an der Castro-Brücke in der Innenstadt baumeln – als Lektion für die Massen. Unter seinen Opfern befand sich Diallo Telli, der Generalsekretär der OAU. Rund zwei Millionen Guineer – sage und schreibe 40 Prozent der Einwohner – flohen aus ihrem Heimatland, um in anderen afrikanischen oder europäischen Ländern im Exil zu leben.

Als Amnesty International dem Touré-Regime Folterungen vorwarf, antwortete der Präsident: „Blödsinn." Er bot den anderen afrikanischen Präsidenten an, seine Gefängnisse für eine Inspektion zu öffnen, wenn diese sich ebenfalls dazu bereiterklärten. Nicht ein einziger nahm diesen Vorschlag an.

In seinem Telegramm an mich schrieb Touré:

„Diejenigen, die Guinea kritisieren (wegen der Menschenrechtslage), haben nie seine Wirklichkeit kennengelernt.

Wir betrachten sie als „kranke Ärzte", denn sie geben ein Urteil über Menschen ab, die sie nie gesehen haben.

... Die Definition der Menschenrechte ist eine Abstraktion, denn dieses Recht unterscheidet sich von Land zu Land. Doch was wir im Namen der Menschlichkeit, Gerechtigkeit und der Menschenwürde fordern sollten, ist die Nichtdiskriminierung von Menschen eines selben Landes und in Guinea gibt es keine Diskriminierung.

Männer und Frauen werden gleichbehandelt – wirklich gleich. Stammesrivalitäten sind ausradiert worden. Es gibt keinen Unterschied zwischen den Rassen oder Religionen. Die Rechte des

Volkes werden in Guinea mehr als in vielen anderen Ländern der Welt geachtet. Wir müssen uns vor niemandem entschuldigen." Touré hat nicht ganz Unrecht, denn Guinea zog einigen immateriellen Nutzen aus seiner Entscheidung zum Alleingang. Obwohl nur zwölf Prozent des Ackerbodens bebaut wurden und Guinea gezwungen war, die meisten Nahrungsmittel einzuführen; obwohl das Pro-Kopf-Einkommen von 210 Dollar real seit der Unabhängigkeit gefallen war; obwohl sich Guineas großes Potential in keinster Weise zeigte und das Land nur 480 Kilometer geteerte Straßen hatte, war es ein Ort, an dem es praktisch kein Verbrechen, keine Korruption, Prostitution oder Bettler gab. Kein einziger Ausländer bekleidete einen hohen Verwaltungsposten. Es hatte sich in Guinea keine zerstörerische Landflucht ereignet, weil es in den Städten nichts gab, was die Menschen anzog. Es gab keine unerfüllten Träume, denn Nichts-anderes-Kennen bedeutet Nicht-mehr-Wollen. Die Guineer reisten nicht frei in die Elfenbeinküste, um zu sehen, wie sich dieses Land verändert hatte. Sie hörten keine Radiosender und lasen keine Zeitung, die ihnen Zugang zu unzensierten Meinungen hätten gewähren können. Sie kannten nur die Welt, die Touré für sie geschaffen hatte und in dieser Welt gab es keinen Unterschied zwischen Reich und Arm, weil jeder arm war. Selbst die wenigen Geschäftsleute Conakrys lebten in Schuppen mit Lehmboden und teilten sich diese mit Hühnern und Ziegen.

Falls die Guineer mehr erwarteten, zeigten sie es nicht. Sie demonstrierten Nationalstolz, was in Afrika sehr selten ist. Sie waren sich bewußt, daß Touré seine revolutionären Prinzipien während mehr als zwei Jahrzehnten Unabhängigkeit nicht verraten hatte – egal, ob er den Russen oder den Franzosen den Hof machte. Tourés Schwerpunkt war nationalistisch, nicht tribalistisch, und seine Sorge galt – wie er es nannte – der menschlichen Entwicklung, nicht dem Wirtschaftswachstum. Doch das ist eine bescheidene Errungenschaft verglichen mit den immensen Kosten, die die Guineer für einen Präsidenten bezahlen mußten, der seinem Volk Armut und Unterdrückung zusammen mit der versprochenen Freiheit gab.

Tatsächlich glauben manche Afrikakenner, daß Touré den langfristig klügeren Weg für sein Land einschlug als Houphouët-Boigny. Sie sind der Ansicht, daß er sein Volk diszipliniert und organisiert sowie ein Gefühl von nationalem Zusammenhalt vermittelt hat. Er habe die Versuchungen, die Habgier und den Eigennutz eingedämmt, die das Fundament des Nationalstaats gefährdeten.

Aber was waren die geheimen Wünsche der Guineer? Was hätten sie gewählt, wenn sie die Chance gehabt hätten, ein wenig von Etwas statt alles von Nichts zu erhalten?

Vielleicht liegt die Antwort in Guineas Entwicklung seit dem Tode Tourés durch Herzversagen im März 1984 – er starb in den USA, wo er bis zu seinem Ende behandelt wurde. Noch bevor die alte Führungsclique einen neuen Chef auserkor, putschte sich die Armee eine Woche später unter Oberst Lansana Conté an die Macht. Sie warf Touré vor, eine brutale Diktatur errichtet zu haben und versprach die Rückkehr zur Demokratie. Die Bevölkerung begrüßte die neue Regierung enthusiastisch. Vor allem die Lockerung der staatlichen Überwachung und Kontrolle fand breite Zustimmung. Ein Großteil der politischen Gefangenen kam frei und die ehemaligen Anführer von Tourés Partei nahmen deren Platz in den Gefängnissen ein. Guinea nahm Kontakt zu Frankreich auf, das den verlorenen Sohn großzügig in die frankophone Gemeinschaft wiederaufnahm und seitdem einen weiteren Staat in Afrika subventioniert.

Kulturschock

In Afrika steht die Uhr immer auf fünf vor zwölf.
– Verfasser unbekannt

Je weniger intelligent ein Weißer ist, für umso rückständiger hält er den Afrikaner. „Aber sie hatten noch nicht einmal das Rad", sagen alte Siedler nach wie vor, um anzudeuten, daß Afrika ohne den Europäer noch immer der dunkle Kontinent wäre. Das ist schlichtweg unwahr. Die Afrikaner schufen Systeme – politische, soziale und wirschaftliche –, die den örtlichen Gegebenheiten angepaßt waren. Erst als die Afrikaner in die westliche Welt geworfen wurden, brachen diese Systeme nach und nach zusammen. Der afrikanische Kulturschock, dem der Außenstehende begegnet, muß in diesem Zusammenhang gesehen werden, weil dort alles durch die erstmalige Auseinandersetzung mit der modernen Welt bestimmt wird.

Die meisten Touristen aus dem Westen sind von den Frustrationen in Afrika gut abgeschirmt. Sie werden vom Flughafen zu einem Hilton oder Intercontinental Hotel, dann zu einem Tierpark, danach zu einer Besichtigung des Stadtmarkts von Nairobi und schließlich zum Flughafen befördert, um nach London oder Frankfurt zurückzufliegen. Aber wer länger dort bleibt, stellt fest, daß all die Dinge, die man im Westen zur Pünktlichkeit, Effizienz und rationaler Denkweise gelernt hat, mit Afrika nicht viel zu tun haben. Afrika läßt sich nur durch sich selbst erklären. Es ist eine andere Welt, in der der kürzeste Weg zwischen zwei Punkten selten eine Gerade und in der Geduld mehr als nur eine Tugend ist; sie ist überlebensnotwendig. Afrika hat alle üblen Eigenschaften europäischer Bürokratien übernommen. Hinzu kommen Unwissenheit und Gleichgültigkeit. So ist ein System entstanden, das so ungerichtet und lethargisch ist wie eine ruderlose Dhau in rauher See. Offen gesagt, Afrika funktioniert nicht besonders gut.

In Westafrika haben die Ausländer ein Wort geprägt, um ihre verlorenen Schlachten im Alltag zu beschreiben – WAWA, ein Kürzel für „West Africa Wins Again" (Westafrika hat wieder gewonnen). Es erinnert einen daran, daß man sich mit dem System und nicht entgegengesetzt bewegen muß, um Streß zu vermeiden. Wenn das Telefon nicht funktioniert, das Hotel kein Essen mehr hat, die Klimaanlage ächzt und kaputtgeht, der Funktionär drei Stunden zu spät zu einem Termin erscheint, das Flugzeug nicht am vorgesehenen Tag und noch viel weniger zur vorgesehenen Stunde ankommt – dann zuckt man nur mit den Schultern und sagt sich: „Ich bin gewawat worden." Diese Krankheit ist nur selten tödlich.

Die Afrikaner sind verwundert, wenn jemand aus dem Westen sich über all die Unannehmlichkeiten aufregt. Sie betrachten solche Zeichen der Ungeduld als typische Eigenschaft der Europäer und Amerikaner. Die Afrikaner leben nicht nach der Uhr und bewahren die Fassung, wenn die Dinge unter der warmen Tropensonne nur langsam oder gar nicht in Bewegung geraten. Sie stehen drei oder vier Stunden lang friedlich in einer Schlange, um die Wasserrechnung zu bezahlen. Sie füllen gehorsam die Stadien, um ihre Führer einen Nachmittag lang über politische Philosophien schwadronieren zu hören, die ihnen unverständlich bleiben. Sie stellen sich den ganzen Tag lang im Krankenhaus an, um einen Arzt zu konsultieren. Wenn der Arzt an diesem Tag niemanden mehr empfängt, gehen sie ohne ein Wort des Protests nach Hause und kehren zum nächsten Termin zurück. Wozu die Eile? Zeit ist das Einzige, was im Leben im Überfluß vorhanden ist.*

Am stärksten hat mich in Afrika die Untätigkeit (nicht Faulheit)

---

* Die Suaheli-Zeit richtet sich nach der Sonne. Der Tag beginnt um ein Uhr (späte Morgendämmerung), was auf der Uhr eines Europäers sieben Uhr entspricht. Dieser Unterschied von sechs Stunden erklärt, warum ein Taxi, das mich mittags abholen sollte, erst abends um sechs auftauchte. Die meisten städtischen Afrikaner in Ostafrika benützen aber die westliche Zeit.

beeindruckt: Ich erinnere mich an Tausende von Kenyanern, die
auf den Grünflächen Nairobis ausgestreckt vor sich hin dösen; an
Menschenmassen, die auf städtischen Plätzen herumsitzen; an häu-
serblocklange Schlangen vor Behörden; an Hunderte von Leuten,
die ruhig in einem Notaufnahmeraum auf einen Arzt warten –
darunter manche mit Knochenbrüchen und eiternden Wunden.
Manchmal kehrte ich nach dem Mittagessen in mein Büro in
Nairobi zurück und fand dort ein Dutzend Leute vor, die bei
meiner ugandischen Sekretärin saßen. Sie starrten die Wände an,
keiner redete und ihre Hände lagen im Schoß. Es gab keinen
anderen Ort, wo sie hätten hingehen können und sie hatten nichts
anderes zu tun. Es gab wenig Arbeit. Selbst für diejenigen, die
arbeiten, sind die wirtschaftlichen Anreize in Afrika oft so gering –
ein tansanischer Farmer erhielt von seiner Regierung 20 Pfennig für
ein Pfund Kaffeebohnen, das man in einem deutschen Supermarkt
für zehn Mark kauft –, daß das Nichtstun eine erträgliche Alternative zur Arbeit darstellt. Unter solchen Umständen lebt man sein
Leben nicht nach der Uhrzeit.

Hinter dem Steuer eines Autos sind die Afrikaner seltsamerweise
wie gewandelt. Auf einmal zählt Geschwindigkeit. Mit blutleeren
Knöcheln und angespannt wie Rennfahrer, rasen sie mit halsbre-
cherischer Geschwindigkeit die Hänge herunter und in Kurven
hinein. Die Autos sind so vollgepackt wie Tokios Untergrund-
bahn. Geschwindigkeitsbegrenzungen werden von den Fahrern
ignoriert und die Polizei setzt sie nicht durch. Es gibt keinen TÜV
und Sicherheitsgurte sind praktisch unbekannt. Daraus resultiert
ein Gemetzel auf den Straßen, das meistens blutiger als die alten
Stammeskriege verläuft.

Im Zaire ist die Straße zwischen Flughafen und Kinshasa mit
Dutzenden von kaputtgefahrenen, vor sich hin rostenden Autos
übersät. In Nigeria ähnelt die neue, knapp 100 Kilometer lange
Schnellstraße von Lagos nach Ibadan einem tödlichen Karnevals-
spiel. Klapprige Autos zischen mit Kamikaze-Fahrern links und
rechts an einem vorbei, fahren dicht auf andere Fahrzeuge auf und
weichen erst im letzten Moment aus oder treten auf die Bremse. In
Uganda brettern die Armeelaster in der Straßenmitte und der
entgegenkommende Verkehr muß an die Ränder ausweichen.

Kenya hat weniger als 4000 Kilometer asphaltierter Straßen und
trotzdem sterben auf ihnen jährlich 1500 Menschen. Nachdem 1979

außerhalb Nakurus 44 Menschen in einem Massenunfall starben, verkündete der Polizeichef Ben Gethi eine Kampagne, die auf die „Kontrolle der Trinkgewohnheiten bei der Benutzung der Straßen" abzielte.

Dem südafrikanischen Nationalen Verkehrssicherheitsrat zufolge befinden sich 72 Prozent der vier Millionen Fahrzeuge im Land im Besitz von Weißen und sind für 21 Prozent der Todesfälle im Straßenverkehr verantwortlich. Zwölf Prozent der Fahrzeuge gehören Schwarzen und verursachen 62 Prozent der Todesfälle. Der Rat setzt Anzeigen in Zeitungen und gibt ein Comic heraus, das sich „Die verrückten Abenteuer von Bobo" nennt, um das Gemetzel der schwarzen Autofahrer zu verringern. Der Held des Comics ist ein Schwarzer, der sich über die Gefahren hinter dem Steuer nicht im Klaren ist.

Es ist schwierig, für die Neigung der Afrikaner, in nicht einsehbaren Kurven zu überholen und mit unkontrollierbarer Geschwindigkeit zu fahren, eine befriedigende Erklärung zu finden. Meines Erachtens sehen die Afrikaner ein mögliches Problem nicht in seinem Gesamtzusammenhang. Wir denken uns, wenn ich das tue, dann kann das und das passieren. Der ungebildete Afrikaner macht A, ohne darüber nachzudenken, daß es zu B führen könnte. Wenn ein entgegenkommendes Auto von der Straße schwenken muß, um seinem Fahrzeug auszuweichen und es weder Zusammenstoß noch Verletzte gibt, sagen sich die Afrikaner nicht: Das mache ich das nächste Mal besser nicht. Sie werden genauso handeln, denn schließlich haben sie ihr Ziel erreicht, von einem Punkt zum anderen ohne größeres Mißgeschick zu gelangen. Sie beschäftigen sich mit dem Unerwarteten nicht auf höherer Ebene, weil das eine Eigenschaft von Schul- und Berufsausbildung ist. Das Auto ist aber für die meisten Afrikaner ein ganz neuer Gegenstand.

Eines Abends lag der Leichnam eines Fußgängers auf der vierspurigen Straße in der Nähe meines Hauses in Nairobi. Der Berufsverkehr floß mit hoher Geschwindigkeit an ihm vorbei, aber niemand hielt an. Mancher Wagen wich nicht aus und traf den toten Körper. Die Fahrer rauschten einfach weiter. Ein Freund von den Vereinten Nationen fuhr am Ort des Geschehens vorbei und hielt an einer Telefonzelle an, um die Polizei anzurufen. Es entwickelte sich das folgende Gespräch:

„Hallo. Ich möchte Ihnen mitteilen, daß ein Leichnam auf dem Uhuru Highway direkt vor dem Riverside Drive liegt."
„Wieviele sind es?" fragte der Polizist.
„Wieviele wovon?"
„Wieviele Leichen sind es?"
„Eine. Da liegt ein toter Mann auf der Straße, der überfahren worden ist."
„Führt er einen Ausweis mit sich?"
„Hören Sie, ich weiß von all dem nichts, außer daß ich weiter oben an einer Tankstelle angehalten habe, um Sie anzurufen."
„Gut. Und dieser Mann ist seit wann tot?"
Das Gespräch zog sich noch eine halbe Minute hin, bis der Polizist die abschließende Frage stellte: „Wieviele, sagten Sie, sind es gewesen?"
Solch eine Unterhaltung mag jemanden aus dem Westen auf die Palme bringen. Was er oft nicht nachvollziehen kann, ist für Afrikaner selbstverständlich. Und wer könnte sich anmaßen, darüber zu urteilen, wer Recht und wer Unrecht hat?
So näherten sich am 8. Dezember 1978 zwei Mirage-Düsenjäger der zairischen Luftwaffe Kinshasa auf dem Weg von Bangui. Der Kontrollturm funkte den beiden Piloten, Major Uzapango Kanzeka Mba und Hauptmann Luamba Nguy Wanguy, daß sie wegen fehlender Sicht nicht landen könnten. Die beiden waren davon so überrascht, daß sie sich aus ihren Jets herauskatapultierten und mit dem Fallschirm in Sicherheit brachten. Den Flugzeugen ging irgendwann der Sprit aus und sie plumpsten in den Atlantischen Ozean. Die beiden hatten das Problem gelöst.
In Nairobi gab es eine Interpolkonferenz, zu der die obersten Ordnungshüter aus aller Welt erschienen. Bei der Sitzung, auf der ich anwesend war, ging es um einen breitangelegten Überblick über die internationale Geldfälscherei und der erste Redner war ein FBI-Agent aus dem Washingtoner Hauptquartier. Mitten in seiner Ansprache begann ein Delegierter der Elfenbeinküste, im Hintergrund des Raumes wie wild mit den Händen zu fuchteln. Man erteilte ihm das Wort und so machte er sich daran, eine Liste mit den Seriennummern aller in seinem Land gestohlenen Banknoten vorzulesen.
Oder man befrage meinen Freund Greg Jaynes zu Wawa. Als Korrespondent der New York Times war er erst einige Tage in

Nairobi postiert, als es einen Putsch in der Zentralafrikanischen Republik gab. Sein Chef befahl ihm, dort so schnell wie möglich hinzufahren. Das Intercontinental Hotel in Nairobi buchte ihn in das „neue" Interconti in Bangui ein und Jaynes freute sich, daß ihn auf seinem ersten Auftrag außerhalb der Stadt wenigstens ein sauberes Zimmer erwartete. Er flog von Nairobi über Paris nach Bangui – der schnellste Weg von Ost- nach Westafrika führt gewöhnlich über Europa – und erreichte in einem Taxi die Anschrift des Bangui Intercontinental Hotels, die Buchungsbestätigung in der Hand. Er fand aber nur ein Loch in der Erde vor. Der Bau hatte noch nicht begonnen. Der Fahrer zuckte mit den Schultern und schlug ihm vor, im darauffolgenden Jahr wiederzukommen. Jaynes nahm es lässig und zog in ein nichtklimatisiertes Zimmer im nahegelegenen Rock Hotel.

Jaynes hatte entdeckt, was erfahrenere Reisende schon wußten: Es gibt kaum etwas Schwierigeres in Afrika, als eilig von hier nach dort zu gelangen. Die Züge erschlossen dem Abenteuerreisenden Afrika, doch heute muß man fliegen. Denn die Eisenbahnen sind unzuverlässig oder funktionieren nicht mehr, die Straßen sind oft unpassierbar und die Fernstraßenverbindungen zwischen den Ländern praktisch nicht vorhanden. Die wirkliche Rolle der afrikanischen Fluglinien hat aber wenig mit Dienstleistung oder Gewinn zu tun. Sie wurden ursprünglich gegründet, um den flügge gewordenen Nationen Identität und Prestige zu verschaffen. Für viele afrikanische Regierungen war es bei der Unabhängigkeit vordringlich, einen glitzernden, neuen Flughafen zu bauen und eine internationale Fluglinie ins Leben zu rufen, die die Nationalflagge trug. Dabei mußten selbst die Ausgaben für Bildung und Gesundheit hinten anstehen.

Air Burundi zum Beispiel hatte zwei internationale Flüge pro Woche, als ich in Afrika lebte. Beide gingen nach Nairobi. Die Fluglinie verlor auf jedem Hin- und Rückflug 12 000 Dollar. Trotzdem weigerte sich Burundi, das zu den zehn ärmsten Ländern der Welt gehört, die Verbindung einzustellen, denn es wollte das Prestige einer internationalen Fluglinie. Air Tansania braucht so dringend Devisen, daß sie keine Kreditkarten akzeptiert und in den meisten Ländern können Ausländer die Tickets nicht in der Landeswährung bezahlen – Pfund oder Dollar bitte. Ghana Airways war früher eine kleine Fluggesellschaft mit zwanzig Flugzeugen. Bei der

letzten Bestandsaufnahme verfügte sie aber nur noch über vier
flugbereite Maschinen. Darunter befand sich eine alte VC-10 mit
verstopften Toiletten und zerschlissener Polsterung. Man nannte
sie „die alte Treue" und setzte sie auf der prestigeträchtigen Strecke
nach London ein.

Schwarzafrika hat 28 staatliche Fluglinien, die bis auf Gambia
Airways kein Geld verdienen. Gambia Airways hat nämlich keine
Flugzeuge. Gambia, ein angenehmes, kleines Land in Westafrika,
das von seinem Einfallsreichtum und im Rahmen seiner Möglichkeiten lebt, besitzt zwei Landebahnen und ein Büro, das Tickets der
Gambia Airways zur Beförderung auf anderen Fluggesellschaften
verkauft. Damit verdient die nicht vorhandene Linie jährlich
250 000 Dollar. Die anderen staatlichen Flieger müssen meist dring-
licheren Verpflichtungen nachkommen als der Beförderung von
Fluggästen. Sie gondeln Präsidenten und Minister in aller Welt
herum, transportieren Truppen und Kriegsmaterial an verschiedene Fronten (Äthiopien) oder Kaffee auf den internationalen
Markt (Uganda mit seiner Boeing 707). Wenn die Passagiere
deshalb versetzt werden, sollten sie weder eine Entschuldigung
noch ein Hotelzimmer erwarten. „Ich weiß nicht, warum Sie sich
so aufregen", hörte ich den Angestellten einer Fluglinie zu einem
Passagier sagen, der an einem Mittwoch gestrandet war. „Es gibt
am Samstag noch einen Flug."

Eines Morgens klingelte bei einem amerikanischen Journalisten
in Nairobi das Telefon. Air Zaire war an der Strippe und der
Angestellte informierte ihn, daß sein Flug nach Kinshasa aus tech-
nischen Gründen für zwei Tage verschoben worden sei. Wie die
Fluglinie das denn so genau wissen könne, fragte mein Freund.
„Oh, der Präsident hat das Flugzeug und er hat versprochen, es bis
Donnerstag zurückzubringen."

Selbstverständlich war Präsident Mobutu Sese Seko von Zaire
mit der einzigen Boeing 747 nach Europa geflogen. Seine Frau hatte
die DC-10 genommen. Es spielte dabei keine Rolle, daß die Flüge
QC 011 und QC 073 von Air Zaire an diesen Tagen nicht wie
vorgesehen in Nairobi, Brüssel, Paris und Bujumbura eintrafen.
(Kurze Zeit später wurde das Land zahlungsunfähig und die Flugzeuge wurden eingezogen.)

Selbst wenn das Flugzeug auftaucht, gibt es keine Garantie dafür,
daß es auch landet. So warteten eines Tages drei Diplomaten in

Bujumbura auf den lange überfälligen Flug von Air Zaire. Endlich sahen sie das Flugzeug aus der Ferne näherkommen und stießen einen Freudenschrei aus. Doch der Jet befand sich in 10000 Meter Höhe – und blieb auch dort. Er rauschte direkt über ihre Köpfe hinweg. Die Wartenden hatten sich zu früh gefreut: Sie wußten nämlich nicht, daß afrikanische Fluglinien von der vorgesehenen Zwischenlandung in Bujumbura absehen, wenn weniger als vier Passagiere aufzunehmen sind. In Afrika läuft nichts so wie in den USA oder Westeuropa. Und wer etwas anderes erwartet, wird sich nur nervöse Magenbeschwerden holen. Was einem Europäer als unhöflich oder rückständig erscheinen mag, ist auf afrikanischer Seite keineswegs beabsichtigt. Was ineffizient erscheint, kann sich als geradlinig und praktisch erweisen. Auch hier kümmern sich die Afrikaner um das A, ohne das B zu bedenken.

Ich erinnere mich an 75 amerikanische Touristen, die in das Kilimanjaro Hotel in Dar-es-Salaam eincheckten, um von dort aus eine einwöchige Safari durch Tansania anzutreten. Am darauffolgenden Tag brauchte die Regierung die Zimmer, um die Teilnehmer einer Konferenz über die Apartheid in Südafrika unterzubringen. Während die Amerikaner die heruntergekommene Haupstadt erforschten, wurde ihr Gepäck, ihre Wäsche und Toilettensachen aus den Zimmern geholt und auf einen großen Haufen in die Ecke der Lobby geworfen. Als die Touristen in das Hotel zurückkehrten, entdeckten sie, daß man sie vor die Tür gesetzt hatte.

„Das können sie nicht machen!" ereiferte sich ein Amerikaner mit hochrotem Kopf.

„Sie verstehen nicht", erwiderte der Rezeptionist sehr ruhig und vernünftig. „Wir brauchen die Zimmer. Alle anderen Hotels in Dar-es-Salaam sind voll und wenn wir Ihre Zimmer nicht nehmen, wo soll die Delegation übernachten?"

EAWA (East Africa wins again). Die Touristen brachen ihre Tansania-Reise ab und flogen zu den Seychellen.

Die Laxheit des afrikanischen Systems hat allerdings einen beunruhigenden Aspekt: Es wird oft von Männern kontrolliert, die nicht ausgebildet genug sind, um damit vernünftig umzugehen. Ihre Autorität übersteigt bei weitem ihre Fähigkeit, die Macht weise oder gar menschlich auszuüben.

Während der letzten Tage von Amins Herrschaft in Uganda fuhren Dave Wood von „Time", Bob Caputo, ein freier Fotograf, und ich in einem Mietwagen von Nairobi zur kenyanisch-ugandischen Grenze. Wir hofften, ein paar Farbfotos für unsere Stories zu ergattern, Flüchtlinge zu interviewen und vielleicht einen kenyanischen Beamten mit Kenntnissen zur Lage in Uganda aufzugabeln. Monatelang war kein westlicher Journalist ins Land gelassen worden. Wir erinnerten uns an die vier europäischen Journalisten, die kurz zuvor nach der Überquerung des Victoriasees ermordet worden waren.

Kurz vor Mittag erreichten wir die kenyanische Grenzstadt Malaba. Flüchtlinge strömten aus Uganda: Alte Männer und Frauen in zerrissenen Lumpen, die ihr bißchen Hab und Gut mit sich schleppten. Auf der kenyanischen Seite parkten Dutzende von Lastwagen mit Anhängern Stoßstange an Stoßstange, weil die Fahrer sich weigerten, in das wenige Kilometer entfernte Gebiet vorzudringen, wo sich Anhänger und Gegner Amins bekämpften.

Eine kleine Betonbrücke über einem trockenen Flußbett markierte die eigentliche Grenze. 90 Meter weiter standen ein Wachhäuschen und eine Polizeistation, die als ugandischer Grenzposten dienten. Wir stellten unseren Wagen ab und gingen zu Fuß über die Brücke. Wir dachten, daß der Ugander, der in dem Häuschen döste, uns einfach nach Kenya zurückschicken würde, das schließlich nur eine halbe Minute entfernt lag. Er erwachte ruckartig, rückte seine Spiegelbrille zurecht und ergriff gleichzeitig sein Gewehr.

„Jambo", sagte ich. „Wir wollten mal sehen, wie die Dinge an der Grenze so stehen. Gibt es irgendeine Chance, ein Visum zu erhalten?"

Der Mann starrte uns wortlos an.

„Nun, wir sind froh, daß alles ruhig ist", sagte Wood leicht beunruhigt. „Wir können genauso gut nach Kenya zurückkehren. Entschuldigen Sie die Störung."

Der Mann starrte uns weiterhin an. Sein Gesicht verbarg sich hinter einer Maske, die weder unsere Anwesenheit noch unsere Worte zur Kenntnis nahm.

„Sollen wir rennen oder gehen?" fragte Caputo mit angehaltenem Atem.

Der Mann deutete mit dem Gewehrlauf auf die Polizeistation.

Das Röcheln eines Mannes, der dort geprügelt wurde, drang bis zu uns. Ich schluckte und furchtbare Bilder gingen mir durch den Kopf. Ein Angehöriger von Amins Staatsforschungsbüro (ein Euphemismus für die staatliche Killertruppe) führte uns in ein Verhörzimmer. Getrocknetes Blut bedeckte den nackten Betonboden und eine einzige Glühbirne hing an einer Schnur von der Decke herab. Unter der Lampenschnur stand ein leerer Schreibtisch und der dahintersitzende Mann starrte uns mit unbewegter Miene an. Seine Augen waren hinter einer riesigen Sonnenbrille versteckt. Er eröffnete uns, daß Söldner und CIA-Agenten in Uganda nicht willkommen seien. Wir versicherten ihm, daß wir volles Verständnis dafür hätten und erklärten ihm, daß wir Journalisten seien. „Was ist der Unterschied?" fragte er.

Auf seine Fragen gab es wirklich keine Antworten und jede wahllose Antwort schien sein Mißtrauen zu vergrößern. Was wir damit meinen würden, daß wir ein Auto gemietet hätten. Konnten wir es uns nicht leisten, ein Auto zu kaufen. Wenn Kalifornien meine Heimat sei, wie könnte ich da gleichzeitig in Nairobi wohnen. Wenn ich Journalist sei, warum habe ich keine Schreibmaschine dabei. Wenn wir etwas über Uganda wissen wollten, warum riefen wir nicht einfach das Informationsministerium in Kampala an. Ob wir jemals in der US-Armee gewesen seien. Ob wir jemals in Israel gewesen seien. Wie es mit Südafrika aussehe. Die letzten drei Fragen mußten wir alle bejahen. Er führte uns in separate Räume und befahl: „Schreiben Sie alles auf, was sie über Uganda wissen, wo Sie es erfahren haben, wer es Ihnen erzählt hat und wer Sie sind." Er gab jedem ein Blatt gelbes Zeichenpapier und einen Kugelschreiber.

Ich füllte eine Seite. Er las sie mit großen Schwierigkeiten, während seine Lippen jedes Wort nachmurmelten und sein Stift jede Zeile mitwanderte. „Das ist nicht genug", sagte er schließlich. „Schreiben Sie mehr." So füllte ich eine weitere halbe Seite, vor allem darüber, wie schön die Fahrt von Nairobi gewesen sei. Das stellte ihn zufrieden und er nahm mein Blatt grunzend an sich und verschwand im Gang. Ich konnte ihn über eine scheinbar knisternde Verbindung nach Jinja schreien hören, dem militärischen Befehlsposten 160 Kilometer westlich der Grenze. Er holte Instruktionen ein und ich stellte mir am anderen Ende der Leitung eine Stimme vor, die ein schlichtes „Tötet sie!" befahl.

Ein paar Minuten später kehrte er zurück. Sein eisiger Blick war einem freundlichen Lächeln gewichen. Er hatte seine Sonnenbrille abgenommen. Er umarmte uns wie alte Freunde, schüttelte uns die Hand und klopfte uns auf den Rücken. Er hatte seine Anweisungen erhalten und sein Verhalten war auch jetzt nur Verkleidung, eine Fassade, die nicht die leiseste Ahnung seiner wirklichen Gefühle und Regungen zum Vorschein kommen ließ.

„Sie können jetzt gehen", sagte er, während er noch immer unsere Hände drückte. „Ich bin damit beauftragt worden, Ihnen mitzuteilen, daß Ihr Interesse an Uganda sehr geschätzt wird und wir hoffen, daß Sie bald zurückkehren. Sie werden immer willkommen sein."

Wir überquerten die Grenze zurück nach Kenya mit dem Gefühl von Verurteilten, die noch einmal Gnade erfahren hatten. Ein junger Mann auf der Brücke versuchte, uns ugandische Schillinge im Sonderangebot zu verkaufen. Die alte Frau, die mit Tomaten und Rüben handelte, schaute uns mit einem Anflug von Neugierde an. Wir stiegen in unser Auto und waren uns bewußt, daß uns der Mann in der Polizeistation genauso beiläufig hätte töten können, wie er uns verabschiedet hatte. Er würde einfach das tun, was sein Boß von ihm verlangt.

In vielerlei Hinsicht verstand ich die Feinheiten des afrikanischen Charakters wirklich umso weniger, je länger ich in Afrika lebte. Jeder Weiße, der behauptet, daß es ihm anders geht, ist wahrscheinlich nicht aufrichtig. Bevor ich nach Afrika kam, hatte ich vier Jahre in Asien und zwei in Australien gelebt. Nach dem Verlassen der beiden Kontinente hatte ich ein Gefühl dafür, wer diese Menschen waren, wie sie auf bestimmte Situationen reagierten, warum sie auf besondere Art und Weise antworteten, was sie über die Welt um sie herum dachten. Doch Afrika wird oft zu einem Mysterium. Die Afrikaner enthüllen kaum tiefergehende Gefühlsregungen und sprechen selten mehr als oberflächlich über ihre Überzeugungen. Häufig erzählen sie einem eher das, was man – wie sie vermuten – hören will, statt durch eine eigenständige Sichtweise eine Beleidigung zu riskieren. Sie widersetzen sich nur selten der Autorität und folgen jedem, der sich zum Führer aufschwingt, erstaunlich bereitwillig – soviele Fehler dieser auch haben mag. Ihre Widerstandsfähigkeit ist außergewöhnlich. Die Ernte kann ausfallen, die Kinder sterben, die Regierung sie schlecht behandeln und trotzdem äußern die Afrikaner keinen Protest.

Bei Menschen, die jahrhundertelang soviel Leid ertragen mußten und trotzdem im Grunde ihres Wesens sanft, höflich und nicht
rassistisch geblieben sind, war ich immer wieder von der Brutalität,
ja dem Sadismus entsetzt, mit dem die Afrikaner einander so
bereitwillig mißhandeln. Im Zaire zieht die Meute den Autofahrer,
der einen Fußgänger überfahren hat, aus dem Wagen heraus und
prügelt ihn auf der Stelle zu Tode. In Kenya muß das Opfer etwa
eines Taschendiebstahls nur laut „Dieb" rufen. Jeder Passant wird
sich hinter dem Schurken hermachen und ihn in einer Karnevals-
stimmung totschlagen. Vor einigen Jahren wurden in einer einzigen Woche neun Kenyaner, die Händler auf den Märkten Nairobis
bestohlen hatten, zu Tode gesteinigt oder getreten.

Nachdem in unser Haus eingebrochen worden war, ging meine
Frau Sandy zur benachbarten Polizeiwache, um Anzeige zu erstat-
ten. Ein Kenyaner im mittleren Alter lag schäbig und mit nur einem
Schuh bekleidet halb bewußtlos hinter dem Schreibtisch des Serge-
anten. Sandy begann damit, eine Liste unserer gestohlenen Sachen
aufzuschreiben, doch der Sergeant schien anderweitig beschäftigt.
„Ich wünschte mir, daß dieser Typ tot wäre, so daß ich dieses
verdammte Formular nicht ausfüllen müßte", sagte er in den
Raum. „Ja, er sollte tot sein", bestätigte einer seiner Untergebenen.
Innerhalb der folgenden zwanzig Minuten trat jeder vorbeigehende
Polizist dem darniederliegenden Mann entweder an den Kopf oder
in die Leistengegend. Das geschah beiläufig, ohne Kommentar und
so ungezwungen, als hole man ein Getränk aus der Kühlbox.

Der Sergeant spürte offensichtlich, daß er Sandy eine Erklärung
schuldig war. Er zog ein verknittertes Päckchen importierter
Benson & Hedges aus der Hosentasche des Mannes. „Sehen Sie",
sagte er, „er ist ein Dieb. Andernfalls könnte er sich die nicht
leisten."

Wenn die Europäer oder Amerikaner die Afrikaner häufig nicht
verstehen, so muß es umgekehrt den Afrikanern genauso gehen. In
der Tat sind viele Weiße, die Afrika zu ihrer Heimat gemacht
haben, ein sonderbarer Haufen und manche von ihnen könnten in
einer Gesellschaft, in der das Leben strenger und reglementierter
abläuft, nicht überleben. Sie leben in einer kleinen, egozentrischen
Welt, oftmals gegen Veränderung gefeit und abgeschieden von
allzu viel menschlichem Kontakt. Sie machen das, was sie ur-

sprünglich nach Afrika verschlug – seien es Gorillas oder alte Knochen. Meine erste Begegnung mit dieser Gemeinde war ein größerer Kulturschock für mich als meine Erfahrungen mit Afrikanern.

Hinter einem kleinen tansanischen Dorf namens Makuyuni hört der Asphalt auf und die Straße wird staubig. Die kommenden 160 Kilometer windet und wälzt sie sich durch die weiten Grasebenen im Schatten des Kilimanjaro, um schließlich in einen engem, ausgefahrenen Weg am Hause Mary Leakeys zu enden. Frau Leakey, mittlerweile um die achtzig, erschien an der Tür mit einer Zigarre in der Hand. Ein böiger Wind jagte durch ihr Anwesen und wirbelte feinen, roten Staub auf. Gleichzeitig setzte er die beiden Windmühlen hinter dem Haus in ächzende Bewegung, die es mit Strom versorgten. Frau Leakey schützte ihre Augen vor den Staubwolken, um unseren Wagen zu beobachten, der sich ihrem Heim näherte – von allem weit entfernt bis auf die Fossilien der Vergangenheit.

Das Haus in der wunderbaren Abgeschiedenheit, die sie so liebt und mit aller Kraft verteidigt, liegt auf einem kleinen Hügel, der die Serengeti-Steppe überblickt. Einige Kilometer entfernt liegt der sagenumwobene, erloschene Vulkan Ngorongoro und darunter die Olduvai-Schlucht, eine anthropologische Schatztruhe, die den Leakeys und anderen Wissenschaftlern soviele Geheimnisse über den ersten Menschen offenbart hat.

Frau Leakey betrachtete Sandy und mich wortlos. Sie mag keine Eindringlinge. Obwohl sie unseren Besuch bewilligt hatte und wir einen Karton voller Gemüse, eine Flasche Whisky und zwei Boxbeutel Wein mitbrachten, gab es weder eine Begrüßung noch ein Lächeln. „Normalerweise ist es nicht so windig", sagte sie nur. Dann verschwand Frau Leakey, Witwe des berühmten Wissenschaftlers Dr. Louis Leakey und selbst eine begnadete Anthropologin, hinter der geschlossenen Tür ihres Baus, um zur ihrer Arbeit zurückzukehren. Dort rackerte sie sich monatelang in ihrer einsamen Welt ab, ohne Ferien und Wochenenden.

Im Gegensatz zu ihrem Mann, der die öffentliche Aufmerksamkeit genoß, die er sich durch seine warmherzige Persönlichkeit und seine beruflichen Erfolge verdiente, ist Frau Leakey eine launische, unabhängige Frau, die schweigsam, ja sogar abweisend ist. Sie unternimmt keinerlei Anstrengung, ihren Unmut über die Unterbrechung ihrer Arbeit zu verbergen. Sie sträubt sich gegen die Ignoranz und Unverschämtheit der Journalisten, Touristen und anderer Fremder, die ihr gelegentlich in die Quere kommen. „Wenn ich doch nur meinen Mädchennamen Mary Nicol wieder annehmen könnte", sagte sie in einem ihrer gesprächigeren Momente. „Dann könnte ich wesentlich mehr Arbeit erledigen. Das Leben mit der sogenannten Leakey-Legende ist ziemlich ermüdend. Ich verstehe nicht, warum jeder ständig darüber reden möchte."

Doch die bemerkenswerten Leakeys sind zur Legende geworden, die weiterleben wird. Louis (der 1972 im Alter von 69 Jahren verstarb) und Mary Leakey bewiesen, daß sich die Geburt des Menschen vermutlich in Ostafrika ereignete und der 1,75 Millionen Jahre alte Schädel eines Primaten – Zinjanthropus –, den sie 1959 in der Olduvai-Schlucht fand, verschob das wissenschaftlich akzeptierte Geburtsdatum des Menschen um eine Millionen Jahre zurück. Sie benötigte 18 Monate, um die 500 Knochenteile des Schädels zusammenzufügen. Viele Wissenschaftler bezeichneten das als eine der genauesten anthropologischen Arbeiten, die je ausgeführt wurden. Von ihren drei Söhnen betreibt Jonathan eine Schlangenfarm in Kenya und hat einige wichtige anthropologische Entdeckungen in Ostafrika gemacht; Richard, ein kenyanischer Staatsbeamter, ist Direktor der staatlichen Museen und „Director of Wildlife" (zuständig für die kenyanischen Nationalparks); Philip ist der einzige Weiße im kenyanischen Parlament und stellvertretender Minister.

Frau Leakey wich uns den ganzen Nachmittag aus und gegen Abend begann ich, mich zu wundern. Ich ging zu unserem Wagen, um eine Schachtel Zigaretten zu holen und schloß dabei versehentlich meine Schlüssel ein. So mußte ich mit einem Stein die Fensterscheibe einschlagen. Ich hatte Visionen von der harten, zwölfstündigen Rückfahrt nach Nairobi am darauffolgenden Tag und vom Anruf bei meinem Redakteur in Los Angeles: „Es gibt keine Story. Sie wollte nicht reden."

Frau Leakeys Zuhause war ein niedriges, verstreutes Gebilde aus Holz und Blech, das über die Jahre stückchenweise erbaut worden war. Das Wohnzimmer lag im Freien und war eine Verlängerung des Innenhofs. Dort saßen Sandy und ich und warteten. Der Wind fegte noch immer. Außer den Hausangestellten war niemand da.

Schließlich erschien Frau Leakey aus dem abendlichen Schatten jenseits des Patios mit einem Glas Whisky und einer dünnen Zigarre in der Hand. Sie ließ sich in einem alten Polstersessel nieder und fragte: „Nun, was wollen Sie wissen?" Jede Frage erwiderte sie mit durchdringendem Blick und einem kurzen, bündigen Satz, auf den eisige Stille folgte.

Ich fragte, ob jedes der Leakey-Kinder ermutigt wurde, einen eigenen Weg zu gehen, unabhängig von dem Ruhm der Eltern. „Ich weiß nicht, was Sie meinen", antwortete sie. „Wir sind eine ganz normale Familie." (Ich vermute, so normal wie jede andere Familie, die in der Olduvai-Schlucht 160 Kilometer von den nächsten Europäern und 80 von der nächsten Stadt entfernt lebt.)

Konnte sie der Geschichte über die Flußpferde, die in der einzigen Wasserquelle der Leakeys in Olduvai badeten und hineinpinkelten und diesen wertvollen Trinkwasservorrat verschmutzten, etwas hinzufügen? „Ich weiß nicht, wo Sie das herhaben", sagte sie. „Hier ist seit 400 000 Jahren kein Nilpferd mehr aufgekreuzt." Sie hatte Recht: Ich hatte „Nashorn" gemeint.

Was dachte sie über die Veränderungen, die sie während ihrer 41 Jahre in Ostafrika erlebt hat, in denen das Gebiet vom Kolonialismus in die Unabhängigkeit überging. „Man kann Veränderungen erst sehen, wenn sie geschehen", sagte sie.

Und welches waren die kleinen Freuden, die einer Anthropologin die oft langen Perioden fruchtloser Suche erleichtern. „Das ist eine dumme Frage", sagte sie. „Ich mache einfach einen Job, der mir Spaß macht."

Das Steak zum Abendessen war gut, doch die Unterhaltung zäh und Frau Leakey entschuldigte sich schon bald damit, daß wir uns vielleicht am Morgen noch etwas unterhalten könnten. Aber sie war vor Morgengrauen auf und davon, denn sie suchte ihre beiden Hunde, die nachts fortgelaufen waren. Mit einem Landrover fuhr sie durch die Steppe – eine einsame Gestalt, die am Horizont von der afrikanischen Welt verschluckt verschwand.

Ich war mit der Erwartung in die Olduvai-Schlucht gekommen, eine Art Heldin vorzufinden und ungefähr so wollte ich schreiben. Frau Leakey hatte das Klischee zerschlagen – und mir eigentlich einen viel interessanteren Ansatzpunkt gegeben. „Warum vergißt Du nicht einfach alles, was Du von ihr dachtest", schlug Sandy vor, „und schreibst einen Artikel darüber, was diese ganze Zeit alleine hier draußen ihr angetan hat". Es war ein guter Rat: die „Times" brachte mein „Nichtinterview" später auf der ersten Seite.

Viele Menschen überrascht es, daß, abgesehen von Angola und Mosambik, heute mehr Weiße in Schwarzafrika leben als während der Kolonialzeit. Insgesamt sind es mehr als eine halbe Million (zusätzlich leben 4,5 Millionen Weiße in Südafrika). Die größten Ansammlungen von Weißen leben in Simbabwe (135 000), Kenya (75 000) und der Elfenbeinküste (50 000). Manche haben wie Mary Leakey jahrelang in Afrika gelebt und viele, so will ich eiligst hinzufügen, sind warmherzige, freundliche Menschen, mit denen es Spaß macht, den Abend zu verbringen. Doch die meisten Weißen in Afrika bleiben nur kurze Zeit und arbeiten für westliche Firmen. Sie bringen technische und betriebswirtschaftliche Fähigkeiten mit, die Afrikaner noch nicht haben. Sie sind Piloten, Hotelmanager, Landwirtschaftsexperten, leiten Ölgesellschaften, beraten Ministerien, arbeiten als Architekte, Ärzte und Bankiers. Sie bleiben drei oder vier Jahre lang und ziehen dann auf den nächsten Posten weiter.

Ihre Anwesenheit mahnt, wie wenig die Kolonialisten Afrika auf die Unabhängigkeit vorbereiteten. Im Großen und Ganzen ist Afrika ein angenehmer Gastgeber, obwohl die Größe und der Einfluß der Ausländer hin und wieder zum Thema werden. Die Vorwürfe an die Weißen in Afrika lauten wie folgt: Die Ausländer besetzen Jobs, die Afrikaner ausüben könnten; sie sabotieren die Wirtschaft, um ihre Jobs zu behalten und den Mythos vom verwaltungsunfähigen Afrikaner aufrechtzuerhalten; sie leben als priveligierte Klasse; in manchen Fällen sind sie zweitklassige Fachkräfte in ihren Heimatländern, die sich in Afrika als „Experten" ausgeben.

„In den vergangenen 20 Jahren", so Kenyas ehemaliger Vizepräsident Mwai Kibaki, „sind in Afrika und Asien alle möglichen gesellschaftlichen Außenseiter aus Übersee eingefallen, deren Theorien und Scheinprodukte in ihren eigenen Ländern abgelehnt wurden. Es gibt manche, die Theorien zur Erlösung der Entwicklungsländer verkünden. Solche können wir nicht gebrauchen. Wir brauchen diejenigen, die unsere Ideen in einen praktischen, mit unseren Bedürfnissen zu vereinbarenden Ansatz umsetzen können, ohne noch mehr Ausländer einzuladen."

Sicherlich würde niemand leugnen, daß die Weißen heute in

Ländern wie Kenya genauso gut leben wie während der Kolonialzeit. Sie wohnen in großen Häusern mit riesigen Gärten und sind Mitglied im Tennisclub, wo die Plätze zwei Mark kosten (ohne zeitliche Begrenzung) und dreißig Jahre alte „Balljungen" pro Satz fünfzig Pfennig verdienen. Gesellschaftlichen Umgang pflegen sie meistens mit anderen Ausländern und nicht mit Afrikanern; sie lesen die „International Herald Tribune" und hören BBC oder Deutsche Welle, um sich auf dem Laufenden zu halten. An Orten wie Nairobi und Abidjan hat man den Eindruck, daß sich das Leben während der vergangenen Jahre nicht viel verändert hat.

In Nairobi gibt es ein professionelles Theater, die Phoenix Players, wo man fast nur Weiße sieht. In Ngong finden sonntags Pferderennen statt – schön wie auf dem englischen Land –, wo europäische Frauen in weißen Handschuhen und breitkrempigen Hüten bei asiatischen Buchmachern ihre Wetten plazieren. Und dann gibt es den Muthaiga Club, dessen Bibliothek voller britischer Zeitungen steckt. Seine Bar ist nur für Männer zugänglich, die viele Stunden über die Verschlechterung der Verhältnisse seit der Unabhängigkeit nachsinnen. Das Restaurant mit der hohen Decke serviert in bester englischer Tradition zu lange gebratenes Roast Beef und Yorkshire Pudding. Den Kaffee nimmt man im Foyer, wo Europäer mittleren Alters und älter an einem überkommenen Lebensstil festhalten, sich an die alten Zeiten erinnern und noch immer danach leben.

Eines Abends saß ein alter englischer Herr dösend in einem der zu stark gepolsterten Lehnstühle des Foyers. Die Londoner *Times* lag auf seinem Schoß und seine rechte Hand hielt ein leeres Brandy-Glas. Eine Fliege surrte um seine Nase herum und plötzlich wachte er verdutzt auf. „Bedienung", brüllte er. Ein Kenyaner in weißer Jacke eilte gehorsam herbei, um ihm noch einen Brandy einzuschenken – so, wie er es vor vierzig Jahren getan hätte.

Wenn Kenya eine der letzten Enklaven des guten Lebens in der Dritten Welt ist, so bieten die meisten Teile Afrikas den Ausländern deutlich mehr Enttäuschungen. Das Leben ist teuer und es gibt nur wenige Annehmlichkeiten; die Regale der Supermärkte sind leer und Benzin wird rationiert; die einfachste Besorgung wird zu einer Bewährungsprobe für Geduld und Ausdauer.

In Lagos in Nigeria kostet ein Haus mit drei Schlafzimmern 50 000 Dollar im Jahr, zahlbar drei Jahre im voraus. In Tansania sind

Käse und Butter so knapp wie Kaviar. In Sambia funktionieren bei Regen die Telefone nicht und als ein Anwohner die Telefongesellschaft anrief, um sich zu erkundigen, was dagegen unternommen werden könnte, wurde ihm schlicht mitgeteilt: „Warten Sie, bis der Regen aufhört."

Das letzte Mal, als ich Bob Heisey besuchte, der seit fünf Jahren bei einem amerikanischen Unternehmen im Zaire arbeitete, ging dieser auf die Fünfzig zu und wurde seines Auslandsaufenthalts langsam überdrüssig. Er versuchte genug von seinem Gehalt zu sparen, um ein Boot zu kaufen. Damit wollte er mit seiner Frau Kathy in die südpazifischen Sonnenuntergänge segeln. Es gab allerdings Zeiten, wo er auf seinen Traum gerne verzichtet hätte. Die Miete für sein kleines Haus mit drei Schlafzimmern war gerade auf 1100 Dollar im Monat hochgesetzt worden. Es gab kein Telefon und manchmal kein Wasser. Drei gute Freunde waren das vorangegangene Wochende von der zairischen Polizei wegen Fotografierens am Strand verhaftet worden. Die Woche zuvor hatte man ihm seine Kamera gestohlen. Der Koch war seit acht Tagen nicht zur Arbeit erschienen und der Gärtner wollte ein weiteres Darlehen. Die Temperatur erreichte jeden Tag bis zu 38 Grad und blieb so während der ganzen Nacht. Die Klimaanlage war kaputt und es gab keine Ersatzteile, um sie zu reparieren. Nicht anders ging es ihm mit seinem Auto.

Er entschloß sich eines Abends, sein Mißgeschick zu vergessen und Kathy zum Abendessen auszuführen. Die Rechnung betrug 150 Dollar. Der Wein ging extra. Auf dem Nachhauseweg mußten sie an einer Straßensperrre anhalten und die Polizei zog ihnen noch ein paar Dollar aus der Tasche.

„Das ist kein Leben", sagte Bob zu Kathy. „Ich weiß nicht, wie Du es nennen würdest. Überleben, vermute ich. Aber es ist kein Leben."

Als wir zweimal auf Kurzurlaub in die USA zurückkehrten, fragten uns Freunde: „Wie ist Afrika denn wirklich?" Die beste Antwort darauf lautete: „Anders." Die Armut ist enorm und trotzdem sind die Afrikaner auf dem Land nur nach westlichen Maßstäben arm. Sie haben alles, was sie zum Leben brauchen – Essen, Kleidung, eine bescheidene Behausung und familiäre Liebe. Die hygienischen Verhältnisse sind entsetzlich, doch die meisten Afrikaner haben heute zu besseren medizinischen Einrichtungen Zugang als vor 30 Jahren. Die Telefone, die nicht funktionieren, und die Uhren, die man übersieht, mögen einen europäischen Besucher aus der Ruhe bringen; das Leben eines Afrikaners beeinträchtigen sie so gut wie überhaupt nicht. Viele Europäer und Amerikaner erleiden deshalb einen Kulturschock in Afrika; der Afrikaner hat damit überhaupt keine Schwierigkeiten. Sie schufen das System und wissen, wie es funktioniert und innerhalb seiner Grenzen zu leben.

Ich verbrachte einmal ergebnislos zwei Nächte im Intercontinental Hotel im Zaire damit, mein Büro in Los Angeles anzurufen, um eine Story durchzugeben. Immer wieder rief ich bei der Vermittlung an und jedesmal erklärte mir der Telefonist, daß die Leitungen bei der internationalen Zentrale überlastet seien. Doch er habe einen Freund im Hotel, der dort einen Freund habe und vielleicht helfen könnte. „Kennen Sie das System?" fragte er. Nein, antwortete ich, und wartete weiterhin auf meine Verbindung.

Ein Kollege wusch mir am darauffolgenden Tag den Kopf: „Dummkopf", sagte er. „Erzähl dem Telefonisten einfach, daß Du den Anruf „aufs System" machen willst. Du wirst in fünf Minuten durchkommen."

Und wirklich: am selben Abend hatte ich sofort eine Verbindung nach Los Angeles. Der Telefonist klopfte ein paar Minuten nach meinem Gespräch an die Tür und ich zahlte ihm 100 Dollar. Der Vorgang tauchte weder in meiner Hotelrechnung noch in den Büchern der staatlichen Telefongesellschaft auf. Der Staat war betrogen worden, das Hotel war betrogen worden, aber mein Anruf war durchgekommen. Das System hatte wie immer die Oberhand behalten.

Druckreife Nachrichten

Wahrheit ist, was deiner Regierung dient. Wenn etwas für dein Land nachteilig ist, dann ist es unwahr und man sollte keine Unwahrheiten veröffentlichen.
– Ein somalischer Funktionär, wie er die Rolle der Medien in Afrika sieht

Mehrere Monate lang fuhr ich jeden Dienstagmorgen zur äthiopischen Botschaft in Nairobi, um ein Visum zu beantragen, zu erbetteln und mich einzuschmeicheln. Der Konsularbeamte, ein freundlicher, unverbindlicher Mann, empfing mich jedesmal herzlich. Wir tranken Tee in seinem Büro, besprachen die afrikanische Politik und kamen schließlich auf meinen Antrag zu sprechen. Ah, das Visum, sagte er. Kein Problem. Die Regierung in Addis Abeba bearbeite es. Wenn ich mich nur noch ein wenig gedulden könnte.

Äthiopien war zur damaligen Zeit eine heiße Geschichte. Die Junta, die Haile Selassie gestürzt hatte, veranstaltete ihr Bäumchen-wechsle-dich-Spiel mit Moskau und Washington. Dutzende von westlichen Journalisten rissen sich um ein Visum, damit sie als erste einen Blick auf die Revolution werfen könnten. Schließlich erhielt ich eines Abends um sechs einen Anruf meines Sachbearbeiters in der Botschaft. Ich könne mein Visum am kommenden Tag abholen, sagte er. Ich freute mich, daß meine Hartnäckigkeit mir geholfen hatte, meine Kollegen zu überlisten. Ich würde eine Exklusivreise nach Äthiopien machen. Doch ich hatte kein Glück: 87 andere Journalisten hatten ebenfalls Visa erhalten und zwei Tage später ging in Addis Abeba eine Mini-Brigade von Reportern aus Nairobi, London, Paris und New York von Bord, bepackt mit Schreibmaschinen und Fotoapparaten. Es war ein in jeder Hinsicht außergewöhnlicher Aufenthalt. Ein Public-Relations-Debakel für Äthiopien, das uns zu Gefangenen des „Programms" machte und uns wie die eigenen Dissidenten zu manipulieren versuchte. Das Programm ist eine Form des Nachrichtenmanagements, das viele afrikanische Länder anwenden. Es ist eine strenge Abfolge von Menschen und Orten, die man sehen soll – besonders für Journalisten entworfen und denen nur das gezeigt werden soll, was die Regierung wünscht. Wenn ein Journalist davon abzuweichen versucht, indem er etwa unerlaubt mit einem Taxifahrer spricht, so erklärt man ihm: „Das können Sie nicht machen, es gehört nicht zum Programm."

Vom Flughafen Addis Abebas brachte man uns ins alte, heruntergekommene Ghion Hotel. Dort erhielten wir unsere Anweisungen von einem Major des Heeres, der einen Revolver im Schulterholster trug: wir dürften das Hotel nicht ohne Erlaubnis verlassen, keine Taxis benutzen oder unbegleitet irgendwohin gehen. Wir dürften keine Punkte des Programms auslassen und unsere Mahlzeiten nur im Hotelrestaurant zur vorgesehenen Stunde einnehmen.

Äthiopien hatte Pech. In der Gruppe sind Reporter aus dem Westen ein ziemlich hartnäckiger, agressiver Haufen. So schlichen wir nach nur einem Tag an den Wachen im Flur vorbei, stahlen uns vom Abendessen unter dem Vorwand weg, auf die Toilette zu müssen und knüpften selbständig Kontakte in Addis Abeba. Jede Nacht knatterte vor dem Hotel Gewehrfeuer und morgens lagen die Leichen von fünf oder sechs „Konterrevolutionären" auf dem Trottoir ausgebreitet und verwesten vor sich hin, bis die Verwandtschaft sie entfernte. Keine Fotos, erklärte unsere Begleitung – die Fotografen knipsten dennoch.

„Ich begreife nicht, warum Ihr Leute so schwierig seid", grollte einer der Soldaten aus dem Informationsministerium. „Unsere Journalisten tun, was wir ihnen sagen. Warum Ihr denn nicht?"

Einen Tag nach unserer Rückkehr von der Front im Ogaden, wo äthiopische und kubanische Truppen die somalische Invasion zurückschlugen, suchten uns mehrere einheimische Reporter zu Interviews auf. Sie bemühten sich um Zitate zugunsten Äthiopiens über den Krieg und die Revolution. Das bedeutete unmißverständlich, daß die Leser des „Ethiopian Herald" uns mehr Glauben schenken würden als den staatlichen Journalisten – obwohl das afrikanische Funktionärstum die westliche Berichterstattung über Afrika als tendenziös betrachtet. Das Mißtrauen der Leser zu den eigenen Medien überraschte kaum, denn in Äthiopien und in fast jedem anderen afrikanischen Land ist die Hauptrolle der Medien, der Regierung zu dienen und nicht, die Menschen zu informieren. Die Presse ist ein Vehikel für Propaganda; sie wird zur Manipulation, Organisation und Kontrollle benützt; jede skeptische Stimme ist eine mögliche Bedrohung und nur die Regierung ist weise genug um zu wissen, was das Volk wissen muß. So definiert ein offizielles Communiqué der Republik Somalia die Rolle der Presse wie folgt: „Die Funktion der Massenmedien des Landes ist, die gesamte Bevölkerung zu einem einzigen Wesen zu schmieden, ein Volk im selben Geist und von derselben Entschlossenheit durchdrungen, die nationalen Interessen zu beschützen."

Die Zeitungen Schwarzafrikas sind, von wenigen Ausnahmen abgesehen, in staatlicher Hand. Sie werden von Beamten, nicht von unabhängigen Journalisten verlegt und geschrieben. Der Inhalt ist so unvoreingenommen wie der einer Wahlkampfbroschüre einer Partei in der Bundesrepublik. Sie enthalten nur gute Nachrichten, keine schlechten, konzentrieren sich auf die windigen Reden von Funktionären und drucken das Bild des Präsidenten bisweilen in einer einzigen Ausgabe gleich vier- oder fünfmal ab. Die Leser des „Ethiopian Herald" etwa erfuhren nichts über den Ogaden-Krieg, als der somalische Vormarsch nicht aufzuhalten war; der Herald berichtete einfach nicht über den Krieg. Erst als Äthiopien zur Offensive überging, begann die Berichterstattung über den Konflikt, doch selbst dann erwähnte die Tageszeitung nicht die Rolle der Kubaner und der Russen. Letztere erhielt in den USA und Europa Schlagzeilen auf der Seite eins.

Staatlich kontrollierte Medien sind in der Dritten Welt eher die Regel als die Ausnahme. Dennoch sollte man erwähnen, daß Schwarzafrika bei der Unabhängigkeit eine wettbewerbsfähige, unparteiische Presse erbte. Der Kontinent hat es geschafft, diese so wirksam zu zerschlagen, daß niemand mehr nach der Zukunft der Presse in Afrika fragt. Stattdessen stellt man die Frage, ob sie überhaupt Zukunft hat. Mit Ausnahme Nigerias – wo die schwarze

Presse bis auf eine Zeitung namens „Iwe Irohnin" zurückgeht, die erstmals 1859 gedruckt wurde – wurden die ersten Zeitungen auf dem Kontinent von Kolonialisten für Kolonialisten gemacht. Sie hinterließen Afrikas jungen Staaten eine unabhängige Presse, die dem Volk dienen sollte, und eine Verfassung, die das Recht auf freie Meinungsäußerung garantierte. Doch in einem Land nach dem anderen war die freie Presse die erste westliche Institution, die scheiterte. Die Regierungen benötigten sie dringend als Instrument, um die Köpfe der ungebildeten Masse zu manipulieren. Nachrichten werden zensiert und so entstellt, daß das, was in Druck geht, eigentlich nur Pressemitteilungen der Regierung darstellt. Schon bald gab es keinen einzigen unabhängigen Rundfunksender in Schwarzafrika mehr. Nigerias erste Regierung brauchte nur ein Jahr, um die stolze journalistische Vergangenheit zu vergessen und ihre Versprechungen bei der Unabhängigkeit zugunsten eines sichereren Kurses aufzugeben. Dieser unterband kritische Kommentare. So verurteilte 1961 das hohe Gericht von Lagos den Journalisten Chike Obi, den „Thomas Paine Nigerias", wegen Volksverhetzung. Er hatte ein Pamphlet mit dem Titel „Das Volk: Tatsachen, die ihr wissen müßt" veröffentlicht. Der aufwieglerische Abschnitt lautete wie folgt: „Nieder mit den Feinden des Volkes, den Ausbeutern der Schwachen und den Unterdrückern der Armen! . . . Die Tage derjenigen, die sich auf Kosten der Armen bereichert haben, sind gezählt. Der einfache Mann in Nigeria läßt sich heute nicht mehr durch süße Wahlreden einlullen, um dann ausgebeutet und wie Dreck behandelt zu werden, nachdem die Pfründe aus Amt und Würden aufgeteilt worden sind".

Die Lage sieht im Rest des Kontinents nicht anders aus. Malawis Präsident Hastings Banda sperrte Mitte der siebziger Jahre praktisch die gesamte Presse des Landes ein, die nicht von seiner Regierung kontrolliert wurde. Präsident Kenneth Kaunda ernennt und feuert eigenhändig die Redakteure von sambischen Tageszeitungen. In Uganda und Zaire wandern die Journalisten so regelmäßig ins Gefängnis, daß ihre Frauen nicht einmal mehr fragen, wo sie gewesen sind, wenn sie nach mehrtätiger Abwesenheit zurückkehren. Der Präsident von Äquatorialguinea, Macias Nguema Biyogo, ging noch einen Schritt weiter: Bis zu seinem Sturz und Tod im Jahre 1979 hatte er alle bekannten Journalisten ermorden lassen oder ins Exil getrieben.

Südafrika ist raffinierter. Wer das erste Mal Südafrika besucht, ist oft erstaunt, in englischsprachigen Zeitungen Leitartikel zu finden, die die Regierung kritisieren. Die 43 Tages- und Wochenzeitungen des Landes bieten wirklich einige erstklassige Beispiele von kritischem und investigativem Journalismus. Doch die Reporter wissen genau, wie weit sie gehen können. Südafrika hat 50 Gesetze, die die Verbreitung von Nachrichten direkt regeln und weitere 50 Statuten oder Verwaltungsvorschriften, die das Recht der Öffentlichkeit auf Information beschränken. Wenn ein Journalist beispielsweise die Verhaftung eines schwarzen Aktivisten melden wollte, so müßte sein Artikel die Adresse und das Geburtsdatum der Person erwähnen, die man in Haft glaubt. Diese Informationen sind oft unmöglich zu beschaffen, weil die Geburt vieler Schwarzer nicht registriert wird oder seine Familie sich nicht daran erinnert. Somit haben die Behörden keine Verpflichtung, zu sagen, wen sie in Haft halten.

Es war vorauszusehen, daß sich die Rolle der Zeitungen in Afrika so zum Negativen entwickeln würde. Heute haben sie wenig gesellschaftliche Bedeutung und keine große Verbreitung. Mitte der sechziger Jahre gab es laut dem in London ansässigen Internationalen Presseinstitut (IPI) 299 Tageszeitungen in Afrika. Darunter waren rund 40 Zeitungen in den arabischen Ländern, überwiegend ägyptische, und rund 30 in den von Weißen beherrschten Gebieten im südlichen Afrika. Bis zu den frühen achtziger Jahren waren nur noch 150 Tageszeitungen übrig geblieben und die Schrumpfung hatte sich fast nur in Schwarzafrika ereignet. Neun Länder hatten überhaupt keine Zeitung.

Die gesamte Tagesauflage aller Zeitungen in Afrika fiel während dieses Zeitraums von deutlich über drei Millionen auf zwei Millionen. Damit beträgt die Auflage auf diesem Kontinent mit rund 750 Millionen Menschen nur zwei Drittel dessen, was eine einzige Londoner Zeitung, der „Daily Mirror", an einem Tag verkauft.

„Wenn man sich den Kampf der Presse in Afrika ansieht", so Frank Barton vom IPI, „ist die traurige Wahrheit, daß die Presse dabei ist, zu verlieren. Ich kann was die Zukunft der Presse angeht nicht optimistisch sein. Alles andere auf dem Kontinent hat sich während der vergangenen zehn Jahre ausgeweitet – Straßen, Schulbildung, medizinische Versorgung – und die Zeitungen schrumpfen weiterhin. Ich vermute, daß wir in zehn Jahren nicht mehr als rund 50 Tageszeitungen finden."

Doch staatliche Beschränkungen sind nicht der einzige Grund für den Niedergang der afrikanischen Presse. Weitere Gründe sind: ein Analphabetismus, der in manchen Ländern 90 Prozent erreicht, der Aufstieg des Radios als das mächtigste Kommunikationsmedium in Afrika, die hohen Kosten des Nachrichtenimports aus Europa und das Nichtvorhandensein von Tages- oder Wochenzeitungen auf dem Land, wo die Mehrheit der Bevölkerung lebt. All das hat Zeitungen zu einer Annehmlichkeit für die städtische Elite gemacht.

Während das gedruckte Wort die wenigen Gebildeten anspricht, ist das Radio für alle da. Es ist die Stimme der Autorität, wenn auch nicht unbedingt der Wahrheit, und wenn sie spricht, hört Afrika zu. Seine Bedeutung als Regierungsmedium ist vermutlich größer als irgendwo sonst in der Welt und bildet die direkteste Verbindung zwischen Herrschern und Beherrschten. 1955 gab es eine halbe Million Radios in Afrika; jetzt gibt es mehr als 25 Millionen. Auf ein Radio kommen 20 Menschen, auf eine Tageszeitung 210 und auf einen Fernseher 525.

In der Zentralafrikanischen Republik verwendet die Regierung das Radio, um ausländische Diplomaten zum Präsidentenpalast zu zitieren. In Nigeria sendet der staatliche Rundfunk in 17 Stammessprachen. Auf dem Land machen in Kenya Schulkinder „kreative Schreibkurse" bei knisternden Radios in kleinen, dunklen Klassenzimmern. In Mosambik sendete die Regierung ihre Propaganda täglich eine Stunde lang auf 998 Kilohertz ins von Weißen beherrschte Rhodesien. Rhodesien, damals mitten im Bürgerkrieg, schickte seine eigene auf 1007 Kilohertz zurück nach Mosambik. In den meisten Ländern ist der staatliche Rundfunksender so schwer bewacht wie der Staatsschatz: Wer sich den Sender holt, kann die Konrtrolle über Land und Leute übernehmen.

Idi Amin tauchte regelmäßig bei seiner 50 Kilowatt starken Station auf, winkte den Ansager beiseite und übernahm das Mikrofon, um von ihm als dringlich erachtete Landesnachrichten zu verlesen. So kündete er einmal die Schaffung einer Menschenrechtskommission an. Im nächsten Atemzug erklärte er, daß er zwei Polizisten freiließe, denen zur Last gelegt wurde, zwölf Häftlinge im Gefängnis von Naguru zu Tode geprügelt zu haben. Die Begründung: In Uganda gebe es keine Menschenrechtsverletzungen.

Viele afrikanische Länder haben sowohl Inlands- als auch Auslandsemissionen. Erstere dienen dazu, die Meinung des eigenen Volkes zu bilden, letztere sollen Abweichler und Regierungen außerhalb der Landesgrenzen erreichen. Somalia überträgt täglich eine Stunde Propaganda zum Erbfeind Äthiopien. Dann richtet es seinen Sender nach Südwesten und sendet nach Kenya, einem ebenfalls nicht zu freundlich gesonnenen Nachbarn. Die USA und Großbritannien hören abwechselnd jeden staatlichen Rundfunksender in Afrika rund um die Uhr ab und tauschen täglich die Mitschriften aus. Trotz einer Fülle von Halbwahrheiten und glatter Lügen geben die afrikanischen Rundfunkübertragungen öfters wichtige Hinweise auf die Sichtweise der Regierung und auf neue politische Strömungen, die Nachrichtendiensten und ausländischen Journalisten nützlich sein können.

„Ich glaube, wir liegen falsch und sind naiv, wenn wir denken, daß unser Volk alles schluckt, was wir ihm im Rundfunk erzählen", so Kenyas ehemaliger Generalstaatsanwalt Charles Njonjo. „Haben Sie den abendlichen Kommentar ‚So stehen die Dinge in Kenya‘ von der ‚Stimme Kenyas‘ gehört? Nun, das ist Schwachsinn. Das ist nur Futter für die Menschen. Es spiegelt überhaupt nicht das wieder, was diese Regierung denkt oder tut. Wir sollten das Programm ‚So stehen die Dinge nicht in Kenya‘ nennen."

Woher bezieht Afrika dann die Neuigkeiten? Ironischerweise wendet es sich an den Westen – nämlich an die „British Broadcasting Corporation" (die BBC, die zärtlich „Beep" genannt wird) und die Stimme Amerikas (VOA). Beide haben Korrespondenten vor Ort und beide berichten etwa aus Tansania genauer als die tansanischen Journalisten. Für jeden Afrikaner, der sich einen Kurzwellenempfänger leisten kann, liegt so die Welt nur ein Kiloherz entfernt.

Während des jährlichen Gipfeltreffens der OAU eilen die Delegierten jeden Abend auf ihre Hotelzimmer zurück, um zu hören, wie die BBC und die VOA von der Konferenz berichten. In Somalia kommen die Behörden werktags um 17 Uhr zum Stillstand, wenn die BBC ihre Nachrichten und Kommentare in somalischer Sprache sendet. Von Kenneth Kaunda ist bekannt, daß er sich bei Besprechungen entschuldigt, um die 18-Uhr-Nachrichten von BBC London einzuschalten. Und im Zaire hört Mobutu Sese Seko die BBC und VOA so genau an, daß er häufig den britischen und den amerikanischen Botschafter anruft, um sich über gewisse

Nachrichtenthemen zu beschweren. Denn er ist nicht ganz überzeugt davon, daß die Gesandten ihre Korrespondenten nicht zur
Ordnung rufen können.

Als der nigerianische Staatschef General Yakubu Gowon 1975
während eines afrikanischen Gipfels in Uganda gestürzt wurde,
erfuhr er davon nicht durch eine diplomatische Note oder ein
Telegramm aus Lagos. Erst nachdem die BBC-Zentrale in London
– die den nigerianischen Sender abgehört hatte – ihrem Korrespondenten John Osman am Ort der Konferenz telexte und nach
afrikanischen Reaktionen auf den Putsch fragte, bekam Gowon
Wind vom Putsch. Die Botschaft wurde von der ugandischen
Geheimpolizei abgefangen und Gowon übergeben. Darauf reagierte er, indem er sofort zu seinem Kurzwellenempfänger ins
Hotel zurückeilte und die BBC einschaltete.

Vor seiner Versetzung nach Moskau hatte sich Osman 20 Jahre
lang in Afrika herumgetrieben. Er reiste sozusagen bei freier Kost
und Logis. Er war in Afrikas englischsprachigen Ländern so bekannt wie Walter Cronkite in den USA. Die Türen öffneten sich,
Präsidenten wetteiferten um sein Gehör (oder genauer, um sein
Mikrofon) und bärbeißige Leibwächter wurden in seiner Gegenwart höflich und zuvorkommend. Sie alle wußten, daß die BBC
mehr Gewicht hat als alle Sender und Zeitungen in Afrika zusammen.

Wenige Tage nach dem Sturz Idi Amins in Uganda fuhren John
und ich eine staubige Straße zu St. Theresas Mission außerhalb der
Stadt Bombo herauf. Als unser Landrover durch den Ort fuhr,
flüchteten die Dorfbewohner in die Sicherheit ihrer Hütten. Dann
kamen sie wieder vorsichtig zum Vorschein, schauten sich noch
einmal um und brachen schließlich in wildes Gejubel aus, winkten
und tanzten freudig. Für sie bedeutete der Anblick eines Weißen
ohne militärische Eskorte die erste Bestätigung dafür, daß Amin
gestürzt worden war.

Pater Emanuel Mbogo trat unsicher aus der Türe seiner kleinen
Mission und blinzelte im Sonnenlicht. John stellte sich vor. Der
Priester schlang seine Arme um ihn, trat zurück und wie vom
Donner gerührt, wiederholte er: „John Osman, John Osman. Sind
Sie es wirklich?" Drei Jahre lang, erzählte der Priester, habe er
Osmans Berichte über Uganda mit einem Kurzwellenempfänger
gehört, den er unter seinem Kopfkissen versteckt hielt. Hätten

Amins Soldaten ihn mit dem Radio und der BBC erwischt, so wäre er mit Sicherheit ermordet worden. „Während der ganzen Zeit waren Sie die einzige Möglichkeit für mich, zu wissen, was in meinem Land vor sich ging."

Die Tatsache, daß sich Afrika auf Ausländer für die Afrika-Berichterstattung verläßt und seinen eigenen Journalisten diese Arbeit nicht zutraut, wirft einige interessante Fragen auf. Der Informationsfluß durch die Dritte Welt wird größtenteils vom Westen kontrolliert, vor allem von den „großen vier" Presseagenturen: Associated Press, United Press International, Reuters und Agence France-Presse. Afrika denkt nicht ganz grundlos, daß die westliche Presse dem Kontinent gegenüber nicht wohlgesonnen ist. Der Westen, so denkt man, sucht sich nur das Sensationelle und Einzigartige aus, auf Kosten der ernsthaften Analyse der Schwierigkeiten beim Aufbau der Staaten. Er bestätige eher alte Klischees und berücksichtige selten neue Tendenzen. Er berichte über die Dritte Welt wie über einen Großbrand in einzelnen, isolierten Ereignissen, statt den langsamen Entwicklungsprozeß darzustellen, der sich auf wirtschaftliche, politische und soziale Ziele gründet.

Dieses Bild muß korrigiert werden. Erstens ist die Klage der Dritten Welt, stets eine besonders negative Behandlung zu erhalten, nicht wahr. Afrikas Berichterstattung aus den USA zum Beispiel, die sich von westlichen Pressediensten nährt, ist bedeutend sensationslüsterner als umgekehrt. Die Geschichte eines Farmers aus Nebraskar, der Amok läuft und seine Familie umbringt, kann aus unbekannten Gründen ein Aufmacher in einer afrikanischen Zeitung sein. Berichte, die ein positives Bild von den Vereinigten Staaten geben, wie zum Beispiel die verbesserte Lage der Minderheiten, werden im Allgemeinen ignoriert.

Zweitens betonen westliche Journalisten oft bis zum Punkt des Apologetentums, daß die Ursachen der afrikanischen Probleme im Kolonialismus und in der Unerfahrenheit der jungen Staaten liegen. Doch was die afrikanischen Länder wirklich klagen läßt, was aber nicht ausgesprochen wird, ist ihr Unvermögen, den Informationsfluß aus dem Kontinent genauso zu kontrollieren wie die Nachrichten innerhalb ihrer eigenen Grenzen. 1977 wies Äthiopien den einzigen dort ansässigen amerikanischen Journalisten, David Ottaway von der „Washington Post", aus. Seine nachdenkliche Analyse der Revolution gehörte zum Besten, was die westliche

Berichterstattung aus Afrika zu bieten hatte. Wenige Wochen
später beklagte sich Äthiopien, daß die amerikanischen Zeitungen
so wenig an seiner Revolution interessiert wären, daß sie nicht
einmal einen Vollzeitkorrespondenten nach Addis Abeba schickten. Nigeria verweigerte allen amerikanischen Reportern die Einreise und beschwerte sich sechs Monate später offiziell beim amerikanischen Außenministerium über den Mangel an Berichten über
Nigeria in der amerikanischen Presse.

Drittens ist die Behauptung irrig, daß die amerikanischen Journalisten nur über die bizarre Seite von Afrika schreiben. Die
maßgeblichste Studie, die ich zu diesem Thema sah, untersuchte
alle Berichte über einen einwöchigen Zeitraum, die durch die
asiatischen Kabel der Großen Vier liefen. Die Ergebnisse sind, so
glaube ich, für jeden Teil der Dritten Welt charakteristisch: 62
Prozent der Berichte erschienen unter der Rubrik Auslandsbezie-
hungen, Wirtschaft oder einheimische Regierungen; 22 Prozent
befaßten sich mit mehreren Themen, vom Sport über Gesundheit
bis zu Freizeit; nur 16 Prozent behandelten militärische Angelegenheiten, Terrorismus, Gewalt, Desaster, Verbrechen oder Prozesse.

Die Länder, die den größten wirtschaftlichen Fortschritt gemacht haben und am wenigsten repressiv sind – wie Kenya, die
Elfenbeinküste und der Senegal –, sind dieselben, die westlichen
Berichterstattern am freizügigsten Visa erteilen. Doch die meisten
Regierungen betrachten ausländische Korrespondenten noch immer mit einem hohen Grad an Feindseligkeit, bestenfalls als not-
wendiges Übel und schlimmstenfalls als Staatsfeinde. Die Arbeit
der Journalisten wird nervtötend und zeitweilig gefährlich. Er lernt
schnell, nur dringende Berichte aus seinem Gastland abzuschicken
und die anderen stattdessen aus einem Nachbarland an die Heimat-
redaktion zu übermitteln, wo die staatlichen Spürhunde, die Telex
und Telefon abhören, keinen Anstoß nehmen werden.

Michael Goldsmith, ein Reporter-Veteran der Associated Press,
verletzte einmal diese Grundregel und hatte Glück, daß er überlebte, um seine Erfahrungen noch schildern zu können. Während er
über das Zentralafrikanische Reich berichtete, schrieb er einen
Kaiser Bokassa mißfallenden Artikel. Schlimmer noch: Goldsmith
schickte den Artikel mit dem öffentlichen Telex zum AP-Büro
nach Südafrika und bat, es von dort ans Pariser Büro weiterzulei-
ten, das er nicht hatte erreichen können. Der Bericht kam verstüm-

melt zurück, so daß Bokassa zusätzlich zu dem Ärger über einige unpassende Bemerkungen in dem Artikel jetzt auch noch dachte, daß Goldsmith ein südafrikanischer Agent sei, der kodierte Nachrichten sendete.

Goldsmith wurde eines Nachts aus dem Rock Hotel zu Bokassa geholt, der sich zur Vorbereitung seiner Krönung in einen seiner neuen Paläste zurückgezogen hatte. Bokassa begrüßte ihn herzlich, erhob seinen Stab und schlug ihm auf die Stirn. Bokassas Leibwächter traten Goldsmith dann bis zur Bewußtlosigkeit und warfen ihn ins Gefängnis, wo er ohne Behandlung seiner Wunden festgehalten wurde. Einen Monat später lud der Kaiser Goldsmith nach intensiven diplomatischen Verhandlungen wieder vor. Bokassa umarmte ihn, küßte ihn auf beide Wangen und seine Gehilfen brachten ihn zum Flugzeug nach Paris.

Fast jedes Land in Afrika führt eine Liste von westlichen Journalisten, denen der Zutritt ins Land wegen angeblich beleidigender Berichte verwehrt ist. Stanley Meisler, der in den sechziger und siebziger Jahren für die Los Angeles Times aus Afrika berichtete, war nach Ablauf von sieben Jahren von dreizehn Ländern auf die schwarze Liste gesetzt worden, obwohl er einer der geachtetsten und klügsten Korrespondenten auf dem Kontinent war. Als er für kein bedeutendes afrikanisches Land mehr Visa erhalten konnte, mußte ihn die Times in ihr Madrider Büro versetzen. Der Tropfen, der das Faß zum Überlaufen brachte, war eine Story über Obervolta (seit 1983 Burkina Faso), ein ärmliches westafrikanisches Land, das er sehr bewunderte. Meisler schrieb, daß Obervolta seine Armut ohne Scham trug und weder unter der Illusion von Größe noch unter falschen Erwartungen litt. Zwei Tage nach dem Erscheinen des Artikels wurde er im Regierungsfunk zum Staatsfeind erklärt.

Nigeria ist weniger feinfühlig in seiner Reaktion auf ausländische Kommentare und Kritik. Denn es grollt noch immer über die, wie es meint, biafrafreundliche westliche Berichterstattung während des Bürgerkriegs. Als der Chef des Reuters-Büros in Lagos 1976 einen ungehörigen Artikel schrieb, griffen ihn Soldaten zusammen mit seiner Frau und achtjährigen Tochter auf, karrten sie zum Grenzfluß und stießen sie in einem Einbaum ohne Paddel in die Richtung des benachbarten Benin, den sie sicher erreichen konnten. Der Korrespondent der New York Times, John Darnton, wurde im darauffolgenden Jahr mit 24stündiger Vorwarnung des Landes verwiesen. Er hatte einen Artikel über eine arme nigerianische Familie geschrieben, die keine angemessene medizinische Versorgung ihres sterbenden Kindes erhalten konnte. Es war eine bewegende Geschichte. Niemand zweifelte die Genauigkeit des Artikels an. Nur das Thema war falsch gewählt.

Wie viele andere afrikanische Länder behauptet Nigeria, daß es von den westlichen Medien nur objektive Berichterstattung erwarte. Es sei unter dieser Bedingung bereit, kritische Artikel zusammen mit positiven zu akzeptieren. Das Argument ist nicht überzeugend. Was Afrika wirklich will, ist Reklame im Stil eines Advokatenjournalismus, der sich auf die Einweihung von Behörden konzentriert und Auswüchse ignoriert. Der Kontinent verlangt ein neues Paket an Richtlinien zur Berichterstattung aus der unterentwickelten Welt, das – auf den Westen angewandt – Journalisten vorschreiben würde, Watergates und Charles Mansons nicht zu beachten und sich nur auf das Positive und Erhebende zu beschränken. Der Kontinent will Historiker und nicht Journalisten als Berichterstatter. Er behauptet, daß Afrika während der ersten, schwierigen Jahre der Unabhängigkeit von Kritik verschont bleiben müsse. Doch ich bin mir nicht sicher, wer wirklich davon profitieren würde, wenn ausländische Korrespondenten so schrieben, wie es sich manche Leute wünschen. Wenn man nur über Gutes schreibt, bedeutet das nicht, daß sich das Schlechte in Luft auflöst. Die Behauptung, daß nur wahr sei, was der nationalen Sache diene, bedeutet, die Gültigkeit anderer Themen und die Notwendigkeit ihrer Neubewertung zu verleugnen. Ein Volk muß eine andere Stimme als nur die eigene vernehmen.

Es überrascht nicht, daß sich die meisten afrikanischen Länder mit dem kommunistischen Block zur Forderung einer von den Vereinten Nationen unterstützten „Neuen Weltinformationsordnung" zusammengetan haben. Die Folge einer solchen Orwellschen Resolution wäre die Beschränkung des freien Informationsflusses. Soll heißen: der Journalismus ist zu wichtig, als daß man ihn den Journalisten überlassen könnte. Einer der Deklarationsentwürfe, die die Unesco debattierte, unterstützte die Einführung von Lizenzen für Journalisten seitens der Regierung und wollte die Medien dazu verpflichten, amtliche Gegendarstellungen zu den von einer Regierung als unfair erachteten Artikeln abzudrucken.

„Es obliegt den Staaten . . .", so ein Artikel, „sicherzustellen, daß die Massenmedien, die direkt ihrer Jurisdiktion unterliegen, in Übereinstimmung mit der Unesco-Erklärung handeln." Westliche Kritiker behaupten, daß das den Vereinten Nationen einen Freibrief zur Zensur ausstelle und die Presse staatlicher Kontrolle unterwerfe. Afrika scheint nicht zu begreifen, daß es unter den bestehenden Regeln eine totale Kontrolle über den Nachrichtenfluß aus dem Kontinent ausüben kann: Die Regierung muß den ausländischen Korrespondenten nur die Einreise verweigern. Dann gibt es auch keine Nachrichten. Außerdem scheint Afrika entgangen zu sein, daß staatlich diktierte Nachrichten in der Dritten Welt nicht glaubhafter als in Europa oder den USA sind. Wenn es möchte, daß seine Journalisten für den Rest der Welt glaubhafte Artikel schreiben, muß es ihnen nur die Fesseln abstreifen und sie Journalisten sein lassen.

Zwei Länder, Nigeria und Kenya, verdienen besondere Erwähnung in jeder Diskussion über die afrikanische Presse. Trotz Nigerias Empfindlichkeit gegenüber westlichen Berichterstattern haben beide Länder einige angesehene Jounalisten hervorgebracht und sich oft unter großen Schwierigkeiten eine freche, stichelnde Presse voller kritischer Kommentare und relativ frei von Zensur erhalten. Selbst während der 13jährigen Militärherrschaft schafften es die 14 Tages- und 24 Wochenzeitungen Nigerias – darunter die größte schwarzafrikanische Zeitung, die „Daily Times" (Auflage 300 000) –, kritisch und erstaunlich unabhängig zu bleiben. Wenn sie den herrschenden Soldaten nicht huldigten, riskierten Journalisten ins Gefängnis geschmissen oder von Bestrafungskommandos des Heeres kahlgeschoren zu werden. Doch diesen Preis waren sie zu zahlen bereit, um die letzten Überreste der kritischen Presse in Afrika am Leben zu erhalten.

In Kenya verbinden die beiden unabhängigen englischsprachigen Tageszeitungen intelligente, kritische Kommentare mit viel Gewalt und Skandal. So erreichen beide Zeitungen hohe Auflagen. Die „Daily Nation" (Auflage 80 000) bot ihren Lesern eines Morgens folgende Stories auf Seite eins an: „Leichnam eines Jungen von Hunden in der Leichenhalle des Hospitals aufgegessen", „Bewaffnete Bande stürmt Hotel", „Gangster erschossen", „Manager leugnet Betrug". Am selben Tag begann das zweite Sensationsblatt, der „Standard", einen ausführlichen Artikel mit folgendem Absatz: „Nachdem er mit einem zehnjährigen Mädchen geschlafen hatte, bat ein Mann die Mutter des Kindes inständig, die Angelegenheit nicht der Polizei zu melden, denn er sei vom Teufel besessen gewesen." Die Leser kitzelte ebenfalls die Geschichte eines Zwergs, der aufgrund „schlechter Eßgewohnheiten" zum Kannibalen wurde. Dieselben Leser waren zweifellos überrascht, daß John Vorster, der südafrikanische Premierminister, als weißer Freund bezeichnet wurde. Am darauffolgenden Tag druckte das Blatt eine Berichtigung: es habe statt „Freund" „Unmensch" gebrauchen wollen (im Englischen „fiend" statt „friend").

Kenyas Tageszeitungen sind nicht nur wegen ihrer Unberechenbarkeit einmalig. Denn Kenya ist das einzige Land in Schwarzafrika, wo sich bis 1983 die Landespresse vollständig in Privatbesitz befand; eines der wenigen, in dem es keine verdeckte Zensur gibt und wahrscheinlich das einzige in der Welt, wo die größten Tageszeitungen Ausländern gehören und von diesen kontrolliert werden. (Die Daily Nation gehört Prinz Karim Aga Khan IV., dem internationalen Geschäftsmann und geistigen Oberhaupt der Ismaeliten; der Standard gehört dem mächtigen Konglomerat Lonrho.)

Doch selbst in Kenya ist die Pressefreiheit trügerisch. Es liegt weniger daran, daß zensiert wird, als an der Schere im Kopf der Journalisten. Sie wissen auch, daß die Angehörigen der „General Service Unit", einer staatlichen Polizeitruppe, die direkt dem Präsidenten unterstellt ist, nachts an ihre Tür klopfen werden, falls sie die Politik des Landes in Frage stellen; behaupten, daß die Regierung nicht funktioniert, oder den Präsidenten und seine Familie angreifen.

„Wenn Sie von Pressefreiheit reden, klar, wir haben eine – wenn wir über Sport, Verkehrsunfälle oder Gerichtsurteile schreiben", erzählte mir ein kenyanischer Journalist. „Doch ich werde mich hüten, über etwas zu schreiben, was die Regierung verärgern könnte und ich werde keine hochgestellten Persönlichkeiten kritisieren, selbst wenn es Gauner sind. Alles ist relativ. Man weiß, was man sagen kann und was nicht. Wenn Sie irgendwelche Zweifel haben, sagen Sie gar nichts."

Die Eigenzensur ist oft die restriktivste Form der Zensur. Doch bevor jemand einen Nachruf auf die journalistische Integrität in Afrika schreibt, möchte ich einen bemerkenswerten Mann vorstellen, Hilary Ng'weno. Er arbeitet in Nairobi in einem unordentlichen, stickigen Büro an der Moi Avenue. Ng'weno, Mitte fünfzig, wurde in den Slums von Nairobi geboren und studierte mithilfe eines Stipendiums Physik und Mathematik an der Harvard Universität. Wer ihn kennt, sieht in ihm einen Mann von großer Intelligenz und geringem Geschäftssinn. 1975 bestätigte er die Zweifel seiner Freunde an seinem finanziellen Verstand. Er gründete die Wochenzeitschrift „Weekly Review", die kritisch über die Ereignisse in Kenya und dem restlichen Schwarzafrika berichten sollte. Ng'weno begann mit einem überzogenen Bankkonto, zwei Angestellten und scheinbar wenig Aussicht auf Erfolg. Die Hälfte der ersten Auflage blieb unverkauft und die potentiellen Inserenten (in Kenya überwiegend Firmen, die von Europäern kontrolliert werden) hielten sich zurück, weil sie nicht bereit waren, voreilig eine Veröffentlichung zu unterstützen, die sich den Zorn der Regierung zuziehen könnte.

Ng'weno arbeitete 18 Stunden am Tag. Er lieh und bettelte sich Geld zusammen. Er und seine Frau Fleur erledigten die Berichterstattung, Schreiben, Redigieren, Buchführung und Anzeigenverkauf. Ng'wenos politische Analysen waren so scharfsinnig, daß manche Diplomaten in Nairobi die Berichte an ihre Regierungen fast ausschließlich auf das gründeten, was sie in der Weekly Review gelesen hatten. Diese Publikation untersuchte Themen, die in Afrika gewöhnlich tabu sind – die Einkommensverteilung, Stammesrivalitäten, steigende Arbeitslosigkeit und die Arbeit des Parlaments. Sie ging fast so weit, die Regierung zu manchen Themen öffentlich zur Rede zu stellen, machte aber immer kurz vor einer gefährlichen Konfrontation halt. Die Weekly Review hat nie einen Profit abgeworfen, vor allem weil die Inserenten weiterhin wegblieben und Werbung nur 20 Prozent des Inhalts ausmachte. Doch zuletzt war die wöchentliche Auflage auf 35 000 gestiegen, darunter 1000 Auslandsabonnenten und die Zeitschrift hatte sich nationale und internationale Anerkennung erworben – als Veröffentlichung von in Schwarzafrika unerreichter redaktioneller Qualität. Ng'wenos Personal zählte acht Leute und er gab auch eine Sonntagszeitung, die „Nairobi Times", und eine Kinderzeitschrift, „Rainbow", heraus. Sein bescheidenes Zeitungsimperium vereinigte die einzigen unabhängigen Zeitungen und Zeitschriften in unabhängigem Besitz und unter afrikanischem Management südlich der Sahara.

„Ich habe Sachen geschrieben, die die Regierung verärgert haben, und es ist nichts geschehen", sagte mit Ng'weno eines Nachmittags anfangs der achtziger Jahre, während seine Stimme das Dröhnen und Hupen des Verkehrs übertönte. „Ich weiß nicht, wieviel weiter ich hätte gehen können und dennoch davongekommen wäre. Sicher gibt es eine Toleranz seitens der kenyanischen Regierung, die in den meisten afrikanischen Ländern fehlt."

Als wir zuletzt miteinander sprachen, war Ng'weno von vorsichtiger Zuversicht, daß seine Verlagsgesellschaft namens Stellascope finanziell überleben und von der Regierungskontrolle unabhängig bleiben könnte. Traurigerweise irrte er sich. 1981 mußte Ng'weno, der Mehrheitsgesellschafter von Stellascope, seine Firma wegen sinkender Werbeeinnahmen und steigender Gemeinkosten an eine neugegründete gemeinnützige Organisation übergeben – der Pressestiftung von Kenya.

Schutzherr dieser Stiftung war Präsident Daniel arap Moi und zwei der neun Kuratoren waren vom Präsidenten persönlich ernannt worden. Ng'weno blieb Chefredakteur aller Publikationen mit „vollständiger Autonomie in allen redaktionellen Angelegenheiten". Doch die Realitäten Afrikas hatten eindeutig Stellascope eingeholt. Präsident Moi sollte Nachrichten anders als Ng'weno beurteilen: Inzwischen ist die kenyanische Presse ihrer letzten kritischen Stimme beraubt.

Der Tüchtigste überlebt

Die Menschen in Afrika leben nicht lange genug, um sich über Krebs und andere Krankheiten, die uns im Westen angehen, Sorgen zu machen. In Afrika ist das große Kunststück, fünf Jahre alt zu werden.
– Doktor David French von der Weltgesundheitsorganisation (WHO)

Dr. Michael Wood sprang auf den Pilotensitz seiner zweimotorigen Maschine. Er überprüfte kurz seine Instrumente und rauschte die Startbahn des Wilson-Airports in Nairobi hinab. Seine Cessna 182 kletterte langsam in die böigen, frühmorgentlichen Winde hinauf und kurvte über die Savanne nach Süden. Neben ihm saß Dr. Tom Rees aus New York mit einer Luftkarte über seinen Khaki-Shorts ausgebreitet - wie Dr. Wood ein bekannter plastischer Chirurg. In den fünfziger Jahren hatten sie bei einer Flasche Scotch unweit Nairobis mit einer neuen Idee gespielt: Würde es möglich sein, genug Geld zusammenzubringen, um ein fliegendes Krankenhaus für die Afrikaner im Busch zu gründen?

Dr. Wood suchte sich seinen Weg in 2700 Metern Höhe durch die dicken Wolken. Die hohen Hotel- und Bürogebäude Nairobis verschwanden in der Ferne und bald waren die Giraffen und Zebras die einzigen Flecken auf den Ebenen unter uns. Direkt vor uns erhob sich der schneebedeckte und einsame Kilimandscharo. Kleine Feuer verteilten sich auf seinen Hängen, die von den Dorfbewohnern entfacht werden, um Holzkohle zum Kochen zu produzieren.

„Wenn Sie ein guter Arzt in Afrika sein wollen", erklärte Wood seinen beiden Passagieren, die sich zusammen mit der medizinischen Ausrüstung auf dem Rücksitz zwängten, „müssen Sie zu Ihren Patienten gehen. Falls Sie das nicht tun, sterben sie einfach. So wie es aussieht, sind die Menschen, mit denen wir es zu tun haben, halb tot – oder halb lebendig – je nachdem, wie Sie es betrachten."

Mike Wood kam 1946 als junger Mann frisch aus der Universität nach Ostafrika. Er wollte nur sechs Monate bleiben, um einem britischen Chirurgen zu assistieren. Statt dessen verliebte er sich in Kenya, war von dessen Schönheit und allem, was zu tun war, wie besessen und blieb für immer. „Ich wußte, daß ich vor dieser Herausforderung nicht einfach davonlaufen konnte." So lernte Wood fliegen, sparte genug Geld, um ein Flugzeug aus zweiter Hand zu erwerben und gründete zusammen mit Dr. Rees und einem anderen plastischen Chirurgen, Sir Archibald McIndoe, den „East African Flying Doctors Service", eine in Nairobi stationierte Organisation, die sich aus Spenden aus aller Welt finanziert. Seit 1960 haben die Flying Doctors rund 6,5 Millionen Kilometer zurückgelegt und eine halbe Million Patienten behandelt. Sie haben im Laternenlicht am Rande von behelfsmäßigen Landebahnen operiert und Hunderten von Menschen das Leben gerettet, die von Löwen angegriffen oder von Elefanten zugerichtet worden waren. Sie haben Tausende von medizinischen Schulungen abgehalten, um den Menschen grundlegende Regeln der Hygiene, der Gesundheitspflege und der Vorbeugung beizubringen.

Als Wood tief über Italal einschwenkte, einer Ansammlung von Lehmhütten und behelfsmäßigen Viehgehegen 225 Kilometer südlich von Nairobi, säumten die Massai – ein Nomadenvolk, das mit dem 20. Jahrhundert noch kaum in Berührung gekommen ist – schon die mobile ärztliche Einrichtung, die am Tag zuvor aus Nairobi eingetroffen war. Wood setzte seine Cessna auf ein nahegelegenes Feld und befahl den nackten Kindern auf Swahili, die das Flugzeug wie eine seltsame Vogelart anstarrten, Gestrüpp zu schneiden und es um die Räder zu wickeln. Wood wußte, daß so mancher Pilot gestrandet war, weil er vergessen hatte, daß Hyänen gerne an Gummireifen kauen.

Die Massai waren bis zu fünfzig Kilometer gewandert, um die seltene Gelegenheit einer ärztlichen Untersuchung zu nützen. Es gab junge Mütter mit kränklichen Babys, wie Leichen in rote

Tücher gehüllt; Kinder, die die Fliegen in ihren Augen nicht zu beachten schienen; alte Männer, die so an Malaria erkrankt waren, daß sie am Eingang des Arztzeltes zusammenbrachen, und geschmeidige junge Krieger mit Speeren und langem, geflochtenem Haar, das mit rötlichem Ocker eingefärbt war. Sie hatten als Teil ihres Initiationsritus einen Löwen töten müssen, waren aber zu ängstlich, um eine Pockeninjektion zu erhalten.

Aus dem Hintergrund der Versammelten schleppte sich ein dreizehnjähriges hübsches Mädchen mit wachen Augen zu Wood. Sie hatte bei einem Unfall einen komplizierten Kniebruch erlitten. Der Bruch war zu Hause behandelt worden und das Bein war grotesk gekrümmt. Wood war der erste Arzt, den das Mädchen je zu sehen bekam. Er fragte sie nach der Behandlung, wann sich der Unfall ereignet hätte. „Vor sieben Jahren", antwortete sie.

Wood mußte auch häufig plastische Operationen ausführen. Es handelt sich vor allem um Menschen, die von wilden Tieren angefallen worden waren, und um Kinder, die sich während des Schlafs am Lagerfeuer der Familie verbrannt hatten, als sie sich umdrehten. Doch Wood schätzt, daß vier Fünftel der Patienten der Flying Doctors erst gar nicht erkrankt wären, wenn sie richtig auf sich aufgepaßt und Zugang zu einer modernen Klinik gehabt hätten. „Was hilft es, Antibiotica auszuteilen, wenn das Trinkwasser nie gereinigt wird?" fragte er während einer Pause beim Frühstückstee.

Während Wood und Rees die lange Schlange der Patienten behandelten, hielt einer ihrer kenyanischen Assistenten für die Massaifrauen auf einer nahegelegenen Lichtung einen Kurs ab. Sie waren etwa einhundert (was einem gesellschaftlichen Ereignis nahekam) und saßen ruhig in der drückenden Sommerhitze, die säugenden Kinder im Arm. Der Hilfsmediziner versuchte, in Massai zu erklären, daß eine Mischung aus Salz, Zucker und Wasser Durchfall heilen könnte. Er hielt eine einfache Tafel mit Zeichnungen in die Höhe, die jeden Schritt erläuterten. Die Frauen waren still und verwundert; sie konnten die Tafeln nicht begreifen, die für sie nur Abstraktionen waren. Später, als meine Frau ein Polaroid-Foto von einem Teil der Frauen machte, starrten die Massai verwundert auf das Bild, kicherten und wurden verlegen. Es wanderte von einer Hand in die andere und wurde immer wieder von allen Seiten betrachtet.

„Man sieht, daß soviel Arbeit zu erledigen ist", so Wood, „und weiß, daß man ewig hinterherrennt, um sie einzuholen. Der Gesundheitszustand im heutigen Afrika entspricht etwa demjenigen Europas und der Vereinigten Staaten vor der industriellen Revolution vor 150 Jahren. Es ist längst zu spät, der heutigen Generation zu helfen. Die Frage, die sich jetzt stellt, lautet ‚Was können wir tun, um der nächsten zu helfen?'"

Nichts beeinflußt den Charakter Afrikas stärker als die Gesundheit, oder genauer, der Mangel an Gesundheit. Er stellt das größte Hindernis für Afrikas Wachstum und Entwicklung dar, ist der unparteiische Gleichmacher, der die nachlässige und fatalistische Lebenseinstellung der Afrikaner durchdringt. „Shauri ya Mungu", sagen sie – „Es ist Gottes Wille". Was geschehen wird, wird geschehen. Das Leben ändert sich nicht, die Bürden bleiben immer dieselben. Die Zyklen von Gut und Böse liegen in der Hand höherer Mächte und wenn der Tod oder eine Krankheit unerwartet zuschlagen, gibt es dafür immer eine einfache, unsentimentale Erklärung: Shauri ya Mungu.

Mütter gebären 15 oder 16 Kinder in der Hoffnung, daß vielleicht die Hälfte von ihnen überlebt. „Ich werde einige verlieren, doch ich kann immer wieder neue kriegen", erklärte mir eine junge Mutter. Eltern können nicht glauben, daß ein Tropfen Flüssigkeit (Sabin Polio-Impfstoff) auf einem Zuckerstückchen die bösen Geister abhalten kann, die ihre Kinder verkrüppeln, oder daß sauberes Trinkwasser etwas mit gesunden Körpern zu tun hat. So werden ihre Kinder krank und der Grund dafür liegt beim Vater oder Großvater des Kindes, die eine Kuh stahlen oder einen Nachbarn verwünschten. Vielleicht kann der Medizinmann im Dorf den Fluch vertreiben, vielleicht aber auch nicht. Schließlich ist es ja Gottes Wille.

In schweren Zeiten kann sich diese Einstellung ändern. Als eine Cholera-Epedemie 1971 den Tschad heimsuchte und viele Dörfer bis zur Hälfte ihrer Bewohner verloren, lernten die Bauern schnell, auf Anweisung westlicher Gesundheitsexperten ihr Wasser abzukochen. Als die Bedrohung schließlich vorüber war, fielen sie wieder in ihre alten Gewohnheiten zurück.

Daniel Mwangi, ein Kenyaner, den ich eines Tages beim Recherchieren für eine Geschichte über Körperbehinderte kennenlernte, weiß um die Folgen des afrikanischen Fatalismus nur zu gut Bescheid. Sein Problem begann im Alter von sechs oder sieben Jahren – juckende Augenlider, verschwommene Sicht, Kopfschmerzen. Sein Vater glaubte, der Sohn sei verhext und brachte ihn zu seinem Freund, einem Medizinmann. Doch dessen Kräuter und Gesänge halfen nichts und noch vor seinem dreizehnten Geburtstag war Daniel völlig erblindet, ein Opfer der Trachoma, einer Viruserkrankung, die durch entsprechende medizinische Behandlung leicht hätte geheilt werden können. Daniels Vater ging in dem Glauben ins Grab, daß sein Sohn für ein vergangenes Vergehen in der Familie büße.

Daniel war 37, als ich ihn kennenlernte. Er war bei einem europäischen Missionar in die Schule gegangen, hatte eine Anstellung als Telefonist und las täglich seine Bibel in Blindenschrift. Nein, sagte er, er sei nicht verbittert. „Worüber sollte ich verbittert sein? Mein Vater war ein alter Mann, der an die traditionellen Dinge glaubte. Moderne Medizin und westliche Ärzte waren Sachen, die er nicht begreifen konnte. Ich bin blind wegen seiner Unwissenheit, aber ich beschuldige niemanden. In vielerlei Hinsicht habe ich Glück. Ich habe eine Arbeit, einen Ort zum Wohnen und meine Bibel."

In der Tat zählte er zu den Glücklichen, denn für die meisten Behinderten in Afrika – allein in Kenya ist jeder Zehnte behindert – gibt es keine Zukunft, keine Arbeit, keine Bildung und keine spezielle Fürsorge seitens des Staates. Sie sind die vergessenen Menschen der Dritten Welt, eine große Minderheit, die zum Außenseitertum verdammt ist.

Die Straßen jeder afrikanischen Stadt und jedes Dorfes sind mit einer erschreckenden Anzahl deformierter Körper angefüllt; verkrüppelte Bettler, die sich über Kreuzungen schleppen; Lepraopfer mit verstümmelten Gliedmaßen; und sogar gutangezogene Geschäftsleute und Studenten an Krücken mit verkümmerten Armen oder Beinen. Traditionell wurden die Blinden, die Tauben und die Geisteskranken von der Gesellschaft versorgt. Es gab keinen Bedarf an besonderen Schulen oder medizinischen Einrichtungen, weil das Gerüst der Großfamilie alle Mitglieder der Sippe stützte. Kein Afrikaner war je alleine, solange er zu dieser zurückkehren konnte. Nur die wirklich Schwachen wurden ausgestoßen und den Hyänen überlassen, wenn die Nomaden auf der Suche nach besserem Weideland weiterzogen. Doch mit der fortschreitenden Verstädterung Afrikas wandelten sich die alten Werte. Die Behinderten strömten in die Städte, um sich in der Anonymität zu verlieren, an Straßenecken Geld zu sammeln, ärztlichen Rat zu suchen. Für die meisten von ihnen besteht kaum Hoffnung auf Rollstühle oder Krücken, noch weniger auf Arbeit. Sie können höchstens geflochtene Körbe sowie geschnitzte Elefanten und Löwen an Touristen verkaufen. Sie stellen für die finanziell bedrängten afrikanischen Regierungen einfach noch kein vorrangiges Problem dar. Denn es gilt verständlicherweise, sich zunächst einmal um die Gesunden zu kümmern, die leistungsfähiger sind.

Die gewaltigen Kosten des im Keime erstickten Lebens in Afrika erscheinen in der heutigen Zeit so überflüssig. Trotzdem liegt die Säuglingssterblichkeit mit 115 Todesfällen auf 1000 Geburten in Afrika zehnmal höher als die der USA. Europa hat einen Arzt für 580 Einwohner. In Kenya, einem der entwickeltsten Länder des Kontinents, gibt es einen Arzt für 7890 Einwohner; in Burkina Faso einen für 48.500.

In mehreren westafrikanischen Ländern erhalten die Kinder erst im Alter von zwei Jahren ihren Namen, denn es wird als wahrscheinlich angenommen, daß sie dieses Alter erst gar nicht erreichen. Kaumuskelkrampf, Kinderlähmung, Schlafkrankheit und andere Leiden, die in der entwickelten Welt der Vergangenheit angehören oder nie vorkamen, töten noch immer Hunderttausende afrikanischer Kinder. Allein Darmerkrankungen fordern jährlich in Afrika und Südasien das Leben von 17 Millionen Kindern im Alter bis zu fünf Jahren. Das entspricht, Jahr um Jahr, Generation um Generation, fast der gesamten Bevölkerung Kenyas. Die Masern verlaufen bei 30 Prozent der afrikanischen Kinder tödlich und in manchen Staaten wie Rwanda beträgt die Lebenserwartung auf dem Land weniger als 35 Jahre. Die Aufgabe, diese medizinischen Probleme zu bekämpfen, ist so immens, daß Afrika im wahrsten Sinne des Wortes nicht weiß, wo es anfangen soll: Bis 1975 gab es nur einen Dollar jährlich pro Kopf der Bevölkerung für die medizinische Versorgung aus.

Trotz seiner Unwissenheit und dem erduldeten Leid sind die Afrikaner erstaunlich zäh. Man hört nur selten ein afrikanisches Kind schreien oder einen Erwachsenen klagen. Die Geduld und die stoische Ruhe der Afrikaner kennen keine Grenzen. Frauen gebären am Vormittag und sind nachmittags wieder bei der Feldarbeit. Männer unterziehen sich einer schweren Operation und stehen innerhalb eines Tages wieder auf den Beinen. Die postoperative Infektionsrate beträgt bei den Flying Doctors nur vier Prozent, verglichen mit 15 Prozent in den meisten europäischen Krankenhäusern. Eine mögliche Erklärung dafür ist der therapeutische Wert der Sonne, der noch nicht geklärt ist. Noch wahrscheinlicher ist, daß die Afrikaner eine Überlebensnatur haben. Sie sind Teil eines natürlichen Ausleseprozesses, bei dem nur die Stärksten die Kindheit überleben.

Die Ernährung der Afrikaner ist dennoch so unzureichend, daß nur wenig Widerstandskraft gegen die tödlichen Krankheiten aufgebaut wird. Gesundheitsexperten behaupten, daß mehr als die Hälfte der Kinder unterernährt ist, und Nairobis Amt für Getreidekunde schätzt, daß die durchschnittliche Ernährung in Ostafrika nur 44 Prozent der notwendigen Kalorien und 18 Prozent des Eiweißbedarfs deckt. Obwohl ein wohlhabender Stadtbewohner ein Abendessen mit Fleisch, Kartoffeln und Gemüse zu sich nehmen mag, wird die Ernährung der meisten Afrikaner durch die Tradition und die eigenen Erzeugnissen bestimmt.

Einige Stämme am kenyanischen Ufer des Victoriasees leben fast ausschließlich von getrocknetem oder geräuchertem Fisch; Nachbarstämme rühren dagegen Fisch nie an, nehmen in ihrer Nahrung fast kein Eiweiß auf und begreifen nicht, warum ihre Kinder im Säuglingsalter an Mangelernährung oder Krankheit sterben. Die Kikuyu und die Kamba in der Nähe Nairobis essen täglich Maisbrei, 365 Tage im Jahr; die Massai, die ihren Wohlstand in Rindern messen, ernähren sich hauptsächlich von mit Kräutern vermischter Milch sowie Blut, das sie ihren Kühen entnehmen, indem sie eine Vene mit einer Pfeilspitze anstechen. In Uganda sind Buschratten eine Delikatesse; im Zaire sind Affen ein nahrhafter Schmaus. Menschen aus aller Welt benutzen ein ghanesisches Wort – kwashiorkor –, um den abgeschwächten Körperzustand zu beschreiben, der auf diese unausgewogene Ernährung folgt. Und ohne das Eiweiß, das ein Kind zum Wachsen und zur Stärkung benötigt, hat der Körper keine Verteidigungsmöglichkeit gegen die Parasiten oder Viren, die so heimtückisch wie ein Attentäter töten können.

Einer der ersten Europäer, der Tropenkrankheiten in Afrika

untersuchte, war der Forscher, Arzt und Missionar David Livingstone, der den Simulanten unter seinen Trägern ein starkes Abführmittel zu verabreichen pflegte, das sich „Livingstone-Wachmacher" nannte. In jenen Tagen Mitte des 19. Jahrhunderts war die Westküste Afrikas als „Grab des weißen Mannes" bekannt. Von den 225 methodistischen Missionaren, die zwischen 1835 und 1907 nach Britisch-Westafrika geschickt wurden, starben 62 an Krankheiten. Die Hälfte der rund einhundert Baptistenmissionare, die zwischen 1878 und 1888 nach Belgisch-Kongo entsandt wurden, starb aus demselben Grund. Der weiße Mann lernte natürlich nur das kennen, was der schwarze Mann schon immer hinnehmen mußte: Afrika war eine Todesfalle. Selbst heutzutage, nach großen Fortschritten in der Tropenmedizin, bleibt der Afrikaner von fürchterlichen Krankheiten umgeben, die jenseits der Vorstellungskraft der meisten Menschen in Europa liegen.

Es gibt eine rätselhafte Virusinfektion namens Grünaffenkrankheit. Ihre Opfer entwickeln hohes Fieber und beginnen, aus dem Mund und dem After zu bluten; der Tod erfolgt gewöhnlich innerhalb einer Woche. Eine andere Krankheit nennt sich Schnekkenfieber (Schistosomiasis): Die Larve eines parasitären Wurms dringt dabei in die Blutgefäße ein; Leber und Milz vergrößern sich; Blut und Eier werden im Verdauungs- oder Harntrakt abgelegt und die daraus resultierenden inneren Blutungen führen zum Tod. Und dann gibt es die Tsetsefliegen, die Überträger der Schlafkrankheit, die wilde und domestizierte Tiere sowie Menschen infizieren (eine Epidemie in Uganda tötete zwischen 1900 und 1922 330000 Menschen). Die Symptome der Schlafkrankheit sind Fieber, Schwäche, Zittern und Lethargie. Wenn sie nicht behandelt wird, treten Koma und schließlich der Tod ein. Es gibt weder Prophylaxe noch Impfstoff gegen die Schlafkrankheit und die Heilmittel sind giftig.

In den vergangenen Jahren hat die Lichtung, Entwässerung und das Sprühen von Pestiziden in Gebieten, in denen die Tsetsefliege haust, die Verbreitung der Schlafkrankheit aufhalten können. Trotzdem werden allein in Uganda täglich 100 neue Fälle bekannt. Es gab ein Distriktkrankenhaus in Iganga, einem der am stärksten infizierten Gebiete, wo Kinder im Koma auf verschmutzten Matratzen lagen, während der Amtsarzt des Distrikts, Ezra Gashihiri, hilflos zusehen mußte. Er hatte keine Chemikalien für Labortests,

kein Blut für die Blutbank, keinerlei intravenöse Ausrüstung, um
die ausgezehrten Körper zu ernähren, und niemanden, der die
Entnahme von Rückenmarksflüssigkeit analysieren konnte. Letz-
teres ist unerläßlich, um festzustellen, ob die Krankheit schon das
Gehirn erreicht hat. Internationale Hilfsorganisationen brachten
Medikamente und Ausrüstung in das Gebiet, aber ugandische
Banditen überfielen die Transporte, ehe sie das Krankenhaus er-
reichten, um die Medizin auf dem Schwarzmarkt zu verkaufen.
Bis zur Machtergreifung Amins im Jahre 1971 hatte Uganda die
Schlafkrankheit ziemlich gut unter Kontrolle. Dann ereignete sich
folgende tragische Wende: Die Tsetsefliegen legen ihre Eier im
Schatten der Lantana-Büsche, die auf Ugandas Kaffee- und Tee-
plantagen wachsen. Die Plantagen gehörten Asiaten. Sie waren
kluge Produzenten, die das Unterholz auf ihrem Land klärten, um
Platz für ihre Früchte zu schaffen und die medizinische Lage zu
verbessern. Doch Amin wies die Asiaten aus und widmete mehr als
die Hälfte seines Staatshaushaltes der Landesverteidigung. Es war
kein Geld mehr da, um die gefährdeten Gebiete zu lichten, trocken-
zulegen und zu besprühen. Niemand begriff die Notwendigkeit,
diese Kontrollmaßnahmen weiterzuführen. Die Plantagen verwilderten und der Busch breitete sich wieder wie Unkraut aus. Das
ugandische Heer begann damit, die verminderte Kaffee-Ernte über
den Victoriasee nach Kenya zu schmuggeln. Um an den See zu
gelangen, mußten die Schmuggler durch die wiederinfizierten
Gebiete. Nach vier oder fünf Tagen handelten sie sich den Parasiten
ein und trugen ihn in die dicht besiedelten Regionen. Die Schlafkrankheit wurde wieder zu einem großen Gesundheitsproblem,
und weil zwei Drittel der 1650 Ärzte Ugandas während Amins
Herrschaft geflohen waren, fehlte es an medizinischen Fachkräften,
um sie zu bekämpfen.

Vor langer Zeit suchte eine schreckliche Geißel die Menschen
entlang des Volta-Flußbeckens in Westafrika heim. Sie raubte
ihnen ihr Augenlicht, verwandelte ihre Jungen in Alte und machte
ihre Haut so faltig und ledern wie die eines Elefanten.
Selbst heute, nach so vielen Generationen des Leidens, begreift
der alte, weise Häuptling des Dorfes Wayen in Burkina Faso nicht
den Grund des Elends seines Volkes. Alles, was er sicher weiß, so
erklärt er, ist, daß solange jedermann zurückdenken kann, die

Menschen in großer Zahl krankgeworden und erblindet sind und er fürchtet, daß das immer so bleiben wird.

Häuptling Tonsana Ba war ein großer, gutaussehender Mann von schlichter Würde. Er nickte anerkennend mit dem Kopf über mein Mitbringsel – ein Dutzend Kolanüsse – und als er einen angenehmen Platz auf dem Boden gefunden hatte, ließ er sich inmitten einer Gruppe von Dorfbewohnern auf den Fersen nieder. Dann schickte er einen Jungen los, als Geschenk ein Hühnchen zu holen. Die Menschen um ihn herum trugen hölzerne Hacken. Ihre Beine waren so dünn wie Zweige und ihre Augen mit einem milchigen Weiß gefüllt. Vielleicht seien ein Drittel der Erwachsenen in Wayen blind, so der Häuptling, aber fast jeder sei infiziert. Die Kinder, die den blinden Erwachsenen als Führer dienten, kratzten ihre Arme und Beine mit rauhen Steinen, um ihre aufgesprungene Haut zu beruhigen, die von den darin eingegrabenen Würmern brannte und juckte. Nachts schlafen sie unruhig, von demselben Schicksal wie die Älteren gepeinigt, das sie nicht begreifen können. Ihre Krankheit nennt sich Onchocerciasis oder üblicher Flußblindheit. Sie wird durch winzige schwarze Fliegen übertragen, die als Büffelmücken bezeichnet werden und entlang der Ufer schnellfließender Gewässer brüten. Wenn die weibliche Fliege das Blut eines bereits von Onchocerciasis befallenen Menschen aufsaugt, nimmt sie das infizierte Blut in sich auf und überträgt die Krankheit, indem sie einen anderen Menschen befällt und ihre Eier ablegt. Die Larven werden zu Würmern, die unter der Haut an Kopf, Brust und Gliedmaßen des Opfers leben und brüten. Es dauert Jahre, bis es zu einer ernsthaften Infektion kommt, doch irgendwann trägt der Befallene bis zu einhundert Würmer in seinem Körper. Sie dringen in die Augen ein, was teilweise oder vollständig zur Blindheit führt, und zerstören die elastische Hautschicht. Dadurch verursachen sie ein so konstantes und schmerzhaftes Jucken, daß Selbstmord oft vorkommt. Die Weltgesundheitsorganisation (WHO) versucht seit Mitte der siebziger Jahre, die Krankheit unter Kontrolle zu bringen – von Ausmerzen spricht bislang niemand in Westafrika – und wenn die Kampagne erfolgreich sein sollte, hätte das bedeutende Konsequenzen.

Das Land bei den Flüssen des Roten, Weißen und Schwarzen Voltas ist das fruchtbarste in Burkina Faso. Doch weil die Menschen mit den Flüssen Onchocerciasis verbinden, werden ganze

Dörfer verlassen, während Zehntausende der Bewohner in die Hochebenen abwandern und infolgedessen den ohnehin schon kärglichen Boden überbeanspruchen. Die Ehefrauen, die traditionell aus nichtbefallenen Dörfern geholt werden, weigern sich aus Angst vor Ansteckung, ihr Zuhause zu verlassen. Die jungen Männer wandern in die Städte Ouagadougou und Bobo-Dioulasso ab, bevor auch sie erblinden. Da die Landbevölkerung abnimmt, erhöht sich dort die Zahl der Bisse pro Person und noch mehr Menschen werden krank. Die Felder werden vernachlässigt und eine Apathie legt sich auf die Dörfer, die nur noch von den frühzeitig Altgewordenen und den sehr Jungen bewohnt werden.

Onchocerciasis symbolisiert in vielerlei Hinsicht die Schwierigkeit des Afrikaners, mit der Umwelt zurechtzukommen. Obwohl der Boden ihn vielleicht trägt und ernährt, bleibt er immer ihr Sklave. Er gehört dem Land, das sein Schicksal diktiert.

Die WHO gibt jährlich zehn Millionen Dollar in ihrem Kampf gegen die Onchocerciasis aus (die auch in denjenigen Teilen Lateinamerikas vorkommt, die afrikanische Sklaven einführten). Die Kampagne der WHO in Afrika umfaßt komplizierte Überwachungssysteme, medizinische Studien, Forschungen vor Ort, Lichtung und Trockenlegung von Land und das Besprühen der Brutplätze an den Flüssen mit einem schwachgiftigen, biologisch abbaubaren Mittel. In manchen weniger stark infizierten Ländern wie Kenya haben derartige Programme die Fliegen zerstört und die Krankheit Fluß um Fluß ausgerottet.

Die Ausmerzung der Flußblindheit in Ostafrika ist ein Zeichen dafür, daß der Mensch in der Lage ist, die Verhältnisse auf dem ungesündesten Kontinent der Erde zu verbessern. Der dramatischste Beweis wurde 1980 erbracht, als ein vierzehn Jahre andauernder Feldzug der WHO gegen die Pocken zum Erfolg führte. Damit hatte der Mensch zum erstenmal in der Geschichte eine Krankheit vollständig ausradiert. Noch ein Jahrzehnt zuvor hatten die Pocken bis zu zwei Millionen Menschenleben jährlich in der Dritten Welt gefordert. Allein in Westafrika führten sie entweder zum Tod, zur Erblindung oder zur geistigen Behinderung jedes zehnten Kindes. Reisende in der Elfenbeinküste kannten die Bedeutung eines an einem Ast aufgehängten toten Vogels. Er warnte: Wir haben in diesem Dorf Pocken, bleibt weg!

Das Programm zur Ausmerzung der Pocken kostete zwischen

1957 und 1980 300 Millionen Dollar (etwa ein Viertel dessen, was Glücksspieler jedes Jahr in Las Vegas verlieren) und verlangte die Anstrengung von 200000 Männern und Frauen auf der ganzen Welt, die 2,4 Milliarden Spritzen verabreichten. Die Gesundheitsbehörden hatten sich aus zwei Gründen auf die Pocken konzentriert: Die Krankheit wird nur durch infizierte Menschen übertragen, die nur vier Wochen ansteckend sind; ein Impfstoff, der Haut eines Kalbs entnommen, hatte sich bereits als wirksamer Schutz erwiesen.

Die WHO mußte also die Bevölkerung in den Pockengebieten impfen, die vorhandenen Fälle orten und isolieren. Es überrascht kaum, daß die letzten Kranken der Erde am Horn von Afrika aufgespürt wurden. Um sie zu finden, stellten die internationalen Gesundheitsbeamten einheimische „Überwachungsagenten" ein, die in sich bekämpfende Stammesgruppen eindringen und nach verräterischen Wundschorfen Ausschau halten sollten. Andere Agenten postierte man entlang der äthiopisch-somalischen Grenze, um die Nomaden zu überprüfen, die von Land zu Land zogen. Für jeden gemeldeten Fall wurden Belohnungen von bis zu 1000 Dollar ausgesetzt. WHO-Ärzte zogen mit Unterstützung von Soldaten und Studenten zu Fuß, in Flugzeugen und in Allradfahrzeugen durch das Horn von Afrika. Sie führten einen Impfstoff in Puderform mit sich, der speziell für die Dritte Welt entwickelt worden war. Er brauchte nicht gekühlt zu werden und wurde mit einer einfachen Nadel injiziert, die jeder mit einem leichten Stich in die Haut benutzen konnte.

Der letzte in Afrika – und der Welt aufgetretene – Fall wurde eines Morgens im Oktober von der WHO-„Suche-und-Impfe"-Mission in der zerfallenen somalischen Stadt Merka geortet. Es handelte sich um einen 23jährigen Krankenhauskoch namens Ali Maow Maalin. Er wurde erfolgreich behandelt und 1980 gab die Weltgesundheitsversammlung bei einem Treffen in Genf eine triumphale Erklärung ab: Die Pocken sind tot.

Mit Aids ist in den achtziger Jahren eine neue Geißel in Afrika erschienen, deren Konsequenzen noch nicht überschaubar sind. Westliche Gesundheitsexperten schätzen, daß auf dem Kontinent schon über 50000 Menschen an der Immunschwäche gestorben sind und sagen für die neunziger Jahre bis zu einer Million Aids-Tote in Afrika vorher. Man schätzt, daß zwischen zwei und fünf

Millionen Afrikaner das Virus in sich tragen und in manchen Ländern Zentral- und Ostafrikas gelten bereits 20 Prozent der Bevölkerung als infiziert. Im Gegensatz zu Europa und den USA wird Aids in Afrika vor allem durch heterosexuelle Kontakte übertragen und der Anteil der infizierten Männer und Frauen ist etwa gleich hoch. Die Krankheit erfaßt überwiegend die städtischen Eliten, die das Rückgrat der Entwicklung der zerbrechlichen Volkswirtschaften darstellen. Dennoch verschließen noch immer viele afrikanische Länder vor dem Problem die Augen und zürnen über die bislang nicht bewiesene Behauptung westlicher Mediziner, daß Aids aus Afrika stamme. Als erstes Land entschloß sich 1985 Rwanda zu einer Aufklärungskampagne mit Rundfunkübertragungen, Flugblättern und Unterricht in den Schulen. Soll eine Katastrophe abgewendet werden, so meinen die Experten einhellig, muß der Westen den armen Ländern energisch finanzielle Mittel für Forschung und Aufklärung zur Verfügung stellen.

Der Erfolg bei den Pocken zeigte, was eine entschlossene, internationale medizinische Anstrengung für die körperlich Kranken in Afrika bewirken kann. Bei den Geisteskranken besteht jedoch weniger Grund zum Optimismus. In vielen afrikanischen Ländern werden geistige Störungen nach wie vor mit Aspirin und Zauberei behandelt. Die Psychiatrie ist entweder gebranntmarkt oder gar nicht vorhanden. Kenya besitzt, wenngleich entwickelter als seine Nachbarn, nur sieben Psychiater. In Swahili gibt es keine Wörter zur Beschreibung von Geisteskrankheiten und keine Ausdrücke zur Abstufung von verschiedenen Gemütszuständen. Wenn man zum Ausdruck bringen will, daß man deprimiert ist, benutzt man das Wort „unglücklich". Und wenn man erfreut, begeistert oder angenehm berührt ist, existiert nur ein Wort zur Beschreibung – „glücklich". „Die Einrichtungen für Geisteskranke in Schwarzafrika sind katastrophal und die allgemeine Lage sieht schrecklich aus", so einer von Ostafrikas führenden Psychiatern, Dr. Joseph Muhangi, ein in Großbritannien ausgebildeter Ugander. „Im Jahr 2000 wird die geistige Gesundheit ein großes medizinisches Problem in Afrika sein. Jeder, der über seine eigene Nasenspitze blickt, kann das erkennen, doch es scheint, daß niemand Pläne macht, um mit dem Unausweichlichen fertigzuwerden."
Ich schloß mich eines Donnerstagmorgens Muhangi im Ken-

yatta Hospital in Nairobi an. Als er das Gebäude um 7 Uhr 30 betrat und den langen Flur zur Klinik Nr.17 entlangging, war die Reihe aus eisernen Klappstühlen bereits gefüllt. An anderen Vormittagen diente der schlichte Raum als Diabetes-Klinik. Seine weißgetünchten Wände waren nur mit einem Schwarzweißfoto von Kenyas Präsidenten geschmückt. An jedem Donnerstag wurde der Raum aber für vier Stunden zur psychiatrischen Klinik – der einzigen Kenyas und einer von einer Handvoll in Schwarzafrika.

Es warteten rund 150 Patienten auf Muhangi und seine vier Kollegen. Eine Sprechstundenhilfe hatte sich vergewissert, daß ihre Leiden geistiger und nicht körperlicher Natur waren. Jeder saß ruhig mit seiner Einlaßkarte da, ohne seine Krankheit zu begreifen oder zu wissen, daß er gerade einen Psychiater aufsuchte. Offensichtlich begriffen alle nur soviel, daß irgendein Übel in ihrem Innern ihr Wesen verändert oder Visionen hervorgerufen hatte, die sie sich nicht erklären konnten.

Obwohl es nur wenige verläßliche Untersuchungen gibt, mehren sich die Hinweise darauf, daß Afrikaner nicht weniger auf sozialen Druck ansprechen und für daraus resultierende psychische Störungen nicht weniger empfänglich sind als Menschen in der entwickelten Welt. Ärzte sagen, daß Selbstmorde, Alkoholismus, Hysterie und vielerlei Formen der Neurose mit der steigenden Konkurrenz um Arbeitsplätze, Ausbildung und finanzielle Sicherheit zunehmen.

„Alte Überzeugungen sterben nur langsam aus", sagte Muhangi, während er die Aktenordner auf seinem Schreibtisch ordnete. „Es ist gar nicht lange her, daß Ärzte aus dem Westen nach Afrika kamen und den edlen Wilden frei von zivilisatorischem Druck und folglich frei von psychologischer Belastung glaubten. Das stimmte einfach nicht. Man betrachte einen Mann mit fünf Frauen und zwanzig Kindern und einem kleinen Stückchen Land, das er mit primitiven Werkzeugen zu bearbeiten versucht. Glauben Sie, daß dieser Mann nicht unter Druck steht?

Und wie steht es mit den Belastungen, die auftreten, wenn ganze Gesellschaften sich im Übergang befinden, soziale Strukturen sich verändern, die Landbevölkerung in die Städte zieht, traditionelle Werte durch westlich-orientierte Wertvorstellungen ersetzt werden und junge Männer wie nie zuvor in Afrika um ihr Vorwärtskommen und ihren Erfolg kämpfen?

Wenn man all das in Betracht zieht, so stehen die Afrikaner heute unter stärkerem Druck als die Menschen im Westen." Keiner der an diesem Morgen draußen vor der Tür wartenden Patienten schrieb seine Depressionen, seine Schlaflosigkeit, seine Wahnvorstellungen oder physischen Schmerzen einer psychischen Störung zu. Wenn Muhangi nach der Krankheitsursache fragte, antworteten die meisten knapp „Ich habe Cholera".

Phillip Ng'eno, ein gewaltiger, gutaussehender Mann im Alter von 49, nahm dem Arzt gegenüber Platz. Mit undurchdringlicher Mine fixierten seine Augen einen imaginären Punkt auf dem Fußboden. Er verdiente 100 Dollar im Monat als Techniker in einem medizinischen Labor, von denen er die Hälfte für die Schulbildung seiner 13 Kinder ausgab. Der schwere Regenfall hatte die Kaffeernte auf seinem kleinen, 3,4 Hektar großen Stückchen Land zerstört. Der Schmerz in seinen Armen und seine allgemeine Teilnahmslosigkeit hatten sich seit dem Tod einer seiner Frauen verschlimmert, doch vorangegangene medizinische Untersuchungen hatten keine physische Erkrankung feststellen können. Er fürchtete, bald nicht mehr die Kraft zur Zeugung weiterer Kinder oder zur Feldarbeit zu haben.

„Erzählen Sie mir, Phillip", sagte der Arzt, „schlafen Sie nachts gut?"

„Nein, ich schlafe überhaupt nicht. Ich bin noch vor den Hähnen auf. Ich bin ständig müde, doch der Schlaf kommt nicht."

„Was glauben Sie, ist das Problem?"

„Cholera", sagte Phillip, „ich bin zu Cholera verflucht worden".

„Ja, aber wie steht es mit den Dingen, die Sie ängstigen. Lassen Sie mich erklären, wie das Hirn Schmerzen kontrolliert und verursacht. Als ich als kleiner Junge in Uganda Ziegen hütete, schnitt ich mir manchmal beim Laufen durchs Dickicht die Beine auf. Ich spürte keine Schmerzen, denn ich war so angespannt, die Ziegen zusammenzuhalten. Dann, als ich nach Hause kam und meine Mutter das Blut sah und mich fragte, was geschehen sei, setzte der Schmerz ein." Muhangi blickte auf seinen Aktenordner und kritzelte das Rezept für ein Beruhigungsmittel auf ein Blatt Papier. „Ich weiß, daß der Schmerz echt ist", sagte er, „aber verstehen Sie, daß der Schmerz in Ihrem Kopf, nicht in Ihrem Körper ist?"

„Es kann schon sein", amtwortete Phillip mit sanfter Stimme,

„aber haben Sie nicht irgendwelche Tabletten, die gegen meine Cholera helfen?"

Phillip schlurfte zur Tür hinaus. Eine junges Mädchen trat mit ihrer Mutter ein. Theresa war 15 Jahre alt, ungefähr 90 Zentimeter groß und die klügste Schülerin ihrer Klasse. Die Kopfschmerzen, Krämpfe und schlaflosen Nächte begannen, als sie erfuhr, daß sie ein Zwerg sei. Der Schulrektor weigerte sich, sie in die nächste Klasse zu versetzen, weil sie so klein war. Ein kenyanischer Arzt hatte versucht, sie auf einer Krankenstation auszustellen, damit seine Medizinstudenten eine Zwergwüchsige sähen.

„Der Direktor ist unfähig, ein dummer Mann", murmelte Muhangi, während er ein Antidepressivum verschrieb und sich mit einem Brief an den Schulrektor wandte, der beinhaltete, daß Theresa in die nächste Klasse versetzt werden sollte.

„Sie ist ein schlaues Mädchen", sagte Muhangi zu der Mutter. Theresa saß in der Nähe mit verheulten Augen. „Wenn sie auch manche Sachen nicht machen kann, sollte sie zumindest eines Tages Mercedes' kaufen und Bücher schreiben. Schließlich werden Menschen, die stottern, auch zu Rednern. Theresa kann trotzdem ein erfülltes, glückliches Leben führen. Verstehen Sie, Mutter?"

Die Mutter sagte nichts und ihr Gesicht war regungslos. Sie wartete einen Augenblick, doch der Arzt konnte nicht mehr viel sagen. Als sie die Tür erreichte, drehte sie sich um. „Wie kann Theresa Bücher schreiben, wenn sie so klein ist?"

Muhangis wöchentliche Klinik stellt einen bescheidenen Anfang in der Behandlung psychisch Kranker dar. Dennoch gibt es im ganzen Afrika südlich der Sahara (Südafrika ausgeschlossen) schätzungsweise nur 100 Psychiater für 462 Millionen Menschen und in den meisten Ländern ist die Behandlung primitiv oder nicht vorhanden. Im Allgemeinen werden nur diejenigen, die sich total verrückt aufführen, als behandlungsbedürftig angesehen.

In manchen Teilen des Sudans werden die Schwachsinnigen in den psychiatrischen Anstalten gefesselt und zweimal täglich geschlagen. In mindestens zehn Ländern gibt es keine Psychologen und keine psychiatrischen Einrichtungen. Uganda verfügte einst über die am weitesten entwickelte psychiatrische Betreuung in Schwarzafrika. Es hatte zwölf in Europa ausgebildete Psychiater, ambulante Kliniken in einem Dutzend Städten auf dem Land und ein modernes, stationäres Krankenhaus an der Makarere-Universität in Kampala. Präsident Amins Terrorherrschaft machte diesen Fortschritt zunichte, und als er 1979 gestürzt wurde, waren alle ugandischen Psychiater entweder tot oder im Exil und die psychiatrischen Einrichtungen geschlossen.

Kenya besitzt nur eine stationäre psychiatrische Einrichtung, das Mathare Krankenhaus. Es wurde für eintausend Patienten gebaut, doch beherbergt mehr als zweimal so viel. Ein Drittel der Patienten stehen unter krimineller Anklage. Eine Station verfügt über 40 Betten und hat 150 Patienten. Viele von ihnen bekommen nie einen Arzt zu sehen, sondern werden lediglich mehrere Wochen lang unter Medikamente gesetzt und dann als wandelnde Zombies freigelassen. Die Aufnahmestation, in der alle Patienten ihre ersten Tage oder Wochen zubringen, ähnelt einem Käfig im Zoo. Ihr Zementboden ist voll von Bananenschalen und menschlichen Exkrementen, und sie hat gewaltige Gitter und kein Dach. Darin befinden sich 60 oder 70 halbnackte Patienten mit glasigem Blick, die wie Tiere in der Falle sitzen.

Unter solchen Bedingungen ist es kein Wunder, daß die Hauptquelle medizinischer Versorgung für die Afrikaner, wie schon seit Generationen, die traditionellen Heiler sind. Oft als Medizinmann oder Zauberer bezeichnet, verhängen sie Bannflüche, vertreiben Verwünschungen und behandeln geistige wie körperliche Erkrankungen. Jeder, der ihre Kräfte anzweifelt, braucht nur Satigi Soumaouro treffen, wie ich es eines Morgens in der schläfrigen westafrikanischen Stadt Bamako tat, der Hauptstadt Malis. Drei Tage und Nächte lang hatte Satigi einen beständigen Strom an Patienten behandelt, so daß er völlig erschöpft war, als ich an der Türe seines dunklen, kleinen Zimmers am Ende einer staubigen, engen Gasse auftauchte. Er saß barfuß auf seiner Matratze und rieb sich den Schlaf aus den Augen. Der Raum war zugleich sein Operations- und Sprechzimmer und auf dem Boden lagen seine Instrumente: Kürbisflaschen, Rasseln, Hörner vom Springbock, Hühnerschnäbel, Kräutermixturen, mehrere Rinderhufe und ein Krug voller brauner, glänzender Käfer.

Satigi war 79 Jahre alt. Das Gesicht unter seinem blauen Fez war zerfurcht und angespannt, doch seine Erscheinung selbst – der starke beständige Blick, die sanfte melodische Stimme – umgab ihn mit einer Aura von Macht, die sowohl seine Erschöpfung als auch meine Zweifel überragte.

„Meine Mutter hatte ebenfalls diese Kräfte", erzählte Satigi. „Durch ihre Milch wurden sie an mich weitergereicht. Meine Kenntnisse wurden mit mir geboren."

Diese Kenntnisse hatten Satigi zu einem der begehrtesten traditionellen Heiler in Afrika gemacht. Seine Patienten kamen sogar aus Europa zu ihm und viele von ihnen hatten vorher moderne Mediziner konsultiert. Doch schließlich vertrauten sie ihr Schicksal Satigi an, indem sie an seinen Kräutern, Beschwörungen und Ritualen sowie seinen Kenntnissen der unfaßbaren Kräfte des Universums teilhaben.

„Es gibt einige Dinge, die westliche Ärzte nicht heilen können", sagte Satigi, während er seine Füße mit dem langen roten Gewand zudeckte, das von seinen Schultern herabfiel. „Es gibt Dinge, die mit traditioneller Medizin immer am besten zu behandeln sind." Bislang teilen die meisten afrikanischen Mediziner diese Ansicht. Tatsache ist, daß die traditionelle Heilkunde in Afrika ein Wiederaufleben ihres Ansehens erfährt und von vielen sachkundigen Medizinern als wichtiger Zusatz zur westlichen Gesundheitspflege betrachtet wird.

Die Stärke des traditionellen Heilens liegt im Glauben, daß der Mensch mehr als nur ein körperliches Wesen ist. Sein Wohlbefinden wird zum großen Teil von Göttern und Geistern kontrolliert und Krankheiten sind Bestrafungen für falsches Handeln. Unglück ist das Ergebnis eines Fluchs, der oft im Namen eines Feindes oder eines unangenehmen Ahnens ausgesprochen wurde. Manche verhängen auch böse Flüche. Andere, wie Satigi, walten nur als Mittler guter Kräfte; sie vertreiben Verwünschungen, sprechen aber keine aus. Beide Arten von Heilkundlern glauben, daß Geister, sowohl gute als auch böse, von den Ahnen herrühren und daß eine genaue Balance zwischen diesen beiden rivalisierenden Kräften die Gesundheit des Einzelnen garantiert.

Das 18jährige Mädchen, das mittlerweile zu Satigis Füßen saß, war unfruchtbar und wurde von ständigen Magenkrämpfen heimgesucht. Der Vater stand hinter ihr und erklärte, daß der Ehemann des Mädchens sie verflucht hatte, weil sie ihm keine Kinder gebar. Käfer, so sagte sie, füllten jetzt ihren Magen . Satigi hörte aufmerksam zu und befragte das Mädchen über die Schuld, die sie fühlte.

Er ließ das barbusige Mädchen eine weiße Bluse anziehen und den Bauch enthüllen. Sie kauerte auf einer umgedrehten Urne und sah ruhig zu, wie Satigi ein kleines Messer auf einem Wetzstein schärfte. Der Vater zog eine Hautfalte aus dem Bauch des Mädchens. Satigi machte einen kleinen Einschnitt und ritzte dann seinen eigenen rechten Oberschenkel ein – gerade ausreichend, um etwas Blut zu entnehmen. Er vermischte sein Blut mit ihrem, spuckte auf die Wunden, rieb Asche auf ihren Bauch, schwang ein Renozeroshorn über ihren Kopf und zwischen ihren Beinen, schloß die Augen und sagte ein Gebet auf. Dann ließ er sie zweimal über seine Zehen laufen. „In zwei Tagen wird es ihr gutgehen und sie wird ihrem Ehemann viele Kinder gebären", sagte er beim Aufstehen und klatschte sich in die Hände. Das Mädchen erhob sich. Sie lächelte. Die Krämpfe, so sagte sie, seien weg.

Während der Kolonialzeit verdammten die europäischen Verwaltungen diesen jahrhundertealten Glauben und die Heilpraktiken als heidnischen Schwindel. Traditionelle medizinische Behandlung wurde verboten und die traditionellen Heiler wurden in den Untergrund getrieben, obwohl sie nach dem Häuptling die einflußreichste Gestalt in ihren Dörfern waren – und es noch immer sind. Viele Länder verbieten noch heute das Verhängen böser Flüche. In Kenya wanderten vor nicht allzulanger Zeit zwei Männer ins Gefängnis, weil sie zwei Hühner geschlachtet hatten, um eine gegnerische Fußballmannschaft zu verhexen. Häufig läßt ein Kandidat für ein Amt seinen Opponenten verfluchen. Doch mindestens 19 afrikanische Länder haben Institute für traditionelle Medizin eingerichtet, in denen geforscht und behandelt wird. Sie haben weder mit Zauberei noch mit Quacksalberei zu tun und ihre Techniken sind wissenschaftlich anerkannt.

„Denken Sie daran, daß die Krankheiten der Afrikaner schon lange bevor der erste europäische Arzt seinen Fuß auf den Kontinent setzte, behandelt wurden", so Dr. Adama Kone, der Direktor des Instituts für traditionelle Medizin in Mali, das sauberer und moderner war als die meisten anderen Krankenhäuser, die ich in Afrika zu Gesicht bekam. „Nur 15 Prozent der Einwohner Malis haben Zugang zu moderner medizinischer Versorgung. Die anderen müssen sich voll auf traditionelle Heilkundige verlassen. In manchen Fällen, wie bei Hepatitis, sind ihre Heilmethoden schneller und besser als jede moderne medizinische Behandlung."

Die siebentägige Behandlung der Hepatitis beginnt mit dem Zermahlen der Rinde eines Gardenia Micranthum Baums zu feingelbem Pulver. Am ersten Tag nimmt der Patient fünf Gramm des Pulvers ein, das mit einem Viertel Liter Milch gemischt wird und zwölf Stunden lang absteht. An jedem der folgenden Tage bekommt der Kranke fünf Gramm, die mit Wasser vermengt werden und eine halbe Stunde abstehen.

Die Blätter desselben Baums werden als Abführmittel verwendet und seine geschnittenen Wurzeln zur Behandlung von Diabetes verwendet. Asthma wird mit der verkohlten, nußartigen Frucht des Baums behandelt.

Die traditionelle Medizin ignoriert nicht die organischen und körperlichen Merkmale einer Krankheit, obwohl ihr Ansatz soziale und psychologische Faktoren beinhaltet. Satigi beispielsweise begann jede Diagnose mit der Lebensgeschichte des Patienten. Gab es finanzielle oder eheliche Probleme , die Streß oder andere Dinge verursachten ? Gab es in den Beziehungen zu Anderen Feindseligkeiten? Hat ein böser Geist eingegriffen? Hat es Belastungen für die Familie als Ganzes gegeben?

Satigi erhob sich von seiner Matratze. „Jetzt muß ich schlafen", sagte er. „Ich werde alt, aber es gibt soviele, die mich sehen wollen, daß zum Schlafen nicht viel Zeit bleibt. Gehen Sie jetzt fort. Und wenn Sie Ihren Artikel schreiben, dann schreiben Sie nicht, daß ich die Kräfte des Bösen in mir trage. Ich bin es, der das Böse mit meinen Kräften des Guten angreift.

Gehen Sie jetzt. Allah wird Sie schützen und lieben. Ihr Geist wird niemals gebrochen oder zerstört werden. Ihr Name ist so gut wie die Muttermilch.*

Er verbeugte sich und verschwand in eine kleine Nische seines Sprechzimmers, um endlich seine Ruhe zu finden. Vier Tage später starb er im Schlaf.

Während der Kolonialzeit wurden traditionelle Heiler wie Satigi von den Behörden oft eingesperrt. Man betrachtete sie als Teil der unchristlichen Vergangenheit, von der die Europäer glaubten, daß Afrika sie begraben müßte, um seinen Platz in der modernen Welt einzunehmen. Doch in den vergangenen Jahren hat dieses Denken eine dramatische Wandlung erfahren, und heute bemüht sich die WHO darum, die Art und Weise, mit der gesundheitliche Bedürf-

---

* „Lamb" bedeutet „Lamm" (Anm. d. Übers.)

nisse in Afrika und anderen Teilen der Dritten Welt behandelt werden, zu revolutionieren. Die Organisation definiert Gesundheit als einen „vollständigen Zustand körperlichen, seelischen und gesellschaftlichen Wohlbefindens und nicht bloß als Fehlen von Krankheit und Schwäche". Um das zu erreichen, muß Afrikas Schwerpunkt auf elementarer Gesundheitsvorsorge liegen. Sauberes Trinkwasser, verbesserte sanitäre Einrichtungen, bessere Geburtenregelungsprogramme, eine ausgewogenere Ernährung sowie ausreichende Nahrungsmittelversorgung sind heute für Afrika wichtiger als weitere Medikamente und Ärzte. Medizinische Einrichtungen wie die Einheit für Offenherzchirurgie in Nairobi, die Ende der siebziger Jahre errichtet wurde, können noch ein Jahrzehnt warten. Afrika kann es sich nicht länger leisten, die gesamte medizinische Versorgung in den Städten zu konzentrieren und dabei die große Mehrheit auf dem Land zu vernachlässigen.

Als Folge dieser Erkenntnis unterstützt die WHO inzwischen die Integration von traditioneller und moderner Medizin. Sie empfiehlt die verstärkte Erforschung von Kräutern als auch magisch religiösen Therapien, die Tausenden von Heilern wie Satigi zugeschrieben werden. Es gibt, so schreibt die Organisation, eine absolute Notwendigkeit, staatlich anerkannte Landesverbände traditioneller Heilkundler einzurichten, deren Mitglieder sich nach und nach ihrer Stärke bewußt würden.

Das Gesundheitsproblem ist wie so viele Probleme in Afrika ein Bildungsproblem. Selbst wenn Afrika seinen medizinischen Schwerpunkt verlagern könnte; selbst wenn es die medizinischen Kräfte ausbilden könnte, die bereit sind auf dem Land zu arbeiten; selbst wenn traditionelle und moderne Medizin integriert werden könnten, wird es noch immer nicht leicht sein, eine afrikanische Mutter davon zu überzeugen, daß ihre Kinder nicht aus demselben verdreckten Wasserloch wie ihre Rinder trinken und Hunde und Menschen nicht vom selben Teller essen sollten. Denn schließlich, so wird sie sagen, taten ihre Eltern dasselbe – und wurden 40 oder 45 Jahre alt. Was also soll an diesen Gewohnheiten falsch sein. Doch bis die Volksgesundheit eine Angelegenheit jedes einzelnen Dorfes wird, bleibt das allgemeine Gesundheitsniveau abgrundtief. Jedes entwickelte Land, auch die Vereinigten Staaten, mußte diese Übergangszeit durchmachen.

1971 stimmten Mitglieder der WHO Versammlung in Genf mit

118:1 für die Abschaffung der Praktiken der internationalen Industrie, die mit Babymilchpulver jährlich zwei Milliarden Dollar umsetzt. Die USA stimmten als einzige mit der Begründung dagegen, daß die WHO nicht als internationale Handelskomission aufzutreten hätte. Lobbyisten der Babynahrungsindustrie wiesen darauf hin, daß ihr Ernährungsrezept für Babys besser sei als das selbstgemachte Gebräu vieler Mütter in der Dritten Welt: Haferschleim, Zuckerwasser oder Kräutertees. Die WHO schätzte, daß die „Baby-Formel" jährlich bis zu zehn Millionen schwerwiegende Fälle von Unterernährung oder Durchfall und eine Million Tote verursachte. Bei der Debatte wurde fast vergessen, daß das Rezept selbst nicht gefährlich ist; die Gefahr tritt auf, weil anaphabetische Mütter die Anleitung nicht lesen können und das Pulver mit verschmutztem Wasser in verunreinigten Flaschen anrühren.

Doch der Verdacht der Dritten Welt, daß sich die Nahrungs- und Arzneimittelunternehmen nicht darum kümmern, wie ihre Produkte im Ausland verwendet werden, ist verständlich. Tatsache ist, daß ausländische Arzneifirmen in Schwarzafrika ein Bonanza entdeckt haben, das sie zu einem Abladeplatz für ihre Pillen gemacht haben, indem sie aus dem Fehlen von Verbraucherschutzgesetzen und von Vorschriften gegen falsche Werbung Profit zogen.

In Kinos und an Werbeflächen über den ganzen Kontinent verteilt, werden Afrikaner mit Botschaften bombardiert, die den Eindruck vermitteln, daß möglichst viele Medikamente jugendliche Vitalität, sexuelle Potenz und sogar geistige Wachsamkeit bewirken können. Die meiste Reklame ist glatt gelogen – sie dürfte in den USA erst gar nicht publik gemacht werden. Die Afrikaner halten sich aber an diese „Wundermittel", um vom verstauchten Knöchel bis Polio alles zu kurieren. Diese Praxis erinnert an die schnellzüngigen Händler, die vor einem Jahrhundert im Westen der USA umherreisten und ihre Allheilmittel verscherbelten. Die Konsequenzen sind aber für Afrika weitaus tödlicher, als es jemals in Wyoming oder Montana der Fall war. Die vernichtendste Studie, die ich über die Rolle der Pharmaindustrie in Afrika fand, war ein Bericht von Dr. John Yudkin vom London Hospital Medical College. Seine Studie befaßt sich mit dem Erwerb, der Benutzung und der Verkaufsförderung von Arzneimitteln in Tansania, einem Land, in dem es 147 Repräsentanten von Pharmafirmen (die meisten von ihnen Tansanier, die für Firmen mit Auslandsverbindungen arbeiten) und nur 600 Ärzte gibt. Der Bericht sagt unter anderem:

Aminopyrine und Ipyrone sind Analgetica (Schmerzmittel), die Agranulocytosis – wobei aufgrund einer allergischen Reaktion das Rückenmark die Produktion weißer Blutkörperchen einstellt – mit einer Mortalitätsrate von ungefähr einem auf 200 Fällen hervorrufen können. In Großbritannien und Amerika sind diese Mittel praktisch vom Markt zurückgezogen worden.

Ihre Verwendung ist (im Westen) nur bei bösartiger Erkrankung im Endstadium gestattet, wo sich sicherere fieberdrückende Medikamente als erfolglos erwiesen haben. Im African Monthly Index Medical Specialities (MIMS, ein Handbuch, das von der Pharma-Industrie herausgebracht wird) werden 31 Zubereitungen, die diese Wirkstoffe enthalten, als Analgetika für leichtere Anwendungsfälle empfohlen.

Anabolische Steroide können Wachstumshemmungen, irreversible Virilisation – Veränderungen der äußeren Geschlechtsmerkmale und des Haarwuchses – bei Mädchen und Lebertumore hervorrufen. Sie werden in Großbritannien zur Behandlung von Nierenversagen, bösartigen Erkrankungen im Endstatium und bei aplastischer Anämie eingesetzt. Sie werden für Kinder vor der Pubertät nicht empfohlen. Im afrikanischen MIMS dagegen werden sie zur Behandlung von Unterernährung, Gewichtsverlust, Erschöpfung, „exzessiver Ermüdbarkeit" bei Schulkindern und als Appetitanreger angepriesen. Methadon wird im afrikanischen MIMS als Hustenmittel aufgeführt.

Der Westen hat in den vergangenen zwanzig Jahren beim Versuch, den Lebensstandard zu erhöhen, Milliarden von Dollar über Afrika ausgeschüttet. Das meiste Geld ist verschwendet worden und viele Projekte haben oft das Gegenteil von dem erreicht, was geplant war. Erstens kann sich Afrika unmöglich die medizinische Technologie leisten, die ihm von ausländischen Staaten und privaten Hilfsorganisationen aufgedrängt worden ist (die afrikanischen Staaten geben für die Gesundheit jährlich zwischen einem und zehn Dollar pro Person aus, die USA geben mehr als hundertmal soviel aus). Zweitens haben viele Entwicklungshilfeprojekte das gesundheitliche Niveau in Wirklichkeit gesenkt, statt es anzuheben. So können Bewässerungsprojekte das Auftreten von Schneckenfieber fördern, einer Pararsitenerkrankung, die die Lebenskraft von 200 Millionen Menschen in der Dritten Welt mindert.

Glücklicherweise sind sich mittlerweile alle einig, daß Afrika zu den Grundlagen der medizinischen Versorgung zurückkehren muß. Anstrengungen zur wirtschaftlichen Stabilisierung Afrikas werden solange erfolglos bleiben, solange der Kontinent nicht in einem erträglichen Maß gesundet ist. Es gibt keinen Mittelweg. In vielerlei Hinsicht ist das Problem mehr eines der Ausbildung als der Medizin. Afrika erkennt das immer mehr und unternimmt Schritte, den Schwerpunkt der medizinischen Versorgung zu verlagern.

Nigeria plante den Bau von 283 Krankenstationen auf dem Land und hat die staatlichen Gesundheitsausgaben über einen Fünfjahreszeitraum von 350 Millionen auf zwei Milliarden Dollar drastisch erhöht. Mosambik impfte mehr als die Hälfte seiner zehn Millionen Einwohner gegen Cholera und Pocken in einer beeindruckenden, neunmonatigen Kampagne. Liberia hat in sechs Städten sauberes Wasser installiert und besitzt mittlerweile zehn Krankenhäuser und 220 Krankenstationen. Allein in Kenya studieren mehr als 700 junge Afrikaner Medizin.

Doch Afrika kann die Arbeit nicht allein bewältigen. Die ausländischen Mächte, die Afrika unterwarfen, kolonialisierten und solche Länder wie Tschad und Guinea-Bissau ohne einen einzigen einheimischen Arzt in die Unabhängigkeit schickten, heute ihre Rohstoffe ausbeuten und die Waffen für ihre Kriege liefern, – haben alle eine moralische Verpflichtung, dem Kontinent die Fachkräfte und die finanzielle Unterstüzung bereitzustellen, die er benötigt, um aus der Knechtschaft mittelalterlicher gesundheitlicher Verhältnisse zu entfliehen. Ich erinnere mich daran, wie ich eines Tages ein Krankenhaus im ländlichen Zaire besichtigte. Patienten teilten zu zweit oder zu dritt dasselbe Bett. Es gab keine Klimaanlage und die meisten von ihnen lagen stark schwitzend da, zu schwach, um die herumsurrenden Fliegen zu vertreiben. Ganze Familien kampierten am Bett ihrer kranken Verwandten. Was wäre, so dachte ich mir, wenn der Westen nie wieder einen Flughafen für eine afrikanische Regierung baute, nie wieder Waffen verkaufte, nie wieder irgendein dummes Projekt förderte, das nur die Truhen eines Soldatenpräsidenten füllt? Was wäre, wenn der Westen – und selbst der Osten –, statt Kriege zu finanzieren, sich den Verhältnissen widmete, die Körper und Geist der Afrikaner verstümmeln? Ein vielleicht idealistischer Gedanke, voller Naivität, aber wie aufregend könnten die Resultate sein!

Sylis und Cedis

Wenn wir frei bleiben wollen, wenn wir uns aller Vorteile von Afrikas immensem Reichtum erfreuen wollen, müssen wir uns einigen, um einen Plan zur vollständigen Ausnutzung unserer menschlichen und materiellen Ressourcen zu entwerfen, im Interesse all unserer Völker.
– Kwame Nkrumah, ehemaliger Präsident von Ghana (1957 – 1966)

Das gecharterte Transportflugzeug aus London landete mitten in der Nacht, rollte an der verlassenen Passagierabfertigungshalle vorbei und kam quietschend ganz am Ende von Ghanas Kotoka International Airport zum Stehen. Ein Zug schwerbewaffneter Soldaten eilte auf seine Positionen rund um die Boing 707. Innerhalb weniger Sekunden wurde die Nachricht von der Ankunft des Flugzeugs zu einem Befehlsstand im nahegelegenen Accra, der Hauptstadt Ghanas, übermittelt und dieser ließ eine dringende Mitteilung über den staatlichen Rundfunksender verbreiten: Die Flughäfen, alle Seehäfen und die Landesgrenzen würden bis auf Weiteres geschlossen.

War dies ein weiterer Staatsstreich? Kam der Staatschef von irgendeiner geheimen Mission oder einem nicht angekündigten Urlaub auf seinem europäischen Gut zurück? Nichts von alledem. In dieser geheimen Operation im Jahre 1979 wechselte Ghana sein Geld aus und nicht seine Regierungen. Seine Währung – der *Cedi* – hatte jeglichen Wert verloren und würde in den folgenden Tagen aus dem Verkehr gezogen, zusammengebündelt und verbrannt werden. Im Flugzeug befanden sich frische, neu gedruckte Cedis im Wert von 690 Millionen Dollar, die die alte Währung ersetzen sollten.

Der ghanesische Cedi zählt zu den instabilsten afrikanischen Währungen, doch hat er viel Gesellschaft auf der finanziellen Krankenstation. Vom *Birr* Äthiopiens bis zum *Kwanza* Angolas befinden sich Währungen in Schwarzafrika im Belagerungszustand, Opfer von Inflation, Mißmanagement, steigenden Importkosten und wankenden Exporterträgen. Die meisten sind so wertlos wie die Zeitung vom Vortag und werden weder in Nachbarländern angenommen, noch auf irgendeiner ausländischen Bank in der Welt in Devisen umgetauscht. Man stelle sich vor, daß die Deutsche Mark in Italien, Spanien oder Frankreich wertlos wäre und daß der Umtausch etwa in französische Franc mehrere Ebenen staatlicher Genehmigung durchlaufen müßte. Wahrscheinlich würde man dann nicht mit Frankreich handeln, nach Frankreich reisen und vielleicht nicht einmal mit Frankreich kommunizieren. Das genau ist in Afrika geschehen, wo Monopol-Währungen Länder wirtschaftlich und sozial so sehr isoliert haben wie eine mit Landminen übersäte Grenze.

Afrika antwortete auf die Schwäche seiner überbewerteten Währungen in der Vergangenheit meistens damit, noch mehr Geld zu drucken. Nigeria vergrößerte seine Geldmenge zwischen 1975 und 1977 um 180 Prozent. Ghana erhöhte seine Geldmenge allein im Jahr 1976 um 80 Prozent und wertete innerhalb von 14 Jahren (1963 bis 1977) seinen Cedi siebenmal ab. Als Ugandas Finanzminister Präsident Idi Amin mitteilte, daß sein Staatssäckel leer sei, entgegnete Amin: „Nun, drucken Sie mehr!"

Wenn mehr Geld plötzlich weniger verfügbaren Gütern hinterherjagt, schießt die jährliche Inflationsrate in die Höhe – sie liegt in Ländern wie Zaire und Uganda regelmäßig über 100 Prozent – und ein schwindelerregender Anstieg der Lebenshaltungskosten zerstört jedes vernünftige Verhältnis zwischen Löhnen und Preisen; die Armen werden noch ärmer. Die Nahrungsmittelpreise in Ghana verdreiundzwanzigfachten sich zwischen 1963 und 1977. Im Jahr 1981 kostete ein einzelner Autoreifen den Gegenwert von 360 Dollar und eine Tube Zahnpasta 6,5 Dollar. Im Zaire verkaufte sich eine Ausgabe des *Time magazine* für zehn Dollar, ein Laib Brot für zwei Dollar. In Sambia muß ein Arbeiter einen Wochenlohn zum

Kauf eines einfachen Kochtopfs ausgeben. Ghanesische Arbeiter verdienten durchschnittlich 1,5 Dollar am Tag, doch einer westlichen Studie zufolge benötigten sie elf Dollar, um eine anständige Mahlzeit für eine vierköpfige Familie zu kaufen.

„Wie überleben die Menschen?" fragt Yaw Saffu, ein Professor der Universität von Ghana, während er mir bei sich zu Hause ein Glas Wasser anbietet und sich dafür entschuldigt, daß er sich keinen Kaffee leisten könne. „Unter Schwierigkeiten. Sie beschränken sich auf eine Mahlzeit am Tag. Sie suchen sich einen Zweitjob. Ihre Kinder erhalten weniger Milch. Sie gehen am Wochenende aufs Land, um Bananen zu pflücken. Manche kehren zur Tauschwirtschaft zurück. Sie kaufen nur das absolut Lebensnotwendige in den Geschäften. Natürlich ist in den Geschäften sowieso nichts erhältlich. Und wenn etwas auftaucht – etwa ein Luxusartikel wie eine Dose Trockenfisch – ist es so teuer, daß man es sich nicht leisten kann. Diese Cedis in meiner Tasche bedeuten gar nichts, weil man mit ihnen nichts kaufen kann."

Eine Überlebenstechnik ist die Abwesenheit von Verschwendung; die Afrikaner machen sich alles zunutze. Nicht mehr verwendete, wachsüberzogene Milchbehälter eignen sich wesentlich besser zum Entfachen eines Holzkohlefeuers, als die Grillanzünder, die es in deutschen Supermärkten in Flaschen gibt. Frischhaltebeutel, von Ausländern nach Afrika gebracht, werden immer und immer wieder gewaschen und scheinen endlos zu halten. Alte Gummireifen werden zu Sandalen verarbeitet. Leere Whiskyflaschen werden für ein paar Pfennige verkauft und mit Brennstoff gefüllt. Zeitungspapier wird rezykliert. Kleidung stets geflickt und Küchenschwämme benutzt, bis sie auseinanderfallen. Blechdosen dienen dazu, Kotflügel auszubessern. Menschlicher Kot wird zum Düngen des Gartens verwendet. Papierkartons werden zu Wänden von Elendsbehausungen. In vielen Ländern kann man in einem Lebensmittelgeschäft kein Bier kaufen, ohne erst einmal eine leere Flasche zurückzugeben.

Die Stärke jeder Währung hängt von der Fähigkeit der einheimischen Wirtschaft ab, Güter und Dienstleistungen zu produzieren. Liberia verfügt über einen Puffer, weil es Dollarnoten als offizielles Zahlungsmittel verwendet. Doch in den meisten afrikanischen Ländern sinkt die Güterproduktion, während gleichzeitig die Geldmenge wächst. Und in 20 Staaten sank laut Weltbank das Pro-

Kopf-Einkommen während der 70er Jahre. Da zur Deckung des Nominalwerts ihrer Währungen die Länder nichts besitzen – etwa Geld- und Devisenreserven oder die Fähigkeit, Güter und Dienstleistungen zu produzieren – besitzt Afrikas Geld nicht mehr Kaufkraft als ein Faß voller Zehnpfennig- Briefmarken. Als Pan Am 1978 seine Verbindung nach Zaire einstellte, hatte es drei Millionen in lokaler Währung auf seinen zairischen Bankkonten. Pan Am konnte mit seinem Geld nichts weiter anfangen, als ein paar Rechnungen in Kinshasa zu bezahlen.

Bei der Unabhängigkeit erbten die meisten afrikanischen Länder ein Geldsystem, das auf dem englischen Pfund, dem französischen Franc, dem portugiesischen Escudo oder dem belgischen Franc basierte. Nationalstolz geriet aber der finanziellen Sachdienlichkeit in die Quere und ein Land nach dem anderen löste sich von der Anbindung an europäische Währungen und begann, eine schwindelerregende Menge an nichtkonvertierbaren Währungen herauszugeben: den *Pula* in Botswana, den *Dalasi* in Ghambia, den *Ekuele* in Äquatorialguinea, den *Lilangeli* in Swaziland, den *Naira* in Nigeria, den *Ouguiya* in Mauretanien, den *Zaire* in Zaire. Wenn sonst auch nichts, so hatten die neuen Präsidenten wenigstens die Möglichkeiten erhalten, ihr Portrait auf eine Banknote zu drucken. Doch wurden die meisten bald gestürzt. Die alten Banknoten mußten eingestampft und neue mit dem Bild irgendeines anderen Staatschefs gedruckt werden.

Dann kam der unausweichliche Gnadenstoß für die wirtschaftliche Stabilität – der Schwarzmarkt. Die aufgeblasenen Güterpreise in der einheimischen Währung schafften eine künstliche Wirtschaft. Die eigentliche Wirtschaft gründete sich nun auf illegale Transaktionen mit ausländischen Währungen und auf den Schmuggel. Doch um zu dieser Wirtschaft Zugang zu erhalten, brauchte man „hartes" Geld wie das britische Pfund oder den US-Dollar – etwas, das nur die wenigen Privilegierten und Ausländer besaßen. So muß der Durchschnittsafrikaner heute von der inflationären Wirtschaft leben und ihre exorbitanten Preise bezahlen, während die Elite ihre Devisen zu ungesetzlichen Kursen umtauscht und dadurch realistische Preise bezahlt. Diese Geldmärkte werden in Westafrika von Libanesen und in Ostafrika von Indern konrolliert, die im Normalfall zusätzlich zu ihren Schwarzmarktunternehmungen auch legale Geschäfte betreiben. Sie tauschen ihr

einheimisches Geld mit einem Abschlag gegen Devisen ein –
Bargeld und Reiseschecks –, die sie in ihre europäischen Banken
schmuggeln können. Man betrachte zur Veranschaulichung Uganda.
1980, bevor der Internationale Währungsfond (IWF) eine Abwertung als Teil des
wirtschaftlichen Erholungsprogramms anordnete, entsprachen
sieben ugandische Schillinge offiziell einem Dollar. Doch die
Händler auf dem Schwarzmarkt boten 140 Schilling für einen
Dollar. Zur gleichen Zeit kostete ein Zimmer in Kampalas International Hotel um die 1000 Schilling pro Nacht, so daß für einen
Afrikaner, der nur Schillinge besaß, das Zimmer den Gegenwert
von 142 Dollar kostete. Doch für denjenigen, der Devisen hatte und
diese beim indischen Händler umtauschte, der jeden Morgen mit
einem Koffer voller ugandischer Schillinge in das Hotel schlüpfte,
senkten sich die Kosten auf sieben Dollar. Somit funktionierten
zwei Wirtschaftskreisläufe nebeneinander – einer für die unglückliche Mehrheit, die sich auf Uganda-Schillinge beschränken mußte,
ein anderer für die glückliche Minderheit, die Zugang zu ausländischer Währung hatte.

Der Kampf um Devisen ist in Ländern wie Tansania und Ghana
so angespannt, daß die Hotels darauf bestehen, daß die Gäste ihre
Rechnungen nicht in einer afrikanischen Währung bezahlen. Kenya
Airways akzeptiert keine kenyanischen Schillinge als Bezahlung
eines Cocktails auf ihren Flügen – „Bitte nur Devisen!" Wenn man
vom Jomo Kenyatta Flughafen in Nairobi abfliegt, muß man eine
sogenannte Airport-Tax in Höhe von 20 Dollar (oder 40 DM)
entrichten, egal, ob man Kenyaner oder Ausländer ist. In fast allen
Ländern können Flugtickets nur mit Devisen erworben werden.

Afrikas „funny-money" unterstreicht den verzweifelten Zustand der Wirtschaft auf dem Kontinent. Der Lebensstandard der
Afrikaner fällt, vor allem im Verhältnis zu dem der regierenden
Soldaten und der Bürokratie. Das Pro-Kopf-Einkommen von 400
Dollar kauft heute weniger als vor einem Jahrzehnt. In den siebziger Jahren sank das Nahrungsmittelangebot und die landwirtschaftliche Produktion nahm durchschnittlich um ein Prozent jährlich ab – gleichzeitig wuchs die Bevölkerung um 2,9 Prozent im
Jahr. In Sambia, wo 280 weiße Siedler mehr als die Hälfte der
Nahrungsmittel produzieren, ist das Pro-Kopf-Einkommen seit
1970 um 14 Prozent gefallen, die Exporte haben um 25 Prozent

abgenommen und die Verbraucherpreise sind um 70 Prozent gestiegen. Ein französischer Agronom, René Dumont, schloß nach einer langwierigen Untersuchung, daß Sambia zur Belebung seines landwirtschaftlichen Sektors nicht teure Traktoren oder ausgefeilte Techniken benötigte, sondern sich mehr auf Ochsen und Karren, organische Düngung und Fruchtwechsel mit Gemüse verlassen müßte, um höhere Erträge zu erzielen und Devisen zu sparen. Sein Ratschlag wurde ignoriert und der Landwirtschaftsminister Alexander Chikwanda brandmarkte ihn als einen „Scheinradikalen aus Europa, der sich wünscht, daß wir auf ewig Holzhacker und Wasserträger bleiben".

Die Antwort war bedauerlich und spiegelte sowohl die Probleme als auch die Stimmung in Afrika sehr gut wider. Die Narben der Sklaverei und des Kolonialismus sind tief, das Mißtrauen gegenüber den Motiven der Weißen so groß, die Empfindlichkeit gegenüber jeglichem rückständigen Teil der Vergangenheit so lähmend, daß Afrika bereit ist, blind in die Zukunft zu stolpern, ohne die Konsequenzen zu bedenken. Es findet ein fast schon masochistisches Vergnügen daran, seine eigenen Fehler zu machen.

Je größer die öffentliche Unzufriedenheit über die wirtschaftlichen Verhältnisse wird, desto stärker wird die Kontrolle der Gesellschaft, die durch die afrikanischen Führer zum Erhalt der Macht ausgeübt wird. Je größer die Staatsverschuldung desto stärker wächst die Abhängigkeit Afrikas von ausländischen Staaten, deren Unterstützungen und Darlehen – zur Zeit rund zehn Milliarden Dollar im Jahr – Regimes an der Macht halten. Es ist ein destruktiver Kreislauf, der das Auftauchen neuer Gesichter und fähiger Köpfe in der Führungshierarchie verhindert. Damit bleibt Afrikas neuer Generation von ruhelosen, gebildeten Menschen nur eine kleine Rolle. Als einer von Liberias hochrangigen Finanzberatern dem regierenden Unteroffizier Samuel Doe zu erklären versuchte, warum eine Erhöhung der Benzinpreise notwendig sei, stutzte Doe. Schließlich sagte der Berater „Sie nicht Papier unterzeichnen, Land geht kaputt". Doe verstand und unterschrieb. (Der Berater, ein aufgeweckter junger Mann mit einem Wirtschaftsdiplom einer amerikanischen Eliteuniversität, fand kein Vergnügen daran, mit Doe noch unendlich lang in Pidginenglisch zu konversieren und ging bald in die USA ins Exil.)

Manche afrikanischen Länder sind von Grund auf so arm, daß es

wenig Hoffnung gibt, daß sie jemals ohne einen hingehaltenen
Blechnapf überleben können. Das Bruttosozialprodukt der Kapverden etwa (360 000 Einwohner) beträgt nur 110 Millionen Dollar
im Jahr. Doch wie steht es mit den anderen Ländern? Wie konnte
ein Kontinent von so großem potentiellen Reichtum – er birgt 30
Prozent der bekannten Rohstoffvorkommen der Erde – zur wirtschaftlich heruntergekommensten Ansammlung von Bettelstaaten
auf der Erde werden? Die Antwort liegt sowohl im Vermächtnis
des Kolonialismus als auch im eigenen Verhalten seit der Unabhängigkeit.

Als Europa den Kontinent beherrschte, mußten die afrikanischen Bauern Exportprodukte anpflanzen, um den Importbedarf
Europas und die Rechnungen der Kolonialisten zu decken. Die
koloniale Wirtschaft – und später die nationale Wirtschaft einzelner
afrikanischer Länder – gründete sich in den meisten Fällen auf ein
einziges Produkt, wie z.B. Kaschunüsse oder Kakao. Sie entbehrte
jeglicher Diversifikation. Jedes Land hatte im Grunde alle seine Eier
in einem Korb. Wenn die Katastrophe in Form einer Dürre, einer
Hungersnot, eines Ernteausfalls oder Mißmanagements herein-
brach, wurde die wacklige Wirtschaft zerschlagen. Kenya beispielsweise verdient die meisten Devisen durch Kaffee und Tee. Während eines zehnmonatigen Zeitraums zwischen 1976 und 1977
schwankte der Preis von einer Tonne Kaffee zwischen 1636 und
3958 Dollar. Was an einem Tag ein Boom ist, kann am nächsten
Tag den Bankrott bedeuten. Nigeria bezieht 85 Prozent seiner
staatlichen Einnahmen aus dem Verkauf von Erdöl. Sambia erzielt
84 Prozent seiner Exporterlöse aus Kupfer und Kobalt. Guinea-
Bissau produziert außer Erdnüssen so gut wie nichts.

Afrika leidet also zweifach an jeder weltweiten Rezession: erstens, durch die Abnahme seiner Exporterlöse aufgrund fallender
Weltmarktpreise und zweitens dadurch, daß die Inflation die Im-
portrechnungen für Erdöl, Nahrungsmittel, Ersatzteile und andere
Güter hochtreibt, die es benötigt, um wirtschaftlich weiterzustol-
pern. Der industrialisierte Teil der Welt kann sich an Inflation und
gestiegene Ölpreise durch höhere Preise für seine Waren anpassen;
Afrika, das sowenig produziert, kann sich solch einen Luxus nicht
erlauben. Es wird einfach ärmer. 1970 gingen nur zehn Prozent von
Afrikas Exporterlösen für die Bezahlung der Öleinfuhren drauf.
1980 stand diese Zahl bei 22 Prozent. Uganda verfügt über monatli-

che Staatseinnahmen von zehn Millionen Dollar (hauptsächlich aus dem Kaffeeverkauf) und gibt exakt denselben Betrag für Erdöl aus. Tansania hat seine Öleinfuhren auf jährlich 700000 Tonnen gedrosselt, weniger als es 1972 verbrauchte – zahlt aber zehnmal soviel wie damals. Die Entwicklung des Landes wird unter solchen Umständen praktisch bedeutungslos. Nur das Überleben zählt. Wenn Afrika einkaufen geht, hat es die schwindende Kaufkraft eines Menschen, der jedes Jahr eine Gehaltskürzung hinnehmen muß.

Ghana ist ein typischer Fall. Schwarzafrikas Träume wurden in diesem westafrikanischen Land geboren; sie wurden auch dort – zumindest vorübergehend – begraben, durch die Dummheit und die Habgier von Soldatenhäuptlingen, deren Unglücksherrschaft sich über Jahrzehnte erstreckte. Die Ghanesen, ein stolzes, extrovertiertes und gebildetes Volk, schütteln heute verwundert den Kopf über das, was aus ihrem Land geworden ist. Kann dieser mittellose, demoralisierte Ort, so fragen sie, derselbe, ehemals blühende „Schwarze Stern von Afrika" sein, der 1957 als erstes Land in Schwarzafrika seine Unabhängigkeit erhielt?

Als britische Kolonie Goldküste genannt, hat Ghana ungefähr die Form eines Schuhkartons und bedeckt etwa ein Gebiet von der Größe Großbritanniens. Es liegt nur einige Breitengrade nördlich des Äquators am Golf von Guinea. Die Hälfte des Landes liegt weniger als 150 Meter über dem Meeresspiegel. Die buschbedeckten Ebenen sind vom gewaltigen Volta-Fluß und zahlreichen Wasserläufen durchzogen, von denen die meisten nur mit dem Kanu schiffbar sind. Ein tropischer Regenwald erstreckt sich von der Küste zu den stark bewaldeten Bergen im Norden, wo das Klima so feuchtheiß ist, daß es zu nieseln scheint, selbst wenn der Himmel wolkenlos und kristallblau ist. Dieses Gebiet, das einmal Teil des Ashanti-Königreichs war, produziert den größten Teil von Ghanas Kakao, Holz und Rohstoffen.

Es gibt keine großen Goldvorkommen in Ghana (das Wort Goldküste bezieht sich auf das Geld, das die Sklavenhändler durch das Aufgreifen der Bevölkerung machten), aber das Land ist mit einem enormen Reichtum an Rohstoffen gesegnet. Bei der Unabhängigkeit war Ghana der weltgrößte Kakaoproduzent und Manganexporteur. Die Briten wollten, daß Ghana ein *afrikanisches* Land bleibe und so geschah es. Kein Europäer durfte sich dort niederlassen oder auch nur eine Stelle ohne die besondere Genehmigung seitens der Regierung antreten. Es gab weniger als 4000 britische Verwaltungsbeamte in der Kolonie und das Volk wurde ziemlich in Ruhe gelassen, um seine eigenen Häuptlinge „auf den Stuhl zu setzen" und wieder „vom Stuhl abzusetzen" (wählen und abwählen). Das geschah durch Mehrheitsbeschluß in einem Staatsrat.

Doch Ghana wurde nach der Unabhängigkeit durch seine eigenen Führer in die Knie gezwungen – Männer, die mit unverfrorener Gründlichkeit plünderten. Für viele kam es nicht darauf an, daß Ghana gedieh und wuchs, sondern daß sie ihren Teil vom Kuchen abbekamen, der auf europäischen Bankkonten landete. Ein einziges Staatsoberhaupt, General Ignatius Kutu Acheampong, wurde wegen der Anhäufung eines Vermögens in Höhe von 100 Millionen Dollar in Übersee angeklagt und später hingerichtet. Das Kakao-Absatz-Komitee war außerstande, über die Hälfte seiner Deviseneinnahmen zwischen 1975 und 1979 Rechenschaft abzulegen. Die regierenden Soldaten ließen haufenweise Mercedes nach Ghana zur persönlichen Verwendung einfliegen (110 000 Dollar pro Auto plus Frachtkosten) und verschleuderten soviel Geld, daß es bald keine Devisenreserven mehr gab. Das Transportsystem brach zusammen. In den Geschäften gab es kaum mehr als leere Regale, die rechtmäßige Wirtschaft wurde durch ein Schwarzmarktsystem namens *kalabule** (Betrügen und Schmuggeln) ersetzt und als die Inflationsrate in einem Jahr auf 70 Prozent fiel, verkündete die Regierung einen wirtschaftlichen Sieg. 25 Jahre zuvor hatten die Menschen in Ghana von ihrer Fähigkeit, etwas zu erreichen, gesprochen; jetzt sprachen sie nur noch von ihrer Fähigkeit, zu leiden.

„Das Großartige an uns ist", so Essilfie Conduah, ein ghanesischer Journalist, „daß wir niemals gewalttätig sind, selbst wenn die Lage nach Gewalt schreit. Wir bleiben ruhig. Es gibt etwas Unverwüstliches in den Leuten. Eine Fähigkeit, ständig geprügelt zu werden und dennoch zu überleben. Die Nigerianer nennen uns die elf Millionen Zauberer."

Die Ironie von Ghanas wirtschaftlichem Kollaps liegt darin, daß

---

* *kalabule* ist ein Wort aus der Haussa-Sprache, das nach Ghana durch Händler aus dem Norden kam. Es bedeutet „wegnehmen, ohne hinzuschauen".

es nicht, wie so viele andere afrikanische Länder, von Grund auf arm ist. Seine Exporte (hauptsächlich Kakao) erreichen noch immer eine Milliarde Dollar im Jahr. Sein verwildertes Ackerland wäre eigentlich sehr fruchtbar. Seine Gewässer sind reich an Fisch und das bewaldete Landesinnere birgt Diamanten, Bauxit, Gold und Mangan.

Doch bis zum Ende der siebziger Jahre war Ghana bis auf die Haut ausgezogen worden, ausgeschlachtet wie ein Auto, dessen Motor von Dieben gestohlen worden war. Als sich die wirtschaftliche Lage verschlimmerte, brachte das Land eine eigene Version der „boat people" hervor: Bauern, die nicht vor Unterdrückung, sondern vor Armut flohen – in kleinen, selbstgebastelten Booten trieben sie zur Elfenbeinküste oder nach Liberia. Als die Regierung in Accra 50000 in Nigeria lebenden und arbeitenden Ghanesen die freie Heimreise anbot, nahmen nicht mehr als eine Handvoll an. Jeden Tag stellten sich an der amerikanischen Botschaft in Accra durchschnittlich 50 Ghanesen – in der Mehrzahl Studenten – in die Schlange, um ein Einreisevisum zu beantragen. Die Hälfte der Bewerber wurden sofort wegen gefälschter Ausbildungsdokumente abgewiesen. (Zwei Firmen in Accra bieten gegen eine Gebühr von 180 Dollar hauptberufliche Examensschreiber an, die eine zum Bestehen ausreichende Note in dem staatlich abgenommenen Schulexamen garantieren.) Nichtsdestoweniger reisten 1979 mehr als 2000 ghanesische Studenten in die Vereinigten Staaten zum Studium an amerikanischen Universitäten und weitere 828 aus anderen Gründen ein. Viele der Studenten bemühen sich, ihre Studien solange wie möglich auszudehnen. Wenn man einen Tag lang in Washington Taxi fährt, dann stammen garantiert ein Dutzend der Chauffeure aus Ghana, Nigeria oder Äthiopien.

Es ist ein trauriger Zustand, verglichen mit dem, was Präsident Kwame Nkrumah 1957 Ghana versprochen hatte. Als Mann von außerordentlicher Energie, voller Idealismus und Patriotismus, hatte Nkrumah während der dreißiger und vierziger Jahre ein Jahrzehnt lang in den USA mit Studien und Reisen zugebracht. Als er nach dem Ende des Zweiten Weltkriegs fortging, schrieb er: „Ich sah die Freiheitsstatue mit erhobenem Arm, als würde sie mir persönlich Lebewohl sagen. Ich sagte leise: Du hast meine Augen für die wahre Bedeutung von Freiheit geöffnet. Ich werde solange nicht ruhen, bis ich deine Botschaft nach Afrika getragen habe."

Und das tat er auch. Indem er mit der Losung „Selbstregierung jetzt!" zu Felde zog, wurde er schnell zum Nationalhelden – und fast genauso schnell von den Briten unter der Anklage der Volksverhetzung eingesperrt. Nachdem er später auf Anweisung des britischen Gouverneurs freigelassen wurde, huldigte man Nkrumah als zweiten Nehru, selbst als „modernen Moses". Er war ein gutaussehender und charismatischer Mann, dessen euphorisches Volk den politischen Fortschritt im kolonialen Afrika anführte. Seine Vision eines schwarzen Bewußtseins hatte Einfluß auf Unabhängigkeitsbewegungen auf dem ganzen Kontinent und wirkte selbst auf Bürgerrechtsbewegungen in so fernen Ländern wie den USA.

Nkrumah, der sich selbst als „der Erlöser" bezeichnete, glaubte, daß die schwarzen Völker solange nicht der Knechtschaft der Unterwürfigkeit würden entfliehen können, bis sie ihre Abhängigkeit von der Landwirtschaft beendet und sich auf eine industrielle Wirtschaft zubewegt hätten. Rückblickend war es die erste von vielen Entscheidungen Nkrumahs, die Ghana vom afrikanischen Vorbild für Freiheit und Wohlstand zum Prototypen der Unterdrückung und Armut verwandelte.

Große Summen, darunter eine Menge Entwicklungshilfe, wurden mit bemerkenswerter Geschwindigkeit ausgegeben, um Nkrumahs Träume von persönlicher und nationaler Größe zu erfüllen. Mehr als 16 Millionen Dollar kostete der Bau einer Konferenzhalle zur Abhaltung eines einzigen Gipfeltreffens der OAU. Weitere neun Millionen Dollar gingen für eine Vorzeige-Schnellstraße drauf, die nur wenige Kilometer lang war und in der Regel unbefahren blieb. Acht Millionen Dollar wurden für den Präsidentensitz und 17 Millionen Dollar für ein Trockendock ausgegeben. Innerhalb von sieben Jahren (1958 – 1965) verwandelten sich die Devisenreserven in Höhe von 481 Millionen Dollar in eine Staatsverschuldung von einer Milliarde Dollar, und als das Volk unruhig und zornig wurde, wurde Nkrumah seinerseits unbarmherzig und mißtrauisch. Er warf seine Gegner ins Gefängnis, machte sich zum Präsidenten auf Lebenszeit und degradierte das Parlament zu einem bloßen Akklamationsforum. Er verabschiedete ein Gesetz, daß die Inhaftierung von Dissidenten bis zu fünf Jahren erlaubte und verstärkte seine Bindung an den kommunistischen Block. Als er 1966 gestürzt wurde, während er sich auf dem Weg nach China befand – wo er, wie er sagte, eine Lösung für den Vietnamkrieg zu finden beabsichtigte –, vergoß sein Volk nur wenige Tränen. Sie rissen sein Standbild nieder und schickten sein Foto an die 60 Mitgliedsstaaten von Interpol, gesucht wegen Erpressung und Korruption. Das war das ruhmlose Ende eines Mannes, der einst versprach, ein Führer von globaler Bedeutung zu werden; ein Mann, dessen vielleicht schwerwiegendster Fehler war, daß er in den letzten Jahren seiner Herrschaft all das, was er früher von sich behauptete, wirklich zu glauben begann.

Nkrumah lebte bis zu seinem Krebstod in Guinea, wo Präsident Sékou Touré den ungewöhnlichen Schritt unternommen hatte, ihn zum Co-Präsidenten zu ernennen. Sein Nachruf las sich wie der so vieler anderer afrikanischer Präsidenten. „Nkrumah hätte ein großer Mann sein können", schrieb Oberst Akwasi Amankwa, einer der Anführer des Staatsstreichs von 1966. „Er begann gut, führte die Unabhängigkeitsbewegung und wurde im Dienste Ghanas zum Symbol des aufstrebenden Afrika. Doch irgendwann wurde er selbstsüchtig, schuf einen Persönlichkeitskult und nutzte die Macht skrupellos, die ihm von seiner eigenen Verfassung übertragen worden war. Er entwickelte eine seltsame Liebe zur absoluten Herrschaft."

Doch die Beseitigung Nkrumahs löste nicht Ghanas Probleme; in einem afrikanischen Land ist der erste Putsch selten der letzte. Die Soldaten, die ihn stürzten, übergaben drei Jahre später die Macht einer gewählten Zivilregierung. Aber 1972 stürzte General Acheampong die Zivilisten. Er war ein frommer Katholik, der schon bei den morgendlichen Sitzungen reichlich schwitzte, unablässig rauchte und Whisky trank. 1978 wurde Acheampong von seinem Stabschef Generalleutnant Frederick W.K. Akuffo gestürzt. Im Jahr darauf fiel Akuffo durch den Putsch eines 32jährigen Leutnants der Luftwaffe namens Jerry Rawlings, der Acheampong und Akuffo in einem geheimen Prozeß hinrichten ließ – als Teil eines „Staatsstreichs aus Gewissensgründen", um in Ghana aufzuräumen. „Fangt an, fangt an, macht sie alle fertig", brüllte die Menge, als die ehemaligen Staatschefs und mehrere hohe Offiziere mit verbundenen Augen an die Hinrichtungspfähle gefesselt wurden. Drei Monate später, im September 1979, überraschte Rawlings viele Leute nicht schlecht, als er die Macht wie versprochen an eine gewählte Zivilregierung unter Vorsitz von Präsident Hilla

Limann abtrat, einen Karrierediplomaten, der einmal in der europäischen Sektion des ghanesischen Geheimdienstes gearbeitet
hatte. Kurz vor Limanns Amtsübernahme fragte ein amerikanischer Diplomat den gewählten Präsidenten, was er unternehmen
werde, um ausländische Investitionen zu fördern, die Ghana so
verzweifelt benötigte. „Sie fördern?" fragte Limann. „Das wird
nicht nötig sein. Sobald wir eine zivile Regierung haben, wird das
ausländische Kapital nach Ghana strömen."

Dem war aber nicht so. So bewundernswert Ghanas Rückkehr
zur zivilen Herrschaft auch war, rutschte das Land trotzdem bis
1982 dermaßen ab, daß niemand mehr, und am wenigsten die
Ghanesen, noch irgendeinen Glauben an die Zukunft hegte. Ghanas
Staatsverschuldung betrug zu diesem Zeitpunkt fast zwei Milliarden Dollar; es war mit der Rückzahlung seiner Kredite 18 Monate
in Rückstand; die Inflationsrate überstieg 100 Prozent im Jahr. Der
Mangel an lebensnotwendigen Gütern war so ernsthaft, daß das
nahegelegene Nigeria Ghana zu Weihnachten 23 Waggenladungen
voller Nahrungsmittel und Medikamente schickte. Selbst Limann
war sich nicht sicher, ob er das Land zusammenhalten könnte. „Ich
sitze auf einer Zeitbombe."

Am Neujahrsabend 1981 ging die Bombe hoch. Jerry Rawlings,
der von der bürgerlichen Regierung Limanns hastig in den Ruhestand befördert worden war, tauchte mit einer Waffe in der Hand
und der Unterstützung des Heeres aus der Versenkung auf. Innerhalb von sechs Stunden befand sich Limann unter Hausarrest, der
Korruption und Mißwirtschaft angeklagt. Rawlings hatte innerhalb von 27 Monaten das zweite Mal die Macht ergriffen. Ghanas
überglückliche Soldaten gingen prompt auf einen Raubzug in
Accra und befreiten die Geschäfte von allem, was nicht niet- und
nagelfest war. „Wir verlangen nicht mehr als eine saubere Demokratie", sagte Rawlings einigermaßen unverständlich in einer Ra-
dioansprache an die Nation.

Wie jedes andere afrikanische Land zahlt Ghana heute einen hohen
Preis, weil es noch immer vor allem mit dem entwickelten Teil der
Welt Handel treibt und nicht mit seinen Nachbarn. Das ist ein
weiteres Vermächtnis der nur auf einem Gut basierenden Volks-
wirtschaften, die die Kolonialisten errichteten, und ein weiteres
Entwicklungshemmnis für Afrikas Wirtschaftswachstum. Nur

vier Prozent von Afrikas Handel entfällt auf den Handel mit anderen afrikanischen Ländern. Somit ist der innerafrikanische Handel so gering wie auf keinem anderen Kontinent.

Die Einführung der exportorientierten Landwirtschaft durch die Kolonialisten rückte den afrikanischen Bauern von der Tausch- in eine Geldwirtschaft. Doch das Land konnte die Löhne und Arbeitsplätze nicht schaffen, die die Familien benötigten, so daß die Männer ihre Farmen verließen – und ihre Frauen und Mütter –, um in die Städte abzuwandern, wo es Geld und Arbeit gab. Dort fanden sie heraus, daß die Versprechungen der Stadt meistens nur eine Illusion waren. Regierungen verstaatlichten private Unternehmen, was zu wirtschaftlicher Stagnation führte. Präsidenten predigten eine Doktrin des Wirtschaftssozialismus, ohne den Sozialismus zu begreifen, oder es zu wagen, den Arbeitern die Kontrolle der Staatsmacht in die Hände zu legen. Die Volkswirtschaften konnten nicht schnell genug wachsen, um die Arbeitssuchenden aufzunehmen, und viele junge, begabte Afrikaner gingen nach Europa und in die USA, um dort zu studieren und zu arbeiten. Damit wurde Afrika einiger seiner hellsten Köpfe beraubt. Man baute Fabriken, die in den roten Zahlen operierten, weil afrikanische Arbeitskraft trotz niedriger Löhne teuer ist. Die hohen Kosten rühren von der Ineffizienz her, die durch Mangel an Disziplin, unerlaubtes Fernbleiben und Mangel an Fertigkeiten verursacht wird. Die Produktion nahm ab und die Bevölkerung zu. Alles wurde nach der Trial-and-error-Methode ausgeführt und keiner schien sich darum zu sorgen, daß Afrika immer weniger Nahrungsmittel produzierte.

„Vor zwanzig Jahren genoß der Bauer wirkliche Anerkennung in der Gemeinschaft", so B.N. Okigbo, stellvertretender Direktor des internationalen Instituts für tropische Landwirtschaft in Nigeria, wo 90 Prozent der Bauern nur zwei Hektar große Felder bearbeiten. „Heute ist die Landwirtschaft ein Alte-Leute-Beruf und die Bauern genießen nicht mehr viel Anerkennung, es sei denn, sie können materielle Besitztümer als Zeichen ihrer Arbeit vorweisen."

Afrika verfügt noch über einen anderen natürlichen Schatz, der noch nicht erwähnt worden ist – die wilden Tiere. Diese bedeuten dickes Geld, weil überall dort, wo es gut unterhaltene Nationalparks gibt, auch Touristen sind, und diese lassen wertvolle Devisen zurück. Allein in Kenya bringt der Tourismus jährlich 250 Millionen Dollar ein, was diese Industrie fast so wertvoll wie Kenyas Kaffee-Ernte macht. Doch die wunderbaren Herden, die einst frei durch den Kontinent streiften, sind heute Teil eines Überlebensdramas, das sich auf den staubigroten, knochentrockenen Ebenen abspielt. Das Trauerspiel setzt die Schlauheit und Ausdauer des wilden Tieres der Habgier des Menschen und der Willkür der Natur aus; nach fast einhelliger Meinung der Tierschützer ist die Tierwelt dabei, zu verlieren und ihre Existenz selbst ist bedroht. „Einfach gesagt, verschwindet einer der wirklichen Schätze Afrikas", so Sydney Downey, ein weißer Kenyaner und Großwildjäger in Ruhestand.

Viele Tierschützer glauben, daß Afrika dazu bestimmt ist, zum Grab des wilden Tieres zu werden. Theodore Roosevelt fuhr 1909 mit dem Zug durch Kenyas Athi-Steppe und schrieb: „Während wir auf dem Schienenräumer saßen, war es buchstäblich so, als ginge man durch einen riesigen zoologischen Garten." Heute hätte ein Reisender auf der selben Strecke Glück, eine Handvoll Zebras oder Gnus zu sehen. Safarihotels entlang der Route sahen sich gezwungen, Wasserlöcher, Salzseen und Flutlicher anzulegen, um die Tiere in die Reichweite der Fotoapparate cocktailschlürfender Gäste zu bringen. Die Elefantenherden und Nashörner, die einst durch den ganzen Kontinent zogen, sind fast alle verschwunden und nur in der Zufluchtstätte der Nationalparks können sie einigermaßen sicher umherwandern.

Der Grund dafür ist Geld, denn in Afrika ist eine neue Währung eingeführt worden, die weitaus wertvoller als alle Sydis und Cedis zusammen ist: Elfenbein. 1970 brachte ein Pfund Elfenbein 2,3 Dollar auf den Märkten in Brüssel, Hongkong und Tokio. Ein Jahrzehnt später erzielte es 70 Dollar. Das Horn des Nashorns, das aus zusammengepreßtem Haar und Knochenleim besteht, ist sogar noch wertvoller. Jedes ausgewachsene Rhinozerus hat zwei Hörner, die zusammen etwa acht Pfund wiegen. Trotz ihres kriegerischen Aussehens sind die 1,5 Tonnen schweren Tiere im Allgemeinen ruhige und friedliche Vegetarier. Sie kennen keine natürlichen Feinde außer den Menschen und sind für Wilderer leichte Beute. Ihr Horn verkauft sich für mehr als 300 Dollar pro Pfund in den Nahen Osten – wo es als Griff bei der Herstellung der traditionellen Dolche verwendet wird – oder in Asien, wo es zu einem feinen

Pulver zermahlen wird, das als Potenzmittel gilt. Somit tritt ein neues Raubtier auf, der Wilderer. Unter Verwendung von Giftpfeilen, Maschinengewehren und sogar Helikoptern arbeiten die Wilderer in straff organisierten Gruppen und können in nur wenigen Stunden einen Elefanten töten, seinen Rüssel abtrennen, sein Maul aushöhlen und ein Paar 4,8 Meter lange Stoßzähne abhacken. Der Beutelohn ist größer als das, was sie in fünf oder sechs Jahren ehrlicher Arbeit verdienen könnten.

Iain Douglas-Hamilton, ein in Nairobi ansässiger britischer Wissenschaftler, der 1980 die erste Studie über Elefanten auf dem Kontinent fertiggestellt hat, kam zum dem Ergebnis, daß es noch rund 1,3 Millionen Elefanten in 35 afrikanischen Ländern gebe. Doch sie werden mit einer Rate von 50000 bis 150000 jährlich abgeschlachtet, weitaus schneller, als sie sich vermehren können. Kenya besaß 1973 noch 70000 Elefanten, heute sind es gerade noch ein Drittel davon. Die Zahl der Nashörner ist im selben Zeitraum von 10000 auf 2000 gesunken und in manchen Parks sind Wildhüter damit beauftragt, einzelne Nashörner 24 Stunden am Tag zu bewachen. Der südliche Distrikt von Ugandas Kabalega Falls Nationalpark beherbergte Mitte der sechziger Jahre 8000 Elefanten. Systematische Massaker durch Idi Amins Soldaten reduzierten sie zu einer verängstigten Herde von 160 Tieren, die mittlerweile ebenfalls ausgerottet wurde. Europäern und Amerikanern, die Tierschutz predigten – der Feldzug im Missionarsstil wurde unglücklicher Weise bisher fast ausschließlich von Weißen geführt –, erschien die Botschaft klar genug: noch eine oder zwei Generationen und der afrikanische Elefant könnte so selten sein, wie das amerikanische Bison.

Auf zunehmenden internationalen Druck hin verbot Kenya 1977 die Jagd, um seine Tierwelt und die Tourismusindustrie zu schützen. Es bildete eine Anti-Wilderer-Einheit, deren 70 Wildhüter ein Gebiet so groß wie die Bundesrepublik überwachen sollten. Es war eine gelungene Public-Relations-Geste mit wenig praktischen Auswirkungen, denn die Leute, die die Wilderer anheuerten, das Elfenbein aufkauften und gefälschte Dokumente für seine Ausfuhr benützten, waren hochrangige Regierungsfunktionäre und leitende Wildhüter. Jahrelang war der größte illegale Elfenbeinexporteur Kenyas die Vereinigte Afrikanische Gesellschaft (UAC), die in einer piekfeinen Suite in der Kimathi Street, nach einem Mau-Mau-

General benannt, operierte. 49prozentiger Anteilseigner war die damalige Bürgermeisterin von Nairobi, Margareth Kenyatta, niemand anderes, als die Tochter des Präsidenten. 1975 führte Kenya laut regierungsamtlichen Zahlen 106 Tonnen Elfembein aus, was der Tötung von etwa 1000 Elefanten entsprach. Die Zahlen aus Hongkong besagen hingegen, daß im selben Jahr 148 Tonnen aus Kenya eingeführt wurden. Die Differenz – 46 Tonnen, damals ein Wert von rund zwei Millionen Dollar, wurde vermutlich aus Kenya herausgeschmuggelt. In den späten 70er Jahren gab die Weltbank Kenya drei Millionen Dollar für die Ausbildung und Ausrüstung einer Einheit zur Bekämpfung der Wilderei. Kenya verwendete das meiste davon indessen zur Bildung einer paramilitärischen Streitmacht, die entlang seiner Grenze zum feindlichen Somalia stationiert wurde, in einem Wüstengebiet also, wo es überhaupt keine Tierwelt gibt.

Es wäre natürlich ein schöner Erfolg, wenn Afrika seine Tierwelt schützen und retten könnte. Doch die Afrikaner dafür zu verdammen, daß sie das nicht tun, hieße, westliche Maßstäbe in einer Situation anzulegen, in der sie nicht gültig sind. Die Afrikaner sehen in einem Elefanten nicht mehr Schönheit oder Zauber als ein Deutscher in einem Wildschwein. Für diejenigen, die Waffen und Beziehungen haben, sind alle wilden Tiere eine Quelle sofortigen Wohlstands. Für diejenigen mit bescheidenen Mitteln stellen sie einen Konkurrenten um das Land dar, eine plündernde Armee, die bei einem einzigen nächtlichen Raubzug die Ernte einer ganzen Saison vernichten kann. Ein kenyanischer Freund erinnerte sich daran, wie seine Schule und sein Zuhause von Herde nahrungssuchender Elefanten zerstört wurde. „Und Du sagst mir, daß ich Elefanten lieben soll?" fragte er.

Ein einziger Elefant ißt 600 Pfund täglich. Eine Herde Elefanten, eine Woche lang unterwegs, kann genug Bäume entwurzeln, Zäune niederreißen, Felder zertrampeln und Blattwerk auffressen, um ein saftiges grünes Tal so zu verwüsten, daß dort hinterher weder Mensch noch Tier leben können. In Ländern wie Kenya, wo jeder Zentimeter fruchtbaren Bodens bereits kultiviert wird, sind die wilden Tiere, über welche die Touristen so staunen, ein Luxus, den sich die Bauern schwer leisten können.

Bislang habe ich nur von Afrikas wirtschaftlichen Problemen gesprochen. Doch wie steht es mit den Lösungen? Gibt es überhaupt welche? Die Antwort, glaube ich, lautet uneingeschränkt ja – falls der Westen zu helfen bereit und Afrika in der Lage ist, sich seine enormen Schätze zunutze zu machen, indem es einen ernsten Feldzug zur Förderung des nationalen und nicht des individuellen Fortschritts unternimmt. Man bedenke nur, wieviel über Saudi-Arabiens strahlende Zukunft geschrieben wurde. Doch hat dieses Land hat nur begrenzte Bodenschätze. Afrika hat ebenfalls Öl, besitzt aber noch andere Bodenschätze und darüber hinaus den endlosen Ackerboden, den ein Kontinent zur Selbstversorgung braucht. Saudi-Arabien begann erst vor kurzem mit der Schaffung von Infrastrukturen – Häfen, Straßen, Nachrichtenverbindungen, stattliche Leistungen – die ein Land zu seiner Entwicklung benötigt. Afrika hat eine Infrastruktur (so wackelig sie auch sein mag), die vor fast einem Jahrhundert von Europäern geschaffen wurde. Saudi-Arabien war fast ein Jahrhundert lang von der Außenwelt abgeschirmt, Afrika ihr seit Generationen ausgesetzt. Und während Saudi-Arabien entsetzlich heiß und voller Sand ist, hat der größte Teil Schwarzafrikas ein günstiges Klima und ist mit so großer Schönheit gesegnet, daß der Kontinent zahllose Touristen anziehen könnte. Wenn man die Handvoll afrikanischer Länder betrachtet, die seit der Uanbhängigkeit wirtschaftlichen Fortschritt mit politischer Stabilität verbunden haben - die Elfenbeinküste, Kenya, Malawi und Kamerun – treten vier gemeinsame Merkmale hervor. Erstens wurden alle diese Länder wenigstens die ersten fünfzehn Jahre ihrer Eigenständigkeit von ihren Gründervätern regiert, die zwar autoritär, aber nicht übermäßig repressiv waren (obwohl Malawis Banda schon fast als Tyrann gelten muß). Die Beständigkeit ihrer Regierung ermöglichte die Formulierung und Verfolgung einer Politik, die große Ausgaben für Verteidigung und innere Sicherheit erübrigte. Zweitens arbeitet noch immer eine große Anzahl von Europäern sowohl in ihrem privaten als auch öffentlichen Sektor. Durch eine vorsichtige „Afrikanisierung" der Wirtschaft behielten die Länder ein gewisses Niveau an Fachwissen in den Schlüsselpositionen und waren weniger geneigt, die Wirtschaft auf der „Trial-and-Error-Grundlage" ungebildeter Afrikaner in Gang zu halten. Drittens räumten alle dem wirtschaftlichen Pragmatismus höhere Priorität als politischen Ideologien ein und hatten zu keiner Zeit Flirts oder Liebesaffären mit dem Marxismus. Es gab wirtschaftliche Anreize für produktive Menschen und die persönliche Leistung wurde gefördert, nicht abgewürgt. Viertens machten alle die Landwirtschaft zum Rückgrat ihrer Volkswirtschaften und erst als ihr Ackerland ausreichende Erträge abwarf, richteten sie ihre Aufmerksamkeit auf die Entwicklung einer kleinen Industrie. Die Wirtschaftskommission der Vereinten Nationen für Afrika hat sich zum Ziel gesetzt, daß Afrika im Jahr 2000 ein Fünfzigstel des weltweiten industriellen Ausstoßes produzieren soll. Dieses bescheidene Ziel würde das Vierfache der Produktivität von 1980 darstellen und Investitionen in Höhe von 250 Milliarden Dollar erfordern, um die benötigten Straßen, Häfen, Fabriken und Berufsausbildungsstätten zu bauen. Diese Summe wird Afrika wahrscheinlich nicht zur Verfügung stehen. Doch der Kontinent kann trotzdem wichtige Schritte bei der Erschließung seines Wirtschaftspotentials unternehmen. Dazu sollten die folgenden Prioritäten gesetzt werden: (1) Erhöhung der landwirtschaftlichen Produktion und Senkung der Geburtenrate. (2) Einer neuen Generation nationaler Führungskräfte mit der Integrität, Weisheit und dem Mut, im Auftrag der Mehrheit zu handeln, müßte der Aufstieg ermöglicht werden. (3) Die Bildung regionaler Wirtschaftsgemeinschaften, die die schwachen Staaten aufnehmen und in der Einheit Kraft verleihen würden.

Die Idee regionaler Zusammenschlüsse ist nicht neu. Kenya, Tansania und Uganda waren bei der Unabhängigkeit in der Ostafrikanischen Wirtschaftsgemeinschaft verbunden, die viele Wirtschaftswissenschaftler als einer der beispielhaftesten Modelle regionaler Kooperation ansahen. Die drei Länder teilten eine gemeinsame Fluglinie, sowie postalische,- Verkehrs- und Zolleinrichtungen. Ihre Währungen waren innerhalb der Gemeinschaft konvertierbar und die Bewohner eines Landes konnten sich in den Mitgliedsstaaten frei bewegen und arbeiten. In Westafrika sind seit 1975 fünfzehn Staaten verschiedenen sprachlichen und politischen Hintergrunds in die Wirtschaftsgemeinschaft westafrikanischer Staaten (ECOWAS) lose miteinander verbunden. Liberia, Sierra Leone und Guinea haben die Mano River Union gegründet. 1981 schlossen sich Senegal und Gambia zu einer Union namens Senegambia zusammen. Was sich theoretisch gut anhört, ist in der Praxis schwierig. Die Gemeinschaften haben aus demselben Grund nicht funktioniert, aus dem die transkontinentale Fernstraße von Kairo nach Kapstadt nie gebaut worden ist: Grenzrivalitäten sind stärker als der Wunsch nach nachbarschaftlicher Zusammenarbeit. Die ostafrikanische Wirtschaftsgemeinschaft wurde 1977 wegen politischer Meinungsverschiedenheiten zwischen dem kapitalistischen Kenya, sozialistischen Tansania und dem militaristischen Uganda aufgelöst. Präsident Julius Nyerere schloß die Grenze zu Kenya – sie wurde erst 1984 wieder geöffnet – im fehlgeschlagenen Versuch, europäische Touristen zu zwingen, direkt nach Tansania zu fliegen, statt erst durch Kenya zu reisen. Aber alles was er erreichte, war der Verlust der für beide Länder wertvollen Handelsrouten nach Zentralafrika und ein allgemeiner Rückgang des Touristenstroms in ganz Ostafrika. Genau aus diesem Grund ist die Zeit für die oft diskutierte Idee einer transkontinentalen Strecke noch nicht gekommen. Präsidenten würden sie wegen läppischer Eifersüchteleien schließen, Soldaten Straßensperren errichten, um Gebühren einzutreiben, Regierungen könnten es sich nicht leisten, sie zu unterhalten. Bis Afrika ein kontinentales Verkehrs- und Nachrichtennetz entwickelt und regionale Übereinstimmung erreicht, werden die meisten Staaten weiterhin den Handel mit Europa dem untereinander vorziehen.

Was die in Afrika versagenden Währungen angeht, erscheint die Lösung ziemlich unkompliziert. Die einzelnen Landeswährungen sollten zugunsten von vier oder fünf regionalen Währungen abgelöst werden, die eng an ein europäisches Währungssystem angebunden sind. Das hat sich in der Realität schon als funktionsfähig erwiesen. Die 13 franösischsprachigen Länder in Afrika benutzen den Franc der Communauté Financieré Africaine (CFA), eine Währung, die durch Frankreich gestützt wird und auf einer Pariser Bank wie ein US- Dollar oder eine Deutsche Mark eingetauscht werden kann. Es gibt dabei ein interessantes historisches Nebenereignis, das aufzeigt, wie das System sowohl Afrika als auch Europa nutzt. Während der 50er und 60er Jahre, als Frankreich Devisen zu seiner eigenen Entwicklung benötigte, endeten alle Devisen, die durch die 13 Länder oder Kolonien flossen, schließlich bei der Zentralbank in Paris. Theoretisch konnten die afrikanischen Regierungen frei Devisen für ihren eigenen Bedarf abheben. Doch das System und die Vergabe von Importlizenzen wurde von den Franzosen kontrolliert und nur wenig harte Währung fand ihren

Weg nach Afrika zurück. So verkaufte die Elfenbeinküste ihren Kaffee in die USA für amerikanische Dollar, die nach Paris wanderten und dort für Frankreichs Entwicklung verwendet wurden. CFA-Frances flossen im Gegenzug in die Elfenbeinküste und wurden zum Kauf französischer Güter verwendet. Keine der beiden Seiten verlor etwas dabei: Afrika besaß eine konvertierbare Währung, um die benötigten Güter zu kaufen und Frankreich verfügte über 300 Millionen Dollar im Jahr, zu denen es sonst keinen Zugang gehabt hätte.

Heute fließt viel ausländisches Geld direkt nach Afrika. Doch weil der CFA-Franc sich in Frankreich umtauschen läßt – und nicht in den USA oder den meisten anderen europäischen Ländern – sind die dreizehn afrikanischen Staaten gezwungen, größtenteils französische Waren zu kaufen. Wem dieses Geschäft zu einseitig klingt, der erinnere sich an Guinea und Ghana, die mit ihren Sylis und Cedis im Ausland gar nichts kaufen können.

Es ist dennoch nicht zu leugnen, daß die westlichen Zahlungen an Afrika nach der Unabhängigkeit oft schäbig gering oder fehlgeleitet waren. Die Milliarden von Dollar an Entwicklungshilfe, die wahllos nach Afrika geworfen worden sind, haben nur wenig erreicht. Sie haben eine Wohlfahrtsmentalität der Staaten geschaffen, in denen Regierungen erkannten, daß es keine Notwendigkeit gibt, irgendetwas für sich selbst zu tun, weil jemand in Stockholm, Paris oder Bonn es für sie schon machen wird – kostenlos. Armut ist zum Motor der afrikanischen Wirtschaft geworden.

Warum sollte Afrika sich über die Erhöhung der Nahrungsmittelproduktion kümmern, wenn ein Geberland all das Getreide, das gebraucht wird, herbeischifft, sobald irgendein Präsident um Hilfe ruft. Aufgabe des Westens ist es, eine Art Marschall-Plan für die Dritte Welt auszuarbeiten, der das Schwergewicht auf erhöhte Produktion und geringe Verschwendung legt. Es sollte jedem Land helfen, ungeachtet seiner politischen Überzeugung, weil die Isolation radikaler Staaten nur den Zusammenhalt und das Wachstumspotential der Region als Ganzes zerstören würde. Entwicklungshilfe hauptsächlich zur Belohnung der politisch Nahestehenden zu verwenden – wie es die USA zu tun pflegt, erhöht die Spannung zwischen den Ländern und verzögert Afrikas Entwicklung in seiner Gesamtheit.

Der Westen hält den Schlüssel zu Afrikas Entwicklung in der Hand. Doch damit Afrika eine engere wirtschaftliche Anbindung an Europa anstrebt, damit Präsidenten das Papiergeld, das ihr Porträt trägt, zu Gunsten einer regionalen Währung wegschmeißen, müßten einige Leute einiges an nationalem und persönlichem Stolz herunterschlucken. Es wäre aber ein bedeutsamer Schritt in Richtung einer wirtschaftlichen Stabilität und regionalen Zusammenarbeit. Es würde die schwächeren Staaten stärken und die bereits schwungvollen weiter bereichern. Viele Kritiker würden zweifellos behaupten, daß der Vorschlag neokolonialistisch sei. Doch wenn es dem Kontinent hülfe, sein gewaltiges Wirtschatspotential zu entwickeln, würde Afrika dann nicht wirklich in die Zukunft marschieren, anstatt wie bis jetzt immer weiter in die Vergangenheit zurückzufallen?

Nigeria: Die Zukunft ist jetzt

*Nigeria marschiert weiter. Jeder Tag ist ein neuer Tag auf diesem Marsch.
Wo gehörst Du hin? Zum Gestern, zum Heute oder zum Morgen?
Nigeria braucht Deinen Beitrag, einen positiven, bedeutenden Beitrag.*
– Hintergrundstimme im nigerianischen Fernsehen jeden Abend
um 21 Uhr.

Nigeria ist nach dem Fluß Niger benannt, was auf Latein schwarz
bedeutet, und es gibt keinen Ort in Afrika, der mit ihm vergleichbar wäre. Die Kontraste sind größer, der Pulsschlag schneller und
die Träume größer. Jedesmal, wenn ich die Hauptstadt Lagos
betrat, die mir wie eine Mischung aus Kalkutta und Harlem
vorkam, schauderte ich und wunderte mich, ob es nicht einen
leichteren Weg gäbe, denn als Journalist sein Geld zu verdienen;
jedesmal, wenn ich wegfuhr, fühlte ich mich heiter und mein
Glauben an Afrika war wiederhergestellt, denn ich wußte, daß ich
im aufregendsten Land der Dritten Welt gewesen war.

Nigeria ist etwa so groß wie Frankreich, Schweden und Dänemark zusammen. Es hat 250 verschiedene ethnische Gruppen mit
100 verschiedenen Sprachen. Seine Mangrovensümpfe an der Küste gehen in die bewaldete Savannen der Zentralplateaus über und
machen schließlich der Wüste im Norden Platz, die so trocken und
gottesverlassen wie die Sahara ist. In den überfüllten und unkon-
trollierbaren Städten konkurrieren Elendsviertel und Vorstädte um
dasselbe Land, und in Oxford ausgebildete Millionäre teilen dasselbe Viertel mit arbeitslosen Analphabeten. Gegensätze und Wi-

dersprüche finden sich überall. Und überall steht die Mahnung, daß Nigeria sich im Rhythmus des Geldes, des großen Geldes aus den Ölquellen bewegt. Nigeria ist das Brasilien Afrikas. Das Land ist aufgewacht und hat etwas in Gang gesetzt, obwohl es keineswegs gegen die Krankheiten gefeit ist, die jedes afrikanische Land heimsuchen.

Es ist zum Teil die Geschichte, die Nigeria von seinen Nachbarn unterscheidet, denn es ist kein kultureller Emporkömmling. Die Noks gossen schon vor Christi Geburt Eisen und schufen Terracotta-Skulpturen. Die nördlichen Städte Kano und Katsina waren internationale Knotenpunkte der Karawanenrouten, die durch die Sahara führten. Als die ersten Europäer im 15. Jahrhundert Benin erreichten – einige Jahre bevor Kolumbus in Richtung Amerika in See stach – fanden sie ein hochentwickeltes Königreich mit diszipliniertem Heer, höfischem Zeremoniell und einer Handwerkskunst vor, deren Elfenbein-, Bronze-, Holz- und Messingarbeiten heute in der ganzen Welt wegen ihrer Feinheit und Schönheit gepriesen werden. Die ersten Weißen, die Nigeria erreichen sollten, waren portugiesische Entdecker. Dann kamen die Händler, die für umgerechnet vier Dollar den örtlichen Häuptlingen junge, kräftige Nigerianer abkauften – die Sklaven erzielten bei Versteigerungen in Amerika bis zu 140 Dollar „pro Stück" –, und die Missionare. Die europäischen Mächte erkannten Großbritanniens Anspruch auf Nigeria bei der Berliner Konferenz an und die in London ansässige königliche Nigergesellschaft wurde damit beauftragt, die Handelsbeziehungen zu entwickeln. Die britische Regierung übernahm 1900 das Gebiet der Gesellschaft und vierzehn Jahre später wurde es offiziell zu „Kolonie und Protektorat von Nigeria" vereinigt (Nigeria blieb in die Verwaltungsgebiete der Nord- und Südprovinzen und in die Kolonie Lagos geteilt).

Nigeria war für afrikanische Verhältnisse eine hoch entwickelte Gesellschaft und als die Briten ihr wirtschaftliches Potential erkannten, versuchten sie sicherzustellen, daß es sich als wirklich *schwarze* Kolonie entwickeln würde. Unter Nigerias Bevölkerung von 32 Millionen Menschen bei der Unabhängigkeit gab es weniger als 12000 Europäer. Kein Weißer durfte Nigeria betreten und schon gar nicht dort arbeiten, wenn er nicht nachweisen konnte, daß seine Gegenwart notwendig war. Weiße durften sich in Nigeria weder ansiedeln, noch Geschäfte kaufen und jeder Einreisende mußte eine umfangreiche Kaution hinterlegen. Interessanterweise bezeichneten die Briten die einheimische Bevölkerung selten als Eingeborene. Sie nannten die Menschen bei ihrem Namen, „Nigerianer", ein Ausdruck von Achtung, den es in fast keiner anderen Kolonie gab. Schon 1922 gestatteten die Briten die Aufnahme afrikanischer Abgeordneter in den Rat der Kolonie Lagos und der Südprovinz. 1943 beriefen die Briten drei Nigerianer in den nigerianischen Exekutivrat, der dem Kabinett des britischen Gouverneurs unterstellt war. Gegen Ende des Zweiten Weltkriegs bereitete Großbritannien Nigeria auf die Selbstregierung auf repräsentativer Grundlage vor. Der Grund dafür war mehr eigennütziger als altruistischer Natur: London wollte nicht riskieren, Nigeria nach dessen Unabhängigkeit als Mitglied im Commenwealth zu verlieren.

Im Oktober 1960 trat Nigeria friedlich und ereignislos vom Kolonialismus in die Nationalstaatlichkeit über. Es gab ein freies Unternehmertum von schwarzen Händlern und Geschäftsleuten, das sich auf Kakao- und Palmölexporte gründete und schon lange bestand. Es gab einen kleinen, gebildeten Mittelstand und eine seit über 100 Jahren lebhafte schwarze Presse, ein aktives Parlament, eine robuste Wirtschaft sowie einen landwirtschaftlichen Sektor, der genug Nahrungsmittel produzierte, um das Land zu ernähren. Nigeria hatte sogar 500 schwarze Ärzte. Das war beachtlich, denn viele Länder verfügten bei der Unabhängigkeit über keinen einzigen Arzt. Darüber hinaus hatten vier Jahre zuvor Bohrungen große erdölhaltige Gesteinspartien im Nigerdelta entdeckt. Selbst die Natur, so schien es, war Nigeria wohlgesonnen.

Doch Afrikas größte Hoffnung wurde bald zu seiner größten Enttäuschung. In den ersten 16 Jahren der Unabhängigkeit zählte man drei Staatsstreiche, kamen zwei Staatsoberhäupter bei Attentaten ums Leben und gab es einen Bürgerkrieg, der eine Million Menschenleben forderte. Die Öleinkünfte des Landes wurden beim gewaltigsten Großeinkauf vergeudet, den je ein afrikanisches Land getätigt hatte. Die Soldaten kamen an die Macht und erwiesen sich als korrupter und unfähiger als die Zivilisten, die sie wegen ihrer Bestechlichkeit und Unfähigkeit gestürzt hatten. Die Städte füllten sich und brachen zusammen. Das Ackerland wurde verlassen und erbrachte keine Erträge mehr. Das Parlament löste sich auf. Die Wirtschaft schlingerte und die Träume zerplatzten.

Bei vielen afrikanischen Ländern könnte man jetzt zu schreiben aufhören. Nicht so bei Nigeria. Es vollbrachte, was kein anderes Land schaffte: es stoppte den Untergang, kehrte von der Militär- zu einer zivilen Regierung zurück und nahm wieder einige der Versprechungen ernst, um die sich die Unabhängigkeitsbewegung gedreht hatte. Die achtziger Jahre brachten Nigeria die Mitgliedschaft in einem exclusiven Club mit nur einem Mitglied. Es war dabei, zu Afrikas erster Minimacht aufzusteigen, einer Nation, die genug Einfluß hatte, um die Politik von Washington bis Moskau zu beeinflussen. Es ist das einzige schwarzafrikanische Land, auf dessen Zukunft es der Außenwelt wirklich ankommt und dessen Gegenwart durch Superlative zu beschreiben ist.

- Nigeria (das seine Mitgliedschaft im Commenwealth beibehalten hat) ist das bevölkerungsreichste Land in Afrika und hat mit über 100 Millionen Menschen eine größere Bevölkerung als jedes westeuropäische Land. Fast jeder fünfte Afrikaner ist Nigerianer.
- Nigeria war bis vor kurzem Schwarzafrikas reichste Nation. Es erwirtschaftet rund 75 Prozent des schwarzafrikanischen Bruttosozialprodukts. (Das Pro-Kopf-Einkommen ist durch den Verfall der Ölpreise in den vergangenen vier Jahren von 800 auf 375 Dollar gesunken.)
- Nigeria ist der sechstgrößte Ölexporteur der Welt und etwa die Hälfte seiner Fördermenge fließt in die USA. Doch Nigerias Öleinkünfte fielen von 26 Milliarden Dollar im Jahre 1980 auf zehn Milliarden Dollar in 1983 und befinden sich heute bei etwa sechs Milliarden Dollar.

In den sechziger Jahren (bevor die Ölpreise verrückt spielten) nahm Nigeria jedes Jahr bescheidene 400 Millionen Dollar mit seiner Erdölproduktion ein. Dann schnellten diese Einnahmen fast über Nacht auf neun Milliarden Dollar jährlich hoch und 1975 bestand für Nigeria die Aussicht auf einen Haushaltsüberschuß von fünf Milliarden Dollar im Jahr. Plötzlich war kein Traum zu fern und keine Vision zu teuer.

Nigeria begann, übermütig wie ein Teenager herumzustolzieren. Millionäre schossen aus dem Boden; eine privilegierte Mittel- und Oberschicht entstand. Die körperlich leistungsfähigen Männer verließen ihre Bauernhöfe und strömten in die Stadt auf der Suche nach Reichtum. Die Regierung entwarf einen 100-Milliarden-

Dollar-Entwicklungsplan (1975 – 1980) – der ehrgeizigste, der jemals von einer schwarzafrikanischen Regierung entworfen wurde. Er sollte eine alte, vielschichtige Gesellschaft in einen modernen, geeinten Staat verwandeln.

Während Soldatenpolitiker und Geschäftsleute Millionen von Dollar an illegalen Provisionen für jedes neue Projekt einsteckten, wurden größenwahnsinnige Pläne geschmiedet und Gelände für sieben neue Universitäten, 13 neue Fernsehsender, 34 neue Gefängnisse, drei internationale Flughäfen und eine neue Bundeshauptstadt in Abuja erschlossen. Ohne einen Blick auf den Saldo des Staatskontos zu werfen, wurde der Mindestlohn verdoppelt und die Regierung gewährte allen Staatsbediensteten eine Gehaltserhöhung von 60 Prozent, rückwirkend steuerfrei für die vorangehenden zehn Monate. Ähnliche Aufschläge wurden den Gewerkschaften bewilligt.

Für die Überholung des Fernmeldenetzes sah man über drei Milliarden Dollar vor und weitere drei Milliarden Dollar für den Bau von 24 000 Kilometern Asphaltstraßen. Zwei Milliarden Dollar gingen für eine petrochemische Fabrik drauf. Ein internationales Festival schwarzer Kunst kostete 200 Millionen Dollar, eine internationale Handelsmesse 100 Millionen Dollar. 50 000 Nigerianer wurden als Speerspitze des Fortschritts in die USA und nach Europa geschickt, um die technischen und beruflichen Fähigkeiten zu erlangen, die das neue Nigeria benötigte.

Wie zu erwarten, nahm die Welt schnell Notiz von Nigeria. Von überall kamen die Freier und sowohl Washington als auch Moskau rangelten um Einfluß. Fast 100 ausländische Botschaften wurden in Lagos eröffnet und die saunaheiße, vollgepackte Hauptstadt nahm die Merkmale einer boomenden Grenzstadt an. Diplomaten und Geschäftsleute füllten die Hotels, ignorierten mit stoischer Gelassenheit kaputte Klimaanlagen, steckengebliebene Aufzüge, Stromausfälle, die Rationierung von Wasser, tote Telefonleitungen und alptraumartige Verkehrsstaus („goslow!" genannt). Lagos erstickte in seinem eigenen Wachstum, doch das schien niemanden zu kümmern. Jeder wollte einen Teil des Kuchens abhaben und 1978 stattete Präsident Jimmy Carter Nigeria einen Staatsbesuch ab. Er erzählte den versammelten Funktionären und Journalisten irgendwie unverständlich, wieviel Nigeria und die Vereinigten Staaten gemeinsam hätten (obwohl Nigeria damals von den Militärs regiert wurde). Doch schon bevor Carter Nigeria erreicht hatte, war etwas Schreckliches geschehen. Nigeria erwachte eines Morgens mit einem finanziellen Kater. Die Party war vorbei. Nigeria hatte sich mit überhöhten Preisen bei sinkender Nachfrage aus den Ölweltmärkten kalkuliert. Die Verpflichtungen aus angelaufenen Projekten überstiegen die vorhandenen Finanzmittel um das Vierfache. Sparsamkeit wurde zum Motto des Tages. Die Regierung versteigerte 2000 Funktionslimousinen, fror Löhne und Preise ein, um die 30prozentige Inflationsrate in den Griff zu bekommen, legte die meisten ihrer glanzvollen Entwicklungsprojekte auf Eis und verbot von Zahnstochern bis zu Spaghettis eine lange Liste nicht lebensnotwendiger Importe.

Nigeria zahlte den Preis für eine auf einem einzigen Gut basierende Volkswirtschaft und entdeckte die Gefahren des Versuchs, zu schnell zu weit zu gehen. Der Ölsegen hatte dem Land genauso viel Elend wie Hoffnung gebracht.

Wie jedes afrikanische Land, das rohstoffreich ist, vergaß Nigeria seine Bauernhöfe und die Tatsache, daß eine Nation, die sich nicht selbst ernährt, nicht wirklich frei sein kann. Während die Menschen in Scharen in die Städte strömten, sackte die Nahrungsmittelproduktion ab und die Importe schossen in die Höhe. Das Land, früher landwirtschaftlich autark, führt heute viermal mehr Nahrungsmitel als noch vor 20 Jahren ein – was jährlich über 1,5 Milliarden Dollar an Devisen kostet. Vor dem Abschwung gab Nigeria allein für tiefgefrorenes Fleisch, das nach Lagos eingeflogen wurde, fünf Millionen Dollar monatlich aus – ein Luxus, den man besser Drittweltländern wie Saudi-Arabien überläßt. Die Landflucht brachte die ohnehin schon mageren städtischen Versorgungssysteme an den Rand des Zusammenbruchs – und darüber hinaus. Nigeria wurde ein Gefangener seines eigenen Reichtums und Lagos zu einer Hauptstadt, die Reisende mieden. Zahlreiche westliche Diplomaten lehnten es ab, dort postiert zu werden.

Die staatlichen Behörden in Lagos sind so überbesetzt und mangelhaft ausgerüstet, daß Hunderte von Staatsdienern an Tischen arbeiten, die muffige, dämmerige Flure säumen. Die meisten Telefone funktionieren nicht, so daß Geschäftsleute Verabre-

dungen persönlich treffen müssen – eine herkulische Tat in einer
Stadt, in der es eine Stunde dauern kann, um mit dem Auto ein
paar Häuserblöcke weit zu fahren. Eine US-Bank, Morgan Guar-
anty Trust, arbeitete über ein Jahr lang in Lagos ohne Telefon
oder Telex-Anschluß – nicht schlecht für eine Institution, die
jeden Tag Geschäfte in Millionenhöhe betreibt. Hotelgäste haben
Glück, wenn sie täglich zwei Stunden Wasser in ihren 90-Dollar-
Zimmern haben und Speisende in den Restaurants der Innenstadt
zucken bloß mit den Schultern und zünden die Kerzen an, wenn
der Strom schwankt und der Dunkelheit Platz macht. Was geschehen war, stellte kein Rätsel dar. Die Bevölkerung war von
300000 Einwohnern innerhalb eines Jahrzehnts explosionsartig
auf über drei Millionen Menschen angewachsen und die Stadt
erstickte unter ihrem eigenen Gewicht.

Die Verkehrsverstopfungen wurden unerträglich – die 20 Ki-
lometer Fahrt zum Flughafen von Lagos dauern in der Regel fünf
Stunden. Polizisten zogen regelmäßig Verkehrssünder aus dem
Wagen und schlugen sie bewußtlos. Nachdem ein nigerianisches
Staatsoberhaupt, der General Murtala Rufai Mohammed, aus
dem Hinterhalt überfallen und ermordet wurde, während seine
Limousine in einem „Go-slow" steckte, entschied die Regierung,
daß einige harte Maßnahmen angebracht wären. Sie erließ die
Vorschrift, daß Autos je nachdem, ob ihr Nummernschild auf
eine gerade oder ungerade Ziffer endete, nur an abwechselnden
Tagen auf die Straße durften. Reiche Nigerianer umgingen das
Dekret, indem sie ein weiteres Auto mit passendem Kennzeichen
kauften.

Überall lag das große Geld. Die Reichen wurden reicher, die
Armen ärmer und Lagos zu einer der teuersten Städte der Welt.
Als ich das letzte Mal dort war, kostete ein Schinken 88 Dollar,
ein Kohlkopf 55 Dollar und Kopfsalat wurde blattweise verkauft.
Einfache Häuser mit drei Schlafzimmern gingen für 50000 Dollar Jahresmiete weg – zahlbar drei Jahre im voraus. Das in London ansässige Executive Resources International berichtete 1980,
daß die Nahrungsmittel- und Getränkepreise in Lagos dem zwei-
einhalbfachen der Londoner und dem dreifachen der New Yorker Preise entsprachen.

Die Verteilung des Volkseinkommens ist in den meisten kapitalistischen Ländern der Dritten Welt aber weitaus ungleichmäßi-

ger als in der entwickelten Welt – das Geld zirkuliert nur an der Spitze – und Nigeria stellt hierbei keine Ausnahme dar. Während ein Prozent der Nigerianer 75 Prozent des Landesvermögens kontrollieren und elegante Vororte an die Schwelle furchtbarer Elendsviertel stoßen, verdient der Durchschnittsnigerianer weniger als 600 Dollar im Jahr. Jedes zehnte Kind stirbt vor dem fünften Lebensjahr wegen unzureichender medizinischer Versorgung. Das Land ist außerhalb der Städte noch immer erbärmlich unterentwickelt und trotz großer staatlicher Bildungsausgaben gehen nur ein Fünftel von Nigerias 30 Millionen Kindern zur Schule. Um zu überleben, muß man sich ranhalten, und um sich ranzuhalten, muß man sich durch ein Labyrinth von Korruption und Bestechung bewegen, daß sich *dash* nennt.

Generäle und Beamte werden mit mageren Gehältern reich und fast jeder hat seinen Preis. Dash ist notwendig, um ein Hotelzimmer zu kriegen, um vom Grenzbeamten am Flughafen eine Einreisegenehmigung zu erhalten, um von einem Arzt ein Bett in seinem Krankenhaus zu bekommen. 15 Prozent Provision bei Bauverträgen sind Standardpraxis und ein britischer Medikamentenlieferant sah 50 000 Dollar in seinem Budget vor, um die jährlichen Dash-Kosten zu decken. Allein 1976 kostete der Schmuggel von nigerianischen Waren in die Nachbarländer den Staat 480 Millionen Dollar. 1978 verfügte die Regierung die Todesstrafe für Schmuggler, aber dieser Erlaß zeigte nur wenig Wirkung. Genauso wenig hatten die öffentlichen Hinrichtungen junger Diebe viel Einfluß auf Lagos blühende Kriminalität. Jeden Samstag wurden auf dem Bar Beach, fünf Minuten vom Eko Holiday Inn entfernt drei oder vier Jugendliche an Ölfässer gebunden, während die begeisterte Menge johlte und klatschte. Die staatlichen Henker waren keine guten Schützen und sie ballerten drauf los, als ob sie bei einer Schießübung wären. Sie brauchten oft zwei oder drei Minuten und Dutzende von Kugeln, um die verdächtigten Kriminellen zu töten. Die Zuschauer lachten anerkennend, wenn verirrte Kugeln in einen Arm, eine Schulter oder in ein Bein einschlugen.

„Bevor Sie solches Verhalten kritisieren, sollten Sie sich bitte daran erinnern, daß hier Nigeria ist, nicht England oder die USA, und Sie können nicht die ganze Welt nach ihren eigenen Maßstäben beurteilen." Der so sprach war Häuptling Godfrey

Amachree, ein in England ausgebildeter, millionenschwerer Geschäftsmann und Anwalt, mit dem ich eines Tages zu Mittag aß. Seine finanziellen Interessen reichten von Öl über Importmöbel zu einer Schweppes-Abfüllfabrik und er ist in New York oder London genauso zuhause wie in Lagos (er besitzt in beiden Städten Appartements). Seine Frau Wylda wurde in Arkansas geboren und besuchte die Universität von Kalifornien. Amachree will für seine Kinder nicht mehr, als was sein Vater ihm gab: „die beste Ausbildung, die man mit Geld kriegen kann". Amachree ist ein großer Mann, der sich mit seiner Stimme Gehör verschafft und würdevoll auftritt. Mit seinen ergrauten Schläfen und der Hornbrille sieht er wie ein Professor aus.

Wie Nigeria selbst ist seine Welt eine Mischung von Altem und Neuem. In Lagos trägt er dreiteilige Anzüge, spricht makelloses Englisch und führt einen Aktenkoffer mit sich. Doch an dem Freitag nach unserem Mittagessen mußte er in seinen Geburtsort fahren, der 64 Kilometer flußaufwärts von Port Harcourt entfernt liegt. Dort kleidete er sich in traditionelle Gewänder und wandte sich in seiner Muttersprache Kalabari an seine Stammesbrüder. Es ging um die Verteilung des Eigentums eines verstorbenen Cousins und in seiner Rolle als Häuptling war Amachree Richter und Geschworener zugleich. „Ich werde hören, was jedermann zu sagen hat", bemerkte er, „und dann werde ich ihnen sagen, was zu tun ist".

An den anderen Tischen im Dachrestaurant Quo Vadis berieten sich nigerianische Geschäftsleute, Funktionäre und eine Handvoll Europäer über Flaschen französischen Weißweins und 40-Dollar-Vorspeisen. Kellner in Smokings schwebten unauffällig durch das helle, klimatisierte Restaurant, um Krümel von den schachbrettgemusterten Tischdecken zu entfernen und die langstieligen Gläser gerade richtig zu füllen. Dies war eine ruhige und komfortable Welt für Männer, die es geschafft hatten – abgeschieden von Lagos, das sich 18 Stockwerke unter uns erstreckte. Unten in der Stadt entweichen den Abflußrinnen üble Gerüche, die Elendsviertel kauern im Schatten hochaufragender Bürogebäude und verdreckte Straßen wimmeln von Verkehr und Menschen. Doch anders als in den meisten afrikanischen Hauptstädten, gibt es in diesen Straßen keine Untätigkeit. Nigerianer und Ausländer drängeln sich durch die Menge, während der Schweiß von ihren Augenbrauen tropft, steigen wild gestikulierend in hupende Taxis ein und hasten im New Yorker Stil zu ihrem nächsten Termin. Ein Getöse streitender, feilschender, beleidigender und drohender Stimmen erfüllt die Straßen. „Es klingt vielleicht so, als ob wir uns die ganze Zeit stritten, aber eigentlich sind es nur freundschaftliche Neckereien", erläuterte mir ein nigerianischer Zeitungsredakteur. „Wir haben die Neigung, uns harsche Dinge an den Kopf zu werfen. Mein Vater pflegte zu sagen: Bist du ein reicher Mann, werden dich die Nigerianer beleidigen, weil du reich bist. Bist du ein armer Mann, werden dich die Nigerianer beleidigen, weil du arm bist." Die Nigerianer sind ein Volk, das es stets eilig hat, und um Nigeria zu verstehen, muß man ihre Beleidigungen verstehen.

„Wissen Sie, wir haben ein so großes Potential, wenn wir uns wirklich als ein Volk, eine Nation zusammenraufen können. Aber da sind die großen Gräben, die uns schon früher auseinandergerissen haben. Ich kann nur hoffen, daß wir unsere Lektion gelernt haben. Haben wir das? Ich weiß es nicht. Ich kann nur raten. Es hängt alles davon ab, ob wir dazu bereit sind, in nationalen und nicht in Stammeskategorien zu denken beginnen."

Tatsächlich ist Nigeria mit seinem moslemischen Norden und christlichen Süden, seinen Stammesrivalitäten und ungestümen, streitbaren Völkern traditionell eines der unregierbarsten und undiszipliniertesten Länder Afrikas. Als die Briten Mitte des 19. Jahrhunderts kamen, fanden sie nicht ein einziges homogenes Staatswesen vor, sondern mehrere regional begrenzte Ministaaten, die die größten Stämme repräsentierten: Es gab die den Arabern ähnelnden Haussa und Fulani aus dem Norden, deren Feudalemire reiche und riesige, zinnenbewehrte Paläste aus gebranntem Ton bauten; die Yoruba aus dem Westen, ein selbstsicheres Handelsvolk, das mehr als 400 Götter verehrte und heute die Mehrheit der Bevölkerung in Lagos stellt; und die nomadischen, rückständigen Ibo aus dem Osten. Stammeskriege und der Sklavenhandel des 17. und 18. Jahrhunderts standen schon vor der Ankunft der Kolonialisten am Beginn des Niedergangs der Kulturen Nigerias. Die Briten vervollständigten den Prozeß, indem sie die größten Stämme in ein Kolonialgebiet zwangen und sie behandelten, getreu ihrer Politik des Teile-und-herrsche, nicht jede ethnische Gruppe gleich. Das Volk, das sie begünstigten, waren die Ibo.

So rückständig sie erschienen, hatten die Ibo doch eine einzigartige Kultur, die mit dem Fortschrittsgedanken nach westlicher Manier vereinbar war. Sie wurden nicht von autokratischen Dorfhäuptlingen, sondern von den Fähigsten regiert – erfolgreichen Yam-Bauern, Kriegern, Ringern und Rednern. Die Titel und Leistungen eines Mannes wurden mit ihm begraben; seine Söhne mußten sich im Gegensatz zu den meisten jungen Männern in Afrika ihre eigenen Sporen verdienen. Die Ibo waren wißbegierig und hießen die Missionare willkommen, die Bücher und Schulen mitbrachten. Bald sammelte jedes Dorf Geld, um die intelligentesten Jugendlichen nach Europa zur Ausbildung zu schicken. Diejenigen, die zurückblieben, übernahmen eifrig die von den Kolonialisten eingeführten Mechanismen von Kapitalismus und Verwaltung und die Briten verließen sich auf die willigen Ibo als Rückgrat von Nigerias Bürokratie und Handel. Die Ibo schwärmten aus ihrem Heimatland im Osten aus und wurden zu Nigerias erfolgreichsten und fähigsten Unternehmern, Verwaltungsbeamten, Schriftstellern und Lehrern. Sie waren stolz, arrogant und dem Eigenlob verfallen. Weil sie zum vorherrschenden Stamm in der aufstrebenden Nation geworden waren, lehnten die anderen Nigerianer sie ab. Die Ibo schätzten, was andere Stämme verwarfen: großen persönlichen Erfolg. Als die Briten 1960 Nigeria verließen, erbten die Ibo die Kontrolle eines Landes in Kinderschuhen.

Innerhalb weniger Wochen nach der Unabhängigkeit begannen die bedeutendsten Stämme um die Macht und die Kontrolle der Bodenschätze zu kämpfen (das Iboland besaß die größten Ölfelder Nigerias und die einzige Raffinerie, Bonny). Die Ibo und die Haussa formten eine Koalition gegen die Yoruba, was den Zusammenbruch der zivilen Regierung bewirkte. 1966 stürzten fünf junge Ibo-Offiziere die Regierung, töteten den Premierminister und ermordeten oder entführten mehrere bedeutende Politiker aus dem Norden. Sechs Monate später gewannen die Stämme aus dem Norden die Macht zurück, und brachten die Ibo-Offiziere zu Fall.

Soldaten aus dem Norden jagten Ibo-Soldaten aus den Kasernen und ermordeten zahlreiche mit Bayonetten. Schreiende moslemische Meuten gingen in jeder Stadt des Nordens auf die Ibo-Viertel los und töteten ihre Opfer mit Knüppeln, Giftpfeilen und abgesägten Flinten. Zehntausende von Ibo wurden in den folgenden systematischen Massakern abgeschlachtet. Schließlich beschworen die Ibo-Ältesten aus dem Osten die Einheit des Stammes und sandten ihrem Volk eine einfache Botschaft, denn sie fürchteten, daß eine Versöhnung mit der Regierung nicht möglich, aber die Ausrottung wahrscheinlich sei: Kommt nach Hause. Aus Wüstendörfern im Norden, aus Behörden im Süden, aus jedem Winkel des Landes kamen die Ibo zu Fuß und auf dem Fahrrad, in Leiterwagen und Zügen. Sie schleppten alles mit, was sie tragen konnten und manche Eltern trafen mit den abgetrennten Köpfen ihrer Kinder, die sie in Körben aufbewahrten, ein. Am 30. Mai 1967 verkündete der Führer der zehn Millionen Ibo, ein in Oxford ausgebildeter Oberstleutnant namens Chukweumeka Odumegwu Ojukwu, die unabhängige Republik von Biafra auf einem Sektempfang in der Landeshauptstadt Enugu.

30 Monate fochten die Ibo für ihre Republik und erhielten zunächst weder Sympathie von der Außenwelt, noch bedeutende Unterstützung von irgendeinem europäischen Land. Allein Frankreich gewährte Hilfe, dessen Politik allerdings nicht von Mitgefühl, sondern von seinem Interesse am Erdöl der Region diktiert wurde.*

Das restliche Europa, die USA und die Sowjetunion sahen eine Möglichkeit, durch die Unterstützung des voraussichtlichen Siegers einen Fuß in die Tür von Afrika zu setzen. Zum ersten Mal konnte ein afrikanisches Land einen Krieg unter Verwendung moderner Waffen zu führen – schwerer Artillerie, automatischer Gewehre, russischer MiGs und tschechoslowakischer Delfinjäger. Die Ibo wurden durch den Vormarsch der Bundestruppen aus Enugu hinausgedrängt. Sie errichteten neue Hauptstädte, aus denen sie wiederum vertrieben wurden. In Wäldern und Sümpfen zusammengedrängt, begannen die Ibo, täglich zu Tausenden zu verhungern. Eine entsetzte Welt sah Bilder von Kindern mit aufgequollenen Bäuchen und hervortretenden Augen,

---

* Nur vier afrikanische Länder – Tansania, Gabon, die Elfenbeinküste und Sambia erkannten die Unabhängigkeit der Ibo an. Die anderen glaubten, daß die Verletzung der bei der Unabhängigkeit ererbten Grenzen und die Legitimation einer separatistischen Bewegung einen gefährlichen Präzedenzfall schaffen würde.

deren Überleben von waghalsigen Nachtflügen westlicher Freiwilliger abhing, die mit Nahrungsmitteln und Medikamenten auf
Dschungelpisten landeten. Schließlich, im Januar 1970, ergaben
sich die Ibo – von den wichtigen Städten abgeschnitten, mit
wenig Munition und praktisch ohne Nahrung. Oberstleutnant
Ojukwu ging ins Exil.

„Es war sehr seltsam", erinnerte sich eines Abends bei einem
Drink ein nigerianischer Oberst, der gegen die Ibo gekämpft
hatte. „Denn als der Krieg endete, war es so, als ob der Schieds-
richter in einem Fußballspiel abgepfiffen hätte. Die Menschen
legten einfach ihre Waffen nieder und kehrten in den Alltag zurück. Man wundert sich, warum der Krieg überhaupt erst begonnen wurde."

Der Mann, der die Bundesstreitkräfte als Stabschef zum Sieg
führte, General Yakubu Gowon, der 33jährige Sohn eines Me-
thodistenmissionars und Absolvent von Sandhurst, zeigte sowohl Geschick als auch Stil bei der Führung der Staatsgeschäfte
nach dem Krieg. Obwohl andere Offiziere seine Wirtschaftspoli-
tik kritisierten, verfolgte Gowon eine Linie der Versöhnung anstelle der Vergeltung, die von der Bevölkerung unterstützt
wurde. Er ließ verlautbaren, daß es keine Hexenjagd geben
würde. Und es gab auch keine. Wenn man heutzutage nach
Enugu fliegt, findet man keinerlei Erinnerungen an den Krieg,
außer dem einen oder anderen Einschußloch, das noch nicht ver-
putzt worden ist. Dieselben Menschen, die Nigeria fast zerstört
hätten, haben sich wieder in die Gesellschaft eingefügt. Sie haben
ihre kleinen Städte wiederaufgebaut und sind erneut zu einer
prosperierenden, fleißigen Gemeinschaft geworden. Ibo dienen
heute als Botschafter und leitende Angestellte in großen Firmen,
als Verwaltungsangestellte und Heeresoffiziere. Die Universität
von Nsukka in Enugu, die während der Bombenangriffe im
Krieg dem Erdboden gleichgemacht worden war, wurde wieder-
eröffnet und ihre Studentenschaft spiegelt jetzt die ethnische
Vielfalt des Landes wider.

Enugu ist wie viel kleine Städte, die der Reisende kennenlernt,
nachdem er Nigerias Großstädten entronnen ist, ein hübsches
Fleckchen Erde. Die Bäume entlang der sauberen Hauptstraße
spenden willkommenen Schatten und die kleinen Häuser sind
weißgetüncht und ordentlich. Die Rasen hinter dem Haus sind

kurzgeschoren und die Gärten voller Blumen. Das Leben bewegt sich hier langsamer als in den Großstädten und die Menschen sind mit ihrer Umgebung zufriedener, denn sie ist weniger ein Opfer des Wandels. Die grünen Hügel ziehen sich durch wenig genutztes Weideland und sind feucht von Tau, wenn im ersten Morgenlicht barfüßige Frauen in farbenfrohen Kleidern eine nach der anderen die staubigen Straßengräben entlangwandern und auf dem Kopf ihre Früchte zum Markt balancieren. Nachts ist die Luft frisch und kühl und schon früh legt sich Stille über die Stadt – sobald die Dunkelheit von Osten hereinbricht. In der Entfernung glühen Holzkohlefunken brennenden Fliegen gleich unter Dutzenden von Kochtöpfen hinter den Häusern. Ein Hund bellt und einen winzigen Augenblick schweigen die Grillen. Als ich eines Nachts alleine am Schwimmbecken eines Hotels am Stadtrand von Enugu saß, versuchte ich mir vorzustellen, wie der Klang von Gewehrfeuer und der Anblick verhungernder Kinder in dieser weichen, sanften Umgebung wirken würden. Es war ein seltsamer Gedanke und ich verdrängte ihn schnell.

„Nach 35 Jahren diskutiert Europa noch immer seinen Krieg, so daß Sie von uns nicht erwarten können, den unsrigen in nur einem Jahrzehnt zu vergessen", so Cyprian Ekwensi, ein bekannter Ibo-Schriftsteller.

„Es ist noch ein weiter Weg zur wirklichen Aussöhnung, aber wir sind schon weit gekommen, wahrscheinlich weiter, als irgendein anderes Volk in Afrika. Es ist schon mehr als nur der Anfang."

Der furchtbare Biafrakrieg lehrt möglicherweise, daß der Nationalstaat in Nigeria sowie in den anderen afrikanischen Ländern möglich ist, wenn es eine starke Zentralregierung und die Bereitschaft gibt, die Interessen des Landes vor die des Stammes zu stellen. Dazu braucht man eine unter sich einige Führung, die in der Lage ist, Prioritäten für die gesamte Bevölkerung zu setzen, und das Volk muß sowohl materiell als auch geistig durch die Nutzung des Landespotentials etwas zu gewinnen haben. 1975 wurde General Gowons Regierung in einem unblutigen Staatsstreich gestürzt, als er dem OAU-Gipfel in Uganda beiwohnte. Die neuen Machthaber machten sich an die langwierige und mühselige Aufgabe, das Land an eine zivile Regierung zurückzugeben. Es war ein in Afrika oft vernommenes, aber selten eingelöstes Versprechen. Doch die meisten ranghohen Offiziere Nigerias waren in der britischen Militärakademie Sandhurst ausgebildet worden und begriffen, das die Aufgabe des Soldaten im Dienen, nicht Regieren bestand. Sie waren sich der reichen, weit zurückreichenden Geschichte Nigerias bewußt und es schmerzte sie, wie tief Nigeria seit der Unabhängigkeit gesunken war. Am Wichtigsten aber war, daß sie erkannten, daß Nigeria weder internationale Anerkennung noch die angestrebte Führungsrolle in Schwarzafrika mit einer Militärregierung gewinnen könnte.

So packten die Soldaten die ungewöhnliche Aufgabe an, sich selbst aus dem Amt zu entfernen. Die Planung war minuziös und jeder Termin wurde eingehalten. Das Heer schrumpfte von 250000 auf 138000 Mann; Arbeitsgruppen flogen in die USA, nach Australien und Westeuropa, um verschiedene demokratische Systeme zu untersuchen und nach intensiver Debatte wurde eine Verfassung verabschiedet. Um den Tribalismus abzubauen, legte diese die Bildung von 19 Teilstaaten mit sich überlappenden Grenzen fest, so daß einheitliche ethnische Gruppierungen auf verschiedene Gebietskörperschaften aufgeteilt wurden.* Im Kabinett sollte mindestens ein Minister aus jedem Staat sitzen. Die politischen Parteien bedurften nationaler und nicht nur regionaler Unterstützung, um zugelassen zu werden. Das politische System, das Nigeria wählte, war dem der USA nachempfunden. Es gab einen Präsidenten und Vizepräsidenten mit jeweils vierjähriger Amtszeit, ein oberstes Gericht, einen Senat und ein Repräsentantenhaus.

Innerhalb von zwei Wochen nach der Aufhebung des Parteienverbots im September 1978 hatten sich nicht weniger als 52 Par-

---

* Tribalismus bleibt in Nigeria ein solch empfindliches Thema, daß (wie in sieben anderen schwarzafrikanischen Staaten) seit der Unabhängigkeit keine umfassende Volkszählung durchgeführt worden ist. 1963 führte eine Zählung zu großer Konfusion, als sich herausstellte, daß der islamische Norden, das alte Zentrum politischer Macht, nur ein geringes Bevölkerungsübergewicht gegenüber dem christlichen Süden hatte. Eine Zählung aus dem Jahre 1973 wurde verworfen, als sie feststellte, daß der Norden fast zweimal soviele Menschen wie der Süden habe. Genauigkeit und Zuverlässigkeit beider Resultate waren äußerst fragwürdig. Nigeria gründet deshalb seine Bevölkerungszahlen auf Hochrechnungen der Volkszählung aus dem Jahr 1960. Das macht realistische Entwicklungspläne unmöglich.

teien gebildet, um an den Wahlen teilzunehmen (47 von ihnen
wurden schließlich nicht zugelassen, weil sie keine nationale
Grundlage besaßen). Die Programme der Parteien reichten vom
Sozialismus zum Kapitalismus und waren wie in jeder europäischen Wahl voll leerer Versprechungen als auch zu verwirk-
lichender Ziele: Als sich zum Beispiel die Bauern beklagten, daß
wilde Tiere ihre Ernte zertrampelten, versprach der spätere Präsident, alle Elefanten in Nigeria erschießen zu lassen. (Er tat es
dann doch nicht). In einem waren sich aber alle einig: Nigeria
bräuchte eine starke Zentralregierung, der die Interessen des Landes am Herzen liegen und die realistische, kostenbewußte Entwicklungspläne erstellen würde.

Nigeria ging 1979 zu den Urnen – ein an sich seltenes Ereignis
in Afrika – und wählte Alhaji Shehu Shagari, einen reichen Geschäftsmann und ehemaligen Rektor einer Grundschule, zum
Präsidenten. Er war ein Moslem aus dem Norden und Ab-
kömmling des Haussa-Fulani-Volkes. Der Verfassung gemäß
machte er einen Ibo zu seinem Vizepräsidenten. Mit einer kapitalistischen Wirtschaft und einer dem Westen wohlgesonnenen Außenpolitik baute Shagari eine solide Grundlage für die Demokratie. Er wurde 1983 mit mehr als vier Millionen Stimmen Vor-
sprung wiedergewählt, wobei die Wahl so glatt verlief, wie es
niemand zu hoffen gewagt hatte.

Doch schon am Neujahrsabend desselben Jahres wurde die
Regierung in einem unblutigen Putsch gestürzt. Shagari und eine
Unmenge von Beamten wanderten wegen Korruption ins Gefängnis. Nigerias aufregendes Experiment mit der Demokratie
war vorüber und die Soldaten erneut an der Macht. Der Anführer der Putschisten, General Mohammed Buhari, versprach, der
Bestechung ein Ende zu bereiten und die Wirtschaft zu sanieren.
Es war ein Versprechen, das die Nigerianer schon oft gehört
hatten. Aber Buhari sollte keine Zeit bkeiben, sein Versprechen
einzulösen. Ende August 1985 wurde er von seinem Weggefähr-
ten und Heeresstabschef Generalmajor Ibrahim Babangida gestürzt. Dieser setzte die Sparpolitik seines Vorgängers fort und
lockerte die Zügel in der Innenpolitik, während die sozialen
Konflikte sich verschärften. Babangida will 1992 den Zivilisten
die Macht übergeben. Um sicherzustellen, daß die alte Funktio-
närs- und Politikergarde den demokratischen Neuanfang nicht

wieder durch die weit verbreitete Korruption zunichte macht, belegte er alle Vertreter dieser Clique mit einem politischen Betätigungsverbot.

Viele gewaltige Aufgaben stehen Nigeria bevor. Wird das Militär die Macht wieder an die Zivilisten übergeben? Können die Öleinkünfte so verwendet werden, daß sie der Mehrheit und nicht nur den wenigen Auserwählten nutzen? Wird der Tribalismus wieder zu einer politischen Kraft? Können Korruption und Habgier eingedämmt werden? Diese Fragen werden möglicherweise erst in einigen Jahren zu beantworten sein. Die vielleicht größte Hoffnung Nigerias liegt in der wachsenden Mittel- und Oberschicht, der wichtigsten und größten in Schwarzafrika. Die Ereignisse in Nigeria beeinflussen den ganzen Kontinent, denn das Land erfüllt eine Vorbildfunktion für das gesamte postkoloniale Afrika. Wenn Nigeria erfolgreich ist, werden die anderen Nationen sicherlich versuchen, denselben Weg zu beschreiten.

Alleine gegen den Rest der Welt

Alle anderen schwarzafrikanischen Nationen regieren sich selbst. Wir sind seit 300 Jahren in Afrika und haben genauso das Recht, uns selbst zu regieren wie sie. Dieses Recht können und werden wir nicht verwirken.
– John Vorster, ehemaliger südafrikanischer Premierminister

Schon als junger Offizier war ich der Ansicht, daß ich einen lebenslangen Traum verwirklichen würde, wenn ich für die Befreiung im südlichen Afrika kämpfen könnte.
– Generalleutnant Olusegun Obasanjo, ehemaliger Staatschef von Nigeria

Nun kommen wir zum Höhepunkt, zu Südafrika, dem einzigen entwickelten Land des Kontinents. Gäbe es dort nicht den institutionalisierten Rassismus, wäre Südafrika das Vorbild für jedes afrikanische Land. Mit billiger schwarzer Arbeitskraft und weißer Erfindungsgabe gebaut und einem scheinbar endlosen Gold- und Diamantenvorrat ausgestattet, verfügt Südafrika über die Kapazität zum Bau einer Atombombe; ist mächtig genug, um sich der Verurteilung durch die ganze Welt zu widersetzen; und reich genug, um jede Regierung in Europa, von Afrika ganz zu schweigen, mit Neid zu erfüllen. Die große Ironie bei all dem ist, daß Südafrikas Bodenschätze nicht größer, seine Erde nicht fruchtbarer und seine Menschen nicht intelligenter sind als in den Ländern, deren wirtschaftliches und soziales Gefüge zusammengebrochen ist.

Doch um Südafrika zu verstehen, brauchen wir neue Ansatzpunkte. Für Südafrika gilt nur wenig von dem, was ich bisher geschrieben habe, denn an diesem Ort ist alles anders. Seine Wirtschaft ist so solide wie ein Fundament aus Beton, seine Führung einig und sein Heer diszipliniert. Selbst seine äußerlichen Eigenschaften heben sich vom restlichen Afrika ab. Es gibt kleine Städtchen, die man in England vermuten würde, wundervolle Ferienorte, die sich entlang der 4350 Kilometer langen Küste verteilen, und die vielleicht schönste Stadt der Welt – Kapstadt, die auf die „Tavern of the Sea" hinabblickt, den Zusammenfluß des Indischen und des Atlantischen Ozeans. Ein gemäßigtes Klima mit warmen, sonnigen Tagen und kühlen Nächten schafft hervorragende Anbaubedingungen für Wein und Getreide. Auf den Tafelbergen oberhalb von Kapstadt gibt es mehr verschiedene Wildblumenarten als auf den Britischen Inseln.

Würde man einen Afrikaaner fragen, warum es seinem Land soviel besser als dem Rest des Kontinents ergangen ist, so hätte er dafür folgende Erklärung parat: Südafrika wird von Weißen regiert, das restliche Afrika südlich der Sahara von Schwarzen. „Man bilde einen Schwarzen zum Flugmechaniker aus; man lasse ihn eine Boeing 747 von vorne bis hinten warten und dann (Premierminister) P. W. Botha und sein Kabinett damit fliegen", so Jaap Marais, ein ehemaliger konservativer Parlamentsabgeordneter.

Marais erwähnte selbstverständlich nicht, daß Schwarzafrikaner die Flugzeuge der meisten staatlichen Fluglinien auf dem Kontinent fliegen und warten. Doch die weißen Südafrikaner betrachten die Welt und ihr eigenes Land durch eine getönte Brille, und alles, was sie erreicht haben, hat fürchterliche Opfer verlangt. Die Tatsache, daß sie ihre Bevölkerung nichts Schlimmeres angetan haben als manche schwarzafrikanische Regierung, ist kein Argument. Für die meisten Afrikaner ist der Rassismus der Weißen gegenüber Schwarzen das schlimmste Verbrechen auf Erden. In seinem Schatten verblassen die Schrecken der Armut, der Krankheit, des Krieges oder des Kommunismus. Es gibt nur noch einen Ort in Afrika, wo dieser Rassismus zugleich offen und rechtskräftig ist. Solange das so bleibt, wird Afrika keinen Frieden finden, so gewaltsam das Ende auch sein mag.

Bevor wir dieses Land genauer betrachten, dessen Schicksal den Erdteil entscheidend beeinflußt, möchte ich zwei aufschlußreiche

Statistiken anführen: (1) Südafrika hat mit 125 000 Insassen die höchste Häftlingsanzahl pro Kopf von allen westlichen Ländern.* Diese Zahl ist nicht nach Rassen aufgeschlüsselt, aber diplomatische Kreise schätzen, daß weniger als drei Prozent Weiße sind. (2) 85 Prozent der Hinrichtungen in der westlichen Welt finden in Südafrika statt. Wiederum sind die Opfer so gut wie nie Weiße.

Heute erscheint es unmöglich, an Südafrika zu denken, ohne sich an einen erschütternden Satz aus Alan Patons *Cry, the Beloved Country* zu erinnern. „Ich trage die große Furcht in meinem Herzen", sagt ein schwarzer Geistlicher, „daß sie an dem Tag, an dem sie (die Weißen) uns mit Liebe begegnen, herausfinden werden, daß wir uns dem Haß zugewandt haben".

Jeden Abend um 17 Uhr 20 verläßt ein südafrikanischer Personenzug die mosambikanische Hauptstadt Maputo in Richtung des 600 Kilometer entfernten Johannesburg. Es ist eine Reise zwischen zwei Welten, zwischen zwei voneinander abhängigen Feinden, die siebzehn Stunden Zugfahrt und Lichtjahre in der Mentalität voneinander entfernt liegen.

Alle sieben Waggons – wie auch die Toiletten – sind mit NONWHITES beschriftet und in ihnen drängeln sich 500 bis 600 Mosambikaner. Die Männer sind auf dem Weg zu den südafrikanischen Goldminen und die Frauen sind mit Hühnern und Gemüse bepackt, die sie auf den Märkten entlang der Strecke verkaufen. Die Menschen sind wie Streichhölzer zusammengepfercht, zwei und manchmal auch drei Leute teilen sich einen Platz. Ich überprüfte noch einmal mein Ticket. Kein Zweifel, „Erste Klasse". Die kohlrabenschwarzen Mosambikaner um mich herum, den einzigen Nichtafrikaner im Zug, schmunzelten gutmütig, als ich tief durchatmete und meine Pobacken in der Hoffnung hin und her bewegte, einige Zentimeter Platz auf dem hölzernen Sitz zu gewinnen. Drei Stunden bummelte der Zug ewig langsam durch die verschlafenen, rückständigen Dörfer zwischen Maputo und Ressano García an der Grenze.

Der Ort Ressano García ist in der nächtlichen Dunkelheit nicht

---

* Die Zahlen wurden vom „Staatlichen Institut für Verbrechensvorbeugung und Rehabilitierung" in Johannesburg zur Verfügung gestellt.

zu erkennen. Der Zug kommt schwerfällig zum Stillstand, quietscht und zischt. Ein freundlicher mosambikanischer Soldat in Sandalen und weiten, abgenutzten Drillichhosen, kletterte an Bord. Während er jedermanns Ticket kontrollierte, borgte er sich ein paar Zigaretten von den Passagieren und fuchtelte mit seiner Waffe so beiläufig herum, als handele es sich nur um ein Spielzeug. Dann reihten wir uns alle in der dunklen, schäbigen Empfangshalle auf. Der Kiosk dort war staubbedeckt und offensichtlich schon seit langer Zeit verlassen. Die Lampen über uns hatten keine Glühbirnen und hingen an ausgefransten elektrischen Kabeln. Am anderen Ende blätterte ein Grenzbeamter mit einer Taschenlampe die Pässe der vor ihm aufgereihten Menschen durch und stempelte in jeden Paß ein Ausreisevisum. Die Reisenden schlenderten einer nach dem anderen zum Zug zurück. Zum letzten Abschnitt einer Reise, die sie in das seltsame Land Südafrika führt.

Komatipoort, die südafrikanische Grenzstadt, liegt nur einige Kilometer weiter, doch ihre hellen Lichter sind schon aus einiger Entfernung sichtbar. Die Schalterhalle ist sauber und frisch gestrichen; die nahegelegenen Häuser der Weißen haben kleine, saubere Gärten und ihre Fenster sind hell erleuchtet. Der Zug hielt kurz in Komatipoort an, damit eine weiße Besatzung den Zug übernehmen und zwei Waggons mit der Aufschrift WHITE ONLY angehängt werden konnten. Die schwarzen Passagiere marschierten wieder im Gänsemarsch aus dem Zug und standen diesmal ruhig und steif vor einem burischen Grenzbeamten in einer ordentlich geglätteten Uniform. Sie scharrten unruhig mit den Füßen. Der weiße Mann beäugte sie wortlos, so, als sähe er durch sie hindurch. Er überprüfte jedes Papier mit größter Sorgfalt. Sein Gummistempel fiel mit dumpfem Schlag. Einreise nach Südafrika gewährt.

Bei der Überquerung dieser Grenze hat man das Gefühl, auf einem fremden Stern zu landen, denn nirgendwo sonst in Afrika verkörpern zwei Länder größere ideologische und politische Gegensätze. Dem marxistischen Mosambik steht Südafrika gegenüber, ein quasi-faschistischer Staat, der sich einiges aus der Nazi-Ideologie angeeignet hat und an der Vorherrschaft der weißen Rasse festhält. Es ist verständlich, daß die Schwarzafrikaner die Ungerechtigkeit des rassistischen Giganten an ihrer südlichen Haustür als quälend empfinden. Dennoch benötigen sie Südafrika aus wirtschaftlichen Gründen und ihre Rufe nach Boykotten,

Sanktionen und Kriegen sind nur eitle Drohungen, denen keine Taten folgen. Wenn die eigenen Getreidesilos leer sind – und die des Feindes voll – hat man nicht viel Verhandlungsmacht. Tatsächlich ist Schwarzafrika von Südafrika abhängig. Ohne Südafrika würden die Volkswirtschaften im unteren Drittel des Erdteils wie Dominosteine zusammenfallen. Aufgrund seiner wirtschaftlichen Eigenständigkeit und seiner militärischen Stärke hat es Südafrika geschafft, ziemlich nach seinem Gutdünken mit der schwarzen Mehrheit umzuspringen. Solange Schwarzafrika wirtschaftlich schwach ist, kann es keine Veränderung innerhalb Südafrikas bewirken. Südafrika ist eines der elf Länder der Erde, das sich selbst ernährt und sogar einen Überschuß exportiert. Es ist das einzige Industrieland auf einem Kontinent, der sonst ausschließlich aus Drittweltländern besteht. Das Pro-Kopf-Einkommen der Weißen ist mit Ausnahme der erdölproduzierenden Länder das höchste der Welt. Und sein Militär könnte es in einem konventionellen Krieg mit zwölf schwarzafrikanischen Armeen gleichzeitig aufnehmen und noch immer innerhalb eines Monats bis in die nördliche Sahara vorstoßen.

Die Regierung kann es sich leisten, fast 20 Prozent ihres Haushalts bzw. drei Milliarden Dollar im Jahr zur Landesverteidigung auszugeben. Die Streitkräfte setzen sich aus 97000 Mann stehendem Heer und 325000 Reservisten zusammen – Schwarzen und Weißen, obwohl 80 Prozent der Offiziere weiß und die militärischen Einrichtungen in den Lagern nach Rassen getrennt sind. Die südafrikanische Armee ist eine der beweglichsten und unabhängigsten der Welt, die nur einen Mann in der Nachhut zur Unterstützung eines Frontsoldaten benötigt. (In Vietnam war das Verhältnis der Nachhut zur Fronttruppe sieben zu eins.)

Nur ein schwarzafrikanisches Land, Malawi, unterhält diplomatische Beziehungen zu Südafrika und praktisch keins gibt zu, mit Südafrika zu handeln. Doch was durch die Hintertür hereinkommt, steht auf einem anderen Blatt. Jedes Jahr unterstützen mindestens 20 afrikanische Länder direkt die Apartheid, indem sie südafrikanische Güter und Dienstleistungen im Wert von über einer Milliarde Dollar erwerben. Kenya kauft südafrikanischen Mais, von dem es behauptet, daß er aus Mosambik stamme; Sambia kauft südafrikanisches Rindfleisch, das aus Botswana komme; Zaire bezieht die Hälfte seiner Nahrungsmittel aus Südafrika; 80 Prozent des Handels von Simbabwe laufen über Südafrika; Mosambik betreibt seine Häfen und Eisenbahnanlagen mithilfe südafrikanischer Techniker und Verwaltungsfachleute.

Doch man sollte sich nicht täuschen. Südafrika *ist* der Feind. Weniger als 4,8 Millionen Weiße halten über 30 Millionen Schwarze, Farbige und Inder* in einer Knechtschaft, die in ihrer Form in der modernen Welt einzigartig ist, und wenn es irgendetwas gibt, das Schwarzafrika eint, so ist es der gemeinsame Haß auf den Buren und sein System. Doch wenn es ums Geschäft geht, siegt der Pragmatismus über Moral und Ideologie. Die Apartheid ist eine Sache, das eigene Überleben eine andere. Wie Präsident Nyerere es einmal ausdrückte, „Wenn ich keine Schuhe hätte und Südafrika der einzige Ort wäre, wo es Schuhe gäbe, dann würde ich ohne sie auskommen. Aber wenn ich keinen Mais hätte und Südafrika der einzige Ort wäre, wo es Mais gäbe, dann würde ich nach Südafrika gehen."

Ich war neun Monate in Schwarzafrika herumgereist, bevor ich zum ersten Mal nach Südafrika kam. Ich war zu hören gewöhnt, wie schön Städte wie Luanda und Maputo einst gewesen seien. Ich hatte mich ebenfalls an den Besuch dreckiger, überfüllter Krankenhäuser und staatlicher Büros voller kaputter Schreibmaschinen und Telefone gewöhnt. Nichts könnte mich mehr durcheinanderbringen, dachte ich mir, doch als ich in Südafrika ankam, war ich verblüfft. Es *funktioniert*. Man hebt den Hörer ab und es ertönt ein Freizeichen. Man ruft den Ober und erhält die Speisekarte. Man steigt in ein Flugzeug und es startet pünktlich. Moderne Fernstraßen ziehen sich durch das Land, das so groß ist wie Frankreich, Spanien und die Bundesrepublik zusammen. Die Läden sind voller Waren (Radios, Baumwollhemden, gebundene Bücher, Tennisschläger), die ich seit meiner letzten Europareise nicht mehr gesehen hatte.

Johannesburg liegt auf einem 1600 Meter hohen Plateau und besteht erst seit 1886, als dort Gold gefunden wurde. Die Stadt ist

---

* Die 20 Millionen Schwarzen sind Nachfahren der Sotho- und Nguni-Völker, die vor Jahrhunderten nach Süden wanderten. Die drei Millionen Farbigen sind die Nachkommen der ersten weißen Siedler und der eingeborenen Völker sowie der malayischen Sklaven, die aus Niederländisch-Westindien eingeführt wurden. Die eine Million Asiaten, hauptsächlich aus Indien, wurden erstmals 1860 als Lohnarbeiter für die Zuckerplantagen geholt. Diese drei Gruppen werden amtlich in einen Topf geworfen und als Nichtweiße eingestuft.

weder hübsch noch aufregend, besitzt aber eine gewisse Vitalität, eine gewisse Substanz und Beständigkeit, die so vielen anderen afrikanischen Städten abgeht. Es hat Bürohochhäuser, über einhundert gepflegte Parks und Beverly Hills-artige Vorortvillen, in denen es so viele Schwimmbecken und Tennisplätze gibt, wie ich es noch nie zuvor gesehen habe. Johannesburg (1,5 Millionen Einwohner) ist außerdem der Ausgangsbahnhof des elegantesten Personenzuges der Welt, des „Blauen Zuges", der die 24stündige Reise nach Kapstadt dreimal die Woche unternimmt und gewöhnlich auf die Minute pünktlich eintrifft.

Doch das Unheimliche an Südafrika ist, daß man als Weißer zunächst nicht merkt, daß irgendetwas nicht in Ordnung ist. Man spürt die Spannung oder Unterdrückung nicht. Tatsächlich merkt man oft gar nicht, daß man in einem *schwarzen* Land ist. In der Hitze der Innenstadt von Johannesburg sieht man nicht einmal viele Schwarze. Man geht durch Kaufhäuser, die mit weißen Angestellten und weißen Kunden gefüllt sind. Man sitzt im Restaurant und sieht nur weiße Wirte und Gäste. Aber wo sind die Schwarzen? Wenn dies ihr Land ist, wo liegt dann ihre Welt?

Was man nicht sieht – und was man ohne Genehmigung der Regierung auch nicht sehen kann – ist Soweto (Kürzel für South-West Township), 30 Busminuten von Johannesburg entfernt. Es ist eine wimmelnde, lärmende Stadt mit zwei Millionen schwarzen Einwohnern; eine Enklave, in der mit Kohle beladene Pferdewagen durch die schmutzigen Straßen an schuhkartonförmigen Häusern mit kleinen Anbauten und ohne Elektrizität vorbeiächzen; wo Männer ihren Niederlagen mit Brandy in Halbliterflaschen in mehr als 1400 ungesetzlichen *Shebeens* (Flüsterkneipen) begegnen; wo Jugendbanden, die sich „Wildgänse" oder „Russen" nennen, durch die Straßen streunen, mit Pistolen bewaffnet, die aus den Häusern der Weißen geklaut worden sind; und wo jeden Tag drei Morde geschehen.

„Wenn Sie eine Million Weiße nehmen", so Shimane Kumalo, ein schwarzer Sozialarbeiter in Soweto, „und sie dem selben Prozeß ununterbrochener Armut, den selben armseligen schulischen Bedingungen, der selben Schulausfallquote, dem selben Mangel an Berufsausbildung und Arbeitslosigkeit unterwerfen, dann werden Sie bestimmt eine genau so hohe Mordzahl erhalten."

Die Ironie all dessen, was traurig und falsch in Südafrika ist, liegt

darin, daß der südafrikanische Schwarze alles in allem der bestaus-
gebildetste, bestangezogenste, wohlhabendste und gebildetste auf
dem Kontinent ist. Er hat Zugang zu medizinischer Versorgung –
das Bragwanath Krankenhaus in Soweto ist mit 2700 Betten das
größte Afrikas – und zu regelmäßiger Arbeit. Doch solche Superlative sind zugleich relativ und irrelevant. Die Schwarzen in Südafrika wollen nicht mit den anderen Schwarzen auf dem Kontinent
verglichen werden. Sie vergleichen sich und ihre Möglichkeiten
mit denen der Weißen Südafrikas und dabei kommen sie entschieden zu kurz. Sie sind nicht die Bürger ihres Landes, sondern seine
Geiseln. Sie leben in separaten Wohngebieten, gehen in separate
Schulen und werden in separaten Krankenhäusern behandelt. Sie
haben kein Stimmrecht für das Parlament. Ihr Land ist das einzige
der Welt, in dem der Rassismus institutionell verankert ist. Der
Staat betreibt einen Fernsehsender für Weiße und einen für
Schwarze. Bis vor wenigen Jahren waren Geschlechtsverkehr und
Heiraten zwischen Weißen und Nichtweißen verboten. Vergehen
wurden mit bis zu neun Monaten Haft geahndet.

Obwohl die Regierung in den vergangenen Jahren verschiedene
gesetzliche Vorschriften aufgehoben hat und somit einige der
schlimmsten Auswüchse der Apartheid abschaffte, gilt in Südafrikas Gesellschaft nach wie vor, daß die Hautfarbe eines Menschen
seine Identität bestimmt. Die Grundlage dieser Politik ist die
Furcht, daß die Afrikaaner-Kultur und die wirtschaftliche Überlegenheit der Weißen ohne die Apartheid schrumpfen und vergehen
würde. „Wenn der Europäer sein Farbgefühl verliert, kann er nicht
ein weißer Mann sein", so Südafrikas ehemaliger Premierminister
J.G. Strijdom. Der Afrikaaner glaubt, daß Gewinne der Schwarzen
gleichbedeutend mit Verlusten für die Weißen sind. Er betrachtet
geringfügige Veränderungen wie die Aufhebung der Rassentren-
nung in öffentlichen Parks als revolutionär, während diese dem
Schwarzen bedeutungslos erscheinen. Beide Gruppen haben völlig
unterschiedliche Auffassungen von dem, was Wandel bedeutet,
und die Schwarzen, zumindest die militanteren, wollen nur dieselben Rechte wie die übrigen Schwarzafrikaner. Sie streben nicht
nach der Zerstörung von Afrikas einzigem entwickelten Land, aber
sie werden genau das tun, um ihre politischen Rechte zu erlangen.

Die letzte Instanz, die darüber entscheidet, zu welcher Kaste ein
Mensch gehört, ist der wenig bekannte „Ausschuß zur Erfassung

der Bevölkerung" (Population Registration Board), eine Gruppe von weißen Sozialarbeitern, die sich privat treffen und alle Südafrikaner nach ihrer Rasse einordnen. Dieser Ausschuß ist das höchste Gremium, an das sich Leute wenden, die sich rassisch falsch eingeordnet fühlen, und von farbig zu weiß oder umgekehrt „wechseln" möchten. Die Beratungen dauern Monate, manchmal auch Jahre, während der Ausschuß sorgsam Hautfarbe, Gesichtszüge und das Haargewebe untersucht. In einem repräsentativen Zeitraum von zwölf Monaten wurden 150 Farbige wieder als Weiße eingestuft; zehn Weiße wurden zu Farbigen; sechs Inder wurden zu Malayen; zwei Malayen zu Indern; zwei Farbige wurden Chinesen; zehn Inder wurden Farbige; ein Inder wurde Weißer; ein Weißer wurde Malaye; vier Schwarze wurden Inder; drei Weiße wurden Chinesen.

Die Chinesen werden offiziell als weiße Untergruppe geführt. Die Japaner, von denen die meisten durchreisende Geschäftsleute sind, genießen den Status von „Ehrenweißen". Absurd? Ja, wenn dies Teil einer negativen Zukunftsvision wäre. Doch in Wirklichkeit ist es ein erschreckender Teil eines komplexen Systems der Bevölkerungskontrolle in der Gegenwart. Als Mymoena Salie vor mehreren Jahren als erste schwarze Frau einen gemischtrassigen Schönheitswettbewerb gewann, konnte sie den Preis – einen zweiwöchigen Urlaub am Meer – nicht annehmen, weil das Hotel keine schwarzen Gäste duldete. Ein amerikanischer Tourist in dem Hotel, das den Preis ausgeschrieben hatte, blickte eines schönen Tages auf den Strand und das Meer. „Ist das der Indische Ozean?" fragte er den Kellner, der ihm ein Getränk servierte. „Oh, nein, Sir", antwortete der Ober. „Das ist der europäische Ozean. Die Inder benützen den Strand nebenan."

In Kapstadt hatte einst die weiße Besiedlung Südafrikas begonnen. Es ist eine wunderschöne Stadt voller gepflegter Gärten und geschützter Buchten. Sie blickt auf das Kap der guten Hoffnung und auf die Schiffsrouten der Supertanker, die Südafrika zu einem der strategisch wichtigsten Länder der Erde machen. „Dieses Kap ist ein prächtiges Ding und das schönste Kap, das wir auf unserer gesamten Weltumsegelung sahen", schrieb Sir Francis Drake nach der Umschiffung des Kaps auf der *Golden Hind*.

In einer klaren Nacht, wie es die meisten Nächte in Kapstadt sind, kann man die Lichter von Robben Island, ein paar Kilometer

vor der Küste gelegen, sehen. Es ist ein flaches und mit Dornengestrüpp überzogenes Eiland. Die Regierung hält auf Robben Island
die Schwarzen gefangen, die die Führer eines freien Südafrika
wären. Die Strömung ist tückisch und es ist noch nie jemand
entkommen, obwohl das Festland so verlockend nah liegt.

Die großen Panoramafenster der am Meer gelegenen Restau-
rants in Kapstadt gewähren einen direkten Ausblick auf die Insel.
Eines Abends, anläßlich eines Essens mit frischem Hummer, be-
gleitet von einer Flasche südafrikanischen Weins, kamen wir auf die
Rassenfrage zu sprechen – so, wie es früher oder später bei jedem
Gespräch in Südafrika der Fall ist. Sandy und ich waren mit einem
Paar zusammmen, das wir am selben Tag kennengelernt hatten.
Martha und George waren beide geschieden und in den Fünfzigern.
Sie arbeitete als Sekretärin in einer europäischen Botschaft; er war
Eigentümer eines kleinen Hotels.

„Sehen Sie das blinkende Licht da draußen?" fragte George von
sich aus, als ob das Thema sich eh nicht vermeiden ließe. „Das ist
Robben Island, wo sie die politischen Gefangenen eingesperrt
halten. Sie haben von Nelson Mandela gehört? Er ist da draußen.
Walter Sisulu? Govan Mbeke? Sie sind ebenfalls dort. Es sind
insgesamt 116."

„Nur 116?" sagte Martha. „Wenn es nach mir ginge, wären dort
216. Ich mag keine Umstürzler, so einfach ist das. Ich bin konservativ. Ich entschuldige mich nicht dafür."

„Nun, ich selbst denke nicht, daß es richtig ist", entgegnete
George. „Ich denke nicht, daß sie eingesperrt gehören, weil sie mit
der Regierung nicht einer Meinung sind. Und ich bin der Ansicht,
daß keine Regierung einem Menschen vorschreiben sollte, wo er
hingehen kann. Wenn ich zum Beispiel einen Schwarzen zu mir
nach Hause einladen will, brauche ich dazu eine Genehmigung."

„Das ist Blödsinn", sagte Martha. „Du brauchst keine Erlaubnis.
Ich bin bei vielen Parties gewesen mit Schwarzen, Weißen und
Farbigen. Ich habe schwarze und farbige Freunde und niemals eine
Erlaubnis gebraucht."

„Sind sie jemals bei Dir gewesen?"

„Natürlich."

„Wann?"

Sie sind dagewesen, das ist alles", sagte Martha, eine Burin, und
das Gespräch kehrte schnell zum hervorragenden Hummer zurück.

Am nächsten Morgen, als ich dabei war, aus dem Hotel abzureisen, wurde ich ans Telefon gerufen. Es war Martha. „Sie verdienen eine Entschuldigung für die Art und Weise, wie George geredet hat. Ich kenne ihn wirklich nicht besonders gut und ich möchte nicht, daß sie den Eindruck gewinnen, daß alle Südafrikaner so denken wie er. Er sprach nicht in meinem Namen, das kann ich Ihnen versichern."

Die meisten unvoreingenommenen Beobachter würden die Gefangenen auf Robben Island als Nationalisten bezeichnen. Die südafrikanische Regierung nennt sie Umstürzler, Kommunisten und Terroristen – was sie vielleicht wirklich sein werden, wenn sie ihre Freiheit jemals wieder erhalten sollten.* Um mit diesen Dissidenten fertigzuwerden, besitzt Südafrika wie die meisten Polizeistaaten eine Unzahl an Gesetzen, die sein willkürliches Handeln legalisieren. Ein Gesetz aus dem Jahre 1950 verbietet die kommunistische Partei Südafrikas und jede sonstige Vereinigung, die kommunistische Auffassungen vertritt. Ein Gesetz aus dem Jahre 1962 reiht Sabotage unter die Kapitalverbrechen und bestimmt, daß der Angeklagte seine Unschuld beweisen muß. Ein Gesetz aus dem Jahre 1967 sorgt für die Inhaftierung von Terrorismusverdächtigten in Einzelhaft, ohne Anspruch auf einen Anwalt und ohne Verfahren. Das merkwürdigste Werkzeug der Regierung ist jedoch das „Bannen", was einen Menschen praktisch nichtexistent macht. Die rund 150 gebannten Menschen in Südafrika dürfen ihren Wohnort nicht verlassen, nicht mehr als zwei Menschen (Verwandte eingeschlossen) gleichzeitig sprechen, nicht publizieren, lehren oder Gäste empfangen. Die heimische Presse darf nicht zitieren, was sie sagen oder jemals gesagt oder geschrieben haben.

Als Martha anrief, sagte ich ihr, daß sie sich nicht entschuldigen bräuchte und das Thema vergessen sei. Die Rassenfrage mit einem

---

* Die bedeutendste Anti-Apartheidsgruppierug ist der verbotene Afrikanische Nationalkongreß (ANC), der 1912 gegründet wurde, um friedlichen Wandel durch Reformen zu suchen. Seine Einstellung wurde erst revolutionär, nachdem die Unnachgiebigkeit der Weißen Reformen unmöglich machte. Das formelle Oberhaupt des ANC ist Nelson Mandela, der wegen Terrorismusanklagen seit 1964 im Gefängnis sitzt (damals war er 46 Jahre alt). Der ANC unterhält Basen in den afrikanischen Frontstaaten und ihm werden eine Vielzahl von Anschlägen in Südafrika zur Last gelegt.

Afrikaaner zu besprechen ist so, als würde man gegen eine Mauer reden. In Gegensatz zu den anderen Weißen in Afrika, haben sie keine Verbindungen zu Europa. Sie haben nur ihre südafrikanische Heimat und ihren südafrikanischen Paß. Sie sind die Nachfahren der strengen, hart arbeitenden holländischen, deutschen und französischen Pioniere, die im 17. Jahrhundert nach Kapstadt kamen und dort blieben. Zuerst kämpften sie gegen die Zulu, dann gegen die Briten, dann gegen alle Schwarzen und schließlich gegen den Rest der Welt. Ihr Horizont ist introvertiert und stramm nationalistisch, ihre Gesellschaft starr und so puritanisch, daß Bars und Kinos am Sonntag geschlossen bleiben. Sie sprechen eine einzigartige, aus dem Holländischen stammende Sprache namens Afrikaans, befolgen eine fundamentalistische Form des Calvinismus und fühlen sich aufgrund ihrer langen Leidensgeschichte als ein auserwähltes Volk. Doch dieselbe Vergangenheit, die ihnen Kraft gibt, ist die Quelle ihrer Isolation und Gefangenschaft, die Friedhofserde, in der die Saat ihrer Selbstzerstörung aufgeht.

Die Geschichte der Buren geht auf den April 1652 zurück, als nach fast viermonatiger Seefahrt das holländische Schiff *Dommedaris* die ersten Weißen – Kapitän Jan van Riebeeck und 125 Mann Besatzung – nach Kapstadt brachte. Sie landeten, um einen Posten für die Niederländische Ostindiengesellschaft zu errichten, damit die Schiffe auf ihrem Weg nach Indien Proviant und Medizin würden aufnehmen können. Sie trafen auf keinerlei Widerstand der eingeborenen Hottentoten und Buschmänner, die damals das Kap bewohnten. Die Gesellschaft wollte eigentlich nur eine Versorgungsstation einrichten, aber nach und nach, kaum wahrnehmbar, entwickelte sich eine Siedlerkolonie. 1675 entließ die Gesellschaft einige ihrer Diener als freie Bürger, damit diese Land urbar machen und Rinder züchten konnten. Im selben Jahr wurden Sklaven aus Angola und den ostindischen Inseln als Arbeitskräfte eingeführt. Holländische Siedler und Hugenotten, auf der Suche nach religiöser Freiheit, trafen allmählich ein. Später kamen deutsche Einwanderer hinzu. Gemischtrassige Heiraten waren üblich – und legal – und die Farbigen vom Kap wuchsen zu einer neuen ethnischen Gruppe. Die Versorgungsstation expandierte und wurde zu einem regelmäßigen Anlegeplatz für europäische Schiffe. Kapstadt war nicht länger ein bloßer Außenposten. Es wurde zum Geburtsort einer Nation – und eines neuen, weißen Stammes.

Großbritannien eignete sich 1795 das Kap an und bald trafen mit jedem Schiff Missionare, Händler, Verwaltungsbeamte und Siedler ein. Sie betrachteten die ursprünglichen weißen Siedler als minderwertig und halsstarrig und behandelten sie verächtlich. Den Afrikaanern wurden Landrechte vorenthalten und man bestrafte sie für kleine Vergehen wie das unbeaufsichtigte Grasen ihrer Rinder. Aufgrund ihrer Sprache blieben sie von der Geschworenenbank ausgeschlossen und mußten englischsprachige Priester für ihre Kirchen akzeptieren. Wenn ihre Kinder in der Schule Afrikaans redeten, wurden sie bestraft, indem man ihnen Schilder um den Hals hing, auf denen stand: „Ich bin ein Esel, ich spreche Afrikaans."

Die Briten gaben das Kap 1803 an die Holländer zurück und nahmen es dann 1806 erneut in ihren Besitz, um ihre Seewege nach Indien während der wiederaufgeflammten Napoleonischen Kriegen zu schützen. Die holländischen Siedler fühlten sich bedroht. Und 1835, in der einen Hand das Gewehr, in der anderen die Bibel, begannen sie, in kleinen Gruppen nach Norden zu ziehen, um den Briten zu entkommen und sich ein eigenes Land zu sichern. Die darauffolgenden acht Jahre rollten mehr als 12000 *Voortrekkers* in Ochsenkarren durch die Prärie auf einem auf keiner Karte verzeichneten Weg. Er führte sie zum Hochveld, der Provinz von Natal und Transvaal, und sie waren im festen Glauben, daß Gott sie auserwählt habe, eine neue Nation in Afrika zu errichten. Auf ihrer Odyssee, die als der Große Trek bekannt werden sollte, waren sie im Herzen bitter und voller Entschlossenheit, der Unterdrückung zu entkommen.

Der Zug war sehr gefährlich und in Zeiten der Bedrohung formierten sich die Buren im *Laager* – einer schützenden Wagenburg. In der blutigsten Schlacht des Treks attackierten 12000 Zulukrieger 1838 ein *Laager* an den Ufern des Ncome-Flusses. Die sich verteidigenden 500 Buren vernichteten sie, und um den Schwur einzulösen, den sie Gott während des Kampfes geleistet hatten, bauten sie zum Andenken an den Sieg eine Kirche. Der Tag dieses Sieges, der 16. Dezember, ist heute ein Nationalfeiertag, der Tag des Bundes mit Gott, und der Ncome in der Provinz Natal heißt Blutfluß. (Die Zulus blieben aber eine gewaltige Macht im nördlichen Natal, bis die Briten sie im Jahre 1879 militärisch vernichteten und das Zululand besetzten.)

Anfang der fünfziger Jahre des vergangenen Jahrhunderts errichteten die Buren zwei unabhängige Republiken – die südafrikanische Republik in Transvaal und den Oranje-Freistaat. Sie schlossen mit den örtlichen Häuptlingen Verträge, aber der Frieden und die Abgeschiedenheit, die sie suchten, wurden ihnen noch immer verwehrt. Großbritannien war über diesen herrenlosen weißen Stamm beunruhigt und annektierte sowohl Transvaal als auch Natal. 1886 wurde eines der größten Goldvorkommen der Welt im Gebiet von Witwatersrand (Grat des weißen Wassers) in Transvaal entdeckt, am Ort des heutigen Johannesburg. Englischsprachige Einwanderer und britisches Kapital flossen nach Südafrika. Die Buren fühlten sich wieder bedroht. Doch diesmal blieben sie da und kämpften, anstatt nach Norden zu ziehen. Es war Afrikas erster Unabhängigkeitskrieg und der einzige, in dem Weiße gegen Weiße kämpften.

Die beiden Burenkriege (1880–1881 und 1899–1902) waren die blutigsten, die Afrika je erlebt hat, und sie spalteten die britische Bevölkerung so, wie der Vietnamkrieg die Amerikaner in den siebziger Jahren. Großbritannien schickte im „Zweiten Befreiungskrieg", wie die Afrikaaner ihn nennen, 500000 Soldaten in den Kampf gegen eine Streitmacht von 88000 Buren. Der Feldzug kostete Großbritannien 22000 Tote und 150000 Verwundete. Die Buren wandten dieselbe Guerillataktik an wie ein paar Jahrzehnte später die schwarzen Nationalisten in ihrem Befreiungskampf. Sie griffen auf zwei Fronten an; vom Oranje-Freistaat aus attackierten sie die nördliche Kap-Provinz und von Natal aus griffen sie Transvaal an. Ihre Kommandos verwüsteten die britischen Versorgungs- und Nachschublinien und eine Zeitlang konnten die Buren so die Briten in Schach halten.

Doch Lord Herbert Kitchener, der britische Oberbefehshaber, reagierte mit einer Politik der verbrannten Erde, schützte die Eisenbahnanlagen und Regierungsgebäude mit Stacheldraht und zerstörte die Bauernhöfe sowohl der Afrikaaner als auch der Schwarzafrikaner. Die Frauen und Kinder der Buren wurden zusammengetrieben und in Konzentrationslager gesperrt, in denen über 20000 von ihnen an Vernachlässigung und schlechten hygienischen Verhältnissen zugrunde gingen. So brutal sie war, so sehr machte sich Kitcheners Taktik bezahlt. Im Mai 1902 akzeptierten die Buren den Verlust ihrer Unabhängigkeit und unterzeichneten den Friedensvertrag von Vereeniging. (Später, im Jahre 1910, wurden die ehemaligen Burenrepubliken und die beiden britischen Kolonien Natal und Kap-Provinz zur Südafrikanischen Union vereinigt, eine Dominion des britischen Imperiums. Die Union wurde 1934 innerhalb des Imperiums ein souveräner Staat. Südafrika verließ das britische Commonwealth 1961 und wurde zu einer Republik.)

Die Burenkriege halfen den Afrikaanern, ein neues Nationalgefühl zu entwickeln. Ihre Sprache, ihre Kultur, ihr Anspruch auf den afrikanischen Boden machten sie einzigartig und jeder, ob Weiß oder Schwarz, wurde als potentieller Feind betrachtet. Durch die Niederlage waren sie in ihrem eigenen Land zu Bürgern zweiter Klasse geworden. Schon lange kamen keine holländischen Einwanderer mehr nach Südafrika. Isoliert und alleingelassen, wußten sie, daß das Afrikaanertum nur überleben könnte, wenn es sich nicht durch fremden Einfluß korrumpieren lassen würde. Sie flohen in ihre Kirchen und Geheimgesellschaften wie den Broederbond und warteten auf den Tag, da ihnen die politische Macht gehören würde. Dann wären sie in der Lage, eine Nation zu schaffen, in der jeder dieselbe Einstellung, dieselbe Hautfarbe und denselben Glauben haben würde. Die Gelegenheit kam im Jahre 1948, als die von den Afrikaanern beherrschte Nationalpartei Jan Smuts Vereinigte Partei ablöste und so die längste ununterbrochene Herrschaft einer politischen Partei im Westen antrat. Im Glauben, daß die Integration der Rassen schließlich zur Vernichtung der Weißen führen würde, beeilte sich die Afrikaaner-Regierung, ein Netz aus Rassengesetzen und ein System der Selbsterhaltung in Kraft zu setzen, das sich Apartheid nennt. Es sollte an dieser Stelle beachtet werden, daß die Apartheid die Rassendiskriminierung nicht schuf; sie hat sie lediglich institutionalisiert. Schon 1909 etwa hatten die Briten den Nichtweißen das Recht entzogen, im Parlament zu sitzen. Im darauffolgen Jahr veranstalteten Farbige unter Mohandas Ghandi einen gewaltfreien Protest in Kapstadt.

In Afrikaans bedeutet Apartheid Auseinandersein oder Getrenntheit, obwohl das Wort inzwischen international so stigmatisiert ist, daß die Südafrikaner es offiziell nicht mehr gebrauchen und statt dessen lieber Euphemismen wie „plurale Demokratie" oder „Eigenentwicklung" verwenden. Gemäß dieser Doktrin hat jede Rasse eine einzigartige Bestimmung und einen ganz bestimmten kulturellen Beitrag zu leisten; deshalb müssen die Rassen voneinander getrennt werden, um sich eigenständig zu entwickeln. Doch so rationell man es auch erklären mag, die wirkliche Absicht hinter diesem System ist die Aufrechterhaltung der *Baaskap* (weißer Vorherrschaft). Apartheid bedeutet noch immer Reinheit der Rassen und die Unterwerfung der nichtweißen Mehrheit zugunsten der gesamten weißen Minderheit. Sie ist das Instrument, das den Unterdrückten offiziell in den Unterdrücker verwandelte.

Obwohl es einige schwarze Rechtsanwälte, Ärzte und millionenschwere Geschäftsleute in Südafrika gibt (und sogar ein paar arme Weiße), versteht es sich von selbst, daß das Los einer Person umso glücklicher ist, je weißer ihre Hautfarbe ist. Die Afrikaaner übersehen die fast unüberwindlichen Barrieren mangelnder Bildung und unterbezahlter Jobs und fertigen die Schwarzen als unfähig, unmotiviert und ungebildet ab. „Es ist der K-Faktor", sagen sie schulterzuckend. Das soll heißen, daß die Schwarzen als minderwertig auf die Welt kommen. Das K steht für *Kaffir* (die Kaffir sind ein südafrikanischer Stamm), ein Schimpfwort, das ähnlich wie Nigger benutzt und verstanden wird.

Das Herzstück der Apartheid ist das Umsiedlungsgesetz (Land Resettlement Act) aus dem Jahre 1936. Es ist das paradoxe Resultat internationalen Drucks durch den Völkerbund, der versuchte, das Los der schwarzen Bevölkerung zu verbessern. Der Plan forderte die Umsiedlung der Schwarzen, die 67 Prozent der Bevölkerung repräsentierten, in zehn separate Bantustans oder Homelands, die 13,7 Prozent der Gesamtfläche Südafrikas bedecken – und fast nichts von seinen Bodenschätzen haben. Nur die Hälfte der acht Homelands bestehen aus einem einzigen Stück Land – die anderen setzen sich aus mehreren Teilen zusammen – und bei den meisten weist nicht einmal ein Schild darauf hin, daß man gerade Südafrika verläßt und angeblich ein neues Land betritt. Jedes hat einen Präsidenten, ein Parlament und etwas politische Autonomie. Aber ihre Unabhängigkeit ist nur eine Täuschung, ein von Pretoria inszeniertes Schauspiel, und keine Regierung erkennt sie diplomatisch an.

Südafrika behauptet, daß die Bantustans allen Völkern gleiche Möglichkeiten verschaffen sollen, doch der eigentliche Zweck ist offensichtlich: Es geht um die Trennung der vier Rassen – weiß, asiatisch, farbig und Bantu – in voneinander getrennte staatliche

Gemeinschaften, um so die Weißheit des Afrikaaners aufrechtzuerhalten, ohne seinen Zugang zu billiger Arbeitskraft zu stören.

Die Apartheid schneidet den Kontakt und die Kommunikation
ab, die Menschen in einer normalen Gesellschaft haben. Die Weißen treffen nur die schwarzen Müllmänner und Hausmeister, nicht
ihre Gegenüber, die wie sie Lehrer, Ärzte und Sozialarbeiter sind.
Die Schwarzen haben es überwiegend mit weißen afrikaansspra-
chigen Polizisten und Staatsdienern zu tun. Tagsüber arbeiten die
Schwarzen im Schatten der weißen Gehege in den sauberen, schim-
mernden Städten und den teueren Vororten. Nachts kehren sie in
ihr verrauchtes Slum zurück. Die Unzufriedenheit wächst und
Neid und Empörung graben sich in die Herzen der Menschen ein.

Sicherlich gibt es innerhalb der weißen Gemeinschaft einige
Gemäßigte, die erkennen, wohin die Apartheid unausweichlich
führen muß. Aber man findet sie hauptsächlich unter den Menschen englischer Abstammung, die 40 Prozent der weißen Bevölkerung repräsentieren. Die Buren bleiben unnachgiebig. Doch im
Gegenteil zu dem, was sie glauben, gefährdet ihre Halsstarrigkeit
die langfristigen Interessen der Weißen in Schwarzafrika und sie
werden den radikalen Kräften den Rücken stärken, vor allem den
Kommunisten, die von solchen Zuständen am meisten profitieren.

Präsident Jimmy Carter erkannte das und ging zur Regierung in
Pretoria etwas auf Distanz. Anders sein Nachfolger Reagan. Er
beeilte sich, die angeknacksten Beziehungen zu reparieren und
fragte: „Können wir dieses Land alleine lassen, das uns in jedem
unserer Kriege beistand?" Es ist wahr, daß Südafrika in beiden
Weltkriegen auf der Seite der Alliierten focht, an der Berliner
Luftbrücke sowie an der Streitmacht der Vereinten Nationen im
Koreakrieg teilnahm und eine stramm antikommunistische Außenpolitik verfolgt. Doch Reagans Bemerkung verzerrte die Geschichte beträchtlich.

Die Südafrikaner, die sich zweimal beim Beginn der weltweiten
Auseinandersetzungen auf die Seite der Alliierten gestellt hatten,
waren überwiegend Angehörige der englischsprachigen weißen
Minderheit. Die Afrikaaner argumentierten gegen die Kriegserklä-
rung an Deutschland im Jahre 1914. Sie veranstalteten in ganz
Südafrika Demonstrationen gegen die Entscheidung der Vereinig-
ten Partei, in den Krieg einzutreten. 1939 verteidigte der Führer der
Nationalisten, J.B.M. Herzog, Hitler im südafrikanischen Parla-

ment, indem er behauptete, daß Deutschland die Tschechoslowakei in Notwehr annektiert habe. Südafrika stieß erst nach einer knappen parlamentarischen Abstimmung (80 zu 67) zu den Alliierten.

Nach dem Ende des Zweiten Weltkriegs und dem endgültigen politischen Aufstieg der Afrikaaner geriet Südafrika immer mehr in die internationale Isolation. 1974 entzogen ihm die Vereinten Nationen seinen Sitz in der Generalversammlung. 1977 wurde ein Waffenembargo für verbindlich erklärt, das die Uno 14 Jahre vorher auf „freiwilliger Basis" verhängt hatte. Südafrikanische Sportler wurden von internationalen Veranstaltungen ausgeschlossen. Südafrikanische Flugzeuge durften praktisch nirgendwo mehr in Afrika landen. Die Telefonisten in den meisten afrikanischen Ländern werden einen nicht einmal mit einer südafrikanischen Nummer verbinden. Südafrika hat nur einen bedingungslosen Freund – Israel, einen weiteren Ausgestoßenen der Völkergemeinschaft. Es gibt 120 000 Juden in Südafrika, doch die Beziehungen scheinen sich vor allem auf die Annahme zu gründen, daß der Feind meiner Feinde mein Freund ist.

Südafrika hat trotz der Verurteilung durch die Welt nicht nur überlebt, sondern prosperiert. Vor 100 Jahren exportierte es nur etwas Wein aus der Kap-Provinz. Heute baut es fast drei Viertel des westlichen Goldes ab, produziert von Kühlschränken bis zu Autos alles selbst, führt große Mengen an Nahrungsmitteln, Textilien und Maschinen aus und ist der zehntgrößte Waffenhersteller der Erde. Die Waffen und die Munition werden von schwarzen Arbeitern hergestellt und sind einer der entscheidenden Faktoren bei der Fortsetzung der weißen Herrschaft.

Am Ende mag die Apartheid, die den Afrikaanern ihre Stärke gab, auch das System sein, das sie zerstören wird. Sie haben den Schwarzen gnadenlos jegliche Möglichkeit vorenthalten und inzwischen ist die weiße Bevölkerung nicht mehr groß genug, um all die Fähigkeiten und Dienste bereitzustellen, derer ein Industrieland mit 35 Millionen Einwohnern bedarf. Die Afrikaaner haben einen mächtigen Militärapparat und nukleare Kapazitäten zum Schutze ihres Systems errichtet. Aber die Bedrohung liegt zu Hause, nicht im Ausland. Wo also ist ihr Spielraum? Wollen sie ihr eigenes Land in einem Anfall von Selbstzerstörung mit Bomben bewerfen? Sie erfreuen sich einer der höchsten Lebensstandards auf Erden, während sie gleichzeitig 85 Prozent der Bevölkerung in Knechtschaft halten. Das Gefängnis von Robben Island ist schon voll. Was machen die Buren mit den jungen, gebildeten und arbeitslosen Schwarzen, die sicherlich nicht so geduldig wie ihre Eltern sein werden?

Meines Erachtens würde ganz Afrika von nichts mehr profitieren als der friedlichen Verwirklichung einer gleichberechtigten, gemischtrassigen Gesellschaft in Südafrika. Wenn Südafrika mit dem Rest des Kontinents offen Handel treiben könnte, wäre sein politischer und wirtschaftlicher Einfluß gewaltig. Es würde Afrika so stark dominieren, wie kein Land alleine Europa beherrscht. Es könnte die Führungsrolle in der OAU übernehmen. Seine Techniker und Fachleute könnten ohne Beschränkungen reisen und anderen Regierungen bei der Entwicklung ihrer Länder helfen, so, wie die Afrikaaner ihr eigenes Land aufbauten. Sie könnten die Häfen, Eisenbahnlinien und Telefone wieder in Gang setzen. Der wirtschafliche Stimulus könnte gewaltig sein und die Sowjets müßten ihre Koffer packen, denn ohne Armut, Instabilität und Unzufriedenheit haben sie nur wenig Hoffnung, ein Standbein im südlichen Afrika zu gewinnen.

Auf der Landkarte sieht Simbabwe wie ein großer Felsblock aus, der auf Südafrika balanciert. 1980 begann Simbabwe ein Experiment, Frieden zwischen Schwarz und Weiß zu schließen, das bislang verspricht, den Südafrikanern eine aufgeklärte Alternative zur Apartheid anzubieten.

Aber der Vergleich zwischen Südafrika und Simbabwe – dem einstmals geächteten Rhodesien – stößt an gewisse Grenzen, den die Weißen in den beiden Ländern haben unterschiedliche Eigenschaften. Die Afrikaaner haben eine Tendenz zu Humorlosigkeit, Strenge und Pietismus. Ich vermute, daß ihnen eine SA-Uniform nicht schlecht stünde. Die weißen Simbabwer dagegen besitzen die bodenständige Art und frische Zwangslosigkeit der Australier. Sie haben das Lebensgefühl von Pionieren und das Temperament von Kolonialisten. Sie lachen gerne und haben gegen eine Schlägerei am Samstagabend in der Kneipe vor Ort nichts einzuwenden. Auf dem Land tragen sie kurze Hosen und Kniebundstrümpfe und ihre Gesichter sind so durchfurcht und gebräunt wie ein ausgetrocknetes Flußbett. Im Gegensatz zu den Buren haben sie ihre gefühlsmäßigen und familiären Bindungen zu Europa nie aufgegeben. Sie konnten woanders hingehen – sofern sie es wollten –, als ihr weißes Heimatland zusammenbrach. Angesichts der zahlenmäßigen Überlegenheit der Schwarzen (28 zu 1) waren sie vernünftig genug, um einzusehen, daß ihre einzige Überlebenschance in der Integration lag.

Ich kam das erste Mal 1978 nach Rhodesien (wie es damals noch hieß), am Tag der Pioniere. Dieser war ein Feiertag, der an das Hissen des Union Jack (der britischen Flagge) über Salisbury 88 Jahre zuvor erinnerte. Damals zogen 180 Pioniere die Flagge auf. Sie waren in Ochenkarren von Südafrika heraufgekommen und dabei durch Gebiet gezogen, das bis auf eine Handvoll Händler und Missionare niemand kannte. Die meisten waren britische, nicht holländische Südafrikaner und sie kamen auf der Suche nach Land und einem besseren Leben. Ihr Zug war von dem Briten Cecil Rhodes organisiert worden, der mit südafrikanischem Gold und Diamanten ein Vermögen gemacht hatte, und stand unter der Schirmherrschaft der Britischen Südafrika Gesellschaft. Der Anführer der Pioniere war der legendäre Großwildjäger Frederick Selous.

Jetzt versammelten sich die Weißen, unter ihnen sechs Töchter der Gründerväter, auf dem Cecil Square an diesem Septembermorgen 1978. Die Frauen trugen breitkrempige Hüte, Frühlingskleider und weiße Handschuhe. In den Parks von Salisbury standen die lilafarbenen Jacaranda-Bäume in voller Blüte und die breiten Straßen – von Rhodes dazu angelegt, einem achtspännigen Ochsenkarren eine Kehrtwendung zu erlauben – zogen sich an den langen Reihen niedriger, weißer Geschäfte entlang, deren herabgelassenen Markisen die makellos sauberen Bürgersteige in Schatten hüllten. Während Johannesburg eine richtige Stadt ist, handelte es sich bei Salisbury (das inzwischen zum Gedenken an einen Shona-Häuptling Harare heißt) eigentlich nur um eine größere Stadt auf dem Land. Es erschien sehr britisch. Die milde Frühlingssonne schien auf die Weißen im Cecil Square und auf eine kleine Gruppe von Schwarzen herunter, die auf der gegenüberliegenden Straßenseite unbeteiligt dreinblickten. Die Trommeln wirbelten und ein Horn ertönte, als ein Urgroßenkel eines Gründervaters den Union Jack hißte – ein Zeremoniell, das sich 1979 das letzte Mal wiederholen sollte. Weiße Köpfe verbeugten sich. Die Ansprachen waren mutig, ja trotzig, aber jeder wußte, daß das Ende nahte. Die Weißen hatten viel Unbill gemeistert und ein erstaunliches Land aufgebaut. Jetzt holte sie die afrikanische Geschichte ein. Rhodesien, das von einem Bürgerkrieg zerrüttet wurde, der zwischen 1972 und 1979 27 000 Menschenleben forderte, befand sich im schmerzlichen Übergang.

„Unsere Herzen sind voller Sorge", sagte der Reverend C.W.A. Blakeley, „denn es herrschen Trauer und Schmerz, und Furcht und Krieg in unserem Land und ein furchtbares Verlangen nach Zerstörung ist über uns gekommen. Gott, gib uns allen den Mut, ein Teil der Lösung unserer Probleme und nicht Teil des Problems selbst zu sein."

Premierminister Ian Smith, von den liberalen Weißen angeklagt, die weiße Vorherrschaft aufrechterhalten zu wollen, und von den Konservativen bezichtigt, Rhodesien an marxistische Banditen übergeben zu wollen, schüttelte die Hände der Nachkommen der Pioniere. „Wie schön, Sie hier zu sehen. Und wie gut Sie aussehen", sagte er und die 98jährige Maria Moonam erwiderte sein Lächeln und tätschelte seine Hand. Dann ging Smith, der vom Farmer zum Politiker geworden war, zu seiner Limousine zurück, in der einen Hand seinen Hut, die andere auf der Schulter seiner Frau Janet. Dann zischte er davon, ohne zurückzublicken.

Rhodesien war es unter den ersten Siedlern gut ergangen. Kein schwarzafrikanisches Land war damals reicher als Rhodesien – mit Ausnahme von Südafrika. 1923, als die Verfassung der britischen Südafrika-Gesellschaft abgeschafft wurde, stellte London die Weißen in Rhodesien vor die Wahl zwischen der Vereinigung mit Südafrika oder der Eigenständigkeit innerhalb des Britischen Imperiums. Sie wählten das Letztere. Die Weißen institutionalisierten zwar nie den Rassismus wie die Südafrikaner, aber Rhodesiens Schwarzen erging es nicht viel besser als ihren südlichen Nachbarn. Sämtliche Spitzenpositionen und alle Sitze des Parlamentes befanden sich in der Hand der Weißen. Das Pro-Kopf-Einkommen der Weißen betrug Mitte der siebziger Jahre 7 800 Dollar, das der der Schwarzen 716. Alle Weißen konnten Lesen und Schreiben, aber nur 30 Prozent der Schwarzen . „Die Afrikaner in Salisbury haben überhaupt nichts mit den Terroristen im Rest des Landes zu tun", erzählte mir eine weiße Hausfrau. „Meines Erachtens sind sie furchtbar faul und ineffizient – viel zu ineffizient, um Terroristen zu sein – und manchmal ist der Umgang mit ihnen schwierig. Es sind aber gute Menschen. Wir kümmern uns um ihre Sorgen und Nöte und behandeln sie so wie unsere Kinder."

Nach dem Zweiten Weltkrieg wanderten Tausende von Engländern nach Rhodesien ein, angezogen von den Lebensbedingungen, die zu den angenehmsten auf der Welt gehörten. 1963 begannen in London die Verhandlungen über die Unabhängigkeit von Rhodesien. Im Jahr darauf gewährten die Briten Nordrhodesien (jetzt Sambia) und Nyasaland (Malawi) die Unabhängigkeit, verlangten aber von den Weißen in Rhodesien, erst einmal den Willen unter Beweis zu stellen, langfristig die Herrschaft der Mehrheit zu ermöglichen. Diese lehnten ab und am 11. November 1965 erklärten Ian Smith und seine rhodesische Frontpartei einseitig die Unabhängigkeit. Im März 1970 rief Smith den Staat von Rhodesien aus.

Die Welt isolierte Rhodesien, indem sie das Land sowohl politisch als auch wirtschaftlich boykottierte. Doch Rhodesien florierte mit Unterstützung Südafrikas, wie auch mancher westlicher Ölkonzern, der die Sanktionen zu unterlaufen bereit war. Seine 6000 weißen Farmer, die 80 Prozent der Nahrung des Landes produzierten, waren genauso fleißig und erfindungsreich wie die amerikanischen Bauern im Mittleren Westen. Sie ernährten ein Land, knapp zweimal so groß wie die Bundesrepublik und es blieb reichlich für den Export übrig. Die Landwirtschaft wurde zu einer 500-Millionen-Dollar-Industrie, weil die Bauern die Ein-Produkt-Landwirtschaft (Tabak) diversifizieren. Am Ende der siebziger Jahre war Rhodesien weltweit Spitzenreiter bei den Hektarerträgen von Erdnüssen, zweiter bei Mais und Sojabohnen und vierter bei Weizen. Da es mit Europa und Amerika nicht Handel treiben konnte, begann Rhodesien damit, seinen eigenen Wein (nicht schlecht) und Whisky (furchtbar, aber die Rhodesier tranken ihn mit Stolz) zu produzieren und stellten bald von Klimaanlagen bis zu Radios alles selbst her. Trotz der internationalen Sanktionen konnte ein frischvermähltes Paar seinen Haushalt zu 85 Prozent aus in Rhodesien fabrizierten Erzeugnissen einrichten. Die rhodesische Wirtschaft wurde noch zusätzlich durch bedeutende Chrom-, Kohle-, Kupfer- und Nickelvorkommen stimuliert.

Nichtsdestotrotz kehrte Rhodesien 1979 zum Status einer britischen Kolonie zurück und wurde im April 1980 zur unabhängigen, von Schwarzen regierten Nation von Simbabwe. Was die Weißen schließlich zur widerwilligen Machtaufgabe zwang, waren nicht die Sanktionen, sondern ein Guerillakrieg, der das Land am Ende dreißig Tote und 1,5 Millionen Dollar täglich kostete – oder 40 Prozent des Staatshaushaltes. Die schwarzen Nationalisten der patriotischen Front zermürbten das Land wirtschaftlich und psychologisch. Die eine Fraktion hatte ihr Hauptquartier in Sambia, wurde von der Sowjetunion ausgerüstet und von Joshua Nkomo angeführt, einem 300 Pfund schweren ehemaligen Eisenbahnarbeiter, dessen opulenter Lebensstil manches Stirnrunzeln hervorrief. Die andere Fraktion befand sich in Mosambik, wurde größtenteils von den Chinesen unterstützt und von Robert Mugabe geführt, einem Marxisten, der einmal sagte: wirkliche Unabhängigkeit kann nur dem Laufe eines Gewehrs entspringen."

Mugabe, ein disziplinierter und gelehrter Mann und nichtpraktizierender Katholik, verbrachte bis 1974 zehn Jahre in Haft oder unter Einschränkung seiner Bewegungsfreiheit in Rhodesien und die Weißen fürchteten nichts mehr, als das er seine ehemaligen Peiniger verfolgen und Simbabwe zu einen mit der Sowjetunion verbündeten, kommunistischen Staat verwandeln und so dem Zerfall einer weiteren afrikanischen Volkswirtschaft vorstehen würde. Nichts von alledem ist eingetreten und Mugabe hat dem Rechtsweg sehr viel mehr Achtung erwiesen, als Ian Smith es jemals getan hatte. Als gewählter Premierminister hat Mugabe schwarze Hoffnungen und weiße Befürchtungen deutlich zurechtgestutzt und sich dabei als der vielleicht fähigste Führer Schwarzafrikas erwiesen. Seine Art von Marxismus ist bislang nicht radikaler als die Sozialdemokratie in Europa und er scheint nicht revolutionärer, als die Forderung, das die Ausbeutung der Schwarzen beendet werden muß. Er hat eine Seite aus Jomos Kenyattas Drehbuch für Kenya entnommen und versucht, den Weißen einen Platz einzuräumen, da er weiß, daß ihre Anwesenheit für das Wohl Simbabwes unerläßlich ist. Er hat sich zur Sowjetunion auf Distanz gehalten und wurde 1986 zum Vorsitzenden der Blockfreien-Konferenz gewählt. In einem Wort ist dieser ehemalige Lehrer, den der Westen einen marxistischen Terroristen nannte, nicht mehr als ein Sozialist und Nationalist, der sich bemüht, seinem Land gemäß dem Gleichheitsprinzip zu dienen.

Einer seiner ersten Schritte nach der Degradierung Nkomos auf einen minderen Kabinettsposten war, eine Konferenz von 36 Staaten in Simbabwe einzuberufen, um Geld zu sammeln. Das ganze glich einem TV-Zirkus in den USA, bei dem Zuschauer sich verpflichten, gegen verschiedene Krankheiten zu kämpfen oder eine politische Partei zu finanzieren. Die Konferenz entpuppte sich als Goldmine und Mugabe strich für Simbabwe 1,4 Milliarden Dollar ein. Die USA, die erkannte, daß der Erfolg eines gemischt-rassigen Simbabwes die Zukunft Südafrikas beeinflussen würde und den sowjetischen Druck im ganzen südlichen Afrika schwächen könnte, sagten für die darauffolgenden drei Jahre 225 Millionen Dollar zu. Selbst der verarmte westafrikanische Staat Sierra Leone spendete 90 000 Dollar. Die kommunistischen Länder wurden nicht eingeladen, obwohl eine sowjetische Delegation nach Harare flog und zwei Tage vor Ort in einem Hotel auf eine Einladung wartete, die niemals erfolgte.

Die Geburt Simbabwes war in sich eine seltene Errungenschaft und die Verdienste der Regierung sind nicht unbedeutend. Sie hat den Weißen, die ihre Bauernhöfe verkauften und das Land verließen, weil sie es nicht ertrugen an einem Ort zu leben, wo sie schwarze Kabinettsmitglieder mit Genosse anreden, faire Preise gezahlt. (Rund die Hälfte der ursprünglich 270 000 Weißen zog es vor, in Simbabwe zu bleiben.) Die Regierung der Mehrheit hat bewirkt, daß sich die Schülerzahlen mehr als verdoppelt haben und 2000 durch den Krieg geschlossene Schulen wieder eröffnet wurden. Der Mindestlohn ist um 50 Prozent gestiegen und die medizinische Versorgung ist jetzt für die Armen frei. Die Regierung subventioniert die Nahrungsmittel, um die Grundnahrungsmittel für die Armen billiger zu machen. Die Beschäftigung von Schwarzen hat um 100 000 zugenommen.

Allerdings gab es eine blutige Bewährungsprobe für den jungen Staat und Mugabes Traum von einer wohlhabenden gemischtrassigen Gesellschaft schien durch den Tribalismus in Gefahr zu geraten.

Joshua Nkomo, der Vater der Unabhängigkeit, dem von Tausenden zugejubelt wurde, als er im Januar 1980 triumphal nach Rhodesien zurückkehrte, wurde aus dem Kabinett geworfen und entkam eines Nachts über die Grenze nach Botswana, um in sein Londoner Exil zu gehen. Er ließ eine Armee der ndebelesprachigen Minderheit zurück, die 17 Prozent von Simbabwes Bevölkerung repräsentiert. Nkomo war nach der Entdeckung von Waffenverstecken in seinem Stammesdistrikt, dem Matabeleland, in Ungnade gefallen. Dort gab es viele Banditen und Terrorismus, was auch die Ermordung weißer Farmer einschloß. Mugabe entsandte die von den Nordkoreanern ausgebildete Eliteeinheit, die fünfte Brigade, mit vagen Instruktionen in das Gebiet, die Ordnung wiederherzustellen und Deserteure zu ergreifen, die in Nkomos Befreiungsherr gekämpft hatten. Die fünfte Brigade machte sich voller Enthusiasmus an ihre Aufgabe und tötete innerhalb weniger Wochen Tausende unbewaffneter Zivilisten. Die zerbrechliche Struktur der Gesellschaft Simbabwes schien sich um Mugabe herum aufzulösen, der ein Mitglied der shonasprachigen Mehrheit ist, die rund 80 Prozent der Simbabwer repräsentiert.

Simbabwes Zukunft ist noch lange nicht geregelt, doch ein Land mit großem wirtschaftlichen Potentials ist aus den Trümmern des Krieges auferstanden – eine Großtat, die noch wenige Jahre zuvor undenkbar erschien. Die Buren brauchen nur über Grenzen zu blicken, um den Fortgang der Geschichte zu sehen. Der schwarze Nationalismus, der zur Geburt Ghanas im Jahre 1957 und zum Tode Rhodesiens im Jahre 1980 führte, befindet sich nun direkt an der Türschwelle zu Südafrika. Es bleiben keine Pufferzonen mehr übrig. Die Buren sind alleine und haben so ihr Land zu einer destabilisierenden, isolierten Kraft auf einen Kontinent gemacht, den Südafrika eigentlich politisch und wirtschaftlich anführen sollte.

Land	Hauptstadt	ehemalige Kolonialmacht	unabhängig seit	Bev. in Mio	Pro-Kopf-Einkommen in $	wichtigster Devisenbringer	Einw./km²
Algerien	Algier	Frankreich	1962	18,0	1260	Erdöl	20
Ägypten	Kairo	Großbritannien	1922	40,0	400	Baumwolle	–
Angola	Luanda	Portugal	1975	8,54	300	Erdöl	6,9
Äquatorial-Guinea	Malabo	Spanien	1968	0,3	100	Kakao	10,7
Äthiopien	Addis Abeba	–	–	43,4	120	Kaffee	34,6
Benin	Cotonou	Frankreich	1960	3,93	230	Baumwolle	34,9
Botswana	Gaborone	Großbritannien	1966	1,13	620	Diamanten	1,9
Burkina Faso	Ouagadougou	Frankreich	1960	7,9	160	Arbeitskräfte	29,1
Burundi	Bujumbura	Belgien	1962	4,71	140	Kaffee	169,5
Djibouti	Djibouti	Frankreich	1977	0,39	1000	Entwicklungshilfe	17,2
Elfenbeinküste	Abidjan	Frankreich	1960	9,5	720	Kakao	29,5
Gabon	Libreville	Frankreich	1960	1,15	3600	Erdöl	4,3
Gambia	Banjul	Großbritannien	1965	0,69	230	Erdnüsse	61,6
Ghana	Accra	Großbritannien	1957	11,99	400	Kakao	51,2
Guinea	Conakry	Frankreich	1958	6,075	210	Bauxit	23,5
G.-Bissau	Bissau	Portugal	1974	0,81	200	Erdnüsse	22,4
Kamerun	Yaoundé	Frankreich/ Großbritannien	1960	9,54	460	Kakao	19,9
Kapverdische Inseln	Praia	Portugal	1975	0,33	160	Zuckerrohr	81,8
Kenya	Nairobi	Großbritannien	1963	20,33	320	Kaffee	35
Komoren	Moroni	Frankreich	1975	0,4	180	Kopra	214,8
Kongo	Brazzaville	Frankreich	1960	1,9	780	Erdöl	5,6
Lesotho	Maseru	Großbritannien	1966	1,52	280	Arbeitskräfte	50,3
Liberia	Monrovia	–	1847	2,18	460	Kautschuk	22,4
Libyen	Tripolis	Italien	1951	2,8	7000	Erdöl	–
Madagaskar	Antanarivo	Frankreich	1960	9,9	250	Kaffee	17
Malawi	Lilongwe	Großbritannien	1964	7,27	180	Tabak	61,4

Land	Hauptstadt	ehemalige Kolonialmacht	unabhängig seit	Bev. in Mio	Pro-Kopf-Einkommen in $	wichtigster Devisenbringer	Einw./km²
Mali	Bamako	Frankreich	1960	8,2	120	Arbeitskräfte	6,6
Marokko	Rabat	Frankreich	1956	19,0	670	Phosphat	110
Mauretanien	Nouakchott	Frankreich	1960	1,6	270	Arbeitskräfte	1,5
Mauritius	Port Louis	Großbritannien	1968	1,03	830	Zuckerrohr	507
Mosambik	Maputo	Portugal	1975	13,4	140	Kaschunüsse	16,8
Namibia	Windhoek	Südafrika	1989	1,18	95	Diamanten	1,4
Niger	Niamey	Frankreich	1960	5,7	220	Erdnüsse	4,5
Nigeria	Lagos	Großbritannien	1960	95,1	560	Erdöl	103
Rwanda	Kigali	Belgien	1962	5,7	180	Kaffee	218
Sao Tomé und P.	Sao Tomé	Portugal	1975	0,07	490	Kakao	100
Senegal	Dakar	Frankreich	1960	6,4	340	Erdnüsse	32,6
Seychellen	Victoria	Großbritannien	1976	0,06	1060	Tourismus	143,7
Sierra Leone	Freetown	Großbritannien	1961	3,5	210	Diamanten	49
Simbabwe	Harare	Großbritannien	1980	8,18	480	Chrom	20,9
Somalia	Mogadischu	Italien/Großbritannien	1960	4,6	130	Arbeitskräfte	7,3
Südafrika	Pretoria	–	1910	25,6	1480	Gold	22,6
Sudan	Khartoum	Großbritannien/Ägypten	1956	20,6	320	Baumwolle	8,2
Swaziland	Mbabene	Großbritannien	1968	0,706	590	Zuckerrohr	40
Tansania	Dar-es-Salam	Großbritannien	1961	21,7	230	Kaffee	23
Togo	Lomé	Frankreich	1960	2,7	320	Phosphat	48,4
Tschad	N'Djamena	Frankreich	1960	5,06	140	Rinder	3,9
Tunesien	Tunis	Frankreich	1956	6,0	950	Erdöl	46
Uganda	Kampala	Großbritannien	1962	12,6	200	Kaffee	52,4
Zaire	Kinshasa	Belgien	1960	30,7	210	Kupfer	12,9
Zentralafr. Republik	Bangui	Frankreich	1960	2,6	250	Diamanten	4,2

398

Bibliographie

Africa South of the Sahara, 1987–88, London, 1987
Amnesty International Report 1988, London, 1988
Bender, Gerald J., *Angola under the Portuguese,* Los Angeles, 1978
Cabral, Amilcar, *Revolution in Guinea: Selected Texts,* New York, 1969
Churchhill, Winston, *My African Journey,* London 1908
   A Roving Commission, New York, 1944
Conrad, Joseph, *Herz der Finsternis,* Frankfurt/M., 1985
Davidson, Basil, *Africa: History of a Continent,* London 1966
Decalo, Samuel, *Coups and Army Rule in Africa,* New Haven, 1976
Dinesen, Isak (Karen Blixen), *Afrika, dunkel lockende Welt,* Zürich, 1987
   Schatten wandern übers Gras, Frankfurt/M., 1961
Douglas-Hamilton, Iain und Oria, *Among the Elephants,* New York, 1975
Fage, J.D., *A History of Africa,* New York, 1978
Harris, Joseph E., *Africans and Their History,* New York, 1972
Henderson, Ian und Goodhart, Philip, *Man Hunt in Kenya,* New York, 1958
Huxley, Elspeth, Four Guineas: *A Journey through West Africa,* London, 1954
Karimi, Joseph und Ochieng, Philip, *The Kenyatta Succession,* Nairobi, 1980
Kenyatta, Jomo, *Facing Mount Kenya,* London, 1938/New York, 1962
   Harambee, Nairobi, 1964
Ki-Zerbo, Joseph, *Die Geschichte Schwarzafrikas,* Wuppertal, 1979
Leakey, L.S.B., *Mau Mau and Kikuyu,* London, 1952
Livingstone, David, *A Popular Account of Dr Livingstone's Expedition to the Zambesi,*
   London, 1975
Marnham, Patrick, *Fantastic Invasion,* (dt. Ausgabe Zürich, 1990)
Mazrui, Ali A., *Africa's International Relations,* London, 1977
Mboya, Tom, *Freedom and After,* Boston, 1963
Military Balance, The. 1987–88, The International Institute of Strategic Studies,
   London
Miller, Charles, *The Lunatic Express,* New York, 1971
   Battle for the Bundu, New York, 1974
Moorehead, Alan, *The Blue Nile,* New York, 1962
Murray-Brown, Jeremy, *Kenyatta,* New York, 1973
Naipaul, Shiva, *North of South,* New York, 1979
Naipaul, V.S., *An der Biegung des großen Flußes,* Köln, 1980
Nyerere, Julius, *Freedom and Development,* New York, 1974
Paton, Alan, *Denn sie sollen getröstet werden,* Frankfurt/M., 1986
   Too Late the Phalarope, New York, 1953
Rosenblum, Mort, *Coups and Earthquakes,* New York, 1979
Rosenblum, Mort und Williamson, Doug, *Squandering Eden,* (dt. Ausgabe Mün-
   chen, 1990)
Waugh, Evelyn, *Waugh in Abyssinia,* London 1936
Willet, Frank, *African Art,* New York, 1971
World Bank Annual Report. Washington, 1988

Index